基于R应用的统计学丛书

Statistics Series with R

复杂数据统计方法

——基于R与Python（第4版）

Statistical Methods on Complex Data with R and Python

吴喜之　张　敏　编著

中国人民大学出版社
·北京·

前 言

什么是复杂数据? 没有人能够确切定义. 本书将标准统计教科书中没有标明出处的或者是按照传统方法能够得到“完美结论”的数据称为简单数据. 现实世界中遇到的绝大多数数据都不是标准教科书中所介绍的方法能够圆满处理的, 因此可以认为是复杂数据. 在本书第 1 版问世后的 10 年间, 人们可处理的数据范围增大了很多倍. 本书中的数据是使用个人电脑所能够处理的结构化数据.

对于实际工作者来说, 拿到一个真实数据以后, 很可能需要查阅不少文献来寻找适合这个数据的可能模型 (假定知道用什么模型可能解决问题), 再翻阅若干种软件手册来查阅这些文献所使用软件的计算方法 (假定下载了相应的免费 (开源) 软件或购买了相应的 (商业) 软件). 造成这种情况的原因是, 很多统计教科书是以数学模型或方法为导向的, 书名及内容也多是按照模型驱动的数学思维展开的.

以模型或方法为导向的教科书通常以介绍某种数学模型和方法为主, 同时说明这种模型适用于满足某些数学假定的数据, 最后说明该模型对于这些满足假定的数据拟合的优越性. 实际上, 任何一种真实数据是否满足某种数学假定完全无法证明, 每一类数据都可能有不止一种现成的统计方法来处理, 还有无数的未知方法等待人们去开发. 以模型或方法为主导的方式往往让读者忽略了其他有关的方法, 而那些被忽略的方法在某种意义上很可能更有效, 或者更优越.

本书从 10 年前的第 1 版开始就具有以下特点:

- 除了说明方法的简单数据之外, 用实际数据做案例. 这些数据必须是真实的, 有理论及应用方面的背景, 而且能从网上下载.
- 对每种数据都介绍可能的方法. 这些方法不但包括传统方法, 而且包含尽可能新的机器学习方法. 所有的方法必须能够通过计算来实施, 对不同方法尽可能地进行比较和评价.
- 全书使用免费并可以从网上下载的开源软件. 书中所有结论都可以通过运行软件程序得出, 并给出所有例子的代码.
- 篇幅不能太大. 必须由浅入深, 对经典知识和模型进行必要的回顾.
- 没有太多数学公式, 但能让读者直观理解各种方法的含义.
- 宗旨是训练处理不同数据的动手能力, 而不是面面俱到地告知所有细节.
- 提醒人们使用各种方法存在的风险.

本书以数据形式为导向, 对应不同的数据形式介绍可能使用的一些方法. 首先引入某些感兴趣类型的数据, 再介绍可能适合这些数据的一些统计方法并加以对比. 这些统计方法可能属于许多不同的模型, 属于不同的统计方向, 但只要适用于同一类数据, 本书就尽量都予以介绍. 笔者觉得这种数据主导的学习方式有助于理解数据科学的本质, 希望读者通过分析数据学会多种统计方法的应用, 并且对读者进一步探索及创新有所启发. 我们必须意识到, 世界在发展, 大量新方法在人们阅读本书的时候正在诞生.

本书所有的分析都通过 R 和 Python 来实现. 读者可以毫不费力地再现本书所有的计算. R 网站[1]拥有世界各地统计学家贡献的大量最新程序包 (package), Python 的各个模块包含了大量的数据分析函数, 这些程序包以飞快的速度增加和更新. 它们代表了统计学家创造的崭新的统计方法. 这些程序包的代码都是公开的.[2] 与此相比, 商业软件远没有如此多的资源, 也不会更新得如此之快, 而且商业软件的代码都是保密的昂贵 " 黑匣子 ". 今天, 统计学家想要介绍和推广其创造的统计方法, 大都提供相应的计算程序, 而发表该程序的最佳地点就是诸如 R 或 Python 那样的开源软件的网站. 由于方法和代码是公开的, 这些方法很容易引起有关学者的关注, 这些关注对研究相应方法形成群体效应, 推动其发展有重要意义. 不会编程的统计学家在今天是很难生存的.

在学校讲授任何一款商业软件都是为该公司做义务广告, 如果没有相关软件公司的资助, 就没有理由讲授某商业软件. 在教学中使用盗版软件是违法行为, 使用国外商业软件是不可靠的, 绝对不应该鼓励师生使用盗版商业软件.

对 R 软件或 Python 编程的熟悉还有助于学习其他快速计算的语言, 这对于应对因快速处理庞大的数据集而面临的巨大的计算量有所裨益.

本书的主体首先介绍数据分析的一些基本逻辑和常识, 然而根据不同数据形式及目标介绍相应的方法. 本书各章都是完全独立的. 有一些统计基本知识的读者可以选读本书任何一个完整的部分. 虽然本书介绍的方法涉及应用统计的各个方面, 但不可能介绍所有的数学和统计细节, 否则将会成为一部巨型的百科全书. 笔者尽量用文字和少量数学公式对各种方法的原理予以直观介绍, 并引导读者做进一步的阅读. 本书把 R 和 Python 软件的基本知识放在最后, 供读者参考.

本书没有按照数学模型的分类来编排, 以避免模型驱动的思维方式, 这正是对现实数据和现实世界的反映. 实际上, 统计所应用的数学从来没有数学意义上的严格体系, 最多只能称为 " 套路 ". 如果现实数据都像标准教科书中的例子那样 " 规范 ", 统计就没有存在和发展的必要了. 本书试图让读者理解世界是复杂的, 数据形式是多种多样的, 必须有超越书本、超越所谓权威的智慧和勇气, 才能充满自信地面对世界上出现的各种挑战.

由于统计正以前所未有的速度发展, R 和 Python 及它们的各个程序包也在不断更新, 因此, 笔者希望读者通过对本书的学习, 学会如何通过这些开源软件不断学习新的知识和方法. " 授人以鱼, 不如授人以渔 ", 成功的教师不是像百科全书那样告诉学生一些现成的知识, 而是让学生产生疑问和兴趣, 以促进其做进一步的探索.

本书绝大多数例子都可以从网上找到并且下载. 这些例子背后都有一些理论和应用的故事. 笔者并没有刻意挑选例子所在的领域, 这没有关系, 你学会了一加一等于二, 也就学会了一个苹果加一个苹果等于两个苹果, 或一个梨加一个梨等于两个梨这样的计算. 统计是为各个领域服务的, 我们想要得到的是到任何领域都能施展的能力, 而不是有限的行业培训. 如果你能够处理具有挑战性的数据, 那么无论该数据来自何领域, 你的感觉都会很好.

虽然本书冠以 " 复杂数据统计方法 " 之名, 但对 " 非复杂 " 数据的方法也有较完整的回

[1]网址: http://www.r-project.org/.

[2]除了极个别并非秘密的子程序之外, 因为它们很费时间, 用机器代码实行.

顾, 并给出了相应的运算程序, 只不过没有像标准教科书那样详细地解释那些没有应用意义的细节.

本书的适用范围很广, 其基本内容曾经在中国人民大学、首都经济贸易大学、中央财经大学、西南财经大学、云南财经大学、四川大学、哈尔滨理工大学、新疆财经大学、中山大学、内蒙古科技大学、云南师范大学、东北师范大学、大理大学讲授过，授课对象包括数学、应用数学、统计、精算、经济、旅游、环境、信息科学等专业的本科生以及数学、应用数学、统计、计量经济学、生物医学、应用统计、经济学等专业的硕士和博士研究生. 做成绩评定时, 通常要求每个学生自选或分配网站上的实际数据, 并将分析处理这些数据的结果形成报告. 这些数据如何处理, 没有标准答案, 甚至有些必要的方法超出了授课的范围, 需要学生做进一步的探索和学习. 笔者认为, 统计类硕士所学的内容应该包括本书的大部分内容. 希望本书对各个领域的教师以及实际工作者都有参考价值.

本书面世以来, 得到了广大读者的支持和鼓励. 第 4 版对前面几版做了相当大的增补及修正, 并且重新安排了章节. 此外, 增加了与大部分内容相关的 Python 程序, 由于两种软件编写者的关注点不同及用户群体的差异, 这些 Python 程序不会也不可能和正文中的 R 程序相同、平行或等价. 本书采用两种开源软件并不是要求读者两者同时用, 而是给读者以更多的选择和灵活性, 软件仅仅是实现数据分析的必要工具, 对软件的选择依数据分析问题的性质和用户的习惯而定, 不可能也不应该强求. 和第 3 版一样, 本书排版是笔者通过 LaTeX 软件实现的, 错误由笔者负责.

进行科学探讨的能力使人在任何环境下都能够生存和发展, 是人们在生命的历程中应该获得的.

吴喜之

目录

第 1 章　引　言

1.1　作为科学的统计

1.1.1 统计应该是科学, 但发展成两种文化

统计是科学 (science), 而科学的基本特征是其方法论: **对世界的认识源于观测或实验的信息 (或者数据), 总结信息时会形成模型 (亦称假说或理论), 模型会指导进一步的探索, 直至遇到这些模型无法解释的现象, 这就导致对这些模型的更新和替代.** 这就是科学的方法. 只有用科学的方法进行的探索才能称为科学.

科学的理论完全依赖于实际, 统计方法则完全依赖于来自实际的数据. 统计可以定义为 **"收集、分析、展示和解释数据的科学"**[1], 或者称为**数据科学 (data science).**

将统计学作为科学加以发展的关键人物是 Ronald Aylmer Fisher (1890 — 1962), Fisher 相信统计的存在是为了预测、解释和处理数据, 由于在统计学方面的杰出工作, 他被描述为 "一位几乎以一己之力为现代统计科学奠定基础的天才" (Hald, 1998) 和 "20 世纪统计学最重要的人物" (Efron, 1998). 在遗传学方面, 他利用数学将孟德尔遗传学和自然选择结合起来, 促成了达尔文主义在 20 世纪早期对进化论的修订, 即现代综合论的复兴. 由于对生物学的贡献, Fisher 被称为 "达尔文最伟大的继承者" (Edwards, 2011).

然而, 在 Fisher 之后的近 100 年中, 基于数学假定的模型驱动思维逐渐在统计学领域占了主导地位, 背离了 Fisher 把统计作为数据科学的初衷. 30 多年前, 著名统计学家 George Box 在对 Shafer (1990) 的评论中说: "我们目前可悲的情况和可疑的未来源于以下事实: 数学尾巴被允许摇动统计狗太长时间了." [2]

在 20 年前的 2001 年, 著名统计学家、机器学习先驱 Leo Breiman 发表了著名文章《统计建模: 两种文化》(Statistical Modeling: The Two Cultures) (Breiman, 2001), 给统计界带来了深远影响. Breiman 的思想和实践促进了机器学习的飞速发展. 时至今日, 该文章依然是统计领域的经典. 在该文章的摘要中, Breiman 说:

> 在使用统计建模从生成数据到得到结论的过程中, 有两种统计建模文化. 一种是数据模型, 假设数据是通过给定的随机数据模型生成的. 另一种是算法模型, 将数据生成机制视为未知. 一直以来, 统计界几乎完全使用数据模型. 这种情况导致了无关紧要的理论、有问题的结论, 并使统计学家无法研究广泛、有趣的现实问题. 算法建模, 无论在理论上还是实践上, 都在统计学之外的领域飞速发展. 它既可以用于大型复杂的数据集, 也可以用于小型数据集. 在小型数据集的处理上, 算法模

---

[1] 根据《不列颠百科全书》的定义, "**statistics**, the science of collecting, analyzing, presenting, and interpreting data", 该条款网址为 https://www.britannica.com/science/statistics.

[2] 原文是: "Our present lamentable situation and somewhat dubious future arises from the fact that the mathematical tail has been allowed to wag the statistical dog for far too long." " 尾巴摇狗 " 是一个俗语, 通常指重要或强大的事物受较次要的事物控制.

型比数据模型更准确, 能产生更丰富的信息. 作为一个领域, 如果我们的目标是能够使用数据来解决问题, 那么我们需要摆脱对数据模型的完全依赖, 采用更加多样化的工具.

在 Richard Olshen 对 Breiman 的采访中, Breiman 表示 (Olshen & Breiman, 2001):

> 我感觉, 在一定程度上, 统计可能已经迷失了学术方向. ……目前进行的学术研究似乎离我们无比遥远, 好像只是抽象数学的某一分支一样. ……而 Fisher 相信统计的存在是为了预测、解释和处理数据. ……Webster 词典是这么定义的,"收集、处理和分析事实或数据, 并展示某种事物的主要信息." 如果使用动词来描述它, 就是"一门收集、分类、处理并且分析事实和数据的科学". 然而, 如今统计的学术圈里已经没有那个定义了. 举个例子, 我正在看 *Annals of Statistics* 杂志, 我估计 20 篇文章里也就一篇有数据或者把它的方法应用到了某种数据上吧, 在 *JASA* 里的占比也高不到哪里去. 所以我的观点是: 统计中吸引人的东西与目前的学术研究已经相去甚远, 分道扬镳了. 在过去的五六年里, 我与机器学习和神经网络领域的人走得很近, 因为他们正在为一些复杂的、困难的预测问题做一些非常重要的应用工作. 他们以数据为方向, 所做的也与 Webster 词典对统计的定义相一致, 然而, 他们大都不是受过训练的统计学家! 所以我认为如果要我现在给年轻人提建议的话, 学统计学, 我持保留意见. 但最后, 我可能还是会说:"去学统计吧, 但一定记住, 统计的精髓之处是收集和利用数据, 来解决现实世界中有趣而又重要的问题."

Breiman 所说的"数据模型"是以线性模型为核心的所有模型驱动的统计模型, 本书称之为经典统计模型, 为本书第一部分所介绍的内容. 他所说的"算法模型"则是比线性模型复杂许多的所有数据驱动的模型, 本书第二部分介绍的都是算法模型.

1.1.2 从模型驱动主导的现实转向数据驱动的未来

在统计科学发展的前期, 由于没有计算机, 不可能应付庞大的数据量[3], 只能在对少量数据的背景分布做出诸如独立同正态分布之类的数学假定后, 建立一些假定的数学模型, 进行手工计算, 并推导出一些由这些模型所得结果的性质, 诸如置信区间、假设检验的 p 值、无偏性及相合性等. 在数据与数学假定相差较大的情况下, 人们又利用诸如中心极限定理或大样本定理得到当样本量趋于无穷时的一些性质. 这种发展方式给统计学科打上了很深的数学烙印.

统计发展的历史痕迹体现在很多方面, 特别是流行"模型驱动"的研究及教学模式. 各统计院系的课程大多以数学模型作为课程的名称和主要内容, 一些数理统计杂志也喜欢发表没有数据背景的关于数学模型的文章. 很多学生毕业后只会推导一些课本上的公式, 却不会处理真实数据. 一些人将有穷样本假装认为是大样本, 并且堂而皇之地用大样本性质来描述从有穷样本中得到的结论. 至于数据是否满足大样本定理的条件, 数据样本是不是"大样本"等关键问题尽量不谈或少谈. 按照模型驱动的研究方式, 一些学者不从数据出发, 而是想象出一些他们感觉很好的数学模型, 然后在世界上到处寻求 (或者干脆模拟)"适合"他们

[3]请想象一下用纸和笔得到简单线性回归模型所必须计算的预测矩阵 $\boldsymbol{X}(\boldsymbol{X}^\top\boldsymbol{X})^{-1}\boldsymbol{X}^\top$, 假定 $\boldsymbol{X}$ 为 30×5 的数值矩阵.

模型的数据来"证明"自己的模型的确有意义. 这种自欺欺人的做法绝对是不科学的.

上述貌似数学的过程被著名统计学家 George Box 命名为 "mathematistry" (伪数学), 他将其定义为 (Box, 1976) [4]:

> 为理论的缘故而发展理论, 由于很少涉及实践, 因而倾向于重新定义问题而非解决问题...... 有将所有问题强制嵌入一两种常规技术模板的趋势, 既对探索的目标没有做充分考虑, 也忽略了对强加的方法所隐含的假设是否 (与目标) 相关.

以模型而不是数据为主导的研究方式导致统计在某种程度上成为自我封闭、自我欣赏及自我评价的系统. 固步自封的后果是, 40 多年来, 统计丢掉了许多属于数据科学的领域, 也失去了许多人才. 在现成数学模型无法处理大量复杂数据的情况下, 计算机领域的研究人员、部分概率论学家及统计学以及其他学科的科学家开发了许多机器学习方法, 处理了传统统计无法解决的大量问题. 诸如人工神经网络、决策树、boosting、随机森林、支持向量机等大量算法模型的相继出现宣告了传统数学模型主导 (如果不是垄断的话) 数据分析时代的终结. 这些研究最初根本无法刊登在传统统计杂志上, 因此大多出现在计算机及各应用领域的杂志上. 现在人们逐渐认识到机器学习方法对统计未来的巨大意义.

模型驱动的研究方法在前计算机时代有其合理性. 但是在计算机快速发展的今天, 仍然固守这种研究模式, 除了在排他的小圈子中, 不会有任何前途了. 人们在处理数据时, 首先寻求现有的方法, 当现有方法不能满足他们的需求时, 往往会根据数据的特征创造出新的可以计算的方法来满足实际需要. 这就是统计科学近年来飞速发展的原因. 创建模型的目的是适应现实数据. 统计研究应该是由问题或者数据驱动的, 而不是由模型驱动的.

随着时代的进步, 各个统计院系现在开始设置诸如数据挖掘、机器学习、大数据等课程, 统计杂志也开始逐渐重视这些研究. 这些算法模型大多不是用封闭的数学公式来描述, 而是体现在计算机算法或程序上. 对于结果的风险也不是用假定的分布 (或渐近分布) 所得到的 p 值来描述, 而是用没有参加建模训练的测试集的误差来描述. 这些方法发展很快, 不仅因为它们能够解决问题, 还因为那些不懂统计或概率论的人也能够完全理解结果 (这也是某些有"知识垄断欲"的传统学者不易接受的现实). 现在, 无论承认与否, 多数统计学家都明白, 如果不会计算机编程或者不与编程人员合作, 则不会获得任何有意义的成果.

1.1.3 关于统计显著性和 p 值

2019 年 3 月 20 日有两篇涉及统计显著性的文章发表. 一篇发表在 *Nature* 上, 名为《科学家们起来反对统计显著性》(Scientists rise up against statistical significance), 内容是 Amrhein, Greenland, McShane 以及 800 多位联名者一起呼吁终止骗人的结论并消除可能的至关重要的影响". [5] 另一篇发表在 *The American Statistician* 上, 题为《抛弃统计显著性》(Abandon statistical significance). [6]

2019 年底, Xuming He, David Madigan, Bin Yu, Jon Wellner 等统计学家在给美国国家科学基金会的报告《十字路口的统计学: 谁在应对挑战?》(Statistics at a crossroads: who is for

[4]原文是: "...the development of theory for theory's sake, which, since it seldom touches down with practice, has a tendency to redefine the problem rather than solve it. ... the tendency to force all problems into the molds of one or two routine techniques, insufficient thought being given to the real objectives of the investigation or to the relevance of the assumptions implied by the imposed methods."

[5]原文是: "call for an end to hyped claims and the dismissal of possibly crucial effects", 网址为 https://www.nature.com/articles/d41586-019-00857-9.

[6]https://www.tandfonline.com/doi/full/10.1080/00031305.2018.1527253.

the challenge?) [7] 中提出 **"统计领域正处于十字路口: 我们要么通过拥抱和引领数据科学而蓬勃发展, 要么拒绝并变得无关紧要. 从长远来看, 要繁荣发展, 我们必须重新定义、扩展和转变统计领域. 我们必须发展并成长为从数据中收集和提取有用信息的跨学科科学."** 在该报告的一开始就引用统计先驱 Tukey (1962) 的话说明了该报告的动机:

> 什么是未来? 未来的数据分析能够涉及巨大的进步, 克服真正的困难, 并为科技的各个领域提供出色的服务. 会是这样吗? 这完全依赖于我们, 依赖于我们是愿意选择解决实际问题的坎坷道路, 还是选择由不真实的假定、武断的准则及脱离实际的抽象的结果构成的平坦的道路. 谁来应对挑战?

统计界对这种状况必然有所考虑, 学科角度的反应和个人角度的反应必然不同. 为了各种考虑, 2019 年, 美国统计协会 (ASA) 成立了一个 15 人专责小组, 以解决人们担心 *The American Statistician* (ASA 期刊) 2019 年的社论可能被错误地解释为 ASA 的官方政策的问题. (2019 年的社论建议在统计分析中取消使用 "$p < 0.05$" 和 " 统计显著性 ".) 目前这个专责小组的报告《ASA 主席关于统计显著性和可重复性的专责小组声明》(The ASA president's task force statement on statistical significance and replicability) 已经发表在 *The Annals of Applied Statistics* 上. [8] 该报告说: " 其目的有两个: 首先, 经过恰当应用及解释后, p 值和显著性的使用是不应放弃的重要工具; 其次, 简要阐明一些可能对科学界有用的统计推断的一些健全原则." 很明显, 该报告反映了专责小组 15 人观点的某种 " 平均 ", 其中的含义是: p 值和显著性可以用, 但是有条件:

- 报告强调的 " 可重复性 " 意味着仅仅用一个样本来下结论是不合适的;
- 报告所说的 "p 值和显著性……不是一定要理解为具有实际显著性的度量指标. 如果认为有必要将阈值视为决策的一部分, 则应根据研究目标明确定义阈值, 并考虑错误决策的后果. 作为惯例的阈值 (即显著性水平) 标准应依照学科和分析目标的差异而变化 ", 意味着诸如 "p 值小于 0.05 就意味着显著 " 的惯例的终结.

1.2 数据分析的实践

数据收集 要根据实际目的收集数据. 有些数据是需要人工收集的, 比如通过普查、调查、实验、观察等手段得到; 另一些则来自各种与计算机联系的数据源, 比如遥感数据、网络数据、商务数据、远程上报数据等. 确定需要收集哪些变量的数据是非常关键的, 这个决策不是基于数学或统计的知识, 而是基于对相应领域的了解和经验. 有数据不一定能够得到需要的结论, 我们需要的是与所关心问题**充分有关**的变量的数据.

数据预处理 原始数据往往或多或少地存在各种缺失值, 还有不合逻辑或不一致等问题. 这需要进行预处理. 这些工作很可能非常费时而且极其琐碎, 但必须去做, 否则后续的分析是不可能展开的. 填补缺失值有很多方法, 比较简单的就是删除, 用同一变量其他值的均值或中位数填补, 或者在各个变量之间建立模型来填补.

寻找适合的模型 有了数据, 我们需要的是模型, 其目的或者是预测, 或者是理解产生数据的机制. 为了寻找模型, 首先要对数据进行探索性分析, 利用图形、各种统计量或者比较

[7] 发表在美国统计协会 (American Statistical Association, ASA) 官方网站 https://www.amstat.org/ASA/News/Statistics-at-a-Crossroads-Recommendations-Are-Released.aspx.

[8] https://doi.org/10.1214/21-AOAS1501.

复杂的探索方法来查看数据的特性. 有了对数据的粗略认识之后, 就要根据目标寻找适合的模型, 无论是传统意义上的模型还是以算法为基础的模型. 首先是寻找现成的模型, 比较各种模型的计算结果, 如果现成的模型不能满足需要, 就应该使用新的数据分析方法. 模型选择贯穿整个数据分析过程.

比较模型的标准 在传统统计中, 通常要对分布和模型形式做出假定, 在这些假定下确定损失函数, 并依此得到各种判别准则, 这些准则包括各种检验、一些统计量的临界值等. 但绝对不要忘记, 所有这些都是在对数据分布及描述变量之间关系的模型所做的假定[9]之下得到的. 如果这些假定不满足, 则这些准则也没有什么意义了.

实际上, 除了没有目标变量的情况, 一个模型的优劣应该按照其预测精度来判断, 如果一个模型的预测精度很差, 即使它在主观假定下的数学过程再漂亮也一钱不值.

根据 Yu and Kumbier (2020)[10], 数据科学模型应该满足三个原则 (principles): **可预测性** (predictability)、**可计算性** (computability)、**稳定性** (stability). 其中, 可预测性是目标, 可计算性及稳定性是有效预测的保证. 预测精度是衡量模型优劣的标准.

在使用算法模型时, 判断模型预测精度通常采用**交叉验证** (cross validation) 的方法, 也就是说, 拿一部分数据作为**训练集** (training set), 得到模型, 再用另一部分作为**测试集** (testing set) 的数据来看误差是多少. 交叉验证选取训练集和测试集的方法很多. 有时需要进行**多折交叉验证** (multi-fold cross validation), 即把数据分成若干份, 比如 k 份, 每次拿 $k-1$ 份观测值作为训练集, 用剩下的 1 份观测值作为测试集, 重复 k 次, 于是每个观测值都做了一次测试集数据, 交叉验证误差, 以避免仅用一个测试集可能出现的偏差. 显然, 交叉验证的方法也适用于传统模型之间以及传统模型和算法模型之间的比较.

对结果的解释 最终目的不是选择模型, 而是解释模型所产生的结果, 结果则必须是应用领域的结果, 必须有实际意义. 仅仅用统计术语说某个模型较好、某个变量显著是不够的. 必须听从科学家的判断.

1.3 数据和变量

现实世界的一些数据是**结构化数据** (structured data), 但大部分是**非结构化数据** (unstructured data). 结构化和非结构化数据的来源、收集和缩放方式各不相同, 并且每一种都驻留在不同类型的数据库中. 结构化数据分析是一个成熟的过程和技术, 而非结构化数据分析还不是一项成熟的技术, 正在发展中.

本书考虑的主要是结构化数据, 这些数据的大部分可以转换成一个或一组二维矩形数据文件, 比如, n 维列联表在 R 中是一个 n 维数组, 但可以转换成一个二维数据阵. 本书所用的绝大多数数据都可以从网上下载.

1.3.1 变量和观测值

统计术语**变量** (variable) 是指任何可以度量或者记录的特征, 比如年龄、性别、职业、收入及支出等等. 作为计算机和数据库的术语, 变量有很多名字, 最常见的包括**特征** (feature)、

[9]这些假定都是无法用确定性方法验证的, 最多只能尝试用显著性检验来拒绝它, 如果没有充分理由拒绝, 也不能 “证明” 这些假定是对的, 那么它们仍然属于**假定**.

[10]https://arxiv.org/pdf/1901.08152.pdf.

属性 (attribute)、**特性** (characteristic)、**字段** (field) 等等.

统计术语**观测值** (observation) 是指收集到的变量的记录或者值, 比如, 档案中的很多人的具体年龄、性别、收入及支出的记录. 作为计算机和数据库术语, 观测值也称为记录 (record)、对象 (object)、点 (point) 、向量 (vector)、模式 (pattern)、事件 (event)、例 (case, instance)、样本 (sample)、项 (item)、实体 (entity) 等等. 有些计算机术语在统计中有自己的含义, 希望不要混淆了.

通常矩形数据的每一行代表一个观测值, 每一列代表一个变量. 当然这不是绝对的, 比如表 1.3.1、表 1.3.2 和表 1.3.3 代表的数据所包含的信息完全一样, 但格式不同:

1. 在表 1.3.1 中, name (姓名) 是以 3 个名字为观测值的变量, 而 Math (代表数学) 、Phy (代表物理) 、Lit (代表文学) 为三个以分数为观测值的变量;
2. 在表 1.3.2 中, course (课程) 是以 3 门课名称为观测值的变量, 而作为 3 个变量的 3 个人名又是以他们各个课程分数作为观测值的变量;
3. 在表 1.3.3 中, name、course 和 grade 是三个变量, 分别以姓名、课程名称和分数的记录作为观测值.

这些数据形式的任何一种都可以很方便地使用软件来处理.

表 1.3.1　数据形式之一

name	Math	Phy	Lit
Tom	87	79	80
Bob	98	65	72
Janet	69	88	86

表 1.3.2　数据形式之二

course	Bob	Janet	Tom
Lit	72	86	80
Math	98	69	87
Phy	65	88	79

表 1.3.3　数据形式之三

name	course	grade
Tom	Math	87
Bob	Math	98
Janet	Math	69
Tom	Phy	79
Bob	Phy	65
Janet	Phy	88
Tom	Lit	80
Bob	Lit	72
Janet	Lit	86

1.3.2 变量的种类

很多教科书列举了很多变量类型的定义, 使得初学者不知是否应该背下来. 其实, 在实践中, 通常考虑两种变量类型就够了: **数量变量** (numerical variable) 和**分类变量** (categorical variable). 当然, 数量变量还可以细分为连续变量 (或区间变量) 和离散变量, 分类变量还可分为有序变量和无序变量, 等等. 此外, 这些变量名称无论在中文还是外文中都有很多同义词, 我们不在此列举.

很多人以为有序变量比纯粹分类变量要 "高级", 因为有大小之分, 而数量变量又更高级, 因为除了大小, 还有距离, 并且可以做数学运算. 其实, **对变量的分类反映了人们按照自己的目的和意愿对变量所做约束的大小, 连续型数量变量约束最大, 纯粹分类变量约束最**

小. 以车牌号码为例, 表面上它是数量变量, 但如果按照某些尾号限行的话, 就和数量大小无关, 应该按照分类变量处理.

把变量当成数量变量背后的逻辑是 "取值的数量大小反映两个不同方向的现象", 而把变量当成无序分类变量背后的逻辑是 "每种取值都有可能代表任何现象".

下面这个例子类似于按照车牌尾号限行的情况. 我们把可能的结论留给读者自己思考.

例 1.1 两个变量: 一个是取值 1～40 中的自然数 x, 另一个是把 x 中以 0 或 5 结尾的数标为 0, 其余的标为 1 的变量 y. 无论把 x 当成分类变量还是数量变量, 传统的统计方法都无法建立可预测的模型. 如果把 x 当成数量变量, 即使是后面我们要介绍的决策树也要拆分 15 次才能完全正确拟合 (见图 1.3.1 中上图), 但如果把 x 当成分类变量, 决策树只需拆分 1 次就能完全正确拟合 (见图 1.3.1 中下图), 这个例子的含义请读者自己考虑.

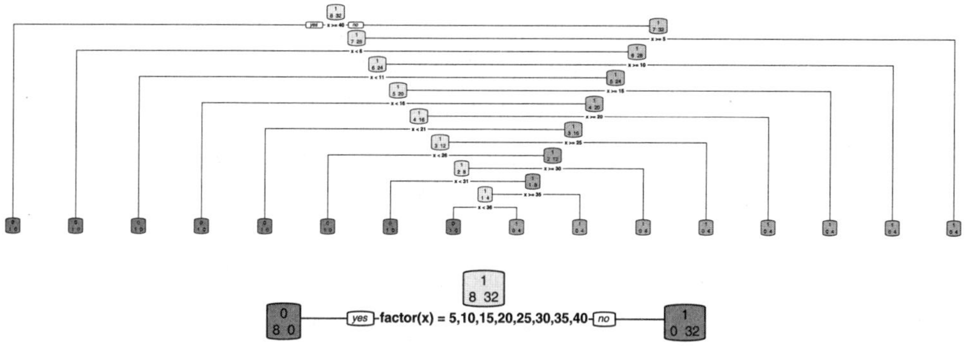

图 1.3.1 例 1.1 的两个决策树

1.3.3 有监督学习: 具有目标变量的预测模型

数据科学最重要的任务就是根据数据训练出可以预测的模型, 并根据预测结果给出进一步的决策. 无论是传统统计的回归, 还是用计算机下棋或一般的人工智能, 均有一个目标. 这种有目标地对模型进行训练的过程就是**有监督学习** (supervised learning). 对于有许多变量的数据来说, 有监督学习所基于的数据必须有至少一个目标变量. 目标变量之外的变量可以用于通过模型训练对目标变量做预测. 按照统计术语, 目标变量常被称为**因变量** (response, dependent variable), 在计算机领域, 目标变量通常被称为**输出** (output); 而其余用于预测的变量在统计中称为**自变量** (predictor, explanatory, independent variable), 在计算机领域常称为**输入** (input). 显然, 统计术语带有一些源于统计史的涉及 "因果关系" 的主观色彩, 而计算机术语相对比较中性. 本书将主要使用统计术语.

当因变量为分类变量时, 有监督学习称为**分类** (classification); 当因变量为数量变量时, 有监督学习称为**回归** (regression).

有监督学习实际上是用数据训练一个模型 $f()$, 使用作为自变量数据函数的模型 $f(\boldsymbol{X})$ 来近似因变量数据 $\boldsymbol{y}$, 也就是数据驱动的做法:

$$\boldsymbol{y} \approx \hat{\boldsymbol{y}} \equiv f(\boldsymbol{X}, \boldsymbol{\Theta}), \tag{1.3.1}$$

式中的 $\boldsymbol{y}$, $\boldsymbol{X}$ 是数据, $f()$ 是数学公式或者算法描述的模型, $\boldsymbol{\Theta}$ 是可能的数学参数或程序的

超参数. 在传统统计中, 通常考虑和式 (1.3.1) 类似但含义非常不同的模型, 即模型驱动的设定:

$$\boldsymbol{y}=f(\boldsymbol{X},\boldsymbol{\Theta},\boldsymbol{\epsilon}), \tag{1.3.2}$$

这里的 $\boldsymbol{y}$, $\boldsymbol{X}$ 是来自某想象总体的随机变量或随机样本向量 (而不是非随机的具体数据), $f()$ 是模型的数学形式, $\boldsymbol{\Theta}$ 为模型参数, 由于该模型是等式 (而不是近似), 所有方程两边不均衡的部分都由随机误差项 $\boldsymbol{\epsilon}$ 负责. 模型 (1.3.2) 的一个典型例子是后面将要介绍的线性模型 $\boldsymbol{Y}=\boldsymbol{X}\boldsymbol{\beta}+\boldsymbol{\epsilon}$, 它假定了模型 $f()$ 的线性形式及误差的可加性.

除了经典的以及机器学习的各种回归和分类模型之外, 经典时间序列模型和多水平模型 (随机效应混合模型、面板数据模型)、广义线性模型等都是为了有监督学习产生的. 其中, 除了时间序列模型和多水平模型的数据对于每个对象有重复观测因而称为**时间序列数据**或**纵向数据**之外, 其余的模型多数以每个对象只观测一次的**横截面数据**为主.

不那么典型地, 本书把路径模型及贝叶斯网络模型也算成有监督学习范畴.

在传统统计中, 仅在一些为方便数学推导而做的假定下, 给出一些判断模型优劣的标准. 如果没有这些主观的假定, 传统统计完全没有办法比较任意两个模型. 如前面叙述过的, **模型的预测精度必须用测试集通过交叉验证来度量.** 下面介绍一些常用的误差度量. 这里用向量 $\hat{\boldsymbol{y}}$ (其第 i 个元素用 $\hat{y}_i$ 表示) 表示通过模型预测测试集的因变量 $\boldsymbol{y}$ 的值 (其第 i 个元素用 y_i 表示).

1. **回归情况:** 定义**误差平方和** (sum of squared errors, SSE)、**均方误差** (mean squared error, MSE) 及**标准化均方误差** (normalized MSE, NMSE) 分别为:

$$\mathrm{SSE}=\sum_{i=1}^{n}(y_i-\hat{y}_i)^2; \tag{1.3.3}$$

$$\mathrm{MSE}=\frac{1}{n}\mathrm{SSE}=\frac{1}{n}\sum_{i=1}^{n}(y_i-\hat{y}_i)^2; \tag{1.3.4}$$

$$\mathrm{NMSE}=\frac{\sum_{i=1}^{n}(y_i-\hat{y}_i)^2}{\sum_{i=1}^{n}(y_i-\overline{y})^2}. \tag{1.3.5}$$

   也可以类似地定义 $R^2=1-\mathrm{NMSE}$ 作为预测精度的度量, 但不称之为“可决系数”, 以避免和经典统计中仅对训练集计算的 R^2 混淆, 对于术语定义不那么认真的计算机社区, 通常称 R^2 为**记分**或**得分** (score), 或者就叫 **R 平方** (r-square). 如果使用交叉验证, 在模型不好时, NMSE 可能大于 1, 或者 $R^2<0$.

2. **分类情况:** 由于因变量是分类变量, 通常用预测精度或 (等价地) 用误差来度量:

$$\text{精确度}=\frac{\hat{\boldsymbol{y}}=\boldsymbol{y}\text{ 的个数}}{\text{样本量}};\quad \text{误判率}=1-\text{精确度}.$$

   在分类问题上, 计算机社区往往也称精确度为**得分** (score).

1.3.4 无监督学习: 没有目标变量, 为探索数据间结构的模型

无监督学习使用机器学习算法来分析和聚类未标记的数据集. 这些算法无须人工干预即可发现隐藏的模式或数据分组. 发现信息异同的能力使其成为探索性数据分析、交叉销售策略、客户细分和图像识别的理想解决方案. 由于没有监督, 无监督学习的结果很难有一个普遍被接受的优劣标准, 但实际工作者的判断可能比任何公式或数学准则更可靠.

属于无监督学习的方法包括统计中的聚类、主成分分析、因子分析、典型相关分析、关联规则分析及对应分析等.

1.4 R 软件及 Python 软件

和第 3 版仅有 R 代码相比, 第 4 版增加了所有可能的 Python 代码. R 软件是专门为数据分析而产生的, 很适合初学编程和数据分析的人使用. Python 软件有着相当广泛的应用范围, 数据分析是其中的一部分, 在深度学习领域 Python 具有比 R 高出很多的优势, 因此, 通过 Python 不但可以学习编程做数据分析, 而且可以和其他使用 Python 的应用结合.

学习软件必须在有目标、有数据的应用中学习, 本书把对 R 和 Python 的介绍放到最后一部分, 作为参考.

第一部分

经典统计篇

第 2 章　经典线性模型

2.1 简单最小二乘线性回归回顾

线性回归模型是数学上最容易处理的回归模型, 但实际数据是否满足这个简单模型, 很难验证, 因此, 在回归中必须对各种模型进行比较, 才能找到**相对来说**较适合的模型. 线性回归的历史很长, 在前计算机时代, 线性回归属于对简单数据可以采用手工计算的少数有监督学习方法之一.

2.1.1 基于数据的最小二乘线性回归

有了数据 $\boldsymbol{y}$ 和 $\boldsymbol{X}$, 其中 $\boldsymbol{y}$ 是目标变量 (因变量) 数据向量 (不妨假定为 $n \times 1$ 维, 其第 i 个元素记为 y_i), 而 $\boldsymbol{X}$ 为预测变量 (自变量) 矩阵 (不妨假定为 $n \times p$ 维, 其第 ij 个元素记为 x_{ij}), 这意味着该数据有 n 个观测值, p 个自变量 (可以包括常数列) 及一个因变量. 最小二乘线性回归就是做式 (1.3.1) 形式的最小二乘近似, 也就是说, 寻找一个称为最小二乘估计的系数向量 ($p \times 1$ 向量) $\boldsymbol{\beta}$, 使得误差平方和

$$\|\boldsymbol{y}-\boldsymbol{X}\boldsymbol{\beta}\|^2=(\boldsymbol{y}-\boldsymbol{X}\boldsymbol{\beta})^\top(\boldsymbol{y}-\boldsymbol{X}\boldsymbol{\beta})=\sum_{i=1}^{n}\left(y_i-\sum_{j=1}^{p}\beta_j x_{ij}\right)^2 \tag{2.1.1}$$

最小 (所谓 " 最小二乘 ") 的意义上, 用线性组合 $\boldsymbol{X}\boldsymbol{\beta}$ 来近似 $\boldsymbol{y}$:

$$\boldsymbol{y}\approx\boldsymbol{X}\boldsymbol{\beta}, \tag{2.1.2}$$

用公式表示, 系数 $\boldsymbol{\beta}$ 的最小二乘估计

$$\hat{\boldsymbol{\beta}}=\arg\min_{\boldsymbol{\beta}}\|\boldsymbol{y}-\boldsymbol{X}\boldsymbol{\beta}\|^2=\arg\min_{\boldsymbol{\beta}}\left[(\boldsymbol{y}-\boldsymbol{X}\boldsymbol{\beta})^\top(\boldsymbol{y}-\boldsymbol{X}\boldsymbol{\beta})\right]. \tag{2.1.3}$$

为了获得符合上式要求的最小值点 $\hat{\boldsymbol{\beta}}$, 根据初等微积分, 可以对式 (2.1.1) 关于 $\boldsymbol{\beta}$ 求偏导数, 并且解使得该偏导数等于 0 的方程 (注意这里的 $\boldsymbol{X}$ 和 $\boldsymbol{y}$ 都是已知的, 只有 $\boldsymbol{\beta}$ 是未知的) [1]:

$$\begin{aligned}\frac{\partial\left[(\boldsymbol{y}-\boldsymbol{X}\boldsymbol{\beta})^\top(\boldsymbol{y}-\boldsymbol{X}\boldsymbol{\beta})\right]}{\partial\boldsymbol{\beta}}&=\frac{\partial(\boldsymbol{y}^\top\boldsymbol{y}-2\boldsymbol{y}^\top\boldsymbol{X}\boldsymbol{\beta}+\boldsymbol{\beta}^\top\boldsymbol{X}^\top\boldsymbol{X}\boldsymbol{\beta})}{\partial\boldsymbol{\beta}}\\&=-2\boldsymbol{X}^\top\boldsymbol{y}+2\boldsymbol{X}^\top\boldsymbol{X}\boldsymbol{\beta}=0,\end{aligned}$$

可以得到

$$\hat{\boldsymbol{\beta}}=(\boldsymbol{X}^\top\boldsymbol{X})^{-1}\boldsymbol{X}^\top\boldsymbol{y}. \tag{2.1.4}$$

得到式 (2.1.4) 后最小二乘线性回归就可根据新的自变量 $\boldsymbol{X}_{new}$ 对因变量做预测: ($\hat{\boldsymbol{y}}_{new}=\boldsymbol{X}_{new}\hat{\boldsymbol{\beta}}$).

---

[1] 大家不必介意这些矩阵偏导数的细节, 它们和一般的偏导数类似, 只不过显得简洁一些. 这些公式都是百年前推导出来的, 数学含量并不高. 实际上, 用一行代码就可以得到结果.

问题与思考

作为有监督学习的最小二乘线性模型的所有内容就是这些. 对该模型所做的主观假定及选择包括:

1. 模型选择**线性形式**来近似自变量和因变量间的关系, 这是为数学上方便而做的很强假定, 世界上有多少关系是线性的?
2. 采用了**对称的二次函数作为损失函数** (" 最小二乘 "), 这也是为了数学上方便.

2.1.2 传统统计模型驱动的线性模型

前面 2.1.1 节已经描述了最小二乘线性回归的全部内容, 但通常回归分析教科书还增加了更多附加的主观假定, 其目的是基于主观假定做诸如显著性检验那样的统计推断. 下面介绍这些内容并揭示其本质.

在一些标准回归分析教科书中, 最小二乘线性回归的假定是其**作为随机变量**的因变量 $\boldsymbol{Y}$ 和自变量 $\boldsymbol{X}$ 满足模型驱动的线性回归模型方程 (类似于式 (1.3.2)):

$$\boldsymbol{Y}=\boldsymbol{X}\boldsymbol{\beta}+\boldsymbol{\epsilon}, \tag{2.1.5}$$

式中, 因变量 $\boldsymbol{Y}$ 为 n 维随机观测值向量, 自变量 $\boldsymbol{X}$ 为 $n\times p$ 矩阵, 误差项 $\boldsymbol{\epsilon}$ 为 n 维随机误差向量. 这意味着一共有 n 个观测值, 有一个由向量 $\boldsymbol{Y}$ 代表的因变量及由 $\boldsymbol{X}$ 代表的 p 个自变量 (如果 $\boldsymbol{X}$ 矩阵包含全是 1 的代表截距的一列, 则有 $p-1$ 个自变量).

问题与思考

最小二乘线性回归本身和模型 (2.1.5) 及所附加的各种关于误差项及数据的分布假定没有关系.

关于模型 (2.1.5) 的含义有下面几点值得注意:

1. 该模型是等号, 而且右边有一个随机向量, 这说明:
   (1) 该模型被认为是完全正确的 (没有近似), 否则应该是近似符号 ($\approx$).
   (2) 该模型的左边应该也是随机向量, 否则和右边不匹配.
   (3) 该模型并没有说模型 (2.1.5) 右边 $\boldsymbol{X}\boldsymbol{\beta}$ 是不是随机的.
2. 关于模型 (2.1.5) 第二项 $\boldsymbol{X}\boldsymbol{\beta}$ 是不是随机的问题:
   (1) 一些教科书把 $\boldsymbol{X}$ 看成是固定的, 这是比较现实的做法. 因此有
   $$E(\boldsymbol{Y})=\boldsymbol{X}\boldsymbol{\beta}+E(\boldsymbol{\epsilon}),$$
   而在 $E(\boldsymbol{\epsilon})=\boldsymbol{0}$ 的一般假定下, 有 $E(\boldsymbol{Y})=\boldsymbol{X}\boldsymbol{\beta}$ 的关系.
   (2) 上面一条还需要模型 (2.1.5) 的 " 误差项是可加的 " 潜在假定. 例如, 根据 " 误差可乘模型 " $\boldsymbol{Y}=\boldsymbol{X}\boldsymbol{\beta}\odot\boldsymbol{\epsilon}$ 就得不到 $E(\boldsymbol{Y})=\boldsymbol{X}\boldsymbol{\beta}$ 的关系 (这里 "$\odot$" 是元素相乘符号).
   (3) 另外一些教科书把 $\boldsymbol{X}$ 看成是随机的. 但使用条件概率回避了 $\boldsymbol{X}$ 的随机性所导致的麻烦, 如此, 在 $\boldsymbol{X}$ 和$\boldsymbol{\epsilon}$ 不相关的假定下有:
   $$E(\boldsymbol{Y}|\boldsymbol{X})=\boldsymbol{X}\boldsymbol{\beta}+E(\boldsymbol{\epsilon}),$$
   而在 $E(\boldsymbol{\epsilon})=\boldsymbol{0}$ 的一般假定下, 有 $E(\boldsymbol{Y}|\boldsymbol{X})=\boldsymbol{X}\boldsymbol{\beta}$ 的关系. 这种做法有些虚伪, 因为没有人真正系统处理过众多自变量的观测值 $\boldsymbol{X}$ 为随机变量的复杂情况.
   (4) 无论是经典统计还是贝叶斯统计都大量研究过模型 (2.1.5) 第二项 $\boldsymbol{X}\boldsymbol{\beta}$ 中 $\boldsymbol{\beta}$ 是随机变量的情况, 这就是所谓随机效应混合模型或多层模型的目标.
3. 在简单回归中, 误差项 $\boldsymbol{\epsilon}$ 的元素一般要求是独立同分布零均值的, 而通常分布假定为正态的, 这意味着
   $$\boldsymbol{\epsilon}\sim N\left(\boldsymbol{0},\sigma^2\boldsymbol{I}\right). \tag{2.1.6}$$

如果有所谓异方差性等使得 ϵ 的元素相关, 则又增加很多其他的设定, 比如, 在正态假定下, 式 (2.1.6) 改写成

$$\epsilon \sim N(\mathbf{0}, \boldsymbol{\Sigma}). \tag{2.1.7}$$

在最小二乘回归的标准输出中, 对系数的 t 检验和方差分析的 F 检验是教科书中必讲的内容, 而 p 值小就意味着 "显著", 但很多教科书避而不谈前面的 (包括线性模型假定在内的) 各种假定是否满足, 也不讨论误差项是否偏离 (无法验证的) 正态性. 实际上, 如果模型的线性、正态性或渐近正态性不成立, 那些 t 检验和 F 检验就没有任何意义.

人们往往利用正态性假设检验来拒绝其来自正态分布, 而且要给出相应的关于显著性的 p 值. 如果不能拒绝, 则称 "没有足够证据拒绝 (正态的) 零假设", 零假设可以在后续研究中继续作为一个假定, 而不是确定的结论, 仅此而已.

2.1.3 线性最小二乘回归的拟合

下面介绍一个数据例子.

例 2.1 混凝土强度数据 (concrete.csv) 该数据包含了混凝土的 7 种成分、时间以及抗压强度等 9 个变量. 共有 1030 个观测值. 这些变量为 Cement (水泥), Blast.Furnace.Slag (高炉矿渣), Fly.Ash (粉煤灰), Water (水), Superplasticizer (超塑化剂), Coarse.Aggregate (粗骨料), Fine.Aggregate (细骨料), Age (时间), Compressive.strength (抗压强度). 其中除了 Age (时间) 的单位是天、Compressive.strength (抗压强度) 的单位是兆帕之外, 其他变量全部是以千克为单位. 数据来自 Yeh (1998) [2]. 这个数据的 Compressive.strength (抗压强度) 被看成是因变量, 而其他变量为自变量. 这是一个典型的回归问题. 我们将用最小二乘线性回归方法来拟合这个数据.

下面对例 2.1 混凝土强度数据以 Compressive.strength 作为因变量, 其他变量作为自变量来做最小二乘线性回归. 线性最小二乘的全部过程都体现在式 (2.1.4) 中, 因此, 如果所有变量都是数量变量, 可直接使用公式. 读取数据, 并且根据式 (2.1.4) 计算带有截距的线性最小二乘回归代码为:

```
w=read.csv('Concrete.csv')
X=cbind(Intercept=1,as.matrix(w[,-9]));y=w[,9]
beta=solve(t(X)%*%X)%*%t(X)%*%y
```

上面的 beta 就是估计的参数:

```
> t(beta)
     Intercept Cement Blast.Furnace.Slag Fly.Ash   Water Superplasticizer
[1,]    -23.33 0.1198             0.1039 0.08793 -0.1499           0.2922
     Coarse.Aggregate Fine.Aggregate    Age
[1,]          0.01809        0.02019 0.1142
```

为符号简单计, 记因变量 Compressive.strength 为 $\boldsymbol{y}$, 而 (包括截距) 变量名 Intercept, Cement, Blast.Furnace.Slag, Fly.Ash, Water, Superplasticizer, Coarse.Aggregate, Fine.Aggregate, Age 分

[2]可从网页 https://archive.ics.uci.edu/ml/datasets/Concrete+Compressive+Strength 下载.

别为矩阵 $\boldsymbol{X}$ 的各列: $\boldsymbol{X} = (\boldsymbol{1}, \boldsymbol{x}_1, \boldsymbol{x}_2, \ldots, \boldsymbol{x}_8)$, 它们 (包括截距在内) 每一列的系数分别为 $\boldsymbol{\beta} = (\beta_0, \beta_1, \ldots, \beta_8)^\top$. 于是, 根据上面的输出, 系数 $\boldsymbol{\beta}$ 的估计值 $\hat{\boldsymbol{\beta}}$ 为:

$$
\begin{aligned}
\hat{\boldsymbol{\beta}} =&(\hat{\beta}_0, \hat{\beta}_1, \ldots, \hat{\beta}_5)\\
=&(-23.33, 0.1198, 0.1039, 0.08793, -0.1499, 0.2922, 0.01809, 0.02019, 0.1142).
\end{aligned}
$$

这意味着描述因变量与自变量之间的近似线性关系为:

$$
\begin{aligned}
\boldsymbol{y} \approx \hat{\boldsymbol{y}} =&\boldsymbol{X}\hat{\boldsymbol{\beta}} = \hat{\beta}_0 + \hat{\beta}_1 \boldsymbol{x}_1 + \cdots + \hat{\beta}_8 \boldsymbol{x}_8\\
=&-23.33 + 0.1198\boldsymbol{x}_1 + 0.1039\boldsymbol{x}_2 + 0.08793\boldsymbol{x}_3 - 0.1499\boldsymbol{x}_4\\
&+ 0.2922\boldsymbol{x}_5 + 0.01809\boldsymbol{x}_6 + 0.02019\boldsymbol{x}_7 + 0.1142\boldsymbol{x}_8.
\end{aligned}
$$

当然可以用现成 R 函数 `lm` 来得到完全相同的系数估计, 利用刚才输入的数据, 通过下面的代码得到同样的系数估计输出 (这里不显示):

```
lm(Compressive.strength~.,w)$coef
```

问题与思考

最小二乘线性回归的系数大小在计算机时代没有多大的意义, 因为不用笔和纸 (或机械计算器) 来人工计算了. 但一些模型驱动的传统统计学家错误地认为这些系数有 “ 可解释性 ”, 因此对这些系数做出过度研究, 包括各种显著性检验. 我们将在 2.2 节说明**线性回归系数没有所谓的 “ 可解释性 ”**.

2.1.4 线性最小二乘回归的预测及交叉验证

对于任何统计软件, 根据拟合结果来预测是非常简单的. 对于例 2.1 混凝土强度数据, 我们通过交叉验证来介绍利用训练集的拟合对测试集做预测. 首先把数据随机分成 $Z = 10$ 份 (使用随机种子是为了可以重复得到相同结果):

```
set.seed(8888);D=1;Z=10;n=nrow(w)
I=sample(rep(1:Z,ceiling(n/Z)))[1:n]
```

程序中的 `D` 代表因变量在数据集中的位置 (列数); `Z` 代表折数; `I` 代表把 1 到 10 的整数随机打乱排列在 n 维向量中 (n 为样本量). 进行交叉验证的代码为:

```
library(tidyr)
pred=rep(999,n) #存储预测结果
f=formula(paste(names(w)[D],"~."))
for (i in 1:Z) {
  m=(1:n)[I==i] # 第i折的下标集
  pred[m]=lm(f,data=w[-m,]) %>% predict(w[m,])
}
M=sum((w[,D]-mean(w[,D]))^2)
nmse=sum((w[,D]-pred)^2)/M
```

上面 `m=(1:n)[I==i]` 为第 i 折的下标集, 因此 `w[m,]` 为第 i 折的测试集数据, 而 `w[-m,]` 为第 i 折的训练集数据. 最终得到的 10 折交叉验证的标准化均方误差 NMSE 为 0.3925. 单

独一个模型的误差值可能不会给人什么印象, 但如果有很多不同模型来拟合同一个数据, 这些误差的差别就说明了模型的优劣. 2.1.5 节给出了对例 2.1 混凝土数据的最小二乘线性回归与 5 种后面将要介绍的机器学习回归模型预测精度的 10 折交叉验证比较.

2.1.5 对例 2.1 回归的 6 个模型交叉验证比较

下面用 10 折交叉验证来比较最小二乘线性回归与 5 种机器学习模型的预测精度, 这几种后面会逐步介绍的机器学习模型分别为决策树、bagging、随机森林、mboost、梯度增强. 对例 2.1 回归的 6 个模型交叉验证 NMSE 结果展示在图 2.1.1 和表 2.1.1 中.

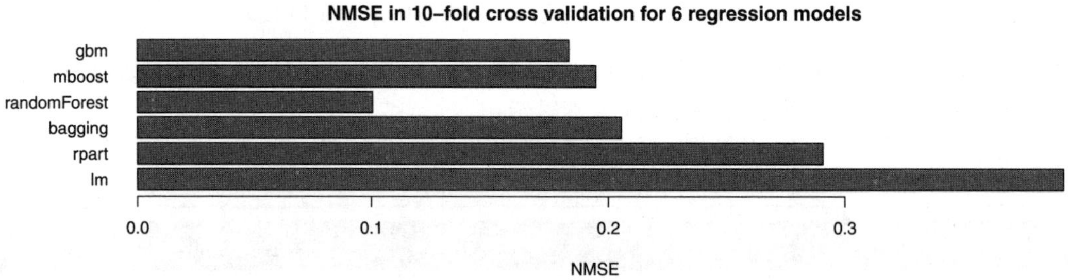

图 2.1.1 例 2.1 回归的 6 个模型交叉验证 NMSE 结果

表 2.1.1 例 2.1 回归的 6 个模型交叉验证 NMSE 结果

模型 R 代码	lm (线性模型)	rpart (决策树)	bagging (bagging)	randomForest (随机森林)	mboost (mboost)	gbm (梯度增强)
NMSE	0.3925	0.2908	0.2054	0.1006	0.1948	0.1834

从图 2.1.1 和表 2.1.1 可以看出, 对于例 2.1 数据回归的几种方法中, 最小二乘线性回归模型的误差最大, 几乎是随机森林的 4 倍.

这个交叉验证的代码和上一节类似, 只不过多了几个模型.

```
NM=names(w)
n=nrow(w);D=9
f1=paste(NM[D],'~btree(',NM[1],')')
for (i in 2:8) f1=paste(f1,'+btree(',NM[i],')')
(f1=formula(f1))
set.seed(8888);D=9;Z=10;n=nrow(w)
I=sample(rep(1:Z,ceiling(n/Z)))[1:n]
library(tidyr)
library(randomForest);library(rpart.plot);library(gbm)
library(ipred);library(mboost)
FUN=c(lm,rpart,bagging,randomForest,mboost,gbm)
pred=matrix(999,n,length(FUN))
f=formula(paste(names(w)[D],"~."))
for (i in 1:Z) {
```

```
  m=(1:n)[I==i] # 第i折的下标集
  k=1
  for(fun in FUN){
    if (k!=5) f0=f else f0=f1
    pred[m,k]=fun(f0,data=w[-m,]) %>% predict(w[m,])
    k=k+1
    }
}
M=sum((w[,D]-mean(w[,D]))^2)
NMSE=sapply(data.frame(pred), function(x) sum((w[,D]-x)^2)/M)
names_nmse=c('lm','rpart','bagging','randomForest','mboost','gbm')
names(NMSE) = names_nmse
barplot(NMSE,horiz = T,col=4,las=1,xlab='NMSE')
title('NMSE in 10-fold cross validation for 6 regression models')
```

问题与思考

各种机器学习模型预测精度很高的事实不可否认, 但一些传统的推崇显著性的统计学家声称, 虽然机器学习方法的预测精度高, 但不如最小二乘线性回归模型有 "可解释性". 我们将会在后面章节表明随机森林是历史上最透明、最具可解释性的模型. 2.2 节首先说明最小二乘线性回归模型的所谓 "可解释性" 完全是 "皇帝的新衣".

2.2 线性模型没有 "可解释性"

有很多回归教科书断言:

多重线性回归某系数值是在其他变量不变时相应变量增加一个单位对因变量的贡献. (2.2.1)

这个断言意味着下面对数据的假定 (往往被人们有意或无意忽略):

1. 因变量 $\boldsymbol{y}$ 和自变量 $\boldsymbol{X}$ 之间的线性关系 $\boldsymbol{y}=\boldsymbol{X}\boldsymbol{\beta}$ 是准确无误的, 最多有些随机误差而已. 这个条件永远无法证实.
2. 自变量之间不相关或者不存在多重共线性 (参见 2.3 节的注), 在观测数据, 特别是经济数据中这很难满足, 而对经济数据的研究是依赖断言 (2.2.1) 最多的领域. 此外, 是否有多重共线性很难判断, 即使按照前面的条件数 κ 和方差膨胀因子 VIF 判断为没有多重共线性的数据, 断言 (2.2.1) 也不一定成立 (见后面的例子).

实际上, 如果一个自变量可以在其他自变量不变时自由变化, 则意味着完全可以用单变量回归来得到该自变量对因变量的影响, 根本不用在多自变量回归中寻求解释.

2.2.1 例 2.1 的多自变量和单自变量线性回归系数比较

我们对例 2.1 的数据做多自变量和单自变量 (不用截距项) 线性回归, 并且比较两种回归的相应变量的系数大小 (显示在图 2.2.1 中):

```
w=read.csv('Concrete.csv')
c1=lm(Compressive.strength ~ .-1,w)$coef
c2=sapply(w[,-9],function(x) lm(w$Compressive.strength ~ x-1)$coef )
barplot(rbind(c1,c2),beside=T,horiz=TRUE,col=c(15,1),cex.names=.7,las=1)
legend('bottomright',c("Coefficients of multiple regression",
       "Coefficients of univariate regressions"),fill = c(15,1))
title('Coefficient comparison between multiple and univariate regressions
       without constant term')
```

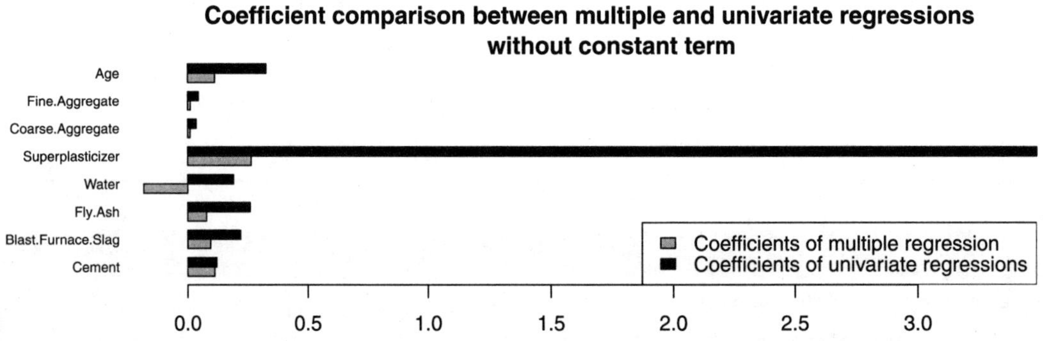

图 2.2.1　例 2.1 的线性回归在多自变量及单自变量回归时的系数对比

表 2.2.1 是图 2.2.1 的表格版. 可以看出, 在多自变量及单自变量回归时, 同一个自变量的系数可以相差 13 倍之多! 有些系数符号还相反.

表 2.2.1　例 2.1 的线性回归在多自变量及单自变量回归时的系数对比

变量	Cement	Blast.Furnace.Slag	Fly.Ash	Water
多重回归系数	0.113	0.096	0.079	-0.182
单独回归系数	0.122	0.220	0.260	0.191
变量	Superplasticizer	Coarse.Aggregate	Fine.Aggregate	Age
多重回归系数	0.265	0.010	0.011	0.114
单独回归系数	3.489	0.036	0.045	0.326

问题与思考

关于断言 (2.2.1), 必须弄清楚下面的问题:

- 在自变量中, “其他变量不变”是什么含义? 对于观测数据, 永远不可能要求一个变量改变而其他变量不变!
- 为什么单独回归系数和多重回归系数有那么大的差异, 而偏要用多重回归系数来解释单个变量的贡献? 这是什么逻辑思维方式?
- 是不是例 2.1 中的自变量不独立? 如果各个自变量数据都独立生成, 是不是两种回归的系数就一致了? 答案是否定的, 2.2.2 节的例子说明, 即使独立生成的自变量, 两种回归系数相差也很大. **实际上, 多自变量和单自变量分别回归时回归系数相同的条件是系数矩阵是正交矩阵.**

2.2.2 随机生成的独立变量数据回归的多自变量和单自变量线性回归系数比较

是不是自变量互相独立时, 断言 (2.2.1) 就成立了? 请看下面随机 (可随意试不同随机种子) 生成的独立自变量 x_1, x_2, x_3, x_4, x_5 数据的人造例子 (做多自变量和单自变量回归):

$$y = x_1 + 2x_2 + 3x_3 + 4x_4 + 5x_5 + \epsilon, \ \ \epsilon \sim N(0, 1).$$

根据上面的公式, 我们生成 18 个数据, 每个数据的 5 个自变量都是独立地由 $N(0, 1)$ 分布模拟的, 得到 18 个多自变量和单自变量线性回归系数比较图 (见图 2.2.2). 该图显示, 即使是随机生成的独立分布的自变量数据所做的线性回归, 多自变量和单自变量回归的系数差别也很大, 根本不存在可解释性.

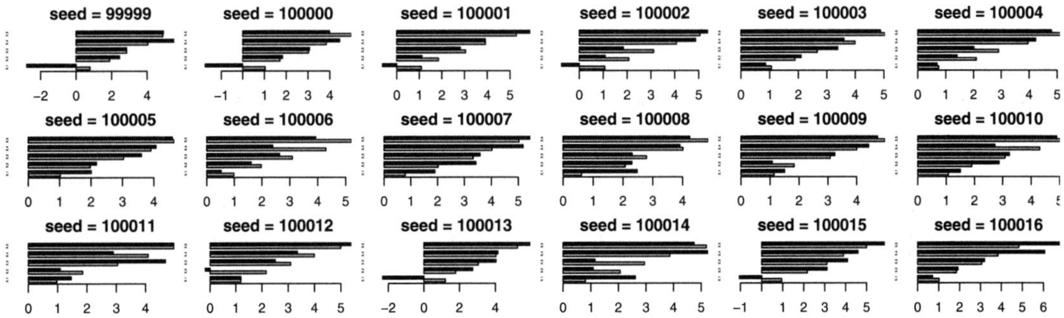

图 2.2.2 生成的独立变量数据的线性回归在多自变量及单自变量回归时的系数对比

生成图 2.2.2 的代码为:

```
Cloth=function(seed=99){
  set.seed(seed)
  x=matrix(rnorm(200),40,5,by=TRUE);y=x%*%(1:5)+rnorm(40)
  df=data.frame(y=y,X=x)
  c1=lm(y~.-1,df)$coef
  c2=sapply(df[,2:6],function(x) lm(y~x-1)$coef )
  barplot(rbind(c1,c2),beside=T,horiz = TRUE,col=c(15,1),cex.names = .3)
  title(paste('seed =',seed))
  Kappa=kappa(as.matrix(x),exact=TRUE) #x 的 条 件 数
  Mvif=max(car::vif(lm(y~.-1,df)))
  return(c(Kappa,Mvif))
}
par(mfrow=c(3,6))
COL=NULL
for(i in 99999:(99999+17))  {
  COL=cbind(COL,Cloth(i))
}
```

有人可能认为, 只要自变量没有 " 多重共线性 " (参见 2.3 节), 线性回归系数就有可解释性 (2.2.1). 为此, 生成图 2.2.2 的代码同时产生了 2.3 节关于线性模型多重共线性的条件数和

VIF 度量. 由此得到表 2.2.2. 结果表明所有 18 个数据按照无论什么苛刻标准, 都不存在统计上的多重共线性.

表 2.2.2 独立生成的 18 个自变量数据的条件数和最大 VIF

样本号	1	2	3	4	5	6	7	8	9
条件数 (κ)	1.74	1.88	1.56	1.55	1.49	1.50	1.78	1.69	1.52
max(VIF)	1.24	1.35	1.08	1.11	1.10	1.04	1.33	1.13	1.11
样本号	10	11	12	13	14	15	16	17	18
条件数 (κ)	1.72	1.53	1.51	1.67	1.69	1.70	1.71	1.91	1.93
max(VIF)	1.22	1.10	1.08	1.13	1.20	1.14	1.26	1.30	1.23

问题与思考

预测精度并不突出, 而且系数没有可解释性的最小二乘线性回归模型仅仅是无数回归模型之一, 但由于历史原因, 在传统统计的回归教科书中, 线性模型占了绝大部分篇幅. 由于单独变量的系数大小在多重回归中没有意义, 人们必须正视下面一般的标准回归分析教材的问题:

- 教材中关于线性模型各自变量系数大小的显著性检验有多大意义?
- 教材为什么不讲 (交叉验证) 预测精度, 而只沉醉于一些基于主观假定的推断?
- 教材中有多少内容应该精简?

2.3 “多重共线性”及“线性相关”在数学及统计学中的不同含义

2.3.1 矩阵的秩以及在数学及统计学中“多重共线性”的不同含义

在线性代数中, 向量空间的一组 (向量) 元素中, 如果没有向量可以用有限个其他向量的线性组合表示, 则称为**线性无关**或**线性独立** (linearly independent), 反之称为**线性相关** (linearly dependent). 在线性代数中, 一个矩阵 $\boldsymbol{A}$ 的秩 (可记为 $\text{rank}(\boldsymbol{A})$) 是其列向量 (或行向量) 所张成空间的维数. 也就是线性无关列向量或行向量的个数. 通常线性模型自变量矩阵 $\boldsymbol{X}$ 的秩如果等于其列向量数目, 则称 $\boldsymbol{X}$ 为**满秩** (full rank) 的.

在统计学中, 通常说的**多重共线性** (multicollinearity, collinearity) 不是一个严格的数学术语, 而是一种现象, 它意味着在多自变量回归模型中的**一个预测变量可以从其他预测变量中以相当大的准确度线性预测**. 在这种情况下, 多自变量回归的系数估计值可能会随着模型或数据的微小变化而发生不规律的变化. 多重共线性不会降低模型整体的预测能力或可靠性 (至少在样本数据集中); 它只影响关于单个预测变量的计算. 也就是说, 具有多重共线性的多自变量回归模型可以表明自变量总体对结果变量的预测效果, 但它可能无法给出关于任何单个预测变量的有效结果, 或者关于哪些预测变量相对于其他预测变量是多余的.

请注意, 在回归分析 (例如普通最小二乘线性回归) 的原始假设陈述中, 短语“无多重共线性”通常**不是指**没有上一段所说的“多重共线性”, 而是指不存在代数中的线性相关 (或完美多重共线性 (perfect multicollinearity)). 代数中的线性相关是预测变量之间的精确 (非随机) 的线性关系. 在这种情况下, 数据矩阵 $\boldsymbol{X}$ 不满秩, 矩阵 $\boldsymbol{X}^\top\boldsymbol{X}$ 不能求逆, 普通最小二乘估计 $\hat{\boldsymbol{\beta}} = (\boldsymbol{X}^\top\boldsymbol{X})^{-1}\boldsymbol{X}^\top\boldsymbol{y}$ 不存在. **因此, 原始假设“无多重共线性”的仅有功能是指系数矩阵满秩, 即这个最小二乘估计可以算出来, 它是数据矩阵的特征, 与背景的统计模型无关.**

由于分类自变量取的不同值个数一般远少于数量自变量，在分类变量很多的时候，即使在把它们哑元化时 (无论是用户还是软件) 舍弃一个生成的哑元变量，也可能会造成系数矩阵的不满秩，因而使得最小二乘线性回归 (或广义线性模型等基于线性结构的模型) 无法计算. 这个问题在一般机器学习模型中不存在，因为没有矩阵 $\boldsymbol{X}^\top\boldsymbol{X}$ 的逆矩阵计算问题.

在最小二乘线性回归中出现如此多的问题是因为人们对其做了上百年过度充满主观数学假定的研究，在数据科学上百种回归方法中，线性回归的精确性并不突出. 希望读者把注意力集中到计算机时代才产生的有广大前景的机器学习上.

容易发生误解的线性代数与统计中的概念和术语汇总:

1. 统计中两个观测向量 $\boldsymbol{x}$ 和 $\boldsymbol{y}$ 是否**线性相关** (linear correlation) 是一个模糊概念，是按照其 Pearson 样本相关系数越接近 1 则越相关而定义的 (到底等于多少算相关，没有统一认识)，这和线性代数中的**线性相关** (linearly dependent) 不同. 在代数中，只有 $\boldsymbol{x}$ 和 $\boldsymbol{y}$ 可以互相线性表示 (如存在 a 和 b，使得 $\boldsymbol{y} = a + b\boldsymbol{x}$) 才算线性相关. 但如果向量 $\boldsymbol{x}$ 和 $\boldsymbol{y}$ 代数上线性相关，则它们的 Pearson 相关系数必定等于 1，反之不然.
2. 统计中，人们喜欢用两个观测值的相关性检验来判断它们背后的总体随机变量是否相关，其实该检验的零假设是总体相关系数等于零 ($H_0: \rho = 0$)，即使检验的 p 值很小，也只说明 $\rho \neq 0$，但绝对不说明是否相关.
3. 最小二乘线性回归假定中的 " 不存在多重共线性 " 实际上仅仅保证了系数矩阵不是代数上的线性相关，和模型无关. 这种假定可能会使人错误地认为自变量之间不相关或者系数矩阵正交，因而觉得多自变量线性回归的每个系数可以单独解释.
4. 人们说，在自变量独立时，多自变量线性回归的单个系数可以解释. 这里的 " 独立 " 通常并不是严格的概率术语，而是日常用语，意思是独立的自变量可以单独变化，与其他变量无关. 在此必须考虑下面几点:
   - 目前在统计回归分析的教学中，并没有真正考虑自变量作为随机变量，最多只是使用条件概率来回避自变量可能是随机变量的情况，甚至用因变量和自变量的因果关系 (妄称 " 因变量变化是自变量变化的结果 ") 来掩饰这个问题. 实际上，如果真正把自变量当成假定某些分布的随机变量来处理，目前的线性回归分析就会增加更多与数据科学无关的内容.
   - 在概率意义上，变量是否独立无法从数学上严格证明. 而统计中关于独立性的检验不但无法得到确切的结果，而且很少 (如果有的话) 用于各种数量型及分类型自变量线性回归. 通常人们只从数量型自变量数据矩阵来讨论，而这种数据矩阵中的列向量只有线性相关性 (通过样本 Pearson 相关系数来衡量) 而没有独立性的说法.
5. **多重共线性**在统计中 (不像在最小二乘线性回归假定中的同名术语) 是一个模糊概念，仅仅说明自变量矩阵中的变量之间有统计意义上的相关. 这和回归假定中的 " 不存在多重共线性 " (即代数上不线性相关) 没有任何矛盾.
6. 自变量数据矩阵正交，不意味着各个列向量之间的 Pearson 线性相关系数为 0，但意味着并不会很大；而自变量数据矩阵互相不相关，意味着各个列向量之间的 Pearson 线性相关系数很小，但并不意味着矩阵正交.

2.3.2 线性回归中统计多重共线性的度量

有一些关于多重共线性的度量，其中之一是容忍度 (tolerance) 或 (等价的) 方差膨胀因子 (variance inflation factor, VIF)，而另一个是条件数 (condition number)，常用 κ 表示. 其中容忍度与 VIF 的定义为:

$$\text{tolerance} = 1 - R_j^2,\ \ \text{VIF}_j = \frac{1}{1 - R_j^2},$$

式中, R_j^2 是第 j 个变量在所有其他变量上回归时的确定系数. 容忍度太小 (按照一些文献, 比如小于 0.2 或 0.1) 或 VIF 太大 (比如大于 5 或 10), 则有多重共线性问题. 而条件数的数学定义为:

$$\kappa = \sqrt{\frac{\lambda_{\max}}{\lambda_{\min}}},$$

式中, λ 为 $\boldsymbol{X}^\top\boldsymbol{X}$ 的特征值 ($\boldsymbol{X}$ 代表自变量矩阵). 显然, 当自变量矩阵正交时, 条件数 κ 为 1. 一些研究者认为, 当 $\kappa > 15$ 时, 有共线性问题; 而 $\kappa > 30$ 时, 说明共线性问题严重. 当然, 这些判断准则可能不一致, 或者不是很准确, 但不失为一种参考.

2.4 传统统计对自变量统计多重共线性的应对方法

针对使得传统回归无法正常运行的线性模型多重共线性问题, 传统统计设计了很多应对方法. 这些方法大多局限于线性模型. 常用的处理多重共线性的方法, 包括岭回归 (ridge regression)、lasso 回归、偏最小二乘回归 (partial least squares regression, PLSR)、最佳子集回归、逐步回归、主成分回归等. 请读者注意, **这些方法一般不会比原始的线性模型预测精度更高, 但有可能使得模型的某些数学假定看上去更恰当.**

这里不打算也没有必要对每个方法做介绍, 仅仅通过一个例子来介绍岭回归、lasso 回归及偏最小二乘回归.

例 2.2 糖尿病数据 (diabetes.csv) 这个数据来自 Efron et al. (2004), 包含在 R 程序包 `lars`[3] 中. 该数据除了因变量 y 之外, 还有两个自变量矩阵, x 及 x2 (前者 (x) 是标准化的, 为 442×10 矩阵, 后者 (x2) 为 442×64 矩阵, 包括前者及一些交互作用). 该数据是关于糖尿病的血液等化验指标.

首先, 我们来看共线性问题, VIF 可以通过 R 程序包 `car`[4] 的函数 `vif` 得到, 条件数 κ 则可从 R 固有的函数 `kappa` 得到. 下面我们在具体计算 VIF 时使用数据 x2. 与这些计算有关的代码如下:

```
w=read.csv("diabetes.csv") # w[,1:10]为x,w[,11]为y,而w[,12:75]为x2
kappa(w[,12:75],,exact = TRUE)#x2的条件数
library(car)#包含vif的程序包
vif(lm(y~.,w[,11:75]))
```

计算结果表明, 数据 x2 的条件数 $\kappa = 5472.96$, 而 x2 最大的 5 个 VIF 依次为 1295001.21, 1000312.11, 180836.83, 139965.06, 61177.87. 可以看到, 共线性问题很严重. 我们在这里不去探讨最简单的线性回归模型.

下面分别介绍几种应对具有共线性问题数据的回归方法. 这些方法中大都是参数模型方法, 在线性模型的限制下试图使得模型在通常的基本假定下看上去更合理, 但从模型的预测效果来说, 一般不如最简单的最小二乘线性回归. 因此, 我们仅仅说明其方法的数学原理.

---

[3]Hastie, T. and Efron, B. (2011) lars: Least Angle Regression, Lasso and Forward Stagewise. R package version 0.9-8. `http://CRAN.R-project.org/package=lars`.

[4]Fox, J. and Weisberg, S. (2011) *An R Companion to Applied Regression*. Second Edition. Thousand Oaks CA: Sage. `http://socserv.socsci.mcmaster.ca/jfox/Books/Companion`.

2.4.1 岭回归

假定自变量数据矩阵 $\boldsymbol{X} = \{x_{ij}\}$ 为 $n \times p$ 维, 普通最小二乘回归 (ordinary least squares, OLS) 寻求那些使得残差平方和最小的系数 β, 即

$$(\hat{\alpha}^{(ols)}, \hat{\beta}^{(ols)}) = \underset{(\alpha,\beta)}{\arg\min} \sum_{i=1}^{n} \left(y_i - \alpha - \sum_{j=1}^{p} x_{ij}\beta_j \right)^2 .$$

岭回归则需要一个惩罚项来约束系数的大小, 其惩罚项就是在上面的公式中增加度量系数大小 (以平方和的形式) 的项

$$\lambda \sum_{j=1}^{p} \beta_j^2.$$

这使得模型可以利用调整参数 λ 来重新计算岭回归的系数, 目的是既要使得残差平方和小, 又不能使得系数太膨胀:

$$(\hat{\alpha}^{(ridge)}, \hat{\beta}^{(ridge)}) = \underset{(\alpha,\beta)}{\arg\min} \left[\sum_{i=1}^{n} \left(y_i - \alpha - \sum_{j=1}^{p} x_{ij}\beta_j \right)^2 + \lambda \sum_{j=1}^{p} \beta_j^2 \right],$$

这等价于在约束条件 $\sum_{j=1}^{p} \beta_j^2 \leqslant s$ 下, 满足

$$(\hat{\alpha}^{(ridge)}, \hat{\beta}^{(ridge)}) = \underset{(\alpha,\beta)}{\arg\min} \sum_{i=1}^{n} \left(y_i - \alpha - \sum_{j=1}^{p} x_{ij}\beta_j \right)^2 .$$

显然这里有确定 λ 或者 s 的问题, 一般都用交叉验证或 Mallows C_p 等准则通过计算来确定. 可以用程序包 `MASS` 中的函数 `lm.ridge` 来实现. 这里采用更方便的可以自动选择岭回归参数 λ 的程序包 `ridge`[5] 中的函数 `linearRidge`. 该函数使用了主成分分析的方法来选择 λ, 细节请查看该程序包的说明. 计算及画图 (见图 2.4.1) 代码如下:

```
w=read.csv("diabetes.csv")
library(ridge)
a=linearRidge(y ~ ., data = w[,11:75])
summary(a)
plot(a)
```

计算结果包括估计的岭回归参数 (自动选择的最大的 $\lambda = 5.363159$), 按照软件的主成分法得到的主成分个数 (`nPCs=1`), 以及各个变量的系数. 由于输出很长, 这里就不显示了. 输出对例 2.2 数据岭回归随参数而变化的系数显示在图 2.4.1 中. 该程序无法同时显示参数 λ 和主成分个数与系数的关系.

[5]Cule E, Moritz S, Frankowski D (2021) ridge: Ridge Regression with Automatic Selection of the Penalty Parameter. R package version 3.0, `https://CRAN.R-project.org/package=ridge`.

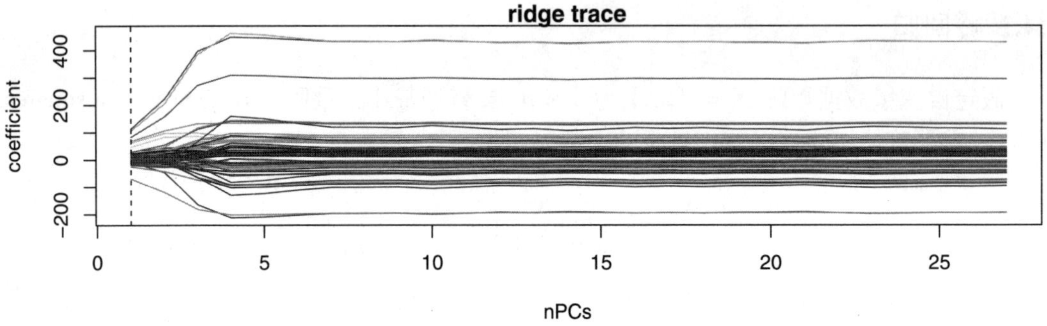

图 2.4.1　对例 2.2 数据岭回归随参数 nPCs 而变化的系数

2.4.2 lasso 回归

lasso 回归在原理上和岭回归类似, 但惩罚项中不是系数的平方而是其绝对值, 即在约束条件 $\sum_{j=1}^{p}|\beta_j| \leqslant s$ 下, 系数需要满足下面的条件:

$$(\hat{\alpha}^{(lasso)}, \hat{\beta}^{(lasso)}) = \underset{(\alpha,\beta)}{\arg\min} \sum_{i=1}^{n}\left(y_i - \alpha - \sum_{j=1}^{p} x_{ij}\beta_j\right)^2.$$

这等价于[6]

$$(\hat{\alpha}^{(lasso)}, \hat{\beta}^{(lasso)}) = \underset{(\alpha,\beta)}{\arg\min} \left[\sum_{i=1}^{n}\left(y_i - \alpha - \sum_{j=1}^{p} x_{ij}\beta_j\right)^2 + \lambda\sum_{j=1}^{p}|\beta_j|\right],$$

根据绝对值的特点, lasso 回归不像岭回归那样把系数缩小, 而是筛选掉一些系数. 这里的计算主要使用 R 程序包 `lars`[7]中的函数 `lars`, 该程序包除了 lasso 方法之外, 还有针对共线性的最小角度回归功能, 请读者自己学习. 这个软件对于系数的选择有 k 折交叉验证 (k-fold CV) 及 C_p 两种方法. k 折交叉验证是评价模型的一种常用方法, 它把所有的数据观测值大致分成 k 等份 (可以随机分), 然后轮流以其中的所有可能的 $k-1$ 份为训练集, 用来拟合数据, 剩下 1 份为测试集, 即测试集与训练集的观测值数目之比约为 $1:(k-1)$, 一共计算 k 次, 得到拟合测试集时的均方误差 (或其他指标, 如标准化均方误差) 那样的 k 个指标, 再做平均. 对每个模型都做一遍, 然后选择均方误差最小的模型. Mallows C_p 统计量也是用来评价回归的一个准则. 如果从 k 个自变量中选取 p 个 $(k>p)$ 参与回归, 那么 C_p 统计量的定义为:

$$C_p = \frac{SSE_p}{S^2} - n + 2p;\ SSE_p = \sum_{i=1}^{n}(Y_i - Y_{pi})^2.$$

据此, 选取 C_p 最小的模型. 对于例 2.2 糖尿病数据, 计算代码如下 (得到图 2.4.2 和表 2.4.1):

---

[6]在不同实践中, 该公式会有不同形式, 比如

$$(\hat{\alpha}^{(lasso)}, \hat{\beta}^{(lasso)}) = \underset{(\alpha,\beta)}{\arg\min} \left[\frac{1}{n}\sum_{i=1}^{n}\left(y_i - \alpha - \sum_{j=1}^{p} x_{ij}\beta_j\right)^2 + \alpha\sum_{j=1}^{p}|\beta_j|\right].$$

这使得参数 α 的值和 λ 不同.

[7]Hastie, T. and Efron, B. (2013) lars: Least Angle Regression, Lasso and Forward Stagewise. R package version 1.2. 网址为 https://CRAN.R-project.org/package=lars.

```
library(lars)
x=as.matrix(w[,1:10]);y=as.matrix(w[,11])# lars函数只用矩阵
x2=as.matrix(w[,12:75]);laa=lars(x2,y)
plot(laa) #绘出图
summary(laa)#给出Cp值
cva=cv.lars(x2,y,K=10) #10折交叉验证
best=cva$index[which.min(cva$cv)]#选适合值(随机性使得结果不同)
coef=coef.lars(laa,mode="fraction",s=best)#使CV最小步时的系数
(s=which(laa$Cp==min(laa$Cp))) #哪个Cp最小, 结果是第15个
min(laa$Cp) #=laa$Cp[s]
coef1=coef.lars(laa,mode="step",s=15)#使laa$Cp最小的step的系数
```

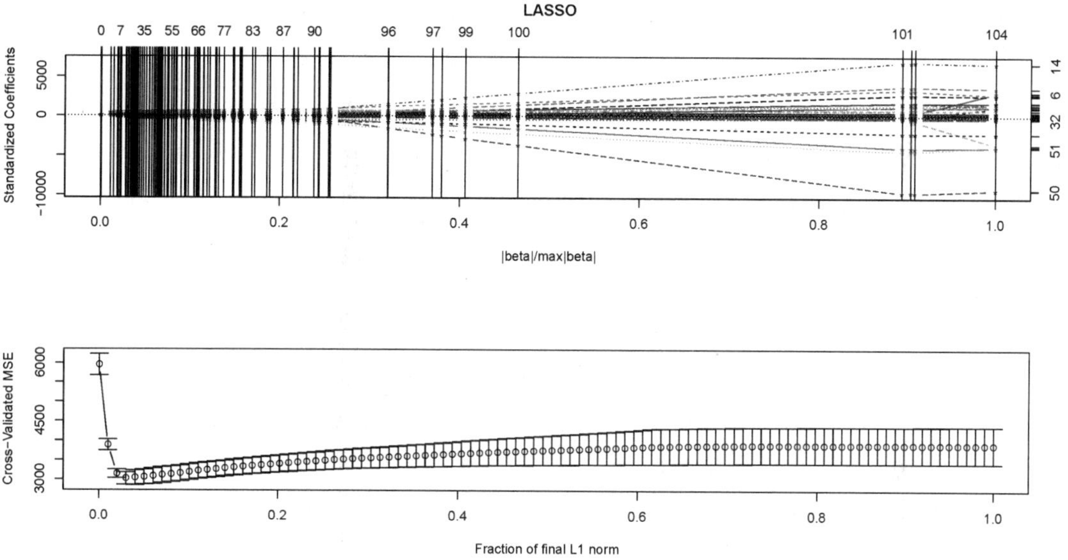

图 2.4.2 例 2.2 糖尿病数据在 lasso 回归中系数随参数的变化 (上) 以及 CV 的变化 (下)

表 2.4.1 例 2.2 糖尿病数据在 lasso 回归中 C_p 值的变化

step	Df	Rss	Cp
13	14	1234993.28	21.86
14	15	1225552.04	20.53
15	16	1213288.85	18.20
16	17	1212253.39	19.83
17	18	1210148.58	21.09

表 2.4.1 给出了不同情况下 C_p 统计量的值 (一共 100 多次尝试, 这里只给了 13 ～17 步的结果), 使其值最小的为第 15 步 ($C_p = 18.20$). 图 2.4.2 (上) 给出了在不同的步数下系数增减的情况, 最左边是只有截距, 最右边是保持所有变量. 图 2.4.2 (下) 给出了 CV 的变化图,

可以看出在什么时候达到极小值. 注意, 由于交叉验证的随机性等原因, 用 CV 和 C_p 所选择的结果可能会有所不同. 本例用 CV 选择了 13 个变量 (用 `coef[coef!=0]` 查看), 而用 C_p 选择了 14 个变量 (用 `coef1[coef1!=0]` 查看).

2.4.3 偏最小二乘回归

如果说 lasso 回归与岭回归在思想上有类似之处, 那么偏最小二乘回归完全是另一类. 偏最小二乘回归有些类似于主成分回归, 主成分回归是在自变量和因变量 (如果也有多个变量) 中各自找到一些互相独立的主成分, 然后按照计算主成分时得到的特征值的大小 (特征值较大的主成分对原来变量的代表性也较强) 来选取部分主成分, 主成分是独立的, 用这些主成分代替原来的变量进行回归, 共线性问题就解决了.

偏最小二乘回归则在因变量 (如果也由多个变量组成) 和自变量中先各自寻找一个因子 (成分), 条件是这两个因子在其他可能的成分中最相关, 然后在选中的这一对因子的正交空间中再选一对最相关的因子, 如此下去, 直到这些对因子有充分代表性为止 (可以采用交叉验证).

对例 2.2 糖尿病数据使用程序包 `pls`[8]. 该程序包也可做主成分回归. 因为一些研究发现 (Wold et al., 1984, Garthwaite, 1994) 偏最小二乘回归在预测上优于普通最小二乘回归及主成分回归, 在观测值数目相对较少 (甚至少于变量数目) 时, 偏最小二乘回归仍然可以使用. 所以这里仅做偏最小二乘回归的计算, 主成分回归的计算完全类似, 只需把函数 `plsr()` 换成 `pcr()` 即可.

下面的代码对例 2.2 糖尿病数据进行偏最小二乘回归并绘制偏最小二乘回归中 CV 的 RMSEP 变化图 (见图 2.4.3).

```
library(pls)
ap=plsr(y ~ x2, 64, validation = "CV") #求出所有可能的64个因子
ap$loadings #看代表性, 前28个因子可以代表76.4%的方差
ap$coef #看各个因子作为原变量的线性组合的系数
validationplot(ap)#此图可用来根据CV所用准则最优的原则挑选因子数量
RMSEP(ap);MSEP(ap);R2(ap)#不同准则(MSEP,R2)在不同因子数量时的值
```

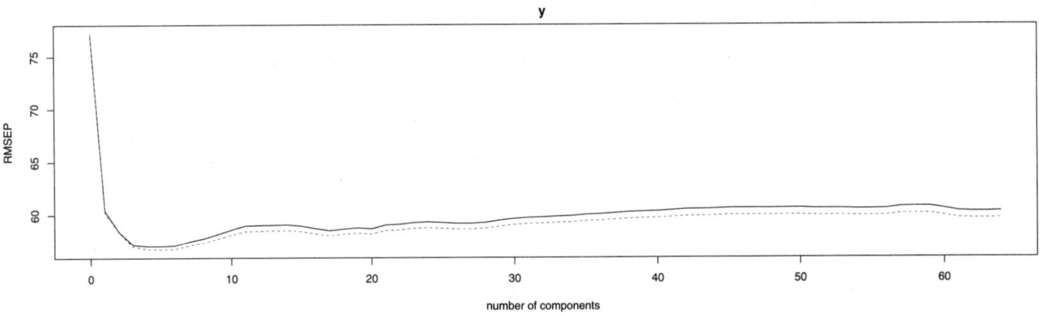

图 2.4.3 例 2.2 糖尿病数据在偏最小二乘回归中 CV 的 RMSEP 变化图

[8] Liland, K. H. Mevik, B-H. and Wehrens, R. (2021) pls: Partial Least Squares and Principal Component Regression. R package version 2.8-0. `https://CRAN.R-project.org/package=pls`.

图 2.4.3 可以用来根据 CV 中的 RMSEP 最小的原则挑选因子数量. 可以看出, 5 个因子时 RMSEP 最小. 根据其他准则, 比如 MSEP 及 R2 都选择了 5 个因子.

2.5 关于分类自变量的截距效应

当线性回归中的自变量有分类变量时, 如果水平 (类) 用字符表示时, 在 R 诸如 `lm` 等大多数程序中会自动转换成哑元变量, 而 Python 的多数回归函数则必须手工转换; 当分类变量的水平用整数表示时, 则所有软件都需手工转换, 否则会认为是数量变量. 在回归中分类变量各个水平的效应体现在不同的截距上, 而且由于与截距混杂, 单独的截距为不可估计的, 但诸如截距差等是可以估计的. 我们用下面例子的部分变量对此做出说明.

例 2.3 汽车数据 (vcars.csv) 该数据有 406 个观测值和 9 个变量, 变量包括: `Name` (汽车名), `Miles_per_Gallon` (耗油量: 每加仑汽油跑的英里数 (mpg)), `Cylinders` (气缸数), `Displacement` (排气量), `Horsepower` (马力), `Weight_in_lbs` (重量), `Acceleration` (加速性能: 秒), `Year` (年份: 1970 — 1982 年的 12 年, 没有 1981 年), `Origin` (品牌地: Europe, USA, Japan). 该数据有 14 个缺失值, 我们在分析时把它们删除.

分类变量每一个水平在回归时都产生一个估计的截距, 它们都和固有截距 (无论在回归时是否加有常数项) 混杂, 因此各个水平截距大小是没有绝对意义的, 但它们有相对意义, 比如差等**对比** (contrast) 可以说明不同水平造成的差异. 分类变量和数量变量的交互作用生成数量变量不同的斜率. 我们以例 2.3 汽车数据说明分类变量在回归中的作用. 我们仅仅用其中 3 个变量: Miles_per_Gallon 作为因变量, 数量变量 Horsepower 和分类变量 Origin 作为自变量. 我们考虑有自变量交互作用的回归. 下面首先使用现成函数做这个回归, 然后使用式 (2.1.4) 来直接计算以理解在函数背后这种具有分类变量回归的自变量矩阵是如何形成的.

2.5.1 直接用软件函数计算参数估计

分别做带有截距的及不带有截距的 R 函数 `lm` 的公式做回归, 并打印输出估计的参数:

```
w=read.csv('autocars.csv')
a=lm(Miles_per_Gallon~Origin*Horsepower,w) #有截距
b=lm(Miles_per_Gallon~Origin*Horsepower-1,w) #没有截距
a$coefficients
b$coefficients
```

输出的两套系数估计为:

```
> a$coefficients
          (Intercept)            OriginJapan             OriginUSA
          45.473725803            3.342488135         -10.997229804
            Horsepower OriginJapan:Horsepower  OriginUSA:Horsepower
          -0.221835224           -0.008207729           0.100515187
> b$coefficients
          OriginEurope            OriginJapan             OriginUSA
          45.473725803           48.816213938          34.476495999
```

```
           Horsepower OriginJapan:Horsepower   OriginUSA:Horsepower
         -0.221835224           -0.008207729            0.100515187
```

上面两套系数看上去不同,实际上是一样的: 第一套系数的总截距实际上等于第二套中分类变量 Origin 中等于 Europe 的系数 (在有总体截距项时,软件自动把分类变量按字典排序的水平设为 0), 第一套系数的截距加到第一套中和 Origin 有关的截距 (包括默认 0 的第一个) 上就等于第二套没有总截距的变量 Origin 各水平的截距, 下面的计算表明了这一点:

```
> a$coefficients[1]+c(0,a$coefficients[2:3])
          OriginJapan   OriginUSA
   45.47373    48.81621    34.47650
> b$coefficients[1:3]
OriginEurope  OriginJapan    OriginUSA
    45.47373     48.81621     34.47650
```

因此, 这个回归参数估计结果包括来自分类变量各水平的 3 个截距 (用 $(\hat{\alpha}_1, \hat{\alpha}_2, \hat{\alpha}_3)$ 表示)、一个数量变量固有斜率 (用 $\hat{\beta}_0$ 表示) 和 3 个由分类变量各水平交互作用得到的斜率附加修正 (用 $(\hat{\beta}_{01}, \hat{\beta}_{02}, \hat{\beta}_{03})$ 表示). 为符号简单计, 记 Miles_per_Gallon 为 y, Horsepower 为 x, Origin 为 z , 拟合的回归方程为:

$$\hat{y} = \begin{cases} \hat{\alpha}_1 + (\hat{\beta}_0 + \hat{\beta}_{01})\,x = 45.4737 + (-0.2218 + 0)\,x = 45.4737 - 0.2218\,x, & z = \text{Europe}; \\ \hat{\alpha}_2 + (\hat{\beta}_0 + \hat{\beta}_{02})\,x = 48.8162 + (-0.2218 - 0.0082)\,x = 48.8162 - 0.2300\,x, & z = \text{Japan}; \\ \hat{\alpha}_3 + (\hat{\beta}_0 + \hat{\beta}_{03})\,x = 34.4765 + (-0.2218 + 0.1005)\,x = 34.4765 - 0.1213\,x, & z = \text{USA}. \end{cases}$$

这 3 条回归直线展示在图 2.5.1 中.

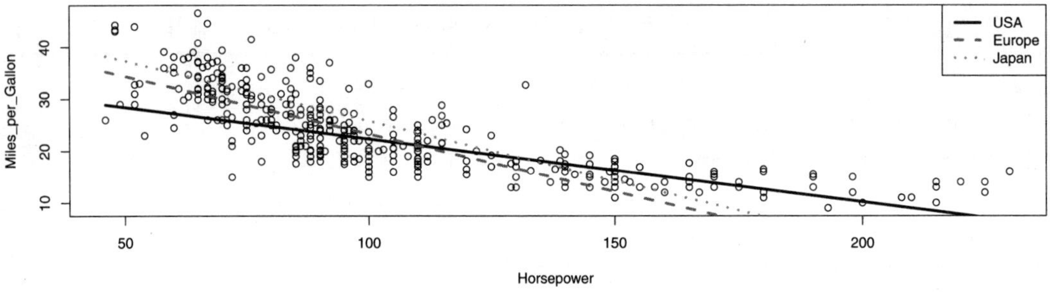

图 2.5.1　例 2.3 数据简单回归的 3 条拟合直线

图 2.5.1 是由下列代码生成的:

```
x=46:230
plot(Miles_per_Gallon~Horsepower,w)
for(i in 1:3)
  lines(x,predict(a,data.frame(Horsepower=x,Origin=unique(w$Origin)[i])),
      col=i,lty=i,lwd=3)
```

```
legend('topright',unique(w$Origin),col=1:3,lty=1:3,lwd=3)
```

2.5.2 把分类变量哑元化后用式 (2.1.4) 计算参数估计

哑元化可以使用函数或手工操作, 比如, 下面的代码就是一种哑元化: 例 2.3 中三个变量的自变量哑元化及形成前面有总体截距和无总体截距的 2 种模型自变量矩阵 (为了和前面输出类似, 加了列名).

```
library(tidyr)
w1=na.omit(read.csv('autocars.csv'))[,c(2,5,9)]
XM=NULL;nm=unique(w1[,3])
for (i in nm){
  XM=cbind(XM,ifelse(w1$Origin==i,1,0))
}
XM=data.frame(XM)
X=cbind(1,XM[,2:1],w1[,2],XM[,2:1]*w1[,2]) %>% as.matrix()
X1=cbind(XM[,3:1],w1[,2],XM[,2:1]*w1[,2]) %>% as.matrix()
y=na.omit(w)[,'Miles_per_Gallon']%>% as.matrix()
NM=c("(Intercept)" ,"OriginJapan","OriginUSA", "Horsepower",
     "OriginJapan:Horsepower", "OriginUSA:Horsepower")
NM2=NM;NM2[1]="OriginEurope"
colnames(X)=NM
colnames(X1)=NM2
```

然后完全用式 (2.1.4) 做系数估计:

```
solve(t(X)%*%X)%*%t(X)%*%y %>% t()
solve(t(X1)%*%X1)%*%t(X1)%*%y %>% t()
```

输出为:

```
> solve(t(X)%*%X)%*%t(X)%*%y %>% t()
     (Intercept) OriginJapan OriginUSA Horsepower
[1,]    45.47373    3.342488 -10.99723 -0.2218352
     OriginJapan:Horsepower OriginUSA:Horsepower
[1,]           -0.008207729            0.1005152
> solve(t(X1)%*%X1)%*%t(X1)%*%y %>% t()
     OriginEurope OriginJapan OriginUSA Horsepower
[1,]     45.47373    48.81621   34.4765 -0.2218352
     OriginJapan:Horsepower OriginUSA:Horsepower
[1,]           -0.008207729            0.1005152
```

这两个结果当然和前面直接使用回归函数 `lm` 得出的一样. 对于这种把分类变量哑元化, 并且产生回归模型的数量矩阵, 在 R 中有一个函数 `model.matrix` 可以直接使用. 读者可以试运行下面涉及这个函数及回归模型的代码来得到上面 `X` 及 `X1` 同样的矩阵 (这里不显示).

```
model.matrix(~Origin*Horsepower,w1) %>% head(2)
model.matrix(~Origin*Horsepower-1,w1) %>% head(2)
```

2.6 损失函数及分位数回归简介

最小二乘回归使用了对称的二次损失函数. 一般来说, 带有可加误差项的回归模型可以写成下面的形式:

$$y_i = \mu(\boldsymbol{x}_i, \boldsymbol{\beta}) + \epsilon_i,\ i = 1, 2, \ldots, n,$$

式中, μ 是一个一般的函数, 如果 $\mu(\boldsymbol{x}_i, \boldsymbol{\beta}) = \boldsymbol{x}_i^\top \boldsymbol{\beta}$, 就是线性模型. 在拟合时, 总是希望找到使得残差 $y_i - \mu(\boldsymbol{x}_i, \boldsymbol{\beta})$ 的某个凸函数 [9] 的和尽可能小的参数 (向量)$\boldsymbol{\beta}$. 这就需要一个 (凸) 损失函数 $\rho(\cdot)$. 更确切地说, 我们在选择了 $\rho(\cdot)$ 之后, 希望寻找使得下式最小的 $\boldsymbol{\beta}$.

$$\sum_{i=1}^{n} \rho(y_i - \mu(\boldsymbol{x}_i, \boldsymbol{\beta})).$$

对于线性回归模型 $y_i = \boldsymbol{x}_i^\top \boldsymbol{\beta} + \epsilon_i$, 这意味着寻找 $\boldsymbol{\beta}$ 使得

$$\sum_{i=1}^{n} \rho(y_i - \boldsymbol{x}_i^\top \boldsymbol{\beta})$$

最小. 如果损失函数为二次函数, 则 $\rho(u) = u^2$. 这时, 对于线性模型来说, 就是要求使得残差平方和

$$\sum_{i=1}^{n} (y_i - \boldsymbol{x}_i^\top \boldsymbol{\beta})^2$$

最小的 $\boldsymbol{\beta}$, 也就是做最小二乘回归. 如果损失函数为 $\rho(u) = |u|$, 则称为最小一乘回归, 它使得残差绝对值的和最小. 最小一乘回归是分位数回归 (quantile regression) 的特例. 一般的 τ 分位数回归的损失函数为:

$$\rho_\tau(u) = u(\tau - I(u < 0)).$$

当 $\tau = 0.5$ 时, 就是最小一乘回归. 图 2.6.1 给出了最小二乘回归的损失函数 u^2(左) 及分位数回归的两个 ($\tau = 0.2$ 和 $\tau = 0.6$) 损失函数 (右).

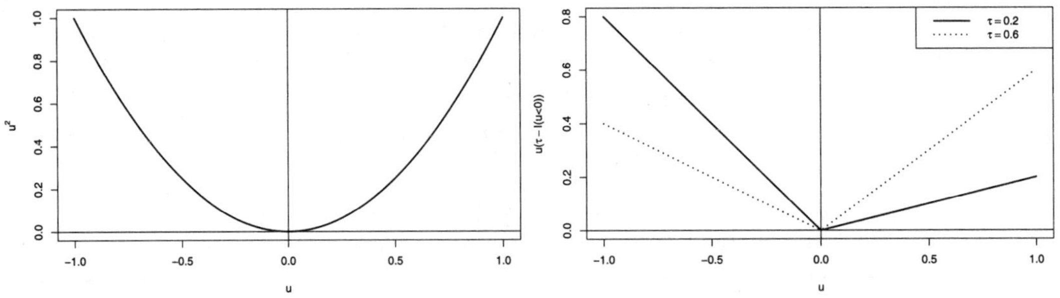

图 2.6.1 两类损失函数: $\rho(u) = u^2$(左) 及 $\rho_\tau(u) = u(\tau - I(u < 0))$(右)

[9] 这里所说的凸函数是指下凸 (convex), 而不是上凸 (concave).

最小二乘回归和最小一乘回归的损失函数是对称的，一般的 τ 分位数回归的损失函数不是对称的，而是由两条从原点出发的分别位于第一象限和第二象限的射线组成，它们的斜率之比为 $\tau:(\tau-1)$.

在实际应用中，残差为正和残差为负的损失往往是不对称的. 比如，用车床加工一个金属轴，其直径如果大于要求，可以返工，而如果小于要求，这个零件就作废了. 这时，残差的损失函数就不应该是对称的. 由于篇幅有限，这里对分位数回归仅做简要介绍.

在 R 中可以用程序包 `quantreg` [10] 来做分位数回归. 那里有一个关于比利时工人阶层的收入和食品花费的例子，数据名称为 `engel`，来自 Koenker and Bassett(1982). 下面用代码计算 τ 分别为 0.15, 0.25, 0.50, 0.75, 0.95, 0.99 的分位数回归，同时输出了原始数据图 (见图 2.6.2 (左))、做了 (以 10 为底的) 对数变换之后的图及 6 条分位数回归拟合直线 (见图 2.6.2 (右)).

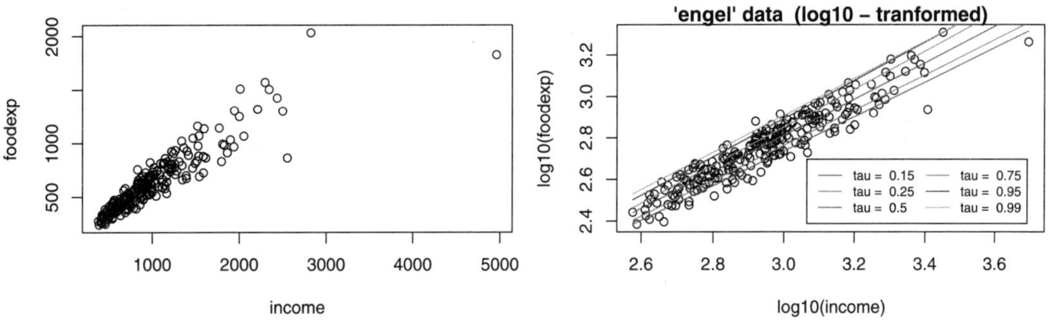

图 2.6.2 原始 engel 数据点图 (左) 及对数变换后的点图和 6 条分位数回归拟合直线 (右)

生成图 2.6.2 的代码均来自 `quantreg` 程序包:

```
library(quantreg)
data('engel')
layout(t(1:2))
plot(engel)
plot(log10(foodexp) ~ log10(income), data = engel,
    main = "'engel' data  (log10 - tranformed)")
taus <- c(.15, .25, .50, .75, .95, .99)
rqs <- as.list(taus)
for(i in seq(along = taus)) {
    rqs[[i]]=rq(log10(foodexp)~log10(income),
    tau=taus[i],data=engel)
    lines(log10(engel$income),
    fitted(rqs[[i]]),col = i+1)}
legend("bottomright", paste("tau = ", taus), inset = .04,
    col = 2:(length(taus)+1), lty=1, ncol = 2, cex = 0.75)
```

[10]Koenker, R. (2021) quantreg: Quantile Regression. R package version 5.86. https://CRAN.R-project.org/package=quantreg.

2.7 生存分析数据的 Cox 回归模型

例 2.4 口咽癌数据 (pharynx.csv, pharynx1.csv) 这个来自 Kalbfleisch and Prentice (1980) 的数据[11] 基于美国肿瘤放射治疗组 (Radiation Therapy Oncology Group) 的几个机构针对口咽若干位置的鳞状细胞癌的临床试验. 该试验分成两组, 其中一组仅仅使用放疗 (TX=1), 而另一组则同时使用放疗和化疗 (TX=2). 原始数据 pharynx.csv 为 195 × 13 维矩阵. 表 2.7.1 是变量情况.

表 2.7.1 例 2.4 口咽癌数据变量情况

变量名	描述	变量名	描述
CASE	编号	SITE	病变位置 (哑元)
INST	机构代码	T.STAGE	癌症 T 分期 (哑元)
SEX	性别 (哑元:1,2)	N.STAGE	癌症 N 分期 (哑元)
TX	试验代码 (1 为标准, 2 为处理)	ENTRY.DT	进入试验日期 (整数)
GRADE	和正常细胞的区别度 (哑元)	STATUS	删失 (0 为右删失, 1 为死亡)
AGE	年龄 (定量)	TIME	如未删失, 则是存活时间, 否则是最后记录时间 (天数)
COND	身体状况 (哑元)		

在计算机上读取并查看数据 pharynx.csv 后, 读者可能会发现, 这个数据中的变量 CASE 和 ENTRY.DT 不能参与建模, 应该删去. 在数据探索分析中还发现有两个观测值有缺失, 也予以删除. 此外, COND 有些水平记录太少, 予以合并. 这样整理过的数据就是 193 × 11 维矩阵. 下面的分析基于这个整理过的数据 (pharynx1.csv). 除了 TIME 和 AGE 之外都是分类 (定性) 变量. 变量 TIME 是这里关心的因变量. 这个数据是典型的生存分析数据, 这里尝试用回归分析加上变换的方法来处理, 也可以用生存分析的方法处理, 比如 Cox 比例危险回归模型 (Cox proportional hazards regression model), 当然也可以用其他回归方法处理.

例 2.4 是生存分析数据. 一般来说, 生存分析数据是为特殊目的而收集的, 生存分析的方法广泛应用于生物学、医学、保险学、社会学、心理学、教育学等众多领域. 这里首先简单介绍生存分析的一些基本概念, 然后引进处理横截面生存数据的 Cox 比例危险回归模型, 这是生存分析的一种标准方法. 在生存分析中, 研究的主要对象是寿命超过某一时间的概率. 当然, 生存分析模型不仅和寿命有关, 还可以描述一些事件发生的概率, 例如产品的失效、失业人员第一次找到工作等等.

如果令 T 为表示寿命的随机变量, 其累积分布为 $F(t)=P(T\leqslant t)$, 其分布密度为 $f(t)$, 则活过时间 t 的概率为:

$$S(t)=P(T>t)=1-P(T\leqslant t),\quad t>0.$$

式中, $S(t)$ 称为生存函数 (survival function). 除了生存函数之外, 还有危险函数 (hazard function) 的概念, 用 $h(t)$ 表示, 它实际上是 $-\ln S(t)$ 关于 t 的导数:

$$\begin{aligned} h(t) &= \lim_{\Delta t\to 0}\frac{P(t\leqslant T\leqslant t+\Delta t|T\geqslant t)}{\Delta t}\\ &= \lim_{\Delta t\to 0}\frac{F(t+\Delta t)-F(t)}{[1-F(t)]\Delta t}=\frac{f(t)}{S(t)}=\frac{\mathrm{d}}{\mathrm{d}t}[-\ln S(t)]. \end{aligned}$$

[11] 可以从网站 http://www.umass.edu/statdata/statdata/stat-nonlin.html 下载.

累积危险函数为 $H(t) = \int_0^t h(u)\mathrm{d}u$. 生存函数、危险函数、累积危险函数在数学上是等价的, 知道其中之一, 就可以推导出其他函数. 如果仅考虑变量 TX 而不考虑其他各因素的影响, 则本例可以画出根据数据得到的综合生存函数图 (见图 2.7.1), 画该图使用了程序包 survival [12], 代码如下:

```
u=read.csv("pharynx1.csv")#读取口咽癌数据
library(survival)
fit <- survfit(Surv(TIME, as.numeric(STATUS)) ~ TX, data=u)
plot(fit,lty=1:2, ylab="S(t)",xlab="t",
    main='Survival Functions')
legend(1500,1,c("TX=1","TX=2"),lty=1:2)#图例
```

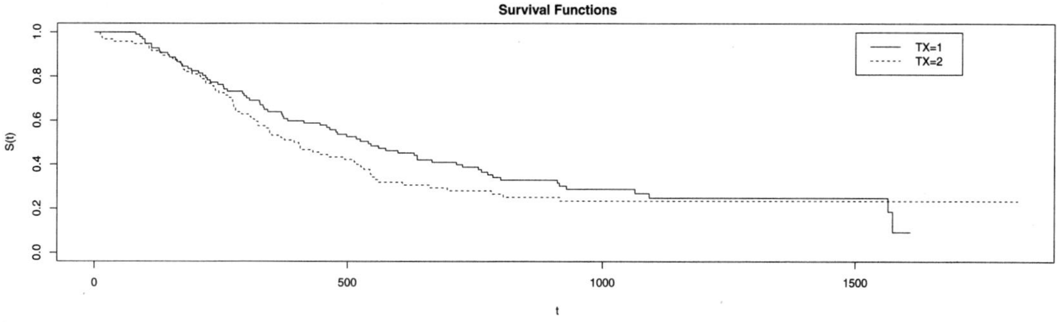

图 2.7.1 例 2.4 口咽癌数据的综合生存函数

生存函数并不是一成不变的, 它可能是一些自变量的函数. Cox 比例危险回归模型把生存函数的某种变换形式描述成自变量的线性函数. 如果用 $\boldsymbol{X}$ 代表自变量向量, 而用危险函数或其对数作为响应变量, 则 Cox 比例危险回归模型可写成

$$\ln h(t) = \ln h_0(t) + \boldsymbol{X}^\top \boldsymbol{\beta}$$

或者

$$h(t) = h_0(t)\exp(\boldsymbol{X}^\top \boldsymbol{\beta}),$$

式中, $h_0(t)$ 表示待估计的基本危险函数, 它与自变量 $\boldsymbol{X}$ 无关.

现在用 Cox 比例危险回归模型来拟合口咽癌数据. 具体代码如下:

```
library(survival)
fit=coxph(Surv(TIME,as.numeric(STATUS))~.,data=u)#Cox回归模型
plot(survfit(fit)) #拟合的生存函数(不显示)
summary(fit)#回归结果
```

输出 (这里不显示) 包括估计的模型系数及各种显著性检验的 p 值. 比如, 对模型的似然比检验的 p 值为 1.52×10^{-6}, Wald 检验的 p 值为 1.191×10^{-7}, Score 检验的 p 值为 2.92×10^{-8}.

[12] Therneau, T. (2021) A Package for Survival Analysis in R. R package version 3.2-13, `https://CRAN.R-project.org/package=survival`.

通常, 生存数据分析的主要目的是比较不同的处理方法以及各种因素 (变量) 对生存函数的影响, 而不是单纯地寻找拟合的模型形式.

下面我们用程序包 mfp [13] 来尝试关于 Cox 比例危险模型的多重分数多项式模型 (multiple fractional polynomial model). 这种方法类似于多项式回归, 但更加灵活, 而且自动进行逐步回归及变量选择. 参见 Ambler and Royston (2001). 代码为:

```
library(mfp)
f=mfp(Surv(TIME,as.numeric(STATUS))~fp(AGE, df=4,select=0.05)
    +INST+SEX+TX+GRADE+COND+SITE+T.STAGE+N.STAGE,
    family=cox,data=u)
print(f)#输出结果
(rsq=1-sum((f$residuals)^2)/sum((u$TIME-mean(u$TIME))^2))#R^2
```

输出的结果为各个系数的估计值及各种检验的 p 值 (不显示). 其中, 似然比检验的 p 值为 6.240495×10^{-7}.

2.8 本章的 Python 代码

2.8.1 2.1 节的代码

对例 2.1 混凝土数据做线性最小二乘回归拟合的代码为:

```
w=pd.read_csv('Concrete.csv')
w.insert(0, "Intercept", np.ones(w.shape[0]))
X=np.array(w.iloc[:,:-1])
y=np.array(w.iloc[:,-1])
beta=np.linalg.inv(X.T.dot(X)).dot(X.T).dot(y)
print(pd.DataFrame(data=beta.reshape(1,-1),columns=w.columns[:-1]))
```

输出为:

```
   Intercept    Cement  Blast.Furnace.Slag   Fly.Ash     Water  \
0 -23.331214  0.119804            0.103866  0.087934 -0.149918

   Superplasticizer  Coarse.Aggregate  Fine.Aggregate       Age
0          0.292225          0.018086         0.02019  0.114222
```

下面是比较 6 个模型对例 2.1 混凝土数据回归的交叉验证的代码. Python 中目前没有类似于 R 中 mboost 的函数, 但这里增加了直方图梯度增强法 (HGBoost), 因此还是 6 个模型的比较. 在比较之前需要载入这些模型, 并且为后面的交叉验证做准备:

[13] Original by Gareth Ambler and modified by Axel Benner (2015). mfp: Multivariable Fractional Polynomials. R package version 1.5.2. https://CRAN.R-project.org/package=mfp.

```
import pandas as pd
import numpy as np
import matplotlib.pyplot as plt
from sklearn.experimental import enable_hist_gradient_boosting
from sklearn.ensemble import HistGradientBoostingRegressor
from sklearn.tree import DecisionTreeRegressor,DecisionTreeClassifier
from sklearn.linear_model import LinearRegression
from sklearn.ensemble import RandomForestRegressor,BaggingRegressor,\
GradientBoostingRegressor, \
from sklearn import tree
from sklearn.metrics import confusion_matrix

names = ['LinearRegression', 'Bagging', 'RandomForest',
         'Tree','HGBoost','Gboost']
regressors = [LinearRegression(), BaggingRegressor(n_estimators=100),
              RandomForestRegressor(n_estimators=500,random_state=0),
              DecisionTreeRegressor(),
              HistGradientBoostingRegressor(random_state=1010),
              GradientBoostingRegressor(max_depth=5)]
REG = dict(zip(names,regressors))
```

下面的代码使用了 13.3.2 节的自编 **Python** 函数 `RCV`, `Zfold` 及 `BarPlot` (需要事先运行这些函数).

```
w = pd.read_csv('Concrete.csv')
y = w.iloc[:,-1]
X = w.iloc[:,:-1]
A = RCV(X,y,REG)
for i in A:
    print(i,': NMSE={:,.4}'.format(A[i]), ', R^2={:,.4}'.format(1-A[i]))
```

输出为:

```
LinearRegression : NMSE=0.3933 , R^2=0.6067
Bagging : NMSE=0.0795 , R^2=0.9205
RandomForest : NMSE=0.08069 , R^2=0.9193
Tree : NMSE=0.1349 , R^2=0.8651
HGBoost : NMSE=0.06337 , R^2=0.9366
Gboost : NMSE=0.06814 , R^2=0.9319
```

把上述 **NMSE** 结果点出图 (见图 2.8.1).

```
BarPlot(A,'NMSE','Model','Normalized MSE for 6 Models')
```

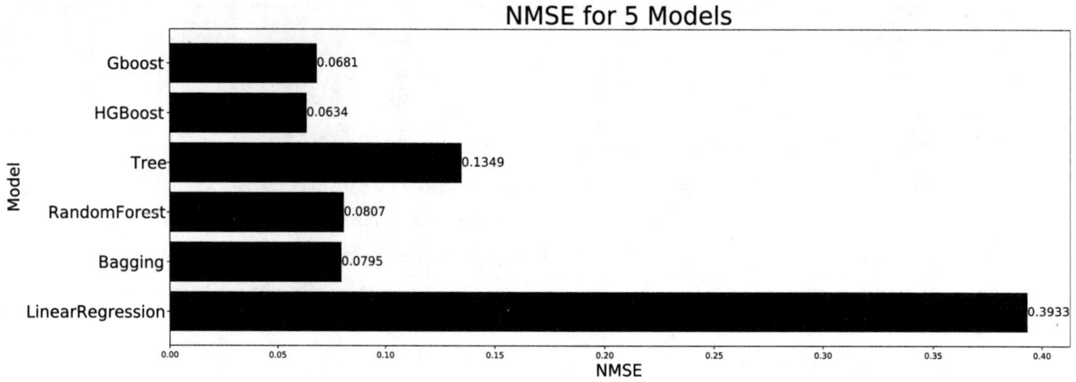

图 2.8.1 例 2.1 回归的 6 个模型交叉验证 NMSE 结果

2.8.2 2.2 节的代码

为了做例 2.1 的多自变量和单自变量线性回归系数比较, 这里使用 13.3.2 节的自编函数 `UNI_MULTI_Reg` (需要事先运行该函数) 生成图 2.8.2.

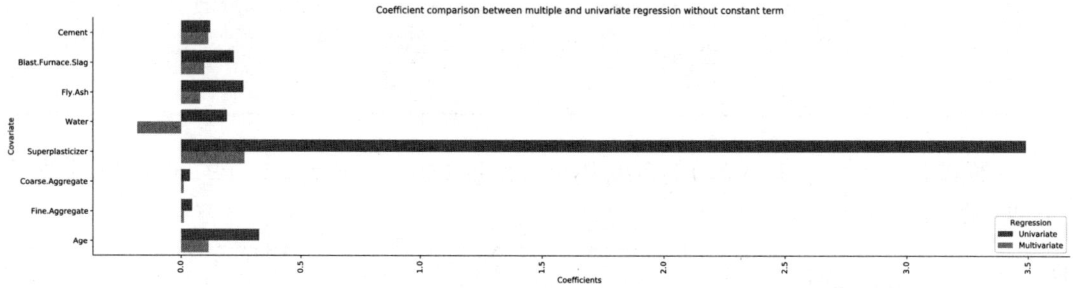

图 2.8.2 例 2.1 的线性回归在多自变量及单自变量回归时的系数对比

生成图 2.8.2 的代码为:

```
w=pd.read_csv('concrete.csv')
X=w.iloc[:,:-1];y=w['Compressive.strength']

XY=UNI_MULTI_Reg(X,y,xlab=w.columns[:-1])

plt.figure(figsize=(12,4))
sns.catplot(y = 'Covariate', x='Coefficients',
            hue = 'Regression',data=XY, kind='bar',height=5,aspect=4,
            legend_out=False)
plt.legend(loc='lower right', title='Regression')
plt.title('Coefficient comparison between multiple and'+
          ' univariate regression without constant term')
_=plt.xticks(rotation=90)
```

为了比较随机生成的独立变量数据回归的多自变量和单自变量线性回归系数, 生成图

2.8.3, 该图类似于图 2.2.2.

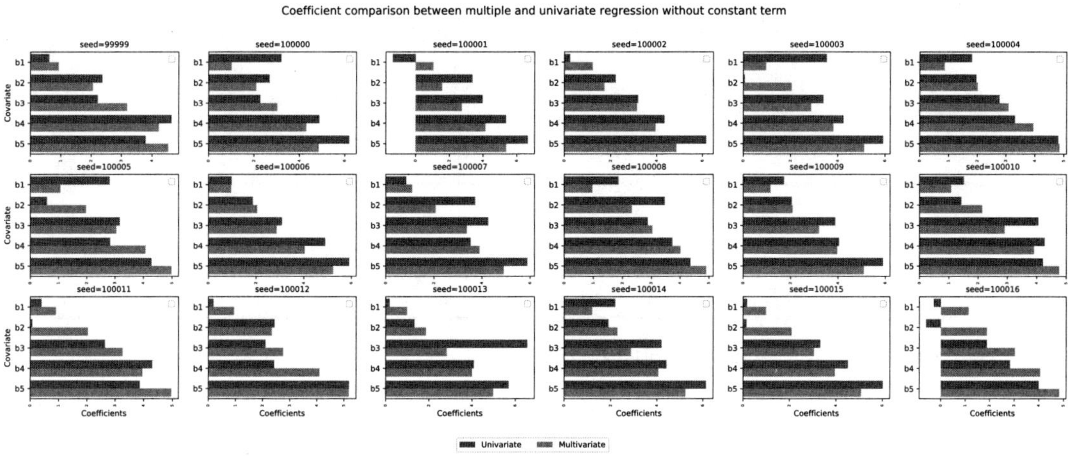

图 2.8.3　随机生成的独立变量数据回归的多自变量和单自变量线性回归系数比较

生成图 2.8.3 的代码为:

```
plt.figure(figsize=(24,8))
st='Coefficient comparison between multiple and'+\
' univariate regression without constant term'
plt.suptitle(st, fontsize="x-large")
for k, seed in enumerate(np.arange(99999,100017)):
    np.random.seed(seed)
    X=np.random.normal(0,1,(40,5))
    y=X.dot(np.arange(1,6)).reshape(-1,1)+np.random.normal(0,1,(40,1))
    xy=UNI_MULTI_Reg(X,y,xlab=['b'+str(x) for x in np.arange(1,6)])
    plt.subplot(3,6,k+1)

    sns.barplot(y = 'Covariate', x='Coefficients',
                hue = 'Regression',data=xy, orient='h',)
    plt.legend('')
    if k not in (0,6,12):
        plt.ylabel('')
    if k <12:
        plt.xlabel('')
    plt.title('seed='+str(seed),fontsize=10)
    _=plt.xticks(rotation=90,size=5)
plt.legend(loc = 'lower center',bbox_to_anchor = (0,0,1,1),ncol=2,
        bbox_transform = plt.gcf().transFigure)
```

2.8.3 2.4 节的代码

计算例 2.2 数据的条件数和 VIF 的代码为:

```
w=pd.read_csv('diabetes.csv')
X=w.iloc[:,11:];y=w['y']
from statsmodels.stats.outliers_influence import variance_inflation_factor
vif_d= pd.DataFrame()
vif_d["feature"] = X.columns
vif_d["VIF"] = [variance_inflation_factor(X.values, i) for i in range(len(X.columns))]
print(f'kappa={np.linalg.cond(X)},max_VIF= {max(vif_d.VIF)}')
```

输出为:

```
kappa=5472.957046515444,max_VIF= 1295001.2142910445
```

下面的代码对例 2.2 数据做岭回归并生成图 2.8.4.

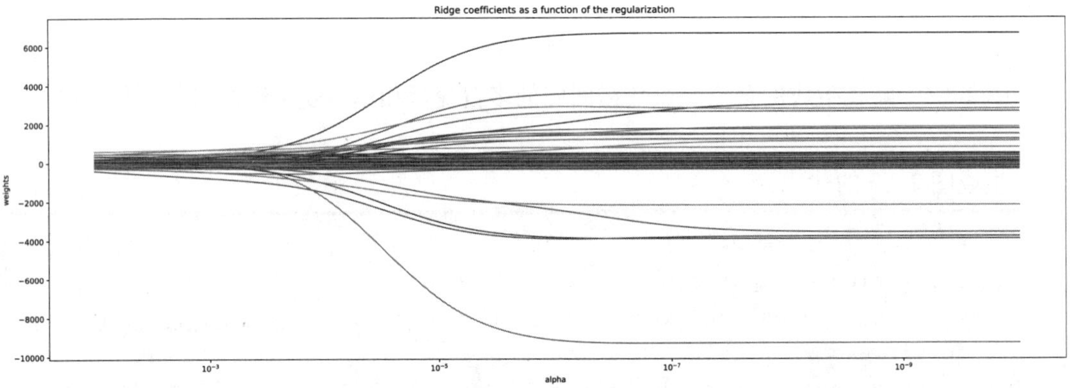

图 2.8.4 例 2.2 数据岭回归系数随参数 λ (软件参数名是 alpha) 的变化

```
w=pd.read_csv('diabetes.csv')
X=w.iloc[:,11:];y=w['y']
from sklearn import linear_model
n_alphas = 200
alphas = np.logspace(-10, -2, n_alphas)

coefs = []
for a in alphas:
    ridge = linear_model.Ridge(alpha=a, fit_intercept=False)
    ridge.fit(X, y)
    coefs.append(ridge.coef_)

plt.figure(figsize=(24,8))
ax = plt.gca()
ax.plot(alphas, coefs)
ax.set_xscale("log")
ax.set_xlim(ax.get_xlim()[::-1])  # reverse axis
plt.xlabel("alpha")
```

```
plt.ylabel("weights")
plt.title("Ridge coefficients as a function of the regularization")
plt.axis("tight")
plt.show()
```

对例 2.2 数据做 lasso 回归并生成图 2.8.5.

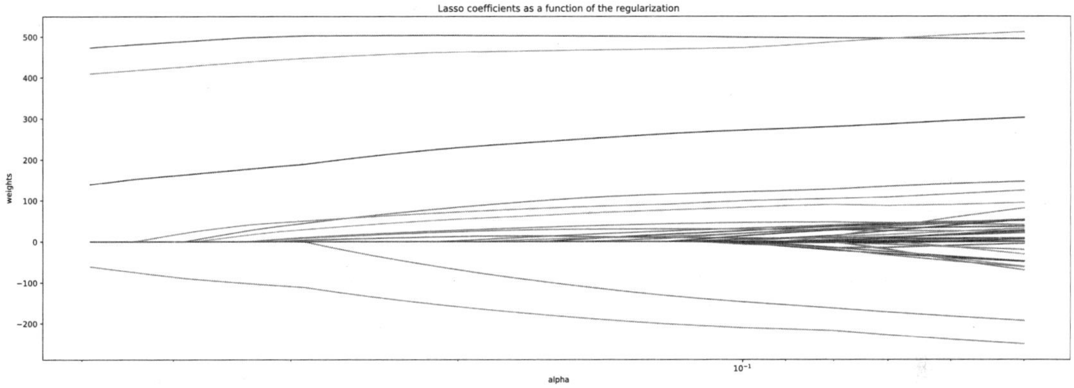

图 2.8.5 例 2.2 数据 lasso 回归系数随参数 (软件参数名是 alpha) 的变化

生成图 2.8.5 的代码为:

```
w=pd.read_csv('diabetes.csv')
X=w.iloc[:,11:];y=w['y']
from sklearn import linear_model
alphas = np.arange(.05,.5,.01)

coefs = []
for a in alphas:
    lasso = linear_model.Lasso(alpha=a, fit_intercept=False)
    lasso.fit(X, y)
    coefs.append(lasso.coef_)

plt.figure(figsize=(24,8))
ax = plt.gca()
ax.plot(alphas, coefs)
ax.set_xscale("log")
ax.set_xlim(ax.get_xlim()[::-1])  # reverse axis
plt.xlabel("alpha")
plt.ylabel("weights")
plt.title("Lasso coefficients as a function of the regularization")
plt.axis("tight")
plt.show()
```

下面的代码对例 2.2 数据做 PLS 回归并生成 PLS 回归 (10 折交叉验证) 的记分 (R^2) 随

因子数目的变化图 (见图 2.8.6). 图 2.8.6 显示应该选择 5 个因子. 这里使用了 13.3.2 节的自编函数 Zfold, 事先要运行该函数.

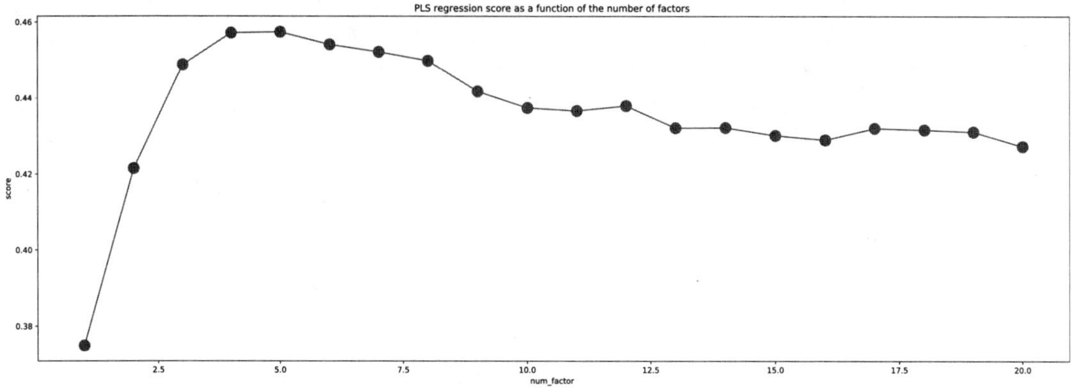

图 2.8.6 例 2.2 数据 PLS 回归 (交叉验证) 的 R^2 随因子数目的变化

生成图 2.8.6 的代码为:

```
w=pd.read_csv('diabetes.csv')
X=w.iloc[:,11:];y=w['y']
zid=Zfold(w.shape[0],10)

from sklearn.cross_decomposition import PLSRegression

num_factor = np.arange(1,21)
M=((y-y.mean())**2).sum()
Score=[]
for a in num_factor:
    pred=np.ones(w.shape[0])
    for i in range(10):
        X_train=w.iloc[zid!=i,11:];y_train=w.iloc[zid!=i]['y']
        X_test=w.iloc[zid==i,11:];y_test=w.iloc[zid==i]['y']
        pls = PLSRegression(n_components=a)
        pls.fit(X_train, y_train)
        pred[zid==i]=pls.predict(X_test).reshape(-1,)
    Score.append(1-((y-pred)**2).sum()/M)

plt.figure(figsize=(24,8))
ax = plt.gca()
ax.plot(num_factor, Score)
ax.scatter(num_factor, Score,s=200,marker='o')
plt.xlabel("num_factor")
plt.ylabel("score")
plt.title("PLS regression score as a function of the number of factors")
```

```
plt.axis("tight")
plt.show()
```

2.8.4 2.6 节的代码

与 engel 数据分位数回归有关的图 2.8.7 是由下面的代码生成的.

```
w=pd.read_csv('engel.csv')
w['log10_income']=np.log10(w['income'])
w['log10_foodexp']=np.log10(w['foodexp'])
import statsmodels.api as sm
import statsmodels.formula.api as smf
mod = smf.quantreg("log10_foodexp ~ log10_income", w)
# 不同的分位数做拟合
quantiles = [.15, .25, .50, .75, .95]
def fit_model(q):
    res = mod.fit(q=q)
    return [q, res.params["Intercept"], res.params["log10_income"]] + \
        res.conf_int().loc["log10_income"].tolist()
models = [fit_model(x) for x in quantiles]
models = pd.DataFrame(models, columns=["q", "a", "b", "lb", "ub"])
# 作为比较的OLS
ols = smf.ols("log10_foodexp ~ log10_income", w).fit()
ols_ci = ols.conf_int().loc["log10_income"].tolist()
ols = dict(
    a=ols.params["Intercept"], b=ols.params["log10_income"],
    lb=ols_ci[0], ub=ols_ci[1]
)
# 颜色和线条
import matplotlib._color_data as mcd
overlap = [name for name in mcd.CSS4_COLORS
           if "xkcd:" + name in mcd.XKCD_COLORS]
linestyles = ['_', '-', '--', ':','-.']
# 画图
step=(w.log10_income.max()-w.log10_income.min())/92
x = np.arange(w.log10_income.min(), w.log10_income.max(), step)
get_y = lambda a, b: a + b * x
fig = plt.figure(figsize=(18, 5))
ax1 = fig.add_subplot(121)
ax1.scatter(w.income, w.foodexp)
ax1.set_xlabel("income", fontsize=16)
ax1.set_ylabel("expenditure", fontsize=16)
ax2 = fig.add_subplot(122)
for i in range(models.shape[0]):
```

```
    y = get_y(models.a[i], models.b[i])
    ax2.plot(x, y, linestyles[i], color=overlap[i+5],
             label='q='+str(round(quantiles[i],2)))
y = get_y(ols["a"], ols["b"])
ax2.plot(x, y, color="red", label="OLS")
ax2.scatter(w.log10_income, w.log10_foodexp, alpha=0.2)
legend = ax2.legend(ncol=3,fontsize=10)
ax2.set_xlabel("Log10(income)", fontsize=16)
ax2.set_ylabel("Log10(Food expenditure)", fontsize=16)
```

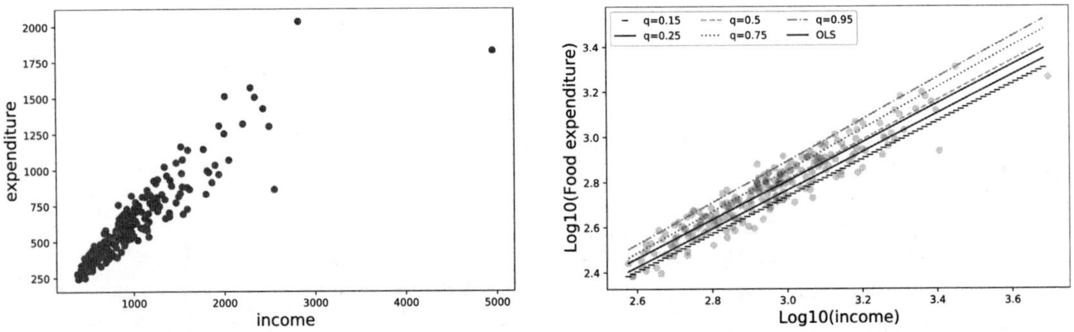

图 2.8.7　engel 数据 (左) 及对数变换后点图和 5 条分位数 (及 OLS) 回归拟合直线 (右)

2.8.5 2.7 节的代码

下面的代码生成例 2.4 口咽癌数据的综合生存函数图 2.8.8:

```
u=pd.read_csv("pharynx1.csv")#读取口咽癌数据

# 需要下载程序包: pip install scikit-survival
from sksurv.datasets import load_veterans_lung_cancer
from sksurv.nonparametric import kaplan_meier_estimator
t, p = kaplan_meier_estimator(u["STATUS"]==1, u["TIME"])
t2, p2 = kaplan_meier_estimator(u[u['TX']==1]['STATUS']==1,
                                u[u['TX']==1]["TIME"])
t3, p3 = kaplan_meier_estimator(u[u['TX']==2]['STATUS']==1,
                                u[u['TX']==2]["TIME"])

plt.figure(figsize=(15,4))
plt.step(t, p, where="post",label='All')
plt.step(t2, p2,':' ,where="post",label='TX=1')
plt.step(t3, p3, '-.',where="post",label='TX=2')
plt.ylabel("est. probability of survival $\hat{S}(t)$")
plt.xlabel("time $t$")
plt.legend()
```

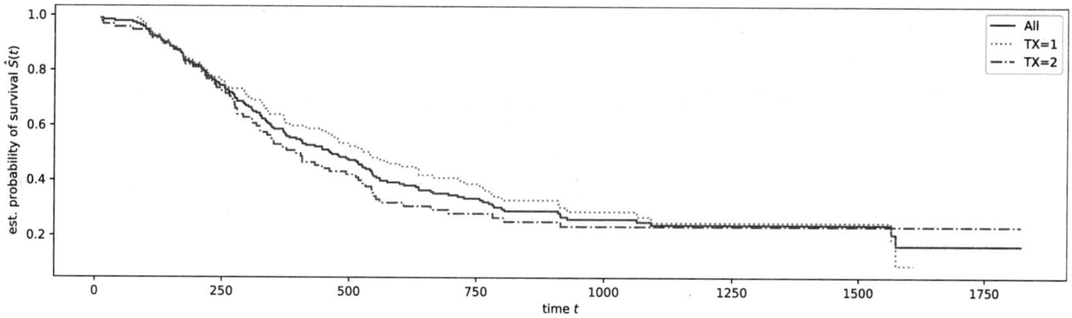

图 2.8.8 例 2.4 口咽癌数据的综合生存函数 (全部和对不同的 TX)

第 3 章　广义线性模型方法

本章的内容有一些完全属于**广义线性模型** (generalized linear model, GLM), 也有一些是其方法的延伸.

3.1　广义线性模型简单回顾

3.1.1 作为特例的正态线性模型

下面对广义线性模型的基本内容做一简单介绍. 记自变量的线性表达式为 $\eta = \beta_1 x_1 + \beta_2 x_2 + \cdots + \beta_p x_p = \boldsymbol{x}^\top \boldsymbol{\beta}$, 这里 x_1 可以是代表常数项的 1.

首先回顾经典正态假定的线性模型

$$Y = \eta + \epsilon = \boldsymbol{x}^\top \boldsymbol{\beta} + \epsilon, \tag{3.1.1}$$

模型 (2.1.5) 是这个模型的样本形式. 对模型 (2.1.5) 假定 $\epsilon \sim N(0, \sigma^2)$. 这时, 由于

$$Y \sim N(\boldsymbol{x}^\top \boldsymbol{\beta}, \sigma^2),$$

在得到样本数据之后, 可以通过最大似然法得到参数 $\boldsymbol{\beta}$ 及 σ^2 的估计, 而且这个估计在随机变量 Y 的正态假定下等价于最小二乘估计. 在取期望之后, 得到

$$\mu = E(Y) = \boldsymbol{x}^\top \boldsymbol{\beta} = \eta \text{ 或者 } \mu = \eta.$$

3.1.2 一般情况

对于一般的随机变量 Y, 如果 $\mu = E(Y)$, μ 和 η 之间用一个函数 $\ell(\cdot)$ 连接起来:

$$\ell(E(Y)) = \ell(\mu) = \eta = \boldsymbol{x}^\top \boldsymbol{\beta} \text{ 或者 } E(Y) = \mu = \ell^{-1}(\eta) = m(\eta) = m(\boldsymbol{x}^\top \boldsymbol{\beta}),$$

而且 Y 服从 (正态分布也在其中) 指数族分布, 这就定义了**广义线性模型**, 这时, 作用在均值 μ 上的变换函数 $\ell(\cdot)$ 称为连接函数 (link function), 而其逆函数 $m(\cdot)$ 称为均值函数. 由于 Y 的分布属于已知的指数族分布, 完全可以通过最大似然法得到参数 $\boldsymbol{\beta}$ 及分布参数的估计. 这完全类似于正态情况. 当然, 对于广义线性模型, 最大似然估计必须通过计算机的迭代算法得到, 不像正态情况时有封闭的数学表达式.

如果因变量观测值 Y 来自指数族分布, 那么它的密度函数可写成以下形式:

$$f_Y(y; \theta, \phi) = a(y, \phi) \exp \frac{b(\theta)T(y) - \kappa(\theta)}{\phi},$$

式中所有函数都是已知的, 如果 $b(\theta) = \theta$, 则称为典则形式 (所有分布都可变换成典则形式); 再者, 如果 $T(y) = y$, 则 θ 称为典则参数. 假定 $\mu \equiv E(Y)$ 为 Y 的期望. 这时, 均值等于分布中 $\kappa(\theta)$ 的一阶导数, 而方差又和其二阶导数有关:

$$\mu = E(Y) = \kappa'(\theta); \; Var(Y) = \kappa''(\theta)\phi.$$

连接函数 $\theta = \eta$ 称为典则连接函数 (canonical link function), 它使得数学推导简单很多, 虽然在数学上有方便之处, 但没有任何证据说明典则连接函数在拟合实际数据时比其他连接函数要好. 由于 R 中的函数 `glm()` 对某分布的默认连接函数是其典则连接函数, 表 3.1.1 列出了某些指数族分布的典则连接函数.

表 3.1.1 某些指数族分布的典则连接函数

分布	连接函数在 R 中的名字	连接函数 $\ell(\mu)$	均值函数 $m(\eta)$
正态 (高斯)	`identity`	$\boldsymbol{x}^\top\boldsymbol{\beta} = \mu$	$\mu = \boldsymbol{x}^\top\boldsymbol{\beta}$
指数	`inverse`	$\boldsymbol{x}^\top\boldsymbol{\beta} = -\mu^{-1}$	$\mu = -(\boldsymbol{x}^\top\boldsymbol{\beta})^{-1}$
Gamma	`inverse`	$\boldsymbol{x}^\top\boldsymbol{\beta} = -\mu^{-1}$	$\mu = -(\boldsymbol{x}^\top\boldsymbol{\beta})^{-1}$
逆高斯	`1/mu^2`	$\boldsymbol{x}^\top\boldsymbol{\beta} = -\mu^{-2}$	$\mu = (-\boldsymbol{x}^\top\boldsymbol{\beta})^{-1/2}$
Poisson	`log`	$\boldsymbol{x}^\top\boldsymbol{\beta} = \ln(\mu)$	$\mu = \exp(\boldsymbol{x}^\top\boldsymbol{\beta})$
二项	`logit`	$\boldsymbol{x}^\top\boldsymbol{\beta} = \ln\left(\frac{\mu}{1-\mu}\right)$	$\mu = \frac{\exp(\boldsymbol{x}^\top\boldsymbol{\beta})}{1+\exp(\boldsymbol{x}^\top\boldsymbol{\beta})}$

3.2 logistic 回归

logistic 回归和 probit 回归都属于广义线性模型的特例, 后面要介绍的 Poisson 对数线性模型也是广义线性模型的特例, 这里首先引进一个和此有关的数据例子. 可以尝试用经典的 logistic 回归和判别分析来拟合这个数据. 当然, 经典的 logistic 回归及判别分析并不要求自变量完全是数量变量, 可以包含少数定性变量. 但是, 如果定性自变量数目或者一些变量的水平数目太多, 这些方法就不能用了.

问题与思考

logistic 回归和其他广义线性模型一样, 原本的目标是用模型来拟合数据, 并且用最大似然法得到模型的参数. 而现在 logistic 回归的主要目的是对因变量为有两个水平的分类变量做分类. 它的名字中之所以有 " 回归 ", 是历史的原因.

例 3.1 泰坦尼克乘客数据 (ptitanic.csv,titanicF.csv) 这是删除了乘客姓名和其他详细信息的泰坦尼克号数据. 在 R 程序包 `rpart.plot` 中可以用 ptitanic 的名字找到. 该数据包含 6 个变量及 1309 个观测值. 变量包括 pclass (乘客舱位, 水平: 1st, 2nd, 3rd), survived (生存与否, 水平: died, survived), sex (性别, 水平: male, female), age (年龄, 单位: 岁, 从 0.1667 到 80), sibsp (同船兄弟姐妹或配偶的数目, 从 0 到 8 的整数), parch (同船父母或孩子的数目, 0 到 9 的整数). 数据文件 titanicF.csv 是用程序包 `missForest` 弥补了 age 缺失值的数据, 这种弥补改进了本节使用的 logistic 回归及决策树的交叉验证预测精度.

下面, 我们将以 survived 作为有两个水平 (类) 的因变量, 其余变量作为自变量来建立分类模型.

3.2.1 logistic 回归模型参数估计

对于一系列有两个结果的随机试验, 最简单的概率模型来自 Bernoulli 试验及 Bernoulli 分布, 其中假定成功的概率为 p, 失败的概率为 $1-p$. 二项分布就是由多次 Bernoulli 试验导出的. 在实际生活中, 有各种不同的其他因素干扰试验结果, 这样成功和失败的概率就不是固定的, 而是其他变量的一个函数. 假定自变量数据 (样本) 矩阵为 $\boldsymbol{X}$, 那么一个简单的函数如下:

$$\ln\left(\frac{\boldsymbol{p}}{1-\boldsymbol{p}}\right)=\boldsymbol{X}^{\top}\boldsymbol{\beta} \text{ 或者 } \boldsymbol{p}=\frac{\boldsymbol{X}^{\top}\boldsymbol{\beta}}{1+\boldsymbol{X}^{\top}\boldsymbol{\beta}}, \tag{3.2.1}$$

式中, $\boldsymbol{\beta}$ 为待估计系数向量. 注意, Bernoulli 分布均值 (向量)$\boldsymbol{\mu}=\boldsymbol{p}$, 这里的连接函数为 $\ell(\boldsymbol{\mu})=\ell(\boldsymbol{p})=\ln[\boldsymbol{p}/(1-\boldsymbol{p})]=\boldsymbol{X}^{\top}\boldsymbol{\beta}$.

在简单回归的期望表达式 $\boldsymbol{\mu}=E(\boldsymbol{y})=\boldsymbol{X}^{\top}\boldsymbol{\beta}$ 中, 左边不是观测变量, 而是均值参数 $\boldsymbol{\mu}$, 方程 (3.2.1) 左边的 $\ln[\boldsymbol{p}/(1-\boldsymbol{p})]$ 也不是可观测的变量, 而是假定背景分布 (Bernoulli 分布) 的参数 $\boldsymbol{p}$ 的函数, 因为函数 $\ln[\boldsymbol{p}/(1-\boldsymbol{p})]$ 被称为 logit 函数, 所以这个模型叫做 logistic 回归模型, 为广义线性模型的一个特例. 广义线性模型在 R 中可用函数 `glm()` 来处理.

和 logistic 回归类似, probit 回归模型也是基于成功概率为 $\boldsymbol{p}$ 的 Bernoulli 试验, 其连接函数为标准正态分布函数的逆, 即:

$$\Phi^{-1}(\boldsymbol{p})=\boldsymbol{X}^{\top}\boldsymbol{\beta} \text{ 或者 } \boldsymbol{p}=\Phi(\boldsymbol{X}^{\top}\boldsymbol{\beta}), \tag{3.2.2}$$

式中, $\boldsymbol{p}$ 为 Bernoulli 试验的成功概率; Φ 为标准正态累积分布函数. 显然, logistic 回归和 probit 回归都是试图把取值范围为整个实数轴的 $\boldsymbol{X}^{\top}\boldsymbol{\beta}$ 和取值范围为区间 $[0,1]$ 的 $\boldsymbol{p}$ 联系起来: logistic 模型 (3.2.1) 中的 $\ln[\boldsymbol{p}/(1-\boldsymbol{p})]$ 和 $\boldsymbol{X}^{\top}\boldsymbol{\beta}$ 取值范围一样, 都是整个实数轴, 而 probit 模型 (3.2.2) 中的 $\Phi^{-1}(\boldsymbol{p})$ 和 $\boldsymbol{X}^{\top}\boldsymbol{\beta}$ 也都是取值于整个实数轴的. 这里的 probit 模型的连接函数 $\Phi^{-1}(\boldsymbol{p})$ 不是典则连接函数, 因此在使用函数 `glm()` 时要标明, 不能用缺省值. 由于 probit 回归和 logistic 回归从模型、拟合到预测精度都非常相似, 本书就不专门介绍 probit 回归了.

下面的代码是用 logistic 回归来拟合例 3.1 泰坦尼克乘客数据 (包括读入数据):

```
u=read.csv("titanicF.csv",stringsAsFactors = T)
a=glm(survived~.,u,family="binomial")#默认logit连接函数
round(a$coefficients,4)
```

输出 logistic 回归的估计系数:

```
(Intercept)   pclass2nd   pclass3rd     sexmale         age       sibsp       parch
     4.0732     -1.3887     -2.3799     -2.5846     -0.0437     -0.3680     -0.0009
```

根据上面输出的参数估计, 对例 3.1 数据拟合后的模型为 (由于有两个分别有 3 个和 2 个水平的分类变量, 因此线性部分有 $3\times2=6$ 个截距项):

$$\ln\left(\frac{\hat{p}}{1-\hat{p}}\right)=\begin{cases}4.0732+0+0-0.0437\,\text{age}-0.3680\,\text{sibsp}-0.0009\,\text{parch}, & \text{pclass=1st, sex=female;}\\ 4.0732+0-2.5846-0.0437\,\text{age}-0.3680\,\text{sibsp}-0.0009\,\text{parch}, & \text{pclass=1st, sex=male;}\\ 4.0732-1.3887+0-0.0437\,\text{age}-0.3680\,\text{sibsp}-0.0009\,\text{parch}, & \text{pclass=2nd, sex=female;}\\ 4.0732-1.3887-2.5846-0.0437\,\text{age}-0.3680\,\text{sibsp}-0.0009\,\text{parch}, & \text{pclass=2nd, sex=male;}\\ 4.0732-2.3799+0-0.0437\,\text{age}-0.3680\,\text{sibsp}-0.0009\,\text{parch}, & \text{pclass=3rd, sex=female;}\\ 4.0732-2.3799-2.5846-0.0437\,\text{age}-0.3680\,\text{sibsp}-0.0009\,\text{parch}, & \text{pclass=3rd, sex=male.}\end{cases} \tag{3.2.3}$$

logistic 回归的分类预测不像线性回归那么简单. 把自变量的观测值数据代入, 并不能得

到因变量 Y 的拟合值或预测值, 而只能得到相应于每个观测值的 p 的估计值. 把数据的 $n=1309$ 个观测值代入式 (3.2.3), 就可得到 n 个 p 的估计值 $\{\hat{p}_i\}$. 但我们的预测目的是根据这些估计值来预测 n 个观测值的因变量的水平 (类型). 这就是分类的任务.

3.2.2 logistic 模型的预测

要想根据估计的 $\hat{p}_i$ 来预测因变量的值 (例 3.1 是 died 和 survived), 就要选择一个 $\hat{p}_i$ 的阈值 (记为 p_{th}), 根据这个阈值来区分是 died 还是 survived. 由于 R 默认把 p 作为因变量属于排序靠后的水平的概率. 也就是说, 运行代码 `levels(w$survived)`, 得到水平排列 (的次序) 为 `"died" "survived"`. 这意味着 p 是观测值预测为 survived 的概率 (R 自动按照字典顺序排列). 因此, 对于阈值 p_{th} 判别准则为:

$$\hat{y}_i=\begin{cases}\text{survived}, & \hat{p}_i>p_{th},\\ \text{died}, & \hat{p}_i\leqslant p_{th},\end{cases}\quad i=1,2,\ldots,n.$$

计算估计值 $\hat{p}_i$ 和根据阈值来预测 $\hat{y}_i$ 的自编程序为:

```
BP=function(D,u,cutoff=0.5,fm="binomial"){
  ff=formula(paste(names(u)[D],'~.'))
  a=glm(ff,u,family=fm)
  z=predict(a,u,type="response")
  u1=ifelse(z>cutoff,levels(u[,D])[2],levels(u[,D])[1])
  cfm=table(u[,D],u1)
  error=mean(u[,D]!=u1)
  return(list(error=error,cfm=cfm))
}
```

函数中的 `D` 是因变量的列数, `u` 是数据名, `cutoff` 是阈值 (这里的默认值也是 0.5), `fm` 是函数 `glm` 中对于分布族的选项. 输出的 `error` 是总的误判率, `cfm` 是混淆矩阵. 执行下面这个函数:

```
BP(2,u)
```

输出误判率 (约 21.08%, 或者准确率约为 78.92%) 及**混淆矩阵** (confusion matrix):

```
$error
[1] 0.210848

$cfm
          u1
           died survived
  died      687      122
  survived  154      346
```

这里的混淆矩阵的行代表真正的类, 列代表模型判断的类, 对角线外为错判个数. 误判率就是对角线外元素个数和总数的比: $(122+154)/(687+122+154+346)=0.210848$.

3.2.3 阈值的选择及 ROC 曲线

最常用的省事的阈值为 0.5, 但这不见得是预测时误判率最小的阈值. 阈值的选择原则究竟是什么呢?

- 最简单的是降低总的误判率. 这时认为把 died 判断成 survived 与把 survived 判断成 died 是同等风险的.
- 按照其他原则, 如降低最大风险. 比如在医学诊断例子中, 到底是把阳性判断成阴性问题严重, 还是把阴性判断成阳性 (" 假阳性 ") 严重.
- 阈值的选择既不是一个统计问题, 也不是一个数学问题, 而是实际工作者的决策.

把例 3.1 因变量的 "survived" 类称为 " 阳性 ", 把 "died" 类称为阴性, 并且考察阈值与误判率 (或准确率)、真阳性和假阳性之间的关系. 为了省去手工核对阈值与各种误差, 我们自编了函数 `ROCB(D,u,Plot=2,fm="binomial")`, 函数中的 `D` 是因变量的列数, `u` 是数据名. 下面是该函数对例 3.1 运行输出的内容:

(1) 选项 `Plot=1`. 精确度 (1-误判率)、真阳性、假阳性随着阈值变化的曲线见图 3.2.1.

(2) 选项 `Plot=2`. 生成两张图:

第 1 张: 真阳性随着假阳性变化的曲线 (见图 3.2.2 中左图), 该曲线称为 **ROC 曲线**或**接收器特征曲线** (ROC curve, receiver operating characteristic curve);

第 2 张: 图中只有精确度曲线 (见图 3.2.2 中右图).

(3) ROC 曲线下的面积 auc (area under curve)(= 0.847), 该面积越接近 1 说明该模型越理想.

(4) 输出使得总体精确度最大 (误判率最小) 的阈值 (0.639).

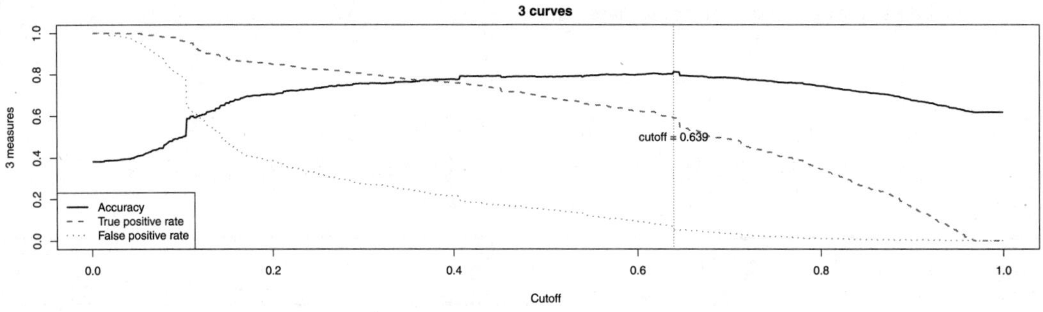

图 3.2.1 例 3.1 数据 logistic 模型分类的精确度、真阳性、假阳性随着阈值变化的曲线

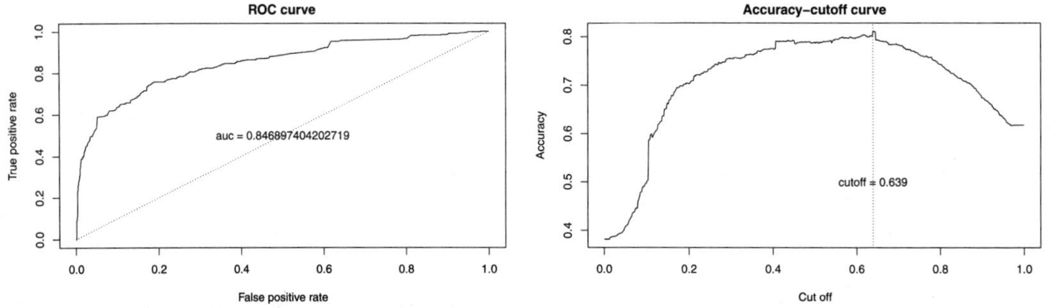

图 3.2.2 例 3.1 数据 logistic 模型分类的 ROC 曲线 (左) 及精确度随着阈值变化的曲线 (右)

下面是函数 ROCB 及对其的运行:

```
ROCB=function(D,u,Plot=2,fm="binomial"){
  library(pryr)
  ff=formula(paste(names(u)[D],'~.'))
  a=glm(ff,u,family=fm)
  z=predict(a,u,type="response")
  ee=NULL
  gap=.001
  Seq=seq(.001,.999,gap)
  L1=levels(u[,D])[1]
  L2=levels(u[,D])[2]
  for(p in Seq){
    u1=ifelse(z>p,L2,L1)
    r=mean(u1==u[,D])
    tp=sum(u1==L2 & u[,D]==L2)/sum(u[,D]==L2)
    fp=sum(u1==L2 & u[,D]!=L2)/sum(u[,D]!=L2)
    ee=rbind(ee,c(p,r,tp,fp))}
  AUC=-sum(ee[,3]*diff(c(1,ee[,4])))
  I=which(ee[,2]==max(ee[,2]))
  P=ee[min(I),1]
  A %<a-% {matplot(ee[,1],ee[,-1],type='l',ylab = '3 measures',
          xlab='Cutoff',lwd = 2,main='3 curves')
  text(P,.5,paste('cutoff =',P))
  abline(v=P,lty=3)
  legend('top',c('Accuracy','True positive rate','False positive rate'),
         col=1:3,lty=1:3,lwd=2)}
  B %<a-% {plot(ee[,3]~ee[,4],type='l',xlab='False positive rate',
       ylab='True positive rate',main='ROC curve')
  text(.5,.5,paste('auc =',AUC))
  segments(0,0,1,1,lty=3)}
  C %<a-% {plot(Seq,ee[,2],type='l',ylab='Accuracy',
       xlab='Cut off',main='Accuracy-cutoff curve')
  text(P,.5,paste('cutoff =',P))
  abline(v=P,lty=3)}
  if (Plot==1) {layout(t(1)); A}
  if (Plot==2){
    layout(t(1:2))
    B;C
  }
  layout(t(1))
  Res=list(auc=AUC,min_p=P)
  return(Res)
}
```

```
ROCB(D=2,u=u,Plot=1)
ROCB(D=2,u=u,Plot=2)
```

如果要对例 3.1 数据用 probit 回归做类似的任务, 代码为:

```
ROCB(D=2,u=u,Plot=2,fm=binomial(link = probit))
```

3.2.4 例 3.1 数据的 logistic 方法和决策树分类的交叉验证比较

下面用 10 折交叉验证来比较例 3.1 数据的 logistic 方法和机器学习的弱分类器决策树预测精度 (误判率). 我们在分析数据时使用 13.3.1 节的自编函数 Fold.

```
library(randomForest);library(ipred);library(rpart.plot)
Z=10;D=2
mm=Fold(Z=10,w,D=2,seed=8888)
f=formula('survived~.')
pred=w[,rep(D,2)]
for (i in 1:Z){
  m=mm[[i]]
  pred[m,1]=glm(f,w[-m,],family=binomial) %>%
        predict(w[m,],type="response") %>%
        ">"(.,0.5) %>% ifelse(.,levels(w[,D])[2],levels(w[,D])[1])
  pred[m,2]=rpart(f,w[-m,]) %>% predict(w[m,],type='class')
}
pred %>% dim()

Err=NULL
Tab=list()
for (i in 1:2) {
  Err=rbind(Err,c(sum(pred[,i]!=w[,D]),mean(pred[,i]!=w[,D])))
  Tab[[i]]=table(w[,D],pred[,i])
}
Err=data.frame(Err)
names(Err)=c('error counts', 'error rate' )
row.names(Err)=c('logistic','Tree')
Err
```

输出为:

```
> Err
          error counts error rate
logistic           285  0.2177235
Tree               226  0.1726509
```

输出结果表明 logistic 回归分类比决策树多分错 $285-226=59$ 个观测值. 下面是它们交叉

验证的混淆矩阵:

```
Confusion matrix for logistic (error rate = 0.2177235 ):
           died survived
  died      681      128
  survived  157      343
Confusion matrix for Tree (error rate = 0.1726509 ):
           died survived
  died      747       62
  survived  164      336
```

3.3 多项 logit 模型

3.3.1 多项 logit 模型回顾

前面介绍过在因变量为二水平分类变量时使用 logistic 回归模型, 那是与二项分布有关的. 当分类变量有两个以上的水平且这些水平为仅有的可能时, 可以考虑多项 logit 模型 (multinomial-logit), 也称为多项 logistic 回归 (multinomial logistic regression). 注意这里的数学约束, 该模型与一般分类方法的区别为因变量没有所列水平之外的可能. 例如, 当因变量为旅行方式时, 如果水平为汽车、火车、轮船、飞机, 就是一般的分类问题, 按照概率论的原则不能用多项 logit 回归, 因为还有其他选择, 比如步行、骑车、驾驶帆船、骑马、滑雪等. 但是如果因变量水平为汽车、火车、轮船、飞机、其他, 就可以用多项 logit 回归了.

假定对于第 i 个观测, 因变量 Y_i 有 M 个取值: $1, 2, ..., M$, 自变量为 X_i, 则多项 logit 回归模型为:

$$\begin{aligned} P(Y_i = k) &= \frac{\exp(X_i\beta_k)}{1 + \sum_{j=2}^{M}\exp(X_i\beta_j)}, \quad k = 2, 3, ..., M. \\ P(Y_i = 1) &= \frac{1}{1 + \sum_{j=2}^{M}\exp(X_i\beta_j)}, \end{aligned} \tag{3.3.1}$$

可以从约束条件 $P(Y_i = 1) = 1 - \sum_{j=2}^{M} P(Y_i = j)$ 得到. 当然也可以考虑等价模型:

$$P(Y_i = k) = \frac{\exp(X_i\beta_k)}{\sum_{j=1}^{M}\exp(X_i\beta_j)}, \quad k = 1, 2, ..., M.$$

多项 logit 模型显然是 logistic 模型的推广, 或者说 logistic 回归是多项 logit 模型的特例.

3.3.2 多项 logit 模型对简单数据的拟合

为了用多项 logit 模型拟合没有嵌套结构的横截面数据, 我们使用下面的例子.

例 3.2 皮肤病数据 (原数据为 dermatology.data, 填补缺失值后的数据为 derm.csv) 该数据的维数为 366×35, 涉及 366 个红斑鳞状细胞疾病患者的数据, 包含一个称为**因变量** (response) 或**响应变量**的目标变量 (皮肤病类型) 及 34 个**自变量**或**预测变量**, 其中有 32 个有序变量, 1 个数量变量 (age(年龄)), 1 个定性变量 (family history(家族史)). 数据自变量属于**临床属性**的有 12 个, 属于**组织病理学属性**的有 22 个.

该数据是关于红斑鳞状细胞疾病的具体类型. 有监督学习分类的目的是建立模型, 然后通过利用 34 个自变量判定因变量属于表 3.3.1 中 6 种类型的哪一种, 这就是该数据的因变量, 名为 class (类型, 一共 6 种水平, 用哑元表示: 1, 2, 3, 4, 5, 6), 简称 V35.

表 3.3.1 因变量的 6 种红斑鳞状细胞疾病类型

英文	中文	个数	英文	中文	个数
psoriasis	牛皮癣	112	pityriasis rosea	玫瑰糠疹	49
seboreic dermatitis	脂溢性皮炎	61	cronic dermatitis	慢性皮炎	52
lichen planus	扁平苔藓	72	pityriasis rubra pilaris	毛发红糠疹	20

红斑鳞状细胞疾病的鉴别诊断是皮肤病学中的一个问题. 这类疾病具有红斑和鳞屑的临床特征, 差异很小. 通常, 活组织检查对于诊断是必需的. 这些疾病也具有许多组织病理学特征. 鉴别诊断的另一个困难是疾病可能在开始阶段显示另一种类型疾病的特征, 并且也可能具有后面阶段的特征. 对患者首先在临床上评估了 12 个特征, 这些特征中除了 age (年龄) 及 family history (家族史, 0 为没有, 1 为有) 之外, 用 0, 1, 2, 3 打分, 0 表示不存在这个特征, 1, 2, 3 表示严重性, 数值越大越严重, 然后, 采集皮肤样品, 通过显微镜分析确定 22 个组织病理学特征的值 (也取值 0, 1, 2, 3, 含义同前).

例 3.2 数据来自 Ilter 、Güvenir (也是提供者). 参见 Güvenir, Demiröz and Ilter (2006). [1] 该数据的缺失值是用问号"?"标识的.

下面我们使用程序包 nnet[2] 中的 multinom 函数来估计多项 logit 回归模型. 其他 R 包中还有其他能够进行多项式回归的函数. 这里选择 multinom 函数是因为它不需要对数据进行整形 (如 mlogit 包那样), 但对于更复杂的情况可能需要 mlogit 程序包的函数.

模型训练

包括读入数据在内的拟合代码如下:

```
w=read.csv('derm.csv')
for (i in (1:ncol(w))[-34])w[,i]=factor(w[,i])
# V35 是因变量
library(nnet)
fit <- multinom(V35~., w)
pred=predict(fit,w)
mean(w$V35!=pred) #对训练集的误判率
```

结果显示, 对训练集的分类误判率为 0. 但这不算数, 必须进行交叉验证.

交叉验证

下面我们做交叉验证. 这里使用了交叉验证分类的自编函数 CVC, 及 13.3.1 节自编的 Fold 函数, 代码如下:

[1] http://archive.ics.uci.edu/ml/datasets.html?format=&task=&att=mix&area=&numAtt=&numIns=&type=&sort=dateDown&view=table.

[2] Venables, W. N. & Ripley, B. D. (2002) *Modern Applied Statistics with S*. Fourth Edition. Springer, New York. ISBN 0-387-95457-0

```
CVC=function(w,D=5,Z=10,fun=rpart::rpart,seed=NULL){
  if (is.numeric(seed)) set.seed(seed) else seed=8888
  n=nrow(w)
  mm=Fold(Z=Z,w=w,D=D,seed=seed)
  pred=sample(w[,D])
  f=formula(paste(names(w)[D],"~."))
  for (i in 1:Z) {
    m=mm[[i]]
    if (identical(fun,glm)){
      pred[m]=fun(f,w[-m,],family=binomial) %>%
        predict(w[m,],type="response") %>%
        ">"(.,0.5) %>% ifelse(levels(w[,D])[2],levels(w[,D])[1])
    } else if (identical(fun,adabag::boosting)|identical(fun,MASS::lda)){
       pred[m]=fun(f,w[-m,])%>%predict(.,w[m,]) %>% .$class
    } else if (identical(fun,rpart::rpart)) {
       pred[m]=fun(f,w[-m,]) %>% predict(.,w[m,],type="class")
    } else
      pred[m]=fun(f,w[-m,]) %>% predict(w[m,])
  }
  return(list(pred=pred,error=mean(w[,D]!=pred),cfm=table(w[,D],pred)))
}

# 使用上面函数做交叉验证
Res=CVC(w,D=35,Z=10,fun=multinom,seed=1010)
Res$error
Res$cfm
```

输出的 10 折交叉验证误判率和混淆矩阵为:

```
> Res$error
[1] 0.06284153
> Res$cfm
   pred
      1   2   3   4   5   6
  1 106   3   0   3   0   0
  2   1  53   0   7   0   0
  3   0   1  68   2   1   0
  4   0   5   0  44   0   0
  5   0   0   0   0  52   0
  6   0   0   0   0   0  20
```

根据交叉验证, 误判率约为 6.28%.

3.3.3 例 3.2 数据的多项 logit 方法和机器学习分类方法的交叉验证比较

下面用 10 折交叉验证来比较例 3.2 数据的 logit 方法和机器学习的弱分类器决策树预测精度 (误判率). 我们在分析数据时使用 13.3.1 节的自编函数 `Fold`.

```
w=read.csv('derm.csv',stringsAsFactors = T)
for (i in (1:ncol(w))[-34])w[,i]=factor(w[,i])
library(randomForest);library(ipred);library(rpart.plot)
library(nnet);library(tidyr)
Z=10;D=35
mm=Fold(Z=10,w,D=35,seed=1010)
f=formula('V35~.')
pred=w[,rep(D,4)]
for (i in 1:Z){
  m=mm[[i]]
  pred[m,1]=multinom(f, w[-m,]) %>% predict(w[m,])
  pred[m,2]=rpart(f,w[-m,]) %>% predict(w[m,],type='class')
  pred[m,3]=randomForest(f,w[-m,]) %>% predict(w[m,])
  pred[m,4]=ipred::bagging(f,w[-m,]) %>% predict(w[m,])
}

Err=NULL
Tab=list()
for (i in 1:4) {
  Err=rbind(Err,c(sum(pred[,i]!=w[,D]),mean(pred[,i]!=w[,D])))
  Tab[[i]]=table(w[,D],pred[,i])
}
Err=data.frame(Err)
names(Err)=c('error counts', 'error rate' )
row.names(Err)=c('multinom','Tree','rf','bagging')
Err
for (i in 1:4) {
  cat('Confusion matrix for',row.names(Err)[i],'(error rate =',Err[i,2],'):')
  print(Tab[[i]])
}
par(mar=c(4,4,2,1))
barplot(t(Err[,2]),horiz=T,col=4,names.arg = row.names(Err),
        main = 'Cross validation comparison between multinom and other methods',
        xlab='Error rate',ylab='methods'
        )
```

输出的 4 个方法的误判率如下:

```
> Err
         error counts error rate
multinom           23 0.06284153
Tree               28 0.07650273
rf                  9 0.02459016
bagging            17 0.04644809
```

图 3.3.1 为例 3.2 数据的多项 logit 方法和机器学习分类方法的交叉验证误判率图示. 输出结

果表明多项 logit 分类比弱分类器决策树强 (少分错 5 个), 但比其他两个基于决策树的组合方法要差.

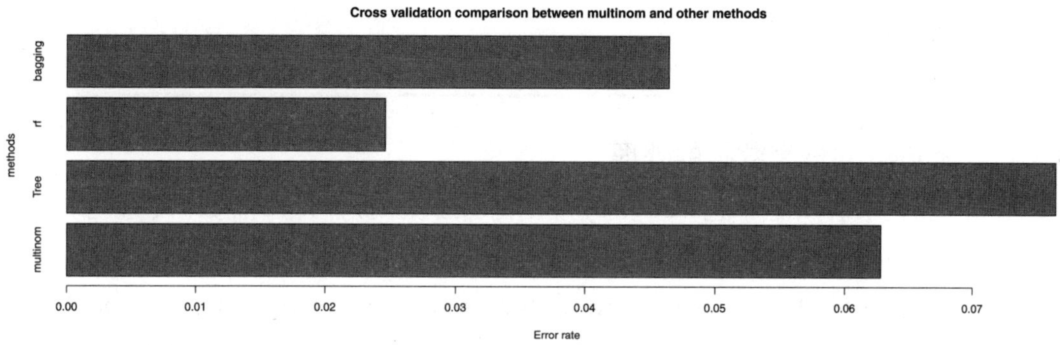

图 3.3.1 例 3.2 数据的多项 logit 方法和机器学习分类方法的交叉验证误判率

下面是输出的 4 个交叉验证的混淆矩阵.

```
Confusion matrix for multinom (error rate = 0.06284153 ):
      1   2   3   4   5   6
  1 106   3   0   3   0   0
  2   1  53   0   7   0   0
  3   0   1  68   2   1   0
  4   0   5   0  44   0   0
  5   0   0   0   0  52   0
  6   0   0   0   0   0  20
Confusion matrix for Tree (error rate = 0.07650273 ):
      1   2   3   4   5   6
  1 106   5   0   1   0   0
  2   1  56   1   1   0   2
  3   0   0  68   3   1   0
  4   0   5   0  44   0   0
  5   4   0   0   0  48   0
  6   0   3   1   0   0  16
Confusion matrix for rf (error rate = 0.02459016 ):
      1   2   3   4   5   6
  1 112   0   0   0   0   0
  2   1  56   0   4   0   0
  3   0   0  72   0   0   0
  4   0   4   0  45   0   0
  5   0   0   0   0  52   0
  6   0   0   0   0   0  20
Confusion matrix for bagging (error rate = 0.04644809 ):
      1   2   3   4   5   6
  1 110   1   0   1   0   0
```

```
  2   1  55   1   2   0   2
  3   0   0  71   0   1   0
  4   0   5   0  44   0   0
  5   2   0   0   0  50   0
  6   0   1   0   0   0  19
```

3.3.4 多项 logit 对嵌套数据的处理

在这一节, 我们将用程序包 mlogit [3] 中的同名函数来拟合数据. 而数据处理使用程序包 dfidx [4]中的同名函数来对数据做预处理.

例 3.3 旅行模式数据 (TravelMode.csv, TravelMode_wide.csv) 这个数据 [5] 来自 Greene (2003), 其中, 第一个数据 TravelMode.csv 是程序包 AER[6]中的数据, 这是个 "长型" (long) 数据, 而第二个数据 TravelMode_wide.csv 和前一个等价却是 "宽型" (wide) 数据. 该数据关于在澳大利亚悉尼和墨尔本之间旅行模式的选择, TravelMode.csv 有 840 行观测值, 因为每个家庭有 4 行一共代表 210 个家庭, 而 TravelMode_wide.csv 只有 210 行. 变量情况见表 3.3.2. 由于第二个数据是宽型的, 所以变量多了很多. 下面是两个数据的前 4 行情况:

```
> read.csv('TravelMode.csv',stringsAsFactors = T) %>% head(4)
  individual  mode choice wait vcost travel gcost income size
1          1   air     no   69    59    100    70     35    1
2          1 train     no   34    31    372    71     35    1
3          1   bus     no   35    25    417    70     35    1
4          1   car    yes    0    10    180    30     35    1
> read.csv('TravelMode_wide.csv',stringsAsFactors = T) %>% head(4)
  mode wait.air wait.train wait.bus wait.car vcost.air vcost.train vcost.bus
1  car       69         34       35        0        59          31        25
2  car       64         44       53        0        58          31        25
3  car       69         34       35        0       115          98        53
4  car       64         44       53        0        49          26        21
  vcost.car travel.air travel.train travel.bus travel.car gcost.air gcost.train
1        10        100          372        417        180        70          71
2        11         68          354        399        255        68          84
3        23        125          892        882        720       129         195
4         5         68          354        399        180        59          79
  gcost.bus gcost.car size income
1        70        30    1     35
2        85        50    2     30
3       149       101    1     40
4        81        32    3     70
```

显然, 对每个家庭, 4 个自变量 (wait, vcost, travel, gcost) 和 4 种旅行模式即 mode 的 4

[3]Croissant, Y. (2020) Estimation of random utility models in R: the mlogit package. *Journal of Statistical Software*, 95 (11): 1-41. doi:10.18637/jss.v095.i11 (https://doi.org/10.18637/jss.v095.i11).

[4]Croissant, Y. (2021) dfidx: Indexed Data Frames. R package version 0.0-4. https://CRAN.R-project.org/package=dfidx.

[5]来自网站 http://pages.stern.nyu.edu/~wgreene/Text/tables/tablelist5.htm.

[6]Kleiber, C. and Zeileis, A. (2008) *Applied Econometrics with R*. New York: Springer-Verlag. ISBN 978-0-387-77316-2. http://CRAN.R-project.org/package=AER.

个水平 (air, bus, car, train) 有关, 因而数值也不一样, 这 $4 \times 4 = 16$ 种组合形成了第二个数据的部分变量, 但每个家庭的 income 和 size 是相同的. 这样, 第二个数据除了 mode 之外有 $16 + 2 = 18$ 个变量. 第一个数据除了因变量 mode 之外, 有 $4 + 2 = 6$ 个自变量, 外加识别选择 mode 的 choice 及 individual (家庭编号), 这两个变量是第二个数据不需要的.

除了 mode (旅行模式) 之外各个自变量的意义为:

表 3.3.2 例 3.3 旅行模式数据自变量意义

变量名	描述	性质	变量名	描述	性质
vcost	车辆花费	数量变量	travel	汽车内耗时	数量变量
wait	等待时间	数量变量	gcost	广义花费度量	数量变量
size	旅行人数	整数	income	家庭收入	数量变量

关于例 3.3 数据和 mlogit 程序包的一些问题:

1. 由于 mlogit 程序包要求长型数据格式, 而且要求用同一作者的程序包 dfidx 来处理, 但这对于一般数据不那么方便, 对于使用宽型数据的方法也不方便.
2. 由于使用 dfidx 很不容易把长型数据转换为宽型数据, 因此笔者用别的方法从原始的长型数据生成例 3.3 的宽型数据 TravelMode_wide.csv, 并且在使用 mlogit 时, 通过 dfidx 来转换成长型, 但在交叉验证选择数据子集及使用其他分类方法时必须用宽型数据.
3. 程序包 mlogit 虽然在数据要求上比较麻烦, 但可用于多种不同结构的模型.

参照多项 logit 模型 (3.3.1), 这里选择的模型为 (对于第 i 个观测值):

$$P(Y_i = k) = \frac{\exp(V_{ik})}{1 + \sum_{j=2}^{M} \exp(V_{ij})}, \quad k = 2, 3, \ldots, M,$$

$$P(Y_i = 1) = \frac{1}{1 + \sum_{j=2}^{M} \exp(V_{ij})},$$

这里的

$$V_{ik} = \alpha_k + \boldsymbol{\beta}^\top \boldsymbol{x}_{ik} + \boldsymbol{\gamma}_k \boldsymbol{z}_i^\top, \quad k = 2, 3, \ldots, M.$$

对于例 3.3 数据, 有

- α_k $(k = 2, 3, 4)$ 为对应于模式 bus, car, train 的截距;
- $\boldsymbol{\beta} = (\beta_1, \beta_2, \ldots, \beta_p)$ 是相应于每个家庭中不同的自变量的系数. 对例 3.3 数据, 相应于变量 wait, vcost, travel, gcost 等用向量 $\boldsymbol{x}_{ik}$ 表示的 $p = 4$ 个变量 (该 $\boldsymbol{\beta}$ 对所有观测值和模式是一样的 $(\forall i, k)$).
- $\boldsymbol{\gamma}_k = (\gamma_{k1}, \gamma_{k2})$ $(k = 2, 3, 4)$ 是相应于每个家庭中共同变量 (这里 $\boldsymbol{z}_i$ 是用向量表示的 2 个变量 income 和 size 的第 i 个观测值的行向量) 相对于 $k = 2, 3, 4$ 模式的系数 (一共有 $3 \times 2 = 6$ 个值).

用上面的多项 logit 模型拟合例 3.3 数据

输入数据及转换数据 (转换成 mlogit 函数需要的形式):

```
library(mlogit);library(dfidx)
w=read.csv('TravelMode_wide.csv',stringsAsFactors = T)
w33=dfidx(w, varying = 2:17, shape = "wide", choice = "mode")
(ff0 <- as.formula(paste("mode ~ ",paste(names(w33)[4:7],
                          collapse= "+"),'|income+size')))
T_m <- mlogit(ff0, data = w33)
print(T_m$coefficients)
```

输出的模型形式及系数为:

```
mode ~ wait + vcost + travel + gcost | income + size
> print(T_m$coefficients)
  (Intercept):bus   (Intercept):car (Intercept):train              wait
        -0.570171         -5.286500          0.421795         -0.102555
            vcost            travel             gcost        income:bus
        -0.053353         -0.010250          0.046426         -0.028019
       income:car      income:train          size:bus          size:car
        -0.008078         -0.067576          0.290801          0.530701
       size:train
         0.693524
```

从输出结果可以看出, 对于不同的模式, 自变量的系数不同. 根据前面公式的记号, $\boldsymbol{\alpha}=(\alpha_1,\alpha_2,\alpha_3,\alpha_4)$ 代表使用 4 种交通工具 (air, bus, car, train) 对截距的影响, $\boldsymbol{\beta}=(\beta_1,\beta_2,\beta_3,\beta_4)$ 代表 wait, vcost, travel, gcost 本身的斜率, $\boldsymbol{\gamma}=\{\gamma_{kj}\}$ 为 4×2 矩阵 ($k=1,2,3,4; j=1,2$) 代表 4 种旅行模式对 income 及 size 的斜率 (交互作用). 拟合的模型为 (对 $k=1,2,3,4$):

$$P(Y=k)=\frac{\exp(\hat{\alpha}_k+\hat{\beta}_1\,\text{wait}+\hat{\beta}_2\,\text{vcost}+\hat{\beta}_3\,\text{travel}+\hat{\beta}_4\,\text{gcost}+\hat{\boldsymbol{\gamma}}_{k\cdot}(\text{income,size})^\top)}{1+\sum_{j=1}^4[\exp(\hat{\alpha}_j+\hat{\beta}_1\,\text{wait}+\hat{\beta}_2\,\text{vcost}+\hat{\beta}_3\,\text{travel}+\hat{\beta}_4\,\text{gcost}+\hat{\boldsymbol{\gamma}}_{j\cdot}(\text{income,size})^\top)]},$$

约束条件为 $P(Y=1)=1-\sum_{j=2}^4 P(Y=j)$, 这里参数的估计值为:

$$\hat{\boldsymbol{\alpha}}=(0,-0.5702,-5.2865,0.4218);$$

$$\hat{\boldsymbol{\beta}}=(-0.1026,-0.0534,-0.0103,0.0464);$$

$$\hat{\boldsymbol{\gamma}}^\top=\begin{bmatrix}0 & -0.0280 & -0.0081 & -0.0676\\ 0 & 0.2908 & 0.5307 & 0.6935\end{bmatrix}.$$

说明: 如果没有代码公式里面的 “|” 以及后面的变量 `income` 及 `size`, 输出中就没有交叉效应. 模型默认 `air` 是个参照 (旅行模式字母排序第一个), 因此默认的 (截距) 效应 ($\hat{\alpha}_1$) 为 0, 它和 `income` 的默认交互效应 ($\hat{\gamma}_1=0$) 也是 0.

对训练集的预测

和二元的 logit 模型类似, 在使用 `predict` 函数预测时, 输出的是各个类的概率, 比如对训练集预测的前几行为:

```
> predict(T_m, newdata = w33) %>% head()
         air        bus       car      train
1 0.07466299 0.16477832 0.5380635 0.22249514
2 0.09168923 0.05322659 0.5838577 0.27122645
3 0.49998347 0.11893534 0.3054566 0.07562458
4 0.08996990 0.02199957 0.8533287 0.03470185
5 0.20152618 0.08388938 0.4784168 0.23616765
6 0.06779281 0.24751759 0.3121473 0.37254232
```

因此, 我们用下面的代码来计算对训练集的误判率及混淆矩阵:

```
Pred=predict(T_m, newdata = w33)
Pred=apply(data.frame(Pred), 1,
           function(x) colnames(Pred)[which(x==max(x))])
mean(w3$mode!=Pred)
table(w3$mode,Pred)
```

输出对训练集的误判率 (28.57%) 及混淆矩阵:

```
> mean(w3$mode!=Pred)
[1] 0.2857143
> table(w3$mode,Pred)
       Pred
        air bus car train
  air    37   0  17     4
  bus     4  22   3     1
  car     6   0  44     9
  train   5   0  11    47
```

3.3.5 例 3.3 数据的多项 logit 方法和机器学习分类方法的交叉验证比较

下面就例 3.3 数据来对多项 logit 模型 (代码中用 mlogit 表示) 和决策树、bagging 及随机森林 (代码中用 rf 表示) 3 种机器学习方法做预测精度的 10 折交叉验证比较并且把误判率做图 (见图 3.3.2), 这里使用了 13.3.1 节中的自编函数 `Fold`.

```
library(randomForest);library(ipred);library(rpart.plot);library(tidyr)
mm=Fold(Z=10,w,D=1,seed=1010) #生成10个随机数据集
pred=w[,rep(1,4)];Z=10
for (i in 1:Z){
  m=mm[[i]]
  w0 <- dfidx(w[-m,], varying = 2:17, shape = "wide", choice = "mode")
  w1 <- dfidx(w[m,], varying = 2:17, shape = "wide", choice = "mode")
  a=mlogit(ff, data = w0)
  Pred=predict(a, newdata = w1)
  Pred=apply(data.frame(Pred), 1,
```

```
               function(x) colnames(Pred)[which(x==max(x))])
  pred[m,1]=Pred
  pred[m,2]=randomForest(mode~.,w[-m,]) %>% predict(w[m,])
  pred[m,3]=rpart(mode~.,w[-m,]) %>% predict(w[m,],type='class')
  pred[m,4]=ipred::bagging(mode~.,w[-m,]) %>% predict(w[m,])
}
Error=NULL
for (i in 1:4) {
  Error=rbind(Error,c(sum(pred[,i]!=w[,1]),mean(pred[,i]!=w[,1])))
}
Error=data.frame(Error)
names(Error)=c('error counts', 'error rate' )
row.names(Error)=c('mlogit','rf','Tree','bagging')

# 画条形图
barplot(t(Error[,2]),horiz = T,col=4,
  main = 'Cross validation comparison between mlogit and other methods',
  xlab='Error rate',ylab='methods'
  )
```

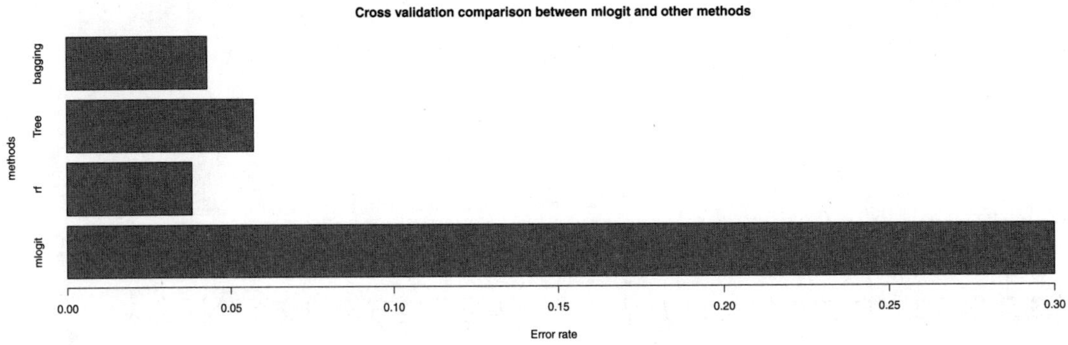

图 3.3.2 例 3.3 数据: 多项 logit 模型和决策树、bagging 及随机森林交叉验证的预测精度 (误判率)

下面是交叉验证误判率:

```
> Error
        error counts error rate
mlogit            63 0.30000000
rf                 8 0.03809524
Tree              12 0.05714286
bagging            9 0.04285714
```

图 3.3.2 及数字结果显示如此复杂的模型得到的预测结果远远不如机器学习方法, 多元 logit 模型在交叉验证中有 63 个误判 (63/210=0.3) 和训练集的误判 (60 个误判, 误判率为 60/210 ≈

0.2857) 差不多, 其误判率为作为弱分类器的简单决策树误判率的 5 倍.

3.4 有序变量的比例优势模型

3.4.1 比例优势模型介绍

有很多变量的取值是有序的, 比如疾病的严重程度、某项产品的评级、对某项事务的评价等等. 这就导致了**比例优势模型** (proportional odds model) 的产生. 下面引进一个数据作为我们分析的目标.

例 3.4 世界价值数据 (WVS.csv) 该数据为 1995—1997 年在澳大利亚、挪威、瑞典、美国做的世界价值调查数据 (Fox and Andersen, 2006), 一共有 5381 个观测值和 6 个变量, 变量情况见表 3.4.1.

程序包 `effects`[7] 以名称 `WVS` 提供这个数据. 该数据中的变量 poverty 是一个有序变量, 我们把它作为因变量, 希望用 $\boldsymbol{x}$ 的一个线性表示 $\boldsymbol{\beta}^\top\boldsymbol{x}$ 来描述 poverty. 类似于广义线性模型, 我们把与因变量有关的概率函数和 $\boldsymbol{\beta}^\top\boldsymbol{x}$ 联系起来. 作为分类变量的 poverty 没有精确数量值, 但它是有序的, 有三个水平: Too Little, About Right, Too Much. 形式上, 我们可以记 (这里借用符号"$\prec$"表示程度的大小, 不是严格数学意义上的不等号)

$$\text{Too Little} \prec \text{About Right} \prec \text{Too Much}.$$

经典统计如何对这种有序分类变量建模是本节要讨论的问题.

表 3.4.1 例 3.4 世界价值数据变量情况

变量名	描述	性质
poverty	政府在贫困问题上的作为	有序变量: 3 水平 (Too Little, About Right, Too Much)
religion	是否信教	分类变量: 2 水平 (no, yes)
degree	有没有大学学位	分类变量: 2 水平 (no, yes)
country	国家	分类变量: 4 水平 (Australia, Norway, Sweden, USA)
age	年龄	数量变量
gender	性别	分类变量: 2 水平 (male, female)

假定有一个连续变量 Z, 其精确取值不可观测, 只知道它可能取下面某两个值之间的值: $-\infty = \zeta_0 < \zeta_1 < \cdots < \zeta_k = \infty$ $(k \geqslant 2)$. 作为 Z 的实际记录, 响应变量 Y 定义如下:

$$\zeta_{j-1} < Z \leqslant \zeta_j \ \Leftrightarrow\ Y = j.$$

这样的 Y 代表了记录下来的一类, 说明不可精确观测的变量 Z 取值于 $(\zeta_{j-1}, \zeta_j]$. 在给定自变量 $\boldsymbol{x}$ 时, 记 $\gamma_j = P(Y \leqslant j|\boldsymbol{x})$. 一般形式的 logistic 比例优势模型为:

$$\begin{aligned}\operatorname{logit}(\gamma_j) &= \ln\left(\frac{\gamma_j}{1-\gamma_j}\right) = \ln\left[\frac{P(Y \leqslant j|\boldsymbol{x})}{1-P(Y \leqslant j|\boldsymbol{x})}\right] = \ln\left[\frac{P(Y \leqslant j|\boldsymbol{x})}{P(Y > j|\boldsymbol{x})}\right]\\ &= \zeta_j - \boldsymbol{\beta}^\top\boldsymbol{x}.\end{aligned}$$

[7] Fox, J. (2003) Effect displays in R for generalised linear models. *Journal of Statistical Software*, 8(15): 1-27. http://www.jstatsoft.org/v08/i15/.

公式左边是 logit 函数, 也就是小于或等于第 j 类的优势的对数. 因为对于不同的 j, 左边优势的对数表达式只有一个常数的差别, 因此优势本身是成比例的.[8]

对于例 3.4 的因变量 poverty, 三个水平 Too Little, About Right, Too Much 分别相应于区间 $(-\infty,\zeta_1]$, $(\zeta_1,\zeta_2]$, (ζ_2,∞).

还有更一般的情况. 考虑线性模型 $Z=\boldsymbol{\beta}^\top\boldsymbol{x}+\epsilon$, 这里假定 ϵ 的累积分布函数为 $F()$, 那么, $P(Z\leqslant z)=F(z-\boldsymbol{\beta}^\top\boldsymbol{x})$.

$$\gamma_j=P(Y\leqslant j)=P(Z\leqslant\zeta_j)=F(\zeta_j-\boldsymbol{\beta}^\top\boldsymbol{x}) \text{ 或者 } F^{-1}(\gamma_j)=\zeta_j-\boldsymbol{\beta}^\top\boldsymbol{x}.$$

当这里的函数 $F(z)=\mathrm{e}^z/(1+\mathrm{e}^z)$ 时, 相应的模型就是这里的 logistic 比例优势模型, 那时 ϵ 有 logistic 密度. 如果 F 是正态分布累积分布函数, 则有累积 probit 模型. 如果 ϵ 有极值分布 (即 $\exp(\epsilon)$ 有指数或 Weibull 分布), 则相应于成组的比例危险模型或互补的 log-log 模型.

3.4.2 比例优势模型对例 3.4 的拟合实践

首先输入例 3.4 的数据, 并把变量 poverty 的水平按照次序排序 (这一步很重要, 否则会得到错误的输出), 这样做的代码如下:

```
w=read.csv("WVS.csv",stringsAsFactors = T)
levels(w[,1])#检查发现其水平次序是按照字母顺序排列的
#下面按升序排列水平:
w[,1]=ordered(w[,1],c("Too Little","About Right","Too Much"))
```

如果上面的代码 `levels(w[,1])` 所显示的水平已经按升序排列, 后面接着的命令可以简化成 `w[,1]=ordered(w[,1])`.

用 logistic 比例优势模型对例 3.4 数据进行拟合, 使用的是程序包 `MASS` 中的 `polr()` 函数[9], 下面是拟合数据的代码:

```
library(MASS);library(car)
a0 <- polr(poverty ~ ., w)
Anova(a0)
```

使用上述代码得到有关各个变量显著性检验 p 值的输出 (这里未显示), 按照传统统计的思维, 各个变量都比较显著. 如果做 Pearson χ^2 检验, 变量 country 是最显著的.

由于上面的模型没有考虑交互作用, 我们通过下面的代码来考察两两交互作用:

```
a1=polr(poverty~
    (religion+degree+country+age+gender)^2,w)
Anova(a1)
```

由此得到不同显著性的交互作用结果 (这里未展示). 根据这个结果, 基于传统统计对显著性的判断, 我们选择拟合下面的模型:

[8] 如果某事件发生的概率为 p, 则 $p/(1-p)$ 称为优势 (odds); 优势的对数则是 p 的 logit 函数 $\ln[p/(1-p)]$. 在很多场合, 人们喜欢用优势而不是概率. 比如, 某人说其猜中某件事的优势是 3:5, 实际上是说猜中的概率为 3/8, 因为 $3/5=(3/8)/(5/8)$. 优势之比称为优比 (odds ratio).

[9] 该函数的名字为 proportional odds logistic regression 的缩写.

```
a2=polr(poverty~religion*(degree+country)+
    country*age+gender,w)
Anova(a2)
```

由此得到结果 (不显示), 按照传统显著性的概念, 可以认为这个模型中的交互作用还算显著.

上面的拟合没有考虑唯一的定量变量 age 的高阶影响, 下面把关于 age 的多项式样条的 B 样条基矩阵也放入自变量, 这里使用了程序包 `splines`[10]的 `bs()` 函数.

从得到的各种结果 (这里没有显示) 综合考虑, 拟合下面的模型:

```
library(splines)
a4=polr(poverty~(religion+degree+country+bs(age,4))^2+gender,w)
Anova(a4)
```

得到的传统方差分析的显著性检验结果为:

```
Analysis of Deviance Table (Type II tests)

Response: poverty
                     LR Chisq Df Pr(>Chisq)
religion                4.189  1  0.0406781 *
degree                  4.552  1  0.0328868 *
country               249.846  3  < 2.2e-16 ***
bs(age, 4)             64.109  4  3.964e-13 ***
gender                 11.218  1  0.0008103 ***
religion:degree         4.072  1  0.0436018 *
religion:country       17.405  3  0.0005832 ***
religion:bs(age, 4)    10.056  4  0.0394905 *
degree:country         10.072  3  0.0179614 *
degree:bs(age, 4)      10.103  4  0.0387358 *
country:bs(age, 4)     41.343 12  4.294e-05 ***
```

这个模型的多个变量看上去还可以保留.

为了得到各种估计的参数, 可以使用代码 `a4$coefficients`, 输出为:

```
> a4$coefficients
              religionyes                degreeyes           countryNorway
              -0.43810922              -0.27955021              0.86546656
            countrySweden               countryUSA          bs(age, 4)1
               1.17969142               0.15749930              0.96798689
              bs(age, 4)2              bs(age, 4)3          bs(age, 4)4
               0.47544021               0.80908996              2.09999797
               gendermale     religionyes:degreeyes religionyes:countryNorway
               0.17906552               0.40449092             -0.31956984
religionyes:countrySweden    religionyes:countryUSA   religionyes:bs(age, 4)1
```

[10] R Core Team (2014) R: A language and environment for statistical computing. *R Foundation for Statistical Computing*, Vienna, Austria. http://www.R-project.org/.

```
          -1.03572083               0.45473749               0.06681751
 religionyes:bs(age, 4)2  religionyes:bs(age, 4)3  religionyes:bs(age, 4)4
           1.20017378               0.57553517              -0.39870886
 degreeyes:countryNorway  degreeyes:countrySweden     degreeyes:countryUSA
          -0.05401418               0.49464478               0.25317547
   degreeyes:bs(age, 4)1    degreeyes:bs(age, 4)2    degreeyes:bs(age, 4)3
           0.18453595              -1.41668733               2.19896624
   degreeyes:bs(age, 4)4 countryNorway:bs(age, 4)1 countrySweden:bs(age, 4)1
          -3.84495086              -0.48173181              -0.50032716
  countryUSA:bs(age, 4)1 countryNorway:bs(age, 4)2 countrySweden:bs(age, 4)2
           0.71088121              -1.26591621              -1.67004418
  countryUSA:bs(age, 4)2 countryNorway:bs(age, 4)3 countrySweden:bs(age, 4)3
          -1.64181667              -1.77747950              -0.99290069
  countryUSA:bs(age, 4)3 countryNorway:bs(age, 4)4 countrySweden:bs(age, 4)4
           1.65882715               0.70398694               0.29333853
  countryUSA:bs(age, 4)4
          -0.79929900
```

和以前一样, 没有出现的水平或截距、与水平交互作用的斜率, 一定是参照效应, 而且, 根据软件默认为 0, 比如, `religionno` 为 0, `degreeno` 为 0, `countryAustralia` 为 0, `genderfemale` 为 0, 等等.

3.4.3 比例优势模型对例 3.4 训练集的预测

预测使用的函数和其他方法类似, 得到混淆矩阵及误判率的代码及输出为:

```
> (d=table(w$poverty,predict(a4,w)))

             Too Little About Right Too Much
  Too Little       2205         497        6
  About Right      1470         376       16
  Too Much          371         412       28
> sum((d-diag(diag(d))))/nrow(w)
[1] 0.5151459
```

问题与思考

如果不在一开始对因变量水平排序, 用同样的模型得到的混淆矩阵为:

```
              About Right Too Little Too Much
  About Right         517       1345        0
  Too Little          612       2096        0
  Too Much             41        770        0
```

虽然误判率为 2768/5381 ≈ 0.5144025, 比原先的模型 (2772/5381 ≈ 0.5151459) 稍小, 但由于错误的顺序, 使得预测结果中缺乏一个类 (水平). 对于分类问题, 如果有 m 类, 不用任何模型的随机分类, 误判率平均为 $(m^2-m)/m^2$ (在 $m=3$ 类时等于 $2/3 \approx 0.67$).

3.4.4 例 3.4 数据的比例优势模型和机器学习分类方法的交叉验证比较

下面就例 3.4 的数据对比例优势模型和决策树、bagging 及随机森林 3 种机器学习方法做预测精度的 10 折交叉验证加以比较, 这里使用了 13.3.1 节中的自编函数 `Fold`. 对于其他模型, 我们使用了 `model.matrix` 来生成等价的数据 (`w1`).

```
w=read.csv("WVS.csv",stringsAsFactors = T)
w[,1]=ordered(w[,1],c("Too Little","About Right","Too Much"))
M=model.matrix(~(religion+degree+country+bs(age,4))^2+gender,data=w)
w1=data.frame(poverty=w[,1],M)

library(MASS);library(car);library(splines)
library(randomForest);library(ipred);library(rpart.plot)
Z=10
mm=Fold(Z=10,w,D=1,seed=1010)
pred=w[,rep(1,4)]
for (i in 1:Z){
  m=mm[[i]]
  pred[m,1]=polr(poverty~(religion+degree+country+bs(age,4))^2+gender,w[-m,]) %>%
    predict(w[m,])
  pred[m,2]=randomForest(poverty~.,w1[-m,]) %>% predict(w1[m,])
  pred[m,3]=rpart(poverty~.,w1[-m,]) %>% predict(w1[m,],type='class')
  pred[m,4]=ipred::bagging(poverty~.,w1[-m,]) %>% predict(w1[m,])
}
Err=NULL
Tab=list()
for (i in 1:4) {
  Err=rbind(Err,c(sum(pred[,i]!=w[,1]),mean(pred[,i]!=w[,1])))
  Tab[[i]]=table(w[,1],pred[,i])
}
Err=data.frame(Err)
names(Err)=c('error counts', 'error rate' )
row.names(Err)=c('polr','rf','Tree','bagging')
```

得到各种方法的误判个数及误判率为:

```
> Err
        error counts error rate
polr            2796  0.5196060
rf              2748  0.5106857
Tree            2630  0.4887567
bagging         2873  0.5339156
```

这里最弱的决策树交叉验证误判率最低, 比比例优势模型少误判 $2796 - 2630 = 166$ 个, 但是单纯的误判率不一定说明问题, 还得看混淆矩阵. 使用下面的代码:

```
for (i in 1:4) {
  cat('Confusion matrix for',row.names(Err)[i],'(error rate =',Err[i,2],'):')
  print(Tab[[i]])
}
```

输出的 4 组方法交叉验证结果的混淆矩阵为:

```
Confusion matrix for polr (error rate = 0.519606 ):
              Too Little About Right Too Much
  Too Little        2194         502       12
  About Right       1482         358       22
  Too Much           382         396       33
Confusion matrix for rf (error rate = 0.5106857 ):
              Too Little About Right Too Much
  Too Little        2132         453      123
  About Right       1395         369       98
  Too Much           559         120      132
Confusion matrix for Tree (error rate = 0.4887567 ):
              Too Little About Right Too Much
  Too Little        2613           0       95
  About Right       1756           0      106
  Too Much           673           0      138
Confusion matrix for bagging (error rate = 0.5339156 ):
              Too Little About Right Too Much
  Too Little        1731         777      200
  About Right       1108         596      158
  Too Much           414         216      181
```

问题与思考

从上面 4 个混淆矩阵来看, 误判率最低的决策树看起来很不合理. 但到底以什么为标准, 恐怕不是统计学家的专长, 必须根据问题的需要来考虑.

3.5 应付计数的经典方法: Poisson 对数线性模型及延伸

3.5.1 概要和例子

还有一种与频数有关的数据, 比如来自抽样调查的数据, 其变量大多是分类变量, 最终的结果可以用列联表形式展示, 列联表每个格子中的数字就是相应变量组合的频数 (即计数). 因此, 频数虽然不是抽样调查时的变量, 但是在人们关心这些频数时, 就成了我们研究的对象.

应对频数数据最简单的汇总方法就是计算各种比例或频率. 但如果想研究频数和有关变量之间的关系, 就需要考虑一些统计模型, 比如, 如果要了解频数和各个变量的关系, 频数就成为因变量. 在以频数为因变量时, 自变量可以是组成列联表的那些分类变量, 也可以是作为背景资料的一些定性或定量变量.

涉及频数的经典方法是 Poisson 对数线性模型, 但作为广义线性模型之一的 Poisson 模型是基于 Poisson 分布, 预测的是该分布对于各个观测值的参数估计, 这些参数并不是整数, 而且参数为 Poisson 分布的均值及相等的方差. 这使得表面很漂亮的 Poisson 对数线性模型有很多天生的弱点, 因此, 又衍生了许多相关方法.

例 3.5 血友病数据 (hemophilia.csv) 这个数据[11]是由美国国家癌症研究所资助的多中心血友病队列研究 (multicenter hemophilia cohort study, MHCS) 获得的. 该项研究从 1978 年 1 月 1 日到 1995 年 12 月 31 日在 16 个治疗中心 (12 个在美国, 4 个在西欧) 跟踪了超过 1600 个血友病人, 该数据一共有 2144 个观测值及 6 个变量, 表 3.5.1 为变量情况.

表 3.5.1 例 3.5 血友病数据变量情况

变量名	描述	性质
hiv	患者的 HIV 状况 (1= 阴性, 2= 阳性)	哑元型分类变量
factor	使用凝血因子制剂的 5 种剂量	哑元型分类变量
year	日历年	整数 (也可作为分类变量)
age	年龄 (按 5 岁递增的组)	整数/定序/分类
py	人年: 该年该组参加该研究的时间总量	数量变量
deaths	该组死亡人数	整数

除了下面要做的以死亡人数作为因变量的回归之外, 还可以对这个数据做多方面的研究, 例如一些经典统计的检验, 请参看 Nolan and Speed (2000).

3.5.2 经典的 Poisson 对数线性模型回顾

前面在讲 logistic 和 probit 回归时介绍了广义线性模型, 也提到了 Poisson 分布的典则连接函数为对数函数, 这时的线性模型称为 Poisson 对数线性模型, 取值非负整数 (计数) 的因变量 y 被考虑为 Poisson 分布 (参数记为 λ), 对于 $k \times 1$ 自变量向量 $\boldsymbol{x}$(假定自变量个数等于 k), 有 Poisson 对数线性模型

$$\ln(\lambda) = \boldsymbol{\beta}^{\top}\boldsymbol{x},$$

这里 $\boldsymbol{\beta}$ 为参数向量. 对于自变量观测值矩阵 $(n \times k)$ $\boldsymbol{X}$(样本量等于 n), 其一般形式为:

$$\ln(\boldsymbol{\lambda}) = \boldsymbol{X}^{\top}\boldsymbol{\beta},$$

式中, $n \times 1$ 向量 $\boldsymbol{\lambda}$ 为 Poisson 分布的均值 (也就是方差). Poisson 对数线性模型与 logistic 回归及 probit 回归都属于广义线性模型的特例. 拟合数据时用的也都是 `glm()` 函数, 仅仅是选项不同而已. 与 logistic 模型类似, 通过最大似然法估计的是向量 $\hat{\boldsymbol{\lambda}}$, 每个元素被认为代表相应的观测值分布的参数, 因此预测应该是和该参数对应的整数.

一般来说, 因变量为计数的数据往往被联系到 Poisson 对数线性模型, 因为因变量取值为非负整数, 与 Poisson 分布一样. 如果因变量为一些相对稀有事件的数目, 那也和一般 Poisson 分布的例子有关. 由于 Poisson 对数线性模型比较容易理解, 结果也容易解释, 人们对其有比较充分的研究. 这里使用血友病的例子介绍如何用 Poisson 对数线性模型拟合数据. 当然, 这个模型不一定合适, 但的确是经典统计对于因变量为计数或频数时回归的选择之一.

[11] 来自加州大学伯克利分校的 STAT LABS 网站: `http://www.stat.berkeley.edu/users/statlabs/labs.html`.

拟合训练集数据

先用下面的语句输入例 3.5 的血友病数据, 并把用哑元代表的定性变量 (hiv, factor) 用函数 factor 标识出来.

```
w=read.csv("hemophilia.csv")
for(i in 1:2)w[,i]=factor(w[,i])
```

下面说明如何通过 R 用 Poisson 对数线性模型来拟合训练集数据. 使用广义线性模型函数 glm 通过 Poisson 对数线性模型拟合例 3.5 的全部数据, 代码如下 (注意这里函数 glm 的分布选项 family="poisson", 软件自动选择正则连接函数——这里是对数):

```
ap<-glm(deaths ~., family="poisson", data=w)
ap$coefficients
AIC(ap)#1725.654
```

上面的 Poisson 回归拟合例 3.5 数据后输出的系数为:

```
> ap$coefficients
 (Intercept)         hiv2      factor2      factor3      factor4      factor5
-23.13525538   2.76646054  -0.63642043  -0.40343384  -0.70752420  -0.37158473
        year          age           py
  0.21104736   0.07786745   0.03304247
```

如果令 α_i $(i=1,2)$ 代表 hiv 的两个水平, β_j $(j=1,2,...,5)$ 代表 factor 的 5 个水平, x_1 代表 year(θ_1 代表 year 的系数), x_2 代表 age(θ_2 代表 age 的系数), x_3 代表 py(θ_3 代表 py 的系数), θ_0 代表截距, 那么, 这个模型为:

$$\ln(\lambda)=\theta_0+\alpha_i+\beta_j+\theta_1x_1+\theta_2x_2+\theta_3x_3.$$

其中估计的参数值为:

$$\hat{\theta}_0=-23.135,\ \hat{\alpha}_1=0,\ \hat{\alpha}_2=2.767,\ \hat{\beta}_1=0,\ \hat{\beta}_2=-0.636,\ \hat{\beta}_3=-0.403,$$
$$\hat{\beta}_4=-0.708,\ \hat{\beta}_5=-0.372,\ \hat{\theta}_1=0.211,\ \hat{\theta}_2=0.078,\ \hat{\theta}_3=0.033.$$

注意, 和线性模型一样, 定性自变量的各个水平的单独效应是不可估计的, 必须加上约束条件, 这里的约束条件是每个定性变量第一个水平为 0. 对于我们的例子, 可以注意到, 那些与定性变量有关的效应 α_1 (hiv1) 及 β_1 (factor1) 按照 R 的默认约束条件都等于 0.

类似于线性逐步回归, 还可以使用程序包 MASS 的函数 stepAIC 来做逐步变量筛选. 对于这个数据, 做逐步回归不会产生不同的结果.

交叉验证

这里准备用 10 折交叉验证来比较各种模型的测试集和训练集的 NMSE. 希望在自变量中的 10 折数据分配尽可能均匀, 我们来考察从数据中得到的两个分类变量 factor 及 hiv 的频数表:

```
> table(w[,1:2])
   factor
hiv   1   2   3   4   5
  1 213 208 227 248 249
  2 208 199 195 218 179
```

从上面的结果可以看出, 对于 hiv 来说 factor 的分布还是比较均匀的, 均匀本身可能是试验设计者的初衷. 这里把整个数据随机分成 10 份, 试图使得每一份对 factor 的每个水平来说都是较均匀的. 我们还是利用 13.3.1 节的自编函数 `Fold` 来随机选出 10 个交叉验证集, 虽然函数 `Fold` 仅仅以一个分类变量 (这里用变量 factor) 的各个水平被平衡划分为基础, 但由于数据的平衡性, 另一个分类变量 (hiv) 也会被较平衡地划分:

```
#把第2个变量factor数据按照水平逐个随机选取10份
H=2;Z=10;n=nrow(w);D=6 #D是因变量位置
mm=Fold(Z,w,H,8888)
```

下面的代码为用 10 折交叉验证来看一下对测试集的拟合结果, 顺便用简单的线性模型试试.

```
library(tidyr)
Pd=matrix(0,n,2)
for(i in 1:Z){
  m=mm[[i]]
  Pd[m,1]=lm(deaths~.,w[-m,]) %>% predict(w[m,],type="response")
  Pd[m,2]=glm(deaths ~., family="poisson", data=w[-m,]) %>%
    predict(w[m,],type="response")
}
NMSE=sapply(data.frame(Pd),
       function(x) sum((w[,D]-x)^2)/sum((w[,D]-mean(w[,D]))^2))
names(NMSE)=c('lm','Poisson')
cat('NMSE for 2 models:\n',NMSE)
```

输出为:

```
> cat('NMSE for 2 models\n',NMSE)
NMSE for 2 models
 0.7946111 0.7246813
```

显然 Poisson 对数线性模型 (NMSE=0.7246813) 要优于简单线性模型 (NMSE=0.7946111). 注: 按理说预测应该得到非负整数, 但对于比较模型来说, 是否转换成整数是没有关系的.

3.5.3 使用 Poisson 对数线性模型时的散布问题

双广义线性模型简介

在做 Poisson 回归时, 人们首先要考虑关于 Poisson 分布的基本条件是否满足. 也就是说, 其均值和方差是否相等. 在统计术语中, 方差不等于均值的现象称为散布 (dispersion), 如果方差大于均值, 称为过散布 (overdispersion), 否则称为欠散布 (underdispersion). 此外, 还可能有其他一些原因造成 Poisson 对数线性模型的失败. 下一节将介绍一些可用于尝试解决这种问题的方法. 无论我们的数据是否会有这些问题, 都应该予以注意.

使用 Poisson 对数线性模型时出现散布问题的一种解决方法是双广义线性模型 (double generalized linear model), 其方法体现在 R 的程序包`dglm`[12]之中. 其基本思想如下.

假定均值和方差有如下关系:

$$\mu_i = E(y_i),\ Var(y_i) = s_i V(\mu_i).$$

式中, s_i 代表散布程度, 称为散布参数 (dispersion parameter), 以 $s_i = 1$ 为没有散布, $V(\mu_i)$ 为 μ_i 的一个函数 (对没有散布时的 Poisson 分布, $V(\mu) = \mu$). 建模时对均值和散布参数分别建立广义线性模型, 连接函数分别是:

$$g(\mu_i) = \boldsymbol{x}_i^\top \boldsymbol{\beta} \text{ 与 } h(s_i) = \boldsymbol{z}_i^\top \boldsymbol{\alpha},$$

式中, 自变量 $\boldsymbol{x}_i$ 及 $\boldsymbol{z}_i$ 都选自原始自变量. 对于 Poisson 分布 (或者是下面的使用更加广泛的 Tweedie 分布) 的普通广义线性模型仅有前面那个连接, 而这里对 s_i 建模时考虑的是 Gamma 模型, 即第二个连接. 关于双广义线性模型的细节, 请参看 Smyth(1989).

下面介绍可代表很多广义线性模型分布的 Tweedie 分布. Tweedie 分布是指数族分布的一个特例. 3.1 节在介绍广义线性模型时已经介绍过指数族分布, 那里均值 μ 是包含在 θ 之中的. 显性表示 μ 的指数族分布可以写成下面的形式:

$$f(y; \mu, \phi) = a(y, \phi) \exp \frac{\theta(\mu) y - \kappa(\theta(\mu))}{\phi}.$$

Tweedie 分布则为上面指数族中有下面形式的 $\theta(\mu)$ 和 $\kappa(\theta(\mu))$ 的特殊形式:

$$\theta(\mu) = \begin{cases} \frac{\mu^{1-p}-1}{1-p}, & p \neq 1 \\ \ln \mu, & p = 1 \end{cases} \text{ 以及 } \kappa(\theta(\mu)) = \begin{cases} \frac{\mu^{2-p}-1}{2-p}, & p \neq 2 \\ \ln \mu, & p = 2 \end{cases}.$$

其均值为 μ, 方差为 $\phi\mu^p$. 式中, $\phi > 0$, 为散布参数; p 为指标参数 (index parameter). 指标参数唯一地确定 Tweedie 分布的具体成员, 比如 $p = 0$ 代表正态分布; $p = 1, \phi = 1$ 代表 Poisson 分布; $p = 2$ 代表 Gamma 分布; $p = 3$ 代表逆高斯分布. R 程序包 `statmod`[13]中有 `tweedie` 函数.

用双广义线性模型拟合例 3.5 数据并做交叉验证

我们拟合例 3.5 数据所用的函数在程序包 `dglm` 中. 这里计算时根据 Tweedie 分布的广义线性模型假定

$$\mu_i^q = \boldsymbol{x}_i^\top \boldsymbol{\beta},\ Var(y_i) = \phi \mu_i^p,$$

[12] Dunn, P. K. and Smyth, G. K. (2009) dglm: Double generalized linear models. R package version 1.6.1.

[13] Gordon Smyth with contributions from Yifang Hu, Peter Dunn and Belinda Phipson (2013) statmod: Statistical Modeling. R package version 1.4.17. `http://CRAN.R-project.org/package=statmod`.

式中, $\boldsymbol{x}_i^\top\boldsymbol{\beta}$ 为线性表示部分的协变量 $\boldsymbol{x}_i$ 和系数 $\boldsymbol{\beta}$; 而 q (代码中link.power) 为连接函数的幂; p (代码中 var.power) 确定了指数族成员. 通过 Tweedie 分布用双广义线性模型拟合的代码如下:

```
library(dglm)
at=dglm(deaths ~hiv+factor+age +py,~hiv+factor+age +py,
    family=tweedie(var.power=1,link.power=0.2), data=w)
summary(at)
summary(at$dispersion.fit)
```

我们不显示上面代码的输出结果, 为了比较, 用 10 折交叉验证来看结果, 代码如下:

```
H=2;Z=10;n=nrow(w);D=6 #D是因变量位置
mm=Fold(Z,w,H,8888)
Pd2=rep(0,n)
for(i in 1:Z){
  m=mm[[i]]
  Pd2[m]=dglm(deaths ~hiv+factor+age+py,~hiv+factor+age+py,
    family=tweedie(var.power=1,link.power=0.2), data=w[-m,]) %>%
  predict(w[m,],type="response")}
nmse=mean((w[,D]-Pd2)^2)/mean((w[,D]-mean(w[,D]))^2)
nmse
```

得到测试集的 NMSE 为 0.8716876. 这个结果还不如单纯的 Poisson 线性模型好.

其他方法

当然还有其他应对散布的方法, Breslow (1984) 建议用一种迭代方法拟合过散布的 Poisson 对数线性模型. 其模型和上面的双广义线性模型有所区别, 其中

$$E(y_i) = \mu_i \text{ 而且 } Var(y_i) = \mu_i + \mu_i^2\phi = \mu_i(1 + \mu_i\phi),$$

式中, ϕ 也称为散布参数, 如果 $\phi > 0$, 就意味着有散布现象. 这里不对这个模型予以计算. 请读者自己尝试运行程序包 dispmod[14]中的例子.

此外, 对于散布问题, 在程序包 MASS 中还可使用负二项分布拟合这类数据的广义线性模型函数 glm.nb(), 对我们的数据做交叉验证的代码如下:

```
library(MASS)
H=2;Z=10;n=nrow(w);D=6 #D是因变量位置
mm=Fold(Z,w,H,8888)
Pd3=rep(0,n)
for(i in 1:Z){
  m=mm[[i]]
  Pd3[m]=glm.nb(deaths ~.,data=w[-m,]) %>%
    predict(w[m,],type="response")}
```

[14]Scrucca, L. (2009) dispmod: Dispersion models. R package version 1.0.1.

```
nmse=mean((w[,D]-Pd3)^2)/mean((w[,D]-mean(w[,D]))^2)
nmse
```

得到 10 折交叉验证测试集的 NMSE 为 0.7346777, 和简单 Poisson 对数线性模型差不多 (差 1%).

3.5.4 零膨胀时的 Poisson 回归

例 3.5 的数据还有其他一些特征, 表 3.5.2 展示了 (用代码 `table(w$deaths)`) 死亡人数的分布, 使用代码 `barplot(table(w$deaths),horiz=T)` 生成相应的图 3.5.1.

表 3.5.2 例 3.5 数据死亡数目的分布

死亡人数	0	1	2	3	4	5	6
频数	1833	212	62	28	6	2	1

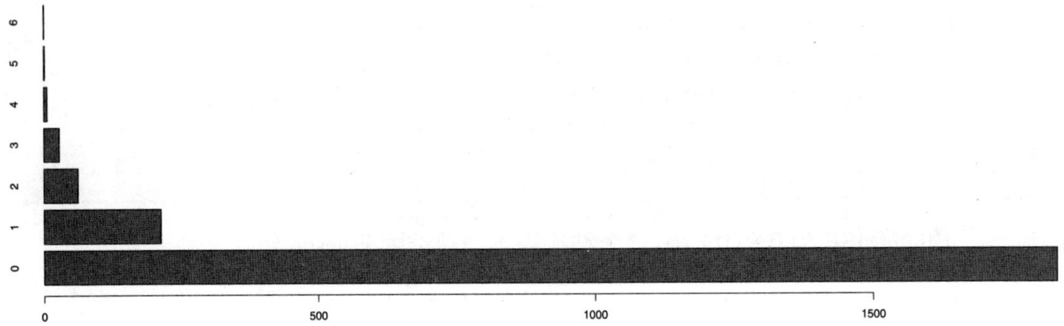

图 3.5.1 例 3.5 数据的死亡数目的条形图

由表 3.5.2 及图 3.5.1 可以看出, 死亡数目等于零的组占了整个数据的绝大部分. 这种不平衡的计数数据称为零膨胀计数数据 (zero-inflated count data). 这里介绍一种处理这个问题的方法.

零膨胀计数数据模型 (Mullahy 1986; Lambert 1992) 由两部分组成, 一部分为集中在零点的点质量 (如 logistic 或 probit 回归模型), 另一部分为某计数分布 (比如 Poisson 或负二项回归模型). 如果用 $f(y)$ 表示分布密度, $\pi(0)$ 表示在零点的点密度, $1-\pi(0)$ 表示在其他点的点密度, $f_c(y)$ 表示在其他点的计数分布, 则零膨胀密度为:

$$f(y)=\pi(0)I_{\{0\}}(y)+[1-\pi(0)]f_c(y),$$

这里 $I_{\{0\}}(y)$ 是在零点的示性函数. 关于零点的点质量可以选与以 $\pi\equiv\pi(0)$(或者 $1-\pi(0)$) 为概率的二项分布相关的 logistic 回归 (也可以选其他的, 比如 probit 回归):

$$\ln\left(\frac{\pi}{1-\pi}\right)=\boldsymbol{x}^\top\boldsymbol{\beta} \text{ 或者 } \pi=\frac{\exp(\boldsymbol{x}^\top\boldsymbol{\beta})}{1+\exp(\boldsymbol{x}^\top\boldsymbol{\beta})}.$$

而在非零的地方则可选用 Poisson 对数线性模型 (或其他模型, 如负二项模型等):

$$\ln(\lambda)=\boldsymbol{x}^\top\boldsymbol{\gamma} \text{ 或者 } \lambda=\exp(\boldsymbol{x}^\top\boldsymbol{\gamma}).$$

而整个模型的均值 μ 应该是

$$\mu = \pi \cdot 0 + (1-\pi)\lambda.$$

用这个模型估计的参数也应该由两部分组成: logistic 回归部分的 $\hat{\beta}$ 及 Poisson 模型的 $\hat{\gamma}$.

这里利用程序包 pscl[15] 中的 zeroinfl() 函数, 相应于两部分的模型代码分别为 deaths~hiv+factor+py+age 及 ~hiv+py+age. 实际上, 每一部分用什么自变量完全通过试验来确定, 这与数据性质有关, 无法先验确定. 使用该模型拟合全部数据 (整个数据都是训练集) 的具体计算代码如下:

```
library(pscl)
az<-zeroinfl(deaths~hiv+factor+py+age|hiv+py+age,w)
az$coefficients
```

可以得到两部分模型的系数估计:

```
> az$coefficients
$count
(Intercept)        hiv2     factor2     factor3     factor4
-2.42087509  2.14373693 -0.63952325 -0.40255277 -0.57707343
    factor5          py         age
-0.41435744  0.02875111 -0.03551591

$zero
(Intercept)        hiv2          py         age
 6.30993861 -3.24994168  0.02749784 -0.86068451
```

按照输出, 前面模型中的 logistic 回归部分的拟合模型应该为:

$$\ln\left(\frac{\pi}{1-\pi}\right) = 6.311 - 3.250\,\text{hiv2} + 0.028\,\text{py} - 0.861\,\text{age}.$$

Poisson 对数线性模型部分的拟合模型为:

$$\ln(\lambda) = -2.421 + \alpha_i + \beta_j + 0.029\text{py} - 0.036\text{age},$$

这里 α_i 代表 hiv $= i$ $(i=1,2)$ 对截距的影响, 估计结果为 $\hat{\alpha}_1 = 0$ (软件默认值), $\hat{\alpha}_2 = 2.144$; β_j 代表 factor $= j$ $(j = 1, 2, ..., 5)$ 对截距的影响, 估计结果为 $\hat{\beta}_1 = 0$ (软件默认值), $\hat{\beta}_2 = -0.640$, $\hat{\beta}_3 = -0.403$, $\hat{\beta}_4 = -0.577$, $\hat{\beta}_5 = -0.414$. 这些结果和前面各种模型的拟合结果很像, 相信读者可以轻松地理解. 此外, 再对其进行 10 折交叉验证, 这里对于 logistic 模型的变量做了选取, 以使得结果更好, 代码如下:

```
H=2;Z=10;n=nrow(w);D=6 #D是因变量位置
mm=Fold(Z,w,H,8888)
Pd4=rep(0,n)
```

[15]Jackman, S. (2011). pscl: Classes and Methods for R Developed in the Political Science Computational Laboratory, Stanford University. Department of Political Science, Stanford University. Stanford, California. R package version 1.04.1. http://pscl.stanford.edu/.

```
for(i in 1:Z){
  m=mm[[i]]
  Pd4[m]=zeroinfl(deaths~.|factor+age+py,data=w[-m,],dist = "negbin") %>%
  predict(w[m,])   }
nmse=mean((w[,D]-Pd4)^2)/mean((w[,D]-mean(w[,D]))^2)
nmse
```

得到测试集的 NMSE 为 0.6817894. 这个结果比前面的各个结果都好, 但是在十次迭代的拟合中有 5 次计算机给出了警告, 希望这些警告对预测结果不会造成太大影响.

上述拟合都是以经典统计模型为基础的探讨, 下面尝试用算法模型来拟合这个数据, 欲采用的方法包括随机森林、决策树、支持向量机.

3.5.5 例 3.5 数据的经典模型和机器学习分类方法的交叉验证比较

把用于回归的算法模型用来拟合计数数据显然不太符合经典的数学模型驱动的思维方式. 当然, 在 Poisson 回归之前, 都是用线性模型来做的. 从实际工作预测的角度来看, 只要预测得好, 容易解释, 就是好模型. 实际数据都是复杂的, 一些简单的线性或非线性数学公式不可能涵盖所有可能的问题. 这里的代码完全类似于前面已经使用过的 10 折交叉验证的代码, 因此不做详细说明.

我们对各种方法做 10 折交叉验证的代码为 (注意这里分折用的随机种子和前面有区别, 结果也会稍有不同):

```
library(randomForest);library(ipred);library(rpart.plot)
library(dglm);library(MASS);library(pscl);library(tidyr)
w=read.csv("hemophilia.csv",stringsAsFactors = T)
for(i in 1:2)w[,i]=factor(w[,i])
H=2;Z=10;n=nrow(w);D=6
mm=Fold(Z,w,H,9999)
pred=matrix(999,nrow(w),8)
for (i in 1:Z){
  m=mm[[i]]
  pred[m,1]=lm(deaths~.,w[-m,]) %>% predict(w[m,],type="response")
  pred[m,2]=glm(deaths ~., family="poisson", data=w[-m,]) %>%
    predict(w[m,],type="response")
  pred[m,3]=dglm(deaths ~hiv+factor+age+py,~hiv+factor+age+py,
    family=tweedie(var.power=1,link.power=0.2), data=w[-m,]) %>%
      predict(w[m,],type="response")
  pred[m,4]=glm.nb(deaths ~.,data=w[-m,]) %>%
    predict(w[m,],type="response")
  pred[m,5]=zeroinfl(deaths~.|factor+age+py,data=w[-m,],dist = "negbin") %>%
    predict(w[m,])
  pred[m,6]=randomForest(deaths~.,w[-m,]) %>% predict(w[m,])
  pred[m,7]=rpart(deaths~.,w[-m,]) %>% predict(w[m,])
  pred[m,8]=ipred::bagging(deaths~.,w[-m,]) %>% predict(w[m,])
}

NMSE=sapply(data.frame(pred),
       function(x) sum((w[,D]-x)^2)/sum((w[,D]-mean(w[,D]))^2))
```

```
names(NMSE)=c('lm','Poisson','dglm','glm.nb','zeroinfl','rf','tree','bagging')
NMSE

barplot(NMSE,col=4,
        main = 'Cross validation comparison among different methods',
        ylab='NMSE',xlab='methods')
```

输出的各个方法的交叉验证 NMSE 值及相应的图 (见图 3.5.2) 如下:

```
> NMSE
       lm   Poisson      dglm    glm.nb  zeroinfl        rf      tree   bagging
0.7954091 0.7198648 0.8728715 0.7321083 0.6435783 0.6380411 0.6927924 0.6035316
```

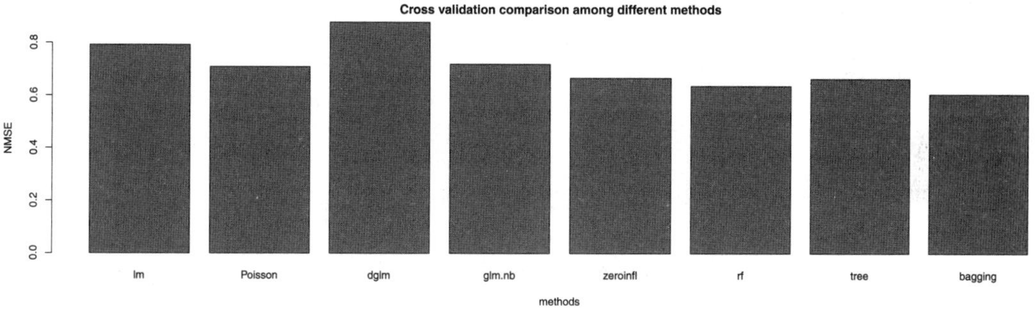

图 3.5.2 对例 3.5 数据拟合的各种方法交叉验证的 NMSE

我们在这里关注的是测试集的标准化均方误差 (NMSE). 总体来说, 按照 NMSE 从优到劣排序为: bagging、随机森林、零膨胀计数回归、决策树、Poisson 对数线性模型、负二项线性模型、简单线性回归、双广义线性模型.

3.6 关于模型驱动还是数据驱动的简单讨论

从本章各个广义线性模型及延伸的交叉验证结果来看, 精心设计的若干经典模型竟然不如广谱的算法模型. 如何看待这个问题呢? 经典模型通常需要对数据做许多假定, 如果数据满足这些假定, 则经典模型很完美, 数学上是被精确描述的, 而且很容易根据模型的分析表达式对数据及结果做出解释.

另外, 在经典模型中, 人们追求的是漂亮模型的精确解, 所有结论都是在 " 模型是正确的 " 这一前提下得到的, 比如在对数据及模型的严格假定下的相合性和无偏性. 但所有的模型都是对真实世界的猜想, 因此, 误差由两部分组成:

(1) 模型与产生实际数据的规律的差距, 这是真实的差距;

(2) **根据主观假定模型**所做的预测或估计的误差, 体现在各种检验以及无偏性与相合性等概念上.

经典统计研究将相当大部分注意力集中在后者, 所有的检验所反映的显著性以及无偏性和相合性都必须在严格的假定之下才有意义. 然而, 对于模型与实际规律的差距很难做出分析上的量化和评估, 这也是人们有意无意回避这个问题的原因.

机器学习的算法模型由于没有对数据做出任何假定, 因此不会得到类似 p 值那样的显著性度量, 更不用诸如相合性及无偏性等概念来评价模型, 算法模型在评估模型时用的是容易被外行接受的交叉验证方法. 这些方法的优点是预测精度高, 缺点是无法用精确的数学公式来描述.

经典模型就像一个假想的为所有动物服务的服装店, 它只有有限的几个精确尺寸, 却要满足地球上大约 150 万种动物的要求, 其难度可想而知. 算法模型则试图为每组数据量体裁衣, 虽然这些模型也有局限性, 但和经典模型相比要灵活得多.

统计学家 John Tukey 说过 (Tukey,1962)[16] :

> 一个**正确**问题的近似答案远远好于一个错误问题的**精确**答案, 尽管对正确问题的叙述往往有些含糊, 对错误问题的描述却总是精确的.

这准确地表明了他对问题驱动研究及模型驱动研究的态度.

3.7 本章的 Python 代码

3.7.1 3.2 节的代码

输入数据及做训练集的 logistic 回归分类并输出混淆矩阵和误判率 (判别概率取默认的 0.5):

```
u=pd.read_csv("titanicF.csv")
X=u.iloc[:,[0,2,3,4,5]]
y=u['survived']
yd=(y=="survived")*1 #转换成0-1哑元
X=pd.get_dummies(X)

from sklearn.linear_model import LogisticRegression
clf = LogisticRegression(random_state=0).fit(X, yd)

print('error=%f'%(clf.predict(X)!=yd).mean()) # 1-clf.score(X,yd)

from sklearn.metrics import confusion_matrix
confusion_matrix(yd, clf.predict(X))
```

输出对训练集的误判率及混淆矩阵:

```
error=0.211612
array([[687, 122],
       [155, 345]])
```

下面的代码生成 10 折交叉验证的误判率、混淆矩阵及 ROC 曲线 (见图 3.7.1), 这里使用了 13.3.2 节的自编函数 `CCV` 及 `Fold` (需要事先运行).

[16] 原文为: Far better an approximate answer to the *right* question, which is often vague, than an *exact* answer to the wrong question, which can always be made precise.

```
from sklearn.metrics import roc_curve, auc
Zid=Fold(yd,Z=10,seed=8888)
err,y_pred,y_proba=CCV(clf,X,yd,Zid,logit=True)
fpr, tpr, _ = roc_curve(yd, y_proba)#, pos_label=clf.classes_[1])
print(f'auc = {auc(fpr, tpr)}')
print('confusion_matrix:\n', confusion_matrix(yd, y_pred))
plt.figure(figsize=(15,4))
plt.plot(fpr,tpr)
plt.xlabel('False Positive Rate')
plt.ylabel('True Positive Rate')
plt.title('Receiver operating characteristic')
```

输出为:

```
auc = 0.8426885043263288
confusion_matrix:
 [[684 125]
 [162 338]]
error=0.219251
```

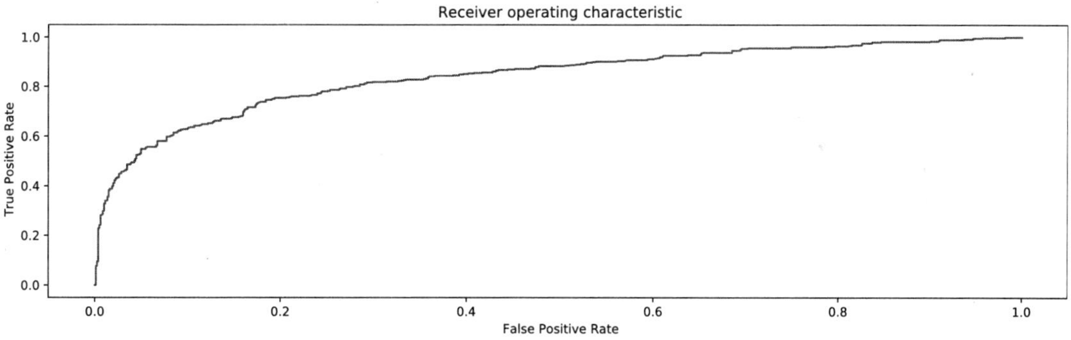

图 3.7.1　对例 3.1 数据 10 折交叉验证的 logistic 回归分类的 ROC 曲线

用于比较的决策树分类代码:

```
from sklearn.tree import DecisionTreeClassifier
Zid=Fold(yd,Z=10,seed=8888)
clf_tree=DecisionTreeClassifier()
err_tree,y_pred_tree=CCV(clf_tree,X,yd,Zid)
print('confusion_matrix:\n', confusion_matrix(yd, y_pred_tree))
print('error=%f'%err_tree)
```

输出为:

```
confusion_matrix:
 [[701 108]
 [151 349]]
error=0.197861
```

3.7.2 3.3 节的代码

在这里只做例 3.2 数据的多项分布 logit 分类. 下面的代码直接做 10 折交叉验证以得到误判率及混淆矩阵, 使用了 13.3.2 节的自编函数 CCV 及 Fold (需要事先运行). 注意自变量中除了 V34 (年龄) 之外都看成分类变量, 必须在读入数据后进行哑元化变换.

```
w=pd.read_csv("derm.csv")
X=w.iloc[:,:-2]
X=X.astype('O')
X['V34']=w['V34']
y=w['V35']#.astype('O')
X=pd.get_dummies(X)

from sklearn.linear_model import LogisticRegression
model = LogisticRegression(multi_class='multinomial', solver='newton-cg')
Zid=Fold(y,Z=10,seed=8888)
err,y_pred=CCV(model,X,y,Zid)
print('confusion_matrix:\n', confusion_matrix(y, y_pred))
print('error=%f'%err)
```

输出为:

```
confusion_matrix:
 [[111   0   0   0   0   1]
 [  1  56   0   4   0   0]
 [  0   0  72   0   0   0]
 [  0   6   0  43   0   0]
 [  0   0   0   0  52   0]
 [  0   1   0   0   0  19]]
error=0.035519
```

在下面的多项分布 logit 分类和机器学习分类方法的交叉验证比较代码中, 使用了 13.3.2 节的自编函数 CCV 及 Fold (需要事先运行). 还利用了前面的数据准备和分折产生的 X, y 及 Zid.

```
Zid=Fold(y,Z=10,seed=8888)

from sklearn.tree import DecisionTreeClassifier
from sklearn.linear_model import LogisticRegression
```

```
from sklearn.ensemble import RandomForestClassifier, BaggingClassifier

names = ["Tree", "Bagging", "Random Forest", "Multinomial"]
classifiers = [
    DecisionTreeClassifier(),
    BaggingClassifier(n_estimators=100),
    RandomForestClassifier(n_estimators=500),
    LogisticRegression(multi_class='multinomial', solver='newton-cg')]

A=[];Y_pred=[]
for clf in classifiers:
    a,y_pred=CCV(clf,X=X,y=y,Zid=Zid)
    A.append(a)
    Y_pred.append(y_pred)

df=pd.DataFrame(zip(names,A));
df.columns=['Method','Error']

plt.figure(figsize=(15,4))
x=np.arange(6)
plt.barh(df['Method'], df['Error'])
plt.xlabel('Error')
plt.ylabel('Method')
```

上面的代码还生成了图 3.7.2 (类似于用 R 生成的图 3.3.1).

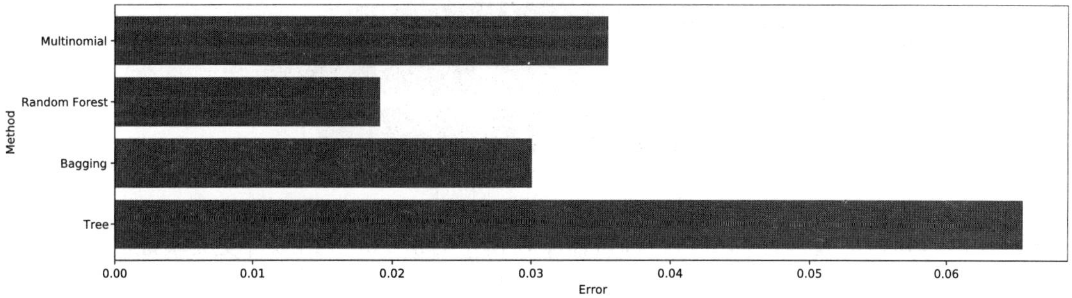

图 3.7.2 例 3.2 数据的多项 logit 模型和决策树、bagging 及随机森林交叉验证的误判率

3.7.3 3.5 节的代码

只做线性模型、Poisson 模型、决策树、bagging 及随机森林对例 3.5 数据拟合的 NMSE 交叉验证. 这里使用了 13.3.2 节的自编函数 RCV, Fold, BarPlot 等.

```
w=pd.read_csv("hemophilia.csv")

w.head()
```

```
w.iloc[:,:2]=w.iloc[:,:2].astype('O')
X=w.iloc[:,:-1]
y=w['deaths']
X=pd.get_dummies(X)

from sklearn.tree import DecisionTreeRegressor
from sklearn.linear_model import LinearRegression, PoissonRegressor
from sklearn.ensemble import RandomForestRegressor,BaggingRegressor
names=['LinearRegression', "Poisson", 'Bagging', 'RandomForest', 'Tree']
regressors = [LinearRegression(), PoissonRegressor(),
              BaggingRegressor(n_estimators=100),
              RandomForestRegressor(n_estimators=500,random_state=0),
              DecisionTreeRegressor()]
REG = dict(zip(names,regressors))

A = RCV(X,y,REG,H=w['factor'])

BarPlot(A,'NMSE','Model','NMSE for 5 Models')
```

上面的代码还生成了图 3.7.3 (类似于用 R 生成的图 3.5.2).

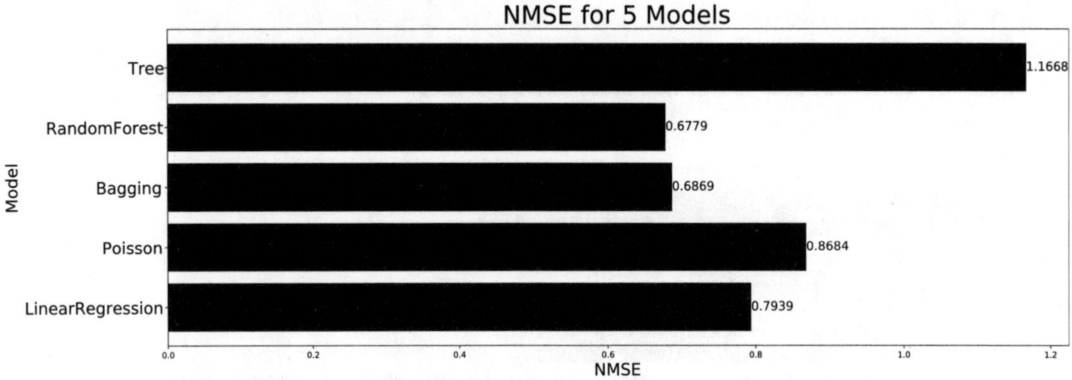

图 3.7.3　Poisson 及线性模型与三种机器学习模型对例 3.5 数据拟合交叉验证的 NMSE

第 4 章　纵向数据 (多水平模型、面板数据)

4.1　纵向数据简介

纵向数据与横截面数据不同, 每个对象有不止一个观测值, 这些观测值是在不同时间记录的, 各个对象的观测次数不一定一样, 观测间隔不一定一样, 观测次数也不一定很多, 因此, 这与经典时间序列模型所要求的大量相等时间间隔的观测大不相同.

这种数据既不同于横截面数据, 也不能用时间序列的方法来处理. 这就产生了分析这一类数据的一套方法. 在这类数据中, 一些是描述随时间而变化的度量, 因此也叫纵向数据 (longitudinal data). 由于数据背景不同, 着手的出发点不同, 处理这类数据的方法有很多不同的名称. 这些名称包括随机效应模型 (random-effects models)、方差分量模型 (variance component models)、多层模型或多水平模型 (multilevel models)、两步模型 (two-stage models)、随机效应混合模型 (random-effects mixed models)、混合模型 (mixed models)、经验贝叶斯模型 (empirical Bayes models)、随机回归模型 (random regression models)、分层线性模型 (hierarchical linear models). 此外, 计量经济学中的面板数据 (panel data) 是纵向数据的特例. 这些模型的一个基本特点是把不同个体的差异作为随机效应加入回归模型之中以反映个体对其重复测量的影响. 这些随机效应描述了每个对象的度量随时间的变化, 并解释了纵向数据的相关结构. 由于不要求每个对象都有相同的观测数目, 观测的时间间隔也不那么严格, 因此这类模型有一定的优势.

例 4.1 的数据就是一个典型的纵向数据.

例 4.1 Riesby 数据 (riesby.csv, riesbyF.csv, riesby4.csv) 该数据[1]来源于 Riesby et al. (1977), 获取目的是研究丙咪嗪 (imipramine, IMI) 和去甲丙咪嗪 (desipramine, DMI) 血浆水平之间的关系以及 66 个患抑郁症的住院患者的反应. 丙咪嗪是治疗抑郁症的常用药物, 它的主要代谢产物是去甲丙咪嗪. 抑郁症被划分为两种主要类型: 一种是非内生的 (nonendogenous) 或反应型忧郁, 与某些悲剧式生活经历有关; 另一种是内生的 (endogenous), 与各种外部事件无关. 药物一般对后者更有效. 在本例中有 29 个患者被划分为非内生的, 而余下的 37 个患者被划分为内生的. 该项研究的设计为: 在服用一周的安慰剂之后, 患者连续 4 周每天摄入 225mg 的丙咪嗪. 在该项研究中, 在服用安慰剂的一周的头尾以及 4 个用药的周末各测量一次 Hamilton 抑郁得分 (Hamilton depression (HD) rating scale). 在每个用药的周末都测量血浆的 IMI 及代谢 DMI 的水平, 此外, 还记录患者的性别和年龄及其内生或非内生的诊断结果. 虽然患者总数为 66, 但在研究过程中人数有波动, 在第 0 周 (开始用安慰剂周) 有 61 个患者, 第 1 周 (结束安慰剂周) 有 63 人, 第 2 周 (结束第 1 周用药) 有 65 人, 第 3 周 (结束第 2 周用

---

[1]这几个数据可分别从下面的网址下载: http://tigger.uic.edu/~{}hedeker/RIESBY.DAT.txt, http://tigger.uic.edu/~{}hedeker/RIESBYT4.DAT.txt.

药) 有 65 人, 第 4 周 (结束第 3 周用药) 有 63 人, 第 5 周 (结束第 4 周用药) 有 58 人. 所有人中, 只有 46 人完成了整个过程. 如果按照重复测量的多元方差分析, 则必须舍弃将近 1/3 的数据, 然而, 我们将利用所有 66 个对象. 数据 riesby4.csv 的变量情况见表 4.1.1. riesby.csv 数据多两周的数据, 变量仅有 id, hamd (对应 hamdelt), week, endog 有意义, 因此不另外介绍. 在这两个数据中都有变量 intcpt, 这个变量全取 1, 是为了产生一个截距项而加, 在使用 R 软件时是不必要的. 另外, 数据 riesbyF.csv 是数据 riesby.csv (用 `missForest` 函数) 填补缺失值之后的数据.

表 4.1.1　例 4.1 数据 riesby4.csv 的变量情况

变量名	描述	性质	变量名	描述	性质
id	患者代码	分类	sex	性别 (0/1)	分类
hamdelt	HD 得分	数量	endog	内生	分类
intcpt	附加的 1	不用	lnimi	IMI 水平	数量
week	周数 (0 ～3)	分类	lndmi	DMI 水平	数量

在这个数据中, 每个患者都重复观测若干次, 因此各个观测不是独立的, 至少每个患者本身的各个 HD 度量是相关的. 他们的 HD 度量对时间的散点图展示在图 4.1.1 中 (根据数据 riesby.csv). 显然, 这些患者的观测次数并不多, 而且各个患者的观测次数也不尽相同. 绘制图 4.1.1 的代码为:

```
w=read.csv("riesby.csv",na.strings="-9") # 该数据缺失值用-9代表
interaction.plot(w$week,w$id,w$hamd,legend=F,type="o",pch=1,
  xlab="week",ylab="Hamilton depression rating scale")
```

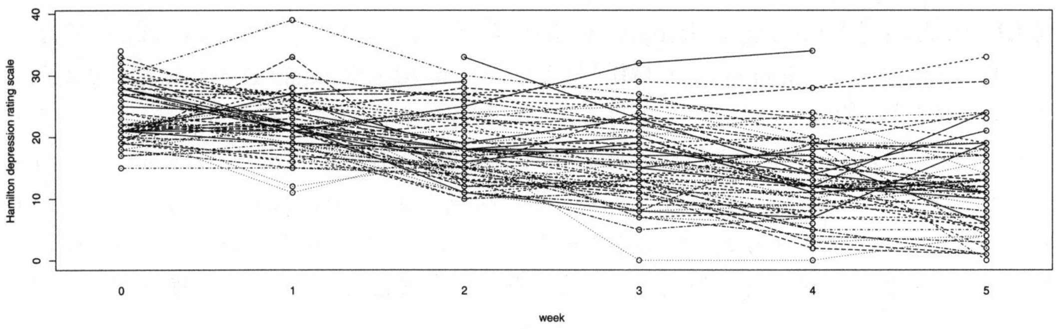

图 4.1.1　例 4.1 数据的 66 个患者的 HD 度量对时间的散点图

4.2　线性随机效应混合模型

图 4.1.1 表明, 例 4.1 riesby.csv 数据的每个患者的 HD 度量 (变量名 hamd, 用 y 表示) 随着时间 (变量名 week, 用 x 表示) 变化的曲线近似于直线, 但斜率和截距均有不同, 因此不能

简单用诸如下式表示的处理横截面数据的简单回归来拟合 (称为第一层模型):

$$y_{ij} = \pi_{0i} + \pi_{1i}x_{ij} + \epsilon_{ij}, \ \ \epsilon_{ij} \sim N(0, \sigma_\epsilon^2),$$

其中的下标 ij 对应于第 i 个对象的第 j 次观测. 但是, 这里的系数 (即截距 π_{0i} 和斜率 π_{1i}) 很可能受某种随机因素影响, 于是可以尝试建立第二层模型:

$$\pi_{0i} = \beta_0 + \zeta_{0i}; \ \ \pi_{1i} = \beta_1 + \zeta_{1i},$$

式中, β_0, β_1 是固定的数, 而假定

$$\boldsymbol{\zeta}_i \equiv \begin{pmatrix} \zeta_{0i} \\ \zeta_{1i} \end{pmatrix} \sim N(\mathbf{0}, \boldsymbol{\Sigma}) \equiv N\left(\mathbf{0}, \begin{pmatrix} \sigma_0^2 & \sigma_{01} \\ \sigma_{10} & \sigma_1^2 \end{pmatrix}\right),$$

同时假定所有的 $\boldsymbol{\zeta}_i$ 与所有的 ϵ_{ij} 独立. 把第二层模型的 π_{0i}, π_{1i} 代入前面的第一层模型, 有

$$\begin{aligned} y_{ij} &= (\beta_0 + \zeta_{0i}) + (\beta_1 + \zeta_{1i})x_{ij} + \epsilon_{ij} \\ &= (\beta_0 + \beta_1 x_{ij}) + (\zeta_{0i} + \zeta_{1i}x_{ij} + \epsilon_{ij}), \end{aligned}$$

式中, $\beta_0+\beta_1 x_{ij}$ 为该模型的非随机部分, $\zeta_{0i}+\zeta_{1i}x_{ij}+\epsilon_{ij}$ 为其随机部分. 这里的正态性假定有很强的主观性, 也不一定合理, 这个假定是为使用最大似然法来拟合而做的. 由正态性假定, 因变量是正态的, 因而可以根据上面的模型很容易地写出因变量的似然函数, 似然函数中的 $\beta_0, \beta_1, \sigma_\epsilon, \sigma_0, \sigma_1, \sigma_{01}$ $(= \sigma_{10})$ (下面介绍的 R 程序包计算的是相关系数 $\gamma_{01} = Cor(\zeta_{0i}, \zeta_{1i})$ 的估计, 而不是协方差 σ_{01} 的估计) 等 6 个参数需要通过最大似然法 (maximum likelihood, ML) 或约束的最大似然法 (restricted maximum likelihood, REML) 来估计.

下面用这个模型来拟合例 4.1 的 riesbyF.csv 数据. 这里使用程序包 `lme4` [2]中的函数 `lmer()`, 代码 (包括读入数据) 为:

```
library(lme4)
w=read.csv("riesbyF.csv",na.strings="-9")#数据缺失值用-9代表
(b22=lmer(hamd~week+(week|id),w))
```

注意, 这里代码的形式与公式中的很相似, 模型的非随机部分及随机部分都有时间 `week`, 自变量的非随机部分用 `week` 表示, 而随机部分用 `(week|id)` 表示, 以指明个体 `id` 的作用. 输出结果显示出那 6 个待估计参数的估计值 (注意: 给出的是 ζ_{0i} 及 ζ_{1i} 的相关系数的估计 $\hat{\gamma}_{01}$, 而不是它们协方差的估计):

$$\hat{\sigma}_0 = 3.456, \ \hat{\sigma}_1 = 1.193, \ \hat{\gamma}_{01} = -0.23,$$

$$\hat{\sigma}_\epsilon = 3.722, \ \hat{\beta}_0 = 23.584, \ \hat{\beta}_1 = -2.385.$$

这些输出结果摘自下面的计算机打印结果 (读者很快就会熟练解读这类输出):

```
Linear mixed model fit by REML ['lmerMod']
Formula: hamd ~ week + (week | id)
   Data: w
REML criterion at convergence: 2356.682
```

[2]Bates, D., Maechler, M., Bolker, B., Walker, S. (2015) Fitting linear mixed-effects models using lme4. *Journal of Statistical Software*, 67(1): 1-48. doi:10.18637/jss.v067.i01.

```
Random effects:
 Groups   Name        Std.Dev. Corr
 id       (Intercept) 3.456
          week        1.193    -0.23
 Residual             3.722
Number of obs: 396, groups:  id, 66
Fixed Effects:
(Intercept)         week
     23.584       -2.385
```

下面我们再拟合有更多变量的 riesby4.csv 数据. 在拟合之前, 先看看变量 sex 对 HD 得分是否有影响, 分别对全体患者、非内生患者、内生患者点出三个盒形图 (分别对应图 4.2.1 中的上、中、下三图), 从盒形图看似乎有些关系. 图 4.2.1 是用下面的代码做出的:

```
u=read.csv("riesby4.csv",na.strings="-9")
par(mfrow=c(3,1))
boxplot(u[,2]~u[,5],horizontal =T, col="grey",
        ylab = 'sex',xlab='hamdelt',main="All patients")
boxplot(u[u[,6]==0,2]~u[u[,6]==0,5],horizontal=T,col="grey",
        ylab = 'sex',xlab='hamdelt',main="endog=0")
boxplot(u[u[,6]==1,2]~u[u[,6]==1,5],horizontal=T,col="grey",
        ylab = 'sex',xlab='hamdelt',main="endog=1")
```

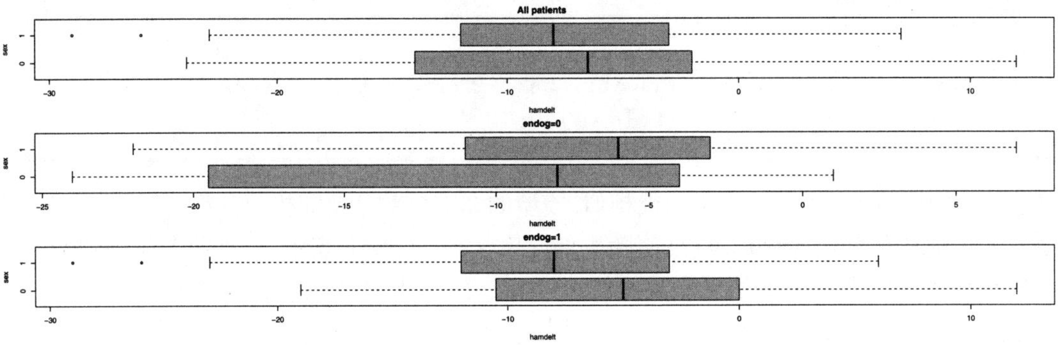

图 4.2.1　例 4.1 数据的 66 个患者的 HD 度量与性别的盒形图

用 y_{ij} 代表因变量 hamdelt, $x_{1ij}, x_{2ij}, x_{3ij}, x_{4ij}, x_{5ij}$ 分别代表自变量 week, sex, lnimi, lndmi, endog, 下标 ij 对应于个体 i 的第 j 个观测. 我们考虑下面的随机效应混合模型:

$$y_{ij} = (\beta_0 + \sum_{k=1}^{5} \beta_k x_{kij}) + (\zeta_{0i} + \zeta_{1i} x_{1ij} + \zeta_{2i} x_{2ij} + \epsilon_{ij}),$$

这里假定

$$\boldsymbol{\zeta}_i = \begin{pmatrix} \zeta_{0i} \\ \zeta_{1i} \\ \zeta_{2i} \end{pmatrix} \sim N(\mathbf{0}, \boldsymbol{\Sigma}) \equiv N\left(\mathbf{0}, \begin{pmatrix} \sigma_0^2 & \sigma_{01} & \sigma_{02} \\ \sigma_{10} & \sigma_1^2 & \sigma_{12} \\ \sigma_{20} & \sigma_{21} & \sigma_2^2 \end{pmatrix}\right),\ \epsilon_{ij} \sim N(0, \sigma_\epsilon^2),$$

而且假定所有的 ζ_i 与所有的 ϵ_{ij} 独立. 由于 `lme4` 程序包对这个模型的计算不稳定, 我们采用程序包 `nmle` [3]中的 `lme` 函数拟合例 4.1 的 riesby4.csv 数据:

```
library(nlme)
u=read.csv("riesby4.csv",na.strings="-9")
u=na.omit(u)#lme()不自动删除缺失值
(b=lme(hamdelt~week+sex+lnimi+lndmi+endog,random=~week+sex|id,u))
```

结果输出为:

```
Linear mixed-effects model fit by REML
  Data: u
  Log-restricted-likelihood: -705.0036
  Fixed: hamdelt ~ week + sex + lnimi + lndmi + endog
(Intercept)    week      sex     lnimi    lndmi   endog
  0.8105    -1.9773 -1.2188  0.6697  -1.7111 0.7737

Random effects:
 Formula: ~week + sex | id
 Structure: General positive-definite,
     Log-Cholesky parametrization
            StdDev    Corr
(Intercept) 5.136642 (Intr) week
week        1.738191  0.680
sex         5.423979 -0.605 -0.644
Residual    3.073970

Number of Observations: 238
Number of Groups: 66
```

根据上面输出, 可得各个参数的估计. 由于模型多用了些变量, 这个拟合 riesby4.csv 数据的输出比前面拟合 riesby.csv 数据的输出多一些内容, 但基本形式类似, 相信读者很容易理解其意义.

现在可以引进线性随机效应混合模型的一般形式

$$\boldsymbol{y}_i = \boldsymbol{X}_i\boldsymbol{\beta}_i + \boldsymbol{Z}_i\boldsymbol{b}_i + \boldsymbol{\epsilon}_i,\ \ i = 1, 2, ..., N,$$

式中, $\boldsymbol{y}_i$ 为 $n_i \times r$ 维的; $\boldsymbol{X}_i$ 为 $n_i \times p$ 维的; $\boldsymbol{\beta}_i$ 为 $p \times r$ 维的; $\boldsymbol{Z}_i$ 为 $n_i \times q$ 维的; $\boldsymbol{b}_i$ 为 $q \times r$ 维的, 且

$$\begin{pmatrix} \boldsymbol{b}_1 \\ \boldsymbol{b}_2 \\ \vdots \\ \boldsymbol{b}_N \end{pmatrix} \sim N(\boldsymbol{0}, \boldsymbol{\Psi});$$

[3]Pinheiro J, Bates D, DebRoy S, Sarkar D and R Core Team (2015). nlme: Linear and Nonlinear Mixed Effects Models. R package version 3.1-120, `http://CRAN.R-project.org/package=nlme`.

$\boldsymbol{\epsilon}_i$ 为 $n_i \times r$ 维的, 对所有的 i, $\boldsymbol{\epsilon}_i \sim N(\mathbf{0}, \boldsymbol{\Sigma})$, 且独立于 $\boldsymbol{b}_i$. 通常 $\boldsymbol{X}_i$ 及 $\boldsymbol{Z}_i$ 的第一列为常数, $\boldsymbol{Z}_i$ 包含的是 $\boldsymbol{X}_i$ 的子集, 要估计的是 $\boldsymbol{\beta}_i, \boldsymbol{\Sigma}, \boldsymbol{\Psi}$. 式中的 $\boldsymbol{X}_i\boldsymbol{\beta}_i$ 为固定效应部分, 而 $\boldsymbol{Z}_i\boldsymbol{b}_i$ 为随机效应部分. 如果把数据写成下面形式:

$$\boldsymbol{y} = \begin{pmatrix} \boldsymbol{y}_1 \\ \boldsymbol{y}_2 \\ \vdots \\ \boldsymbol{y}_N \end{pmatrix}; \boldsymbol{X} = \begin{pmatrix} \boldsymbol{X}_1 & 0 & \cdots & 0 \\ 0 & \boldsymbol{X}_2 & \cdots & 0 \\ \vdots & \vdots & \ddots & \vdots \\ 0 & 0 & \cdots & \boldsymbol{X}_N \end{pmatrix}; \boldsymbol{Z} = \begin{pmatrix} \boldsymbol{Z}_1 & 0 & \cdots & 0 \\ 0 & \boldsymbol{Z}_2 & \cdots & 0 \\ \vdots & \vdots & \ddots & \vdots \\ 0 & 0 & \cdots & \boldsymbol{Z}_N \end{pmatrix}$$

和

$$\boldsymbol{\beta} = \begin{pmatrix} \boldsymbol{\beta}_1 & 0 & \cdots & 0 \\ 0 & \boldsymbol{\beta}_2 & \cdots & 0 \\ \vdots & \vdots & \ddots & \vdots \\ 0 & 0 & \cdots & \boldsymbol{\beta}_N \end{pmatrix}; \boldsymbol{b} = \begin{pmatrix} \boldsymbol{b}_1 & 0 & \cdots & 0 \\ 0 & \boldsymbol{b}_2 & \cdots & 0 \\ \vdots & \vdots & \ddots & \vdots \\ 0 & 0 & \cdots & \boldsymbol{b}_N \end{pmatrix}; \boldsymbol{\epsilon} = \begin{pmatrix} \boldsymbol{\epsilon}_1 \\ \boldsymbol{\epsilon}_2 \\ \vdots \\ \boldsymbol{\epsilon}_N \end{pmatrix},$$

模型 $\boldsymbol{y}_i = \boldsymbol{X}_i\boldsymbol{\beta}_i + \boldsymbol{Z}_i\boldsymbol{b}_i + \boldsymbol{\epsilon}_i \ (i = 1, 2, ..., N)$ 也可以写成

$$\boldsymbol{y} = \boldsymbol{X}\boldsymbol{\beta} + \boldsymbol{Z}\boldsymbol{b} + \boldsymbol{\epsilon}.$$

式中, $\boldsymbol{y}_i$ 为 $n_i \times r$ 维的, 在单因变量时, $r = 1$. 对于每个 $i \in \{1, 2, ..., N\}$, 有 n_i 个观测值.

说明: 这里的正态性假定很强, 它使得人们可以使用最大似然法来估计参数. 虽然有的方法不强调正态性而使用最小二乘法, 但在正态条件下, 最小二乘法等价于最大似然法. 由于真实数据的正态性及模型表示的准确性很难验证, 因此, 对于一个实际数据, 一般很难确定一个最优的模型及方法.

4.3 广义线性随机效应混合模型

前面介绍的是用与线性模型结合的随机效应混合模型来拟合纵向数据. 对于因变量为二分变量、计数变量等形式的纵向数据则可能需要用下面介绍的广义线性随机效应混合模型. 其原理与前面介绍的广义线性模型类似, 仅仅增加了随机部分. 本节仅介绍广义 logistic 模型, 相信读者能举一反三, 很快掌握其他广义模型. 先来看一个例子.

例 4.2 精神分裂症数据 (schizx1.csv) 这个数据[4]由 Hedeker and Gibbons (1994) 研究过, 是美国国家精神健康研究所 (National Institute of Mental Health, NIMH) 所做的关于精神分裂症的处理及其严重程度改变的合作研究. 其中原始的因变量为 imps79 (imps 代表住院病人多维精神得分 (inpatient multidimensional psychiatric scale)). 该得分的意义为: 1= 正常无病 (normal, not at all ill); 2= 精神病边缘 (borderline mentally ill); 3= 轻度患病 (mildly ill); 4= 中等程度患病 (moderately ill); 5= 显著患病 (markedly ill); 6= 严重患病 (severely ill); 7= 最严重症状 (among the most extremely ill). 该因变量在数据中有几种形式: 连续的 (imps79)、顺序的 (imps79o)、两分的 (imps79b). 其他都是自变量, 包括 id, int (只有一个值 1), tx, week, sweek(week 的平方根), txswk (tx 与 sweek 的乘积). 每个患者 (id) 有 7 个观测值.

下面针对例 4.2 数据介绍广义线性随机效应混合模型中的一个特例. 我们用广义 logistic 回归模型来拟合数据. 选择 imps79b (两个水平: 0 和 1 代表轻重程度) 作为因变量, 而作

[4]该数据可从下面网址下载: http://tigger.uic.edu/~{}hedeker/SCHIZX1.DAT.txt.

为自变量的 tx 有两个水平 (0= 用安慰剂,1= 用药), 自变量 week 或 sweek 为连续变量. 其他变量这里不用. 令 x_1 代表 tx, x_2 代表 sweek, y 代表 imps79b. 首先拟合没有随机效应的 logistic 回归以做比较, 模型为:

$$\ln\left(\frac{p}{1-p}\right)=\beta_0+\beta_1x_1+\beta_2x_2+\beta_{12}x_1x_2.$$

计算通过下面的代码实现 (包括读入数据):

```
w=read.csv("schizx1.csv",na.strings="-9")#数据中"-9"代表缺失值
a=glm(imps79b~tx*sweek,data=w,family=binomial)
summary(a)
```

估计的系数为 $\hat{\beta}_0=3.7027$, $\hat{\beta}_1=-0.4054$, $\hat{\beta}_2=-1.1126$, $\hat{\beta}_{12}=-0.4180$, 而 AIC=1370.

下面再考虑一个随机效应广义 logistic 模型 (令下标 i 代表第 i 个个体的观测):

$$\ln\left(\frac{p_i}{1-p_i}\right)=\beta_{0i}+\beta_1x_1+\beta_2x_2+\beta_{12}x_1x_2,$$

这里第二层模型为:

$$\beta_{0i}=\beta_0+\zeta_{0i},$$

而 ζ_{0i} 假定服从正态分布 $\zeta_{0i}\sim N(0,\sigma^2)$, 上面的模型可写为:

$$\ln\left(\frac{p_i}{1-p_i}\right)=(\beta_0+\beta_1x_1+\beta_2x_2+\beta_{12}x_1x_2)+(\zeta_{0i}),$$

固定部分和随机部分分别置于上式右边的两个括号中. 下面的代码使用该模型拟合例 4.2 的数据:

```
library(lme4)
a4=glmer(imps79b~tx*sweek+(1|id), family=binomial,data=w)
summary(a4)
```

部分输出结果为:

```
Generalized linear mixed model fit by maximum likelihood
  (Laplace Approximation) [glmerMod]
 Family: binomial  ( logit )
Formula: imps79b ~ tx * sweek + (1 | id)
   Data: w
     AIC      BIC   logLik deviance df.resid
  1268.1   1295.0   -629.0   1258.1     1598

Random effects:
 Groups Name        Variance Std.Dev.
 id     (Intercept) 4.097    2.024
Number of obs: 1603, groups:  id, 437

Fixed effects:
```

```
            Estimate Std. Error z value Pr(>|z|)
(Intercept)  5.29433    0.61295   8.638  < 2e-16 ***
tx          -0.01603    0.62776  -0.026   0.9796
sweek       -1.43553    0.28152  -5.099 3.41e-07 ***
tx:sweek    -1.03903    0.32734  -3.174   0.0015 **
```

从中可以得出: AIC=1268.1, $\hat{\sigma}_0^2 = 4.097$, $\hat{\beta}_0 = 5.29433$, $\hat{\beta}_1 = -0.01603$, $\hat{\beta}_2 = -1.43553$, $\hat{\beta}_{12} = -1.03903$. 这里的系数大小和正负号与单纯的 logistic 回归大不相同. 结合背景问题, 对该输出的具体解释留给读者思考.

4.4 决策树及随机效应模型

4.2 节末尾给出了线性随机效应混合模型的一般形式:

$$\boldsymbol{y}_i = \boldsymbol{X}_i\boldsymbol{\beta}_i + \boldsymbol{Z}_i\boldsymbol{b}_i + \boldsymbol{\epsilon}_i,\ \ i = 1, 2, ..., N.$$

这里, 固定效应和随机效应都是线性的. 但是, 如果固定效应不一定是线性的, 而又无法写出非线性关系的分析表达式, 则可以用决策树来取代固定的部分. 该方法是 Sela et al. (2011) 给出的. 其公式为:

$$\boldsymbol{y}_i = f(\boldsymbol{X}_1, \boldsymbol{X}_2, ..., \boldsymbol{X}_p) + \boldsymbol{Z}_i\boldsymbol{b}_i + \boldsymbol{\epsilon}_i,\ \ i = 1, 2, ..., N.$$

式中, $\boldsymbol{y}_i$ 为 $n_i \times r$ 维的; $\boldsymbol{X}_i$ 为 $n_i \times r$ 维的; $\boldsymbol{Z}_i$ 为 $n_i \times q$ 维的; $\boldsymbol{b}_i$ 为 $q \times r$ 维的, 且

$$\begin{pmatrix} \boldsymbol{b}_1 \\ \boldsymbol{b}_2 \\ \vdots \\ \boldsymbol{b}_q \end{pmatrix} \sim N(\boldsymbol{0}, \boldsymbol{\Psi});$$

$\boldsymbol{\epsilon}_i$ 为 $n_i \times r$ 维的, 对所有的 i, $\boldsymbol{\epsilon}_i \sim N(\boldsymbol{0}, \boldsymbol{\Sigma})$ 而且独立于 $\boldsymbol{b}_i$. 这里公式中的 $f(\boldsymbol{X}_1, \boldsymbol{X}_2, ..., \boldsymbol{X}_p)$ 为用决策树来解释的固定效应部分, 而 $\boldsymbol{Z}_i\boldsymbol{b}_i$ 为随机效应部分. 这种建模使得模型的适应性及灵活性有了极大提高.

下面使用该模型来拟合例 4.1 的数据并输出图 4.4.1. 所用的程序包为 `REEMtree`.[5] 代码如下:

```
w=read.csv("riesby.csv",na.strings="-9")
w$week=factor(w$week);w=na.omit(w)
library(REEMtree)
a<-REEMtree(hamd~week, data=w, random=~week|id)
print(a);plot(a)
```

下面是输出结果, 图 4.4.1 为固定效应部分的决策树, week 可能取的值 (不一定都取到) a, b, c, d, e, f 分别代表 week 的实际 (哑元) 值 0, 1, 2, 3, 4, 5. 而在图中的节点处标注的 “week=cdef” 意味着如果 week 取 2, 3, 4, 5, 那么走向左叉, 否则到右叉, 参见下面的输出. 下面的输出除了有决策树的细节之外, 还有估计的随机部分的有关协方差和方差. 这个程序

[5]Sela, R.J. and Simonoff,J. S. (2011) REEMtree: Regression Trees with Random Effects. R package version 0.90.3.

运行比较慢, 需要耐心等待. 对结果的解释留给读者来讨论.

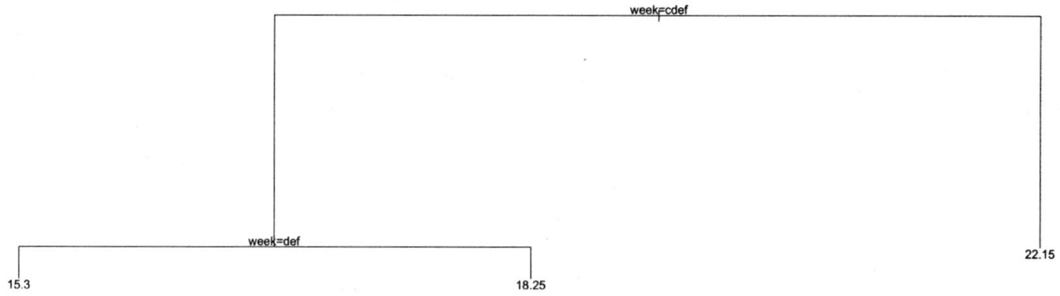

图 4.4.1 随机效应模型拟合中固定效应部分的决策树

```
[1] "*** RE-EM Tree ***"
n= 375

node), split, n, deviance, yval
      * denotes terminal node

1) root 375 3898.65500 18.07885
  2) week=2,3,4,5 251  681.45960 16.06521
    4) week=3,4,5 186  174.88690 15.30195 *
    5) week=2 65   88.14409 18.24931 *
  3) week=0,1 124  139.35100 22.15484 *
[1] "Estimated covariance matrix of random effects:"
            (Intercept)      week1     week2
(Intercept)   17.795932 -6.655899 -8.077912
week1         -6.655899 14.432260 10.386112
week2         -8.077912 10.386112 24.140956
week3         -7.010133  8.335210 22.105766
week4        -12.283670 11.262793 27.243737
week5        -15.361746 12.498113 26.268014
                 week3     week4     week5
(Intercept) -7.010133 -12.28367 -15.36175
week1        8.335210  11.26279  12.49811
week2       22.105766  27.24374  26.26801
week3       34.069518  35.39629  30.65710
week4       35.396289  52.55105  50.50609
week5       30.657095  50.50609  76.10056
[1] "Estimated variance of errors: 4.11368148545612"
[1] "Log likelihood:  -1111.05156688046"
```

4.5 纵向生存数据分析

例 4.3 原发性胆汁性肝硬化数据 (pbc2.csv) 这个关于原发性胆汁性肝硬化 (primary biliary cirrhosis, pbc) 的数据[6]是最初的原发性胆汁性肝硬化 (pbc) 研究[7]的后续. 原先的研究可见于 Fleming and Harrington (1991), 目前的数据由 Murtaugh et al. (1994) 研究过. 该数据有 312 个患者的观测, 由于每个患者不止观测一次, 该数据集有 1945 个观测值及 20 个变量. 另外, 在患者死亡之前或进行换肝手术之前的最后一次观测 (行) 往往比其他行有更多的缺失值. 变量情况见表 4.5.1. 这里变量 years 与 year 都是从天数转换成年的; 用药的选择为 D-penicillamine (D-青霉胺) 及 placebo (安慰剂); 变量 edema(水肿) 的水平的意义为 No edema(无水肿), edema no diuretics(未用利尿剂水肿), edema despite diuretics(用利尿剂仍水肿). 一些缩写的原文如下: serBilir, serum bilirubin; serChol, serum cholesterol; alkaline, alkaline phosphatase; SGOT, serum glutamic-oxaloacetic transaminase. 对这个数据的研究还可参考 Therneau and Grambsch (2000).

表 4.5.1 例 4.3 原发性胆汁性肝硬化数据变量情况

变量名	描述	性质
id	个人代码	分类
years	登记到换肝或死亡年数	数量
status	状态 (alive, transplanted, dead)	分类
drug	用药 (D-penicillamine, placebo)	分类
age	年龄	数量
sex	性别 (male, female)	分类
year	登记日到访问年数	数量
ascites	腹水 (No,Yes)	分类
hepatomegaly	肝肿大 (No,Yes)	分类
spiders	蜘蛛痣 (No,Yes)	分类
edema	水肿 (no edema, edema no diuretics, edema despite diuretics)	分类
serBilir	血清胆红素 (mg/dL)	数量
serChol	血清胆固醇 (mg/dL)	数量
albumin	白蛋白 (mg/dl)	数量
alkaline	碱性磷酸酶 (U/liter)	数量
SGOT	血清谷氨酸谷草转氨酶 (U/liter)	数量
platelets	血小板 (每升千个)	数量
prothrombin	凝血酶原 (秒)	数量
histologic	疾病组织学分期 (1,2,3,4 期)	分类
status2	状态 2 (1= 换肝或死亡, 0= 活着)	分类

下面介绍处理这个数据的两种方法. 这两种方法的视角有很大不同, 很难比较, 希望读

[6]来源于网站 http://lib.stat.cmu.edu/datasets/pbcseq, 也以 pbc2 的名字包含在程序包 JM 中.
[7]数据见 http://lib.stat.cmu.edu/datasets/pbc.

者能够对此进行讨论.

4.5.1 Cox 随机效应混合模型

与前面的随机效应混合模型的一般形式类似, 这里的模型为:

$$h(t) = h_0(t)\exp(\boldsymbol{X}^\top\boldsymbol{\beta} + \boldsymbol{Z}^\top\boldsymbol{b}),\ \boldsymbol{b} \sim N(\boldsymbol{0}, \boldsymbol{\Sigma}(\theta)),$$

式中, $h_0(t)$ 为不确定的基础危险函数; $\boldsymbol{X}$ 和 $\boldsymbol{Z}$ 分别为固定效应及随机效应的设计矩阵; $\boldsymbol{\beta}$ 为固定效应的系数; $\boldsymbol{b}$ 为服从联合正态分布的随机效应的系数.

为了得到需要的估计, 使用 Cox 部分 (对数) 似然函数 (partial likelihood, PL)

$$\ln[PL(\boldsymbol{\beta}, \boldsymbol{b})] = \sum_{i=1}^{n}\int_0^\infty \left(Y_i(t)\eta_i(t) - \ln\left\{\sum_j Y_j(t)\exp[\eta_j(t)]\right\}\right)\mathrm{d}t,$$

式中, $\eta_i(t) = \boldsymbol{X}_i(t)^\top\boldsymbol{\beta} + \boldsymbol{Z}_i(t)^\top\boldsymbol{b}$, 而

$$Y_i(t) = \begin{cases} 1, & \text{如果对象 } i \text{ 仍然在观察中;} \\ 0, & \text{如果对象 } i \text{ 已不在观察中.} \end{cases}$$

然后, 通过对此似然函数做关于 $\boldsymbol{\beta}$ 及 $\boldsymbol{b}$ 的积分可得到需要的估计. 细节请参阅 Ripatti and Palmgren (2000) 和 Therneau et al. (2003).

这里使用的程序包为 `coxme` [8]. 把所有自变量都放入模型, 并把变量 year 作为随机效应的协变量, 代码如下:

```
data(pbc2, package="JM")#利用JM程序包的pbc2数据
library(coxme)
fit=coxme(Surv(years, status2)~serBilir+
    serChol+drug+year+sex+age+
    SGOT+platelets+ascites +hepatomegaly+spiders+edema+
    albumin+alkaline+prothrombin+factor(histologic)+
    (year|id),pbc2)
fit
```

输出为:

```
Cox mixed-effects model fit by maximum likelihood
  Data: pbc2
  events, n = 322, 1113 (832 observations deleted due to missingness)
  Iterations= 7 49
                    NULL Integrated    Fitted
Log-likelihood -2089.433  -1713.414 -1599.479

                  Chisq     df p    AIC    BIC
Integrated loglik 752.04  20.00 0 712.04 636.55
 Penalized loglik 979.91 100.23 0 779.45 401.12

Model:  Surv(years, status2) ~ serBilir + serChol + drug + year + sex +
```

[8] Therneau, T. (2012) coxme: Mixed Effects Cox Models. R package version 2.2-2. http://CRAN.R-project.org/package=coxme.

```
  age + SGOT + platelets + ascites + hepatomegaly + spiders + edema +
  albumin + alkaline + prothrombin + factor(histologic) +      (year | id)
Fixed coefficients
                                    coef exp(coef)     se(coef)     z       p
serBilir                    1.345145e-01 1.1439813 1.560323e-02  8.62 0.0e+00
serChol                     9.245894e-04 1.0009250 3.094030e-04  2.99 2.8e-03
drugD-penicil               1.852438e-02 1.0186970 1.482299e-01  0.12 9.0e-01
year                       -4.419908e-01 0.6427555 4.715139e-02 -9.37 0.0e+00
sexfemale                  -4.352766e-01 0.6470856 2.014259e-01 -2.16 3.1e-02
age                         4.383121e-02 1.0448060 8.171781e-03  5.36 8.2e-08
SGOT                        6.152863e-04 1.0006155 8.746385e-04  0.70 4.8e-01
platelets                  -5.865618e-04 0.9994136 7.684908e-04 -0.76 4.5e-01
ascitesYes                  5.554218e-02 1.0571136 2.047491e-01  0.27 7.9e-01
hepatomegalyYes             2.170674e-01 1.2424278 1.638892e-01  1.32 1.9e-01
spidersYes                  2.266957e-01 1.2544481 1.531224e-01  1.48 1.4e-01
edemaedema no diuretics     6.861646e-02 1.0710253 1.728086e-01  0.40 6.9e-01
edemaedema despite diuretics 9.243660e-01 2.5202700 2.459463e-01  3.76 1.7e-04
albumin                    -8.225521e-01 0.4393090 1.863348e-01 -4.41 1.0e-05
alkaline                    2.190499e-05 1.0000219 3.404451e-05  0.64 5.2e-01
prothrombin                 6.037786e-02 1.0622379 5.061496e-02  1.19 2.3e-01
factor(histologic)2        -1.725222e-02 0.9828957 5.374533e-01 -0.03 9.7e-01
factor(histologic)3         5.430075e-01 1.7211755 5.138331e-01  1.06 2.9e-01
factor(histologic)4         1.016098e+00 2.7623936 5.245938e-01  1.94 5.3e-02

Random effects
 Group Variable Std Dev   Variance
 id    year     0.3488584 0.1217021
```

根据传统统计的观点, 从上面的计算输出可以看出, 变量 **drug** 根本不显著. p 值较小的变量有 **serBilir** (血清胆红素), **year**, **age**. 另外 **edema**, **albumin** (白蛋白) 和 **histologic** (疾病组织学分期) 也比较显著. 但是必须注意, 后面的一些指标实际上反映了身体的实际状况, 不做统计分析也可以由这些指标看出患者的前景. 把这些指标及不显著的指标去掉, 再重新做拟合. 代码如下:

```
fit2=coxme(Surv(years, status2)~serBilir+year+sex+age+
    (year|id),data=pbc2)
fit2
```

结果如下:

```
Cox mixed-effects model fit by maximum likelihood
  Data: pbc2
  events, n = 725, 1945
  Iterations= 18 138
                    NULL Integrated    Fitted
Log-likelihood -5101.349  -4399.475 -4057.875


                    Chisq      df p      AIC      BIC
```

```
Integrated loglik 1403.75    5.00 0 1393.75 1370.82
 Penalized loglik 2086.95 175.14 0 1736.66  933.41

Model:  Surv(years, status2) ~ serBilir + year + sex + age + (year | id)
Fixed coefficients
                  coef exp(coef)    se(coef)     z       p
serBilir   0.15588036 1.1686864 0.010595050 14.71 0.0e+00
year      -0.64735997 0.5234258 0.122937626 -5.27 1.4e-07
sexfemale -0.38200365 0.6824926 0.137833260 -2.77 5.6e-03
age        0.04159196 1.0424690 0.005526548  7.53 5.2e-14

Random effects
 Group Variable Std Dev  Variance
 id    year     1.526068 2.328883
```

从输出的结果可以看出, 如果对模型的假定正确, 剩下的这些变量的 p 值都不大.

4.5.2 分步联合建模

本小节要介绍的方法源自 R 程序包 JM [9]. 首先分别建立两个模型, 即纵向模型和生存模型, 然后联合两部分, 因此称为联合模型 (JM: Joint Models for Longitudinal and Survival Data). 该程序包还包含了另一个数据 pbc2.id, 它是 pbc2 数据的一部分, 仅仅包含每个患者的第一次度量, 因此只有 312 个观测值. 由于在建立生存分析数据模型时所需的诸如存活时间、状态、用药等内容对每个患者的各次测量都一样, 因此不需要纵向数据 pbc2, 只需要 pbc2.id 就行了. 但在对纵向数据建模时就必须用 pbc2 数据了.

令 $y_i(t)$ 为在时间 t 对患者 i 观测得到的纵向数值, 如果每个对象有 n_i 个观测, 令 $y_{ij} = \{y_i(t_{ij}), j = 1, 2, ..., n_i\}$. 令 $m_i(t)$ 为 $y_i(t)$ 试图近似的 (不可观测的) 真实度量值, T_i 为观测到的第 i 个对象的死亡 (失败) 时间, T_i^* 为不可观测的真实死亡时间, C_i 为观测到的删失时间, 那么 $T_i = \min(T_i^*, C_i)$. 删失指数为 $\delta_i = I(T_i^* \leqslant C_i)$. 再令 $M_i(t) = \{m_i(u), 0 \leqslant u < t\}$ 表示 m_i 在时间 t 之前的 (不可观测的) 历史, $h_0(\cdot)$ 表示基础危险函数. Therneau and Grambsch (2000) 的相对危险模型为:

$$h_i(t|M_i(t), \boldsymbol{w}_i) = h_0(t)\exp[\boldsymbol{\gamma}^\top \boldsymbol{w}_i + \alpha m_i(t)], \tag{4.5.1}$$

式中, $\boldsymbol{w}_i$ 为基本自变量, 如治疗办法指数、疾病历史、性别等, 相应的回归系数向量为 $\boldsymbol{\gamma}$. α 描述潜在的输出 m_i 对危险 h_i 的影响, 而 Cox and Oakes (1984) 的模型为:

$$h_i(t|M_i(t), \boldsymbol{w}_i) = h_0(V_i(t))\exp[\boldsymbol{\gamma}^\top \boldsymbol{w}_i + \alpha m_i(t)], \tag{4.5.2}$$

式中:

$$V_i(t) = \int_0^t \exp[\boldsymbol{\gamma}^\top \boldsymbol{w}_t + \alpha m_i(s)]\mathrm{d}s.$$

这个模型假定个体的年龄服从某种加速机制 $V_i(t)$, 而不仅仅是 t 的函数. 我们只能利用已有

[9] Rizopoulos, D. (2010) JM: an R package for the joint modelling of longitudinal and time-to-event data. *Journal of Statistical Software*, 35(9): 1-33. http://www.jstatsoft.org/v35/i09/.

的知识 $y_i(t)$ 来估计 $m_i(t)$ 及 $M_i(t)$. 为此假定正态模型

$$y_i(t) = m_i(t) + \epsilon_i(t) = \boldsymbol{x}_i(t)^\top \boldsymbol{\beta} + \boldsymbol{z}_i(t)^\top \boldsymbol{b}_i + \epsilon_i(t),\ \epsilon_i(t) \sim N(0, \sigma^2), \tag{4.5.3}$$

这里假定 ϵ_i 独立于随机效应 $\boldsymbol{b}_i$, 而 $\boldsymbol{b}_i \sim N(\boldsymbol{0}, \boldsymbol{D})$. 无论按照哪个生存模型, 在条件独立的假定下, h_i 对第 i 个对象的对数似然函数的贡献为:

$$\ln p(T_i, \delta_i, y_i; \theta) = \ln \int p(T_i, \delta_i | \boldsymbol{b}_i; \theta_t, \beta) \left[\prod_j p(y_i(t_{ij}) | \boldsymbol{b}_i; \theta_y)\right] p(\boldsymbol{b}_i; \theta_b) \mathrm{d}\boldsymbol{b}_i, \tag{4.5.4}$$

式中:

$$p(T_i, \delta_i | \boldsymbol{b}_i; \theta_t, \beta) = [h_i(T_i | M_i(T_i); \theta_t, \beta)]^{\delta_i} S_i(T_i | M_i(T_i); \theta_t, \beta)$$

其中的生存函数为:

$$S_i(t | M_i(t); \theta_t, \beta) = P(T_i^* > t | M_i(t); \theta_t, \beta) = \exp\left[-\int_0^t h_i(s | M_i(s); \theta_t, \beta) \mathrm{d}s\right]$$

这里生存分析模型 (4.5.1) 或者生存分析模型 (4.5.2) 与纵向数据模型 (4.5.3) 通过 $m_i(t)$(或 y_i) 结合起来, 形成了对数似然函数 (4.5.4). 因此, 可以利用最大似然法把这两个模型的参数求出来.

对于我们的数据, 首先用横截面数据拟合一遍, 看哪个变量可以作为上面生存模型的 $m_i(t)$, 然后用它来建立纵向模型, 再联系两者, 以得出从横截面数据得不到的时间与生存函数之间的关系.

探索性分析

(1) 从横截面数据层面看哪个自变量对生存影响大. 先把所有的变量都加入, 进行生存模型的拟合, 看哪个显著影响生存函数 (或危险函数). 发现真正突出的是血清胆红素 (serBilir) 的对数. 由于变量太多, 输出庞大, 我们仅给出只有变量 drug 及 log(serBilir) 作为自变量的拟合及输出, 这里用的是 Therneau and Grambsch (2000) 的相对危险模型, 使用的函数为程序包 `survival` 中的 `survreg()`. 代码和结果如下:

```
library(JM)
a=survreg(Surv(years,status2)~drug+log(serBilir),
    pbc2.id,x=TRUE);summary(a)
```

输出为:

```
Call:
survreg(formula = Surv(years, status2) ~ drug + log(serBilir),
    data = pbc2.id, x = TRUE)
                Value Std. Error      z       p
(Intercept)    2.9703     0.1230  24.15 < 2e-16
drugD-penicil -0.0693     0.1220  -0.57    0.57
log(serBilir) -0.7456     0.0644 -11.59 < 2e-16
Log(scale)    -0.3334     0.0717  -4.65 3.3e-06
```

```
Scale= 0.717

Weibull distribution
Loglik(model)= -446   Loglik(intercept only)= -511.8
Chisq= 131.68 on 2 degrees of freedom, p= 2.5e-29
Number of Newton-Raphson Iterations: 6
n= 312
```

可以看出血清胆红素 `log(serBilir)` 要比 drug 的 p 值小得多, 后者根本不显著.

(2) 从图形看用药与血清胆红素, 以及用药与生存函数是否有关系. 利用下面的代码 (数据 pbc2 和 pbc2.id 已经在 R 中) 点出随着时间变化两用药组的血清胆红素对数含量变化图 (见图 4.5.1) 以及不同用药组的 Kaplan-Meier 生存函数图 (见图 4.5.2). 从图 4.5.1 看不出不同用药对血清胆红素对数含量的影响; 从图 4.5.2 也看不出不同用药对生存函数有什么影响.

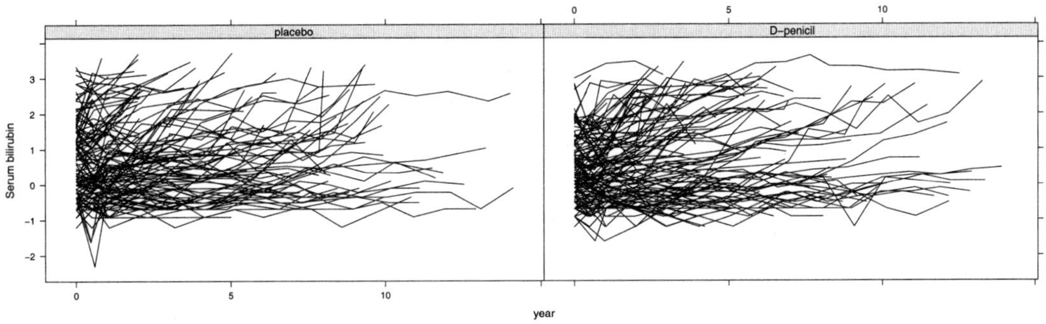

图 4.5.1 不同用药组的血清胆红素对数含量变化图

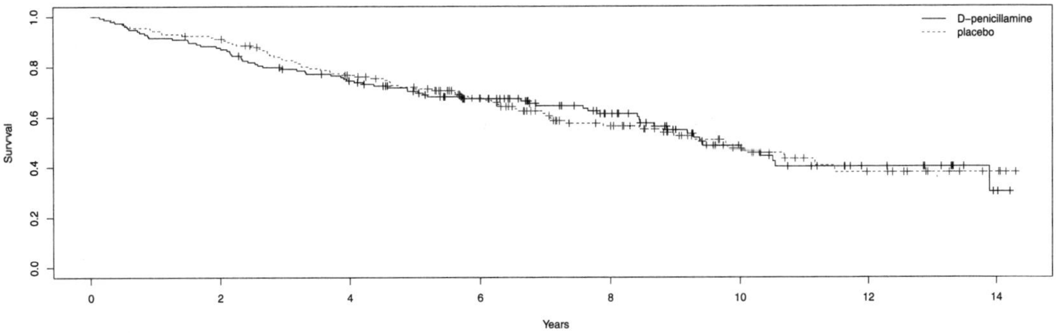

图 4.5.2 不同用药组的 Kaplan-Meier 生存函数图

```
library("lattice")
xyplot(log(serBilir)~year|drug,group=id,data=pbc2,xlab="year",
    ylab="Serum bilirubin",col=1,type="l")
plot(survfit(Surv(years, status2) ~ drug, data = pbc2.id),
```

```
    conf.int=FALSE, mark.time=TRUE, col=c("black", "red"),
    lty = 1:2,ylab = "Survival", xlab = "Years")
legend("topright",c("D-penicillamine","placebo"),lty = 1:2,
    col=c("black","red"),bty="n")
```

联合模型第一步: 生存函数的拟合

作为联合模型的第一步, 用 pbc2.id 数据建立单独以 drug (用药) 为自变量的 Therneau and Grambsch (2000) 相对危险模型. 代码及结果如下:

```
fitSURV=survreg(Surv(years,status2)~drug,data=pbc2.id,x=TRUE)
summary(fitSURV)
```

输出为:

```
Call:
survreg(formula = Surv(years, status2) ~ drug, data = pbc2.id,
    x = TRUE)
                   Value Std. Error      z       p
(Intercept)     2.614872   0.119445 21.89 <2e-16
drugD-penicil  0.000421   0.156983  0.00   1.00
Log(scale)    -0.074076   0.075211 -0.98   0.32

Scale= 0.929

Weibull distribution
Loglik(model)= -511.8   Loglik(intercept only)= -511.8
Chisq= 0 on 1 degrees of freedom, p= 1
```

这里估计的是模型 (4.5.1) 中指数部分 $\exp[\boldsymbol{\gamma}^\top \boldsymbol{w}_i + \alpha m_i(t)]$ 中的 $\boldsymbol{\gamma}$, 这时还没有纵向部分变量 $m_i(t)$ 的加入 (我们将选变量 serBilir 的对数作为 $m_i(t)$). 自变量 $\boldsymbol{w}_i$ 取的是 drug(用药). 得到的估计值为: 截距为 2.614872, 不用 D-penicil 时对截距的贡献是 0 (默认), 用 D-penicil 时对截距的贡献为 0.000421. 这里的生存函数用的是 Weibull 分布族.

联合模型第二步: 纵向数据的拟合

从上面的结果来看, drug (用药) 对生存函数没有多大影响, 而通过前面一开始用 drug 和血清胆红素 (serBilir) 的对数建立的生存模型可以看出, 血清胆红素含量对生存函数的影响比较显著. 因此纵向部分就以 serBilir 的对数作为纵向数据模型 (4.5.3) 左边的因变量. 这里模型自变量的组合, 无论是固定的还是随机的, 都经过筛选, 为节省篇幅, 这里只介绍一种选择, 即

$$\ln(\text{serBilir}) = [\mu + \text{drugD-penicil} + (\beta + \beta_1)\text{year}] + [\zeta + \zeta_1\,\text{year} + \epsilon],$$

式中, 右侧两个方括号中的项分别代表固定部分和随机部分. 所要估计的内容包括: 截距 μ, drugD-penicil (用药对截距的贡献, 不用 drugD-penicil 时默认为 0), β (year 的斜率), β_1

(drugD-penicil 对 year 斜率的贡献, 不用 drugD-penicil 时, 其对 year 斜率的贡献默认为 0), ζ 与 ζ_1 各自的标准差及它们的相关系数, ϵ 的标准差. 代码如下:

```
fitLME=lme(log(serBilir)~drug*year,random=~year|id,data=pbc2)
summary(fitLME)
```

输出为:

```
Linear mixed-effects model fit by REML
  Data: pbc2
       AIC      BIC    logLik
  3085.474 3130.042 -1534.737

Random effects:
 Formula: ~year | id
 Structure: General positive-definite, Log-Cholesky parametrization
            StdDev    Corr
(Intercept) 0.9985870 (Intr)
year        0.1722100 0.417
Residual    0.3489329

Fixed effects:  log(serBilir) ~ drug * year
                        Value  Std.Error   DF   t-value p-value
(Intercept)         0.5630313 0.08255260 1631  6.820274  0.0000
drugD-penicil      -0.1332474 0.11610813  310 -1.147614  0.2520
year                0.1797540 0.01782101 1631 10.086631  0.0000
drugD-penicil:year -0.0044099 0.02490439 1631 -0.177075  0.8595
 Correlation:
                   (Intr) drgD-p year
drugD-penicil      -0.711
year                0.248 -0.176
drugD-penicil:year -0.177  0.251 -0.716
```

结果为: $\hat{\mu}=0.563$, 估计的 drugD-penicil $=-0.133$, $\hat{\beta}=0.180$, $\hat{\beta}_1=-0.004$, $SD(\zeta)=1.000$, $SD(\zeta_1)=0.172$, $Cor(\zeta,\zeta_1)=0.417$, $SD(\epsilon)=0.349$. 这个结果表明, 变量 year 对血清胆红素的贡献极大.

联合模型第三步: 联合两个模型

下面把这两个结果即 `fitSURV` 和 `fitLME` 用函数 `jointModel` 结合起来. 程序包 `JM` 的 `jointModel` 函数结合了程序包 `nlme` 中的 `lme` 函数的线性混合模型的结果及程序包 `survival` 中的 `coxph` 或 `survreg` 函数的结果. `jointModel` 中的 `method` 有几种选择, 主要是危险函数的选择和近似上面的对数似然函数式 (4.5.4) 的方法的选择. 下面用的是选项 `method` 的默认值 (weibull-PH-aGH), 使得在 Therneau and Grambsch (2000) 模型下的 h_0 为 Weibull 基本危险函数. 为了采用 (拟) 适应性 Gauss-Hermite 积分法来近似式 (4.5.4), 使用

如下代码:

```
fitJOINT <- jointModel(fitLME,fitSURV,timeVar="year")#联合模型
summary(fitJOINT)
```

得到下面的输出结果:

```
Call:
jointModel(lmeObject = fitLME, survObject = fitSURV, timeVar = "year")

Data Descriptives:
Longitudinal Process Event Process
Number of Observations: 1945 Number of Events: 140 (44.9%)
Number of Groups: 312

Joint Model Summary:
Longitudinal Process: Linear mixed-effects model
Event Process: Weibull relative risk model
Parameterization: Time-dependent

   log.Lik      AIC      BIC
 -2662.619 5349.238 5394.154

Variance Components:
             StdDev   Corr
(Intercept)  0.9961  (Intr)
year         0.1701  0.4128
Residual     0.3491

Coefficients:
Longitudinal Process
                      Value Std.Err z-value p-value
(Intercept)          0.5342  0.0823  6.4892 <0.0001
drugD-penicil       -0.1294  0.1156 -1.1191  0.2631
year                 0.1732  0.0182  9.5319 <0.0001
drugD-penicil:year -0.0048  0.0247 -0.1937  0.8464

Event Process
                Value Std.Err z-value p-value
(Intercept)   -0.4417  0.4041 -1.0931  0.2743
drugD-penicil  0.0141  0.1682  0.0838  0.9333
Assoct         0.0000  0.0000  0.2788  0.7804
log(shape)    -2.5811  0.2925 -8.8236 <0.0001

Scale: 0.0757
```

这时随机部分估计的三个标准差和一个相关系数与单独的纵向模型差不多, 固定部分的估计也差不多. 可以看出, 最终对生存影响最大的变量是 year 而不是用药. 如果只用生存分析模型, 则无法得到这个结论, 因为单纯生存分析只能用横截面数据 (此例是 pbc2.id, 它的变量 year 只有一个值). 注意: 变量 year 和 years 是两个变量.

不同模型的比较

再用不同模型 (比如拟合纵向部分时不考虑随机斜率) 与生存模型结合:

```
fitLME0=lme(log(serBilir)~drug*year,random=~1|id,data=pbc2)
fitJOINT0=jointModel(fitLME0,fitSURV,timeVar="year")#联合
```

这里不打印最终结果, 但可以将这个模型 (fitJOINT0) 和前面那个模型 (fitJOINT) 进行比较, 代码如下:

```
anova(fitJOINT0,fitJOINT) #比较上面两个模型
```

得到下面的输出结果:

```
               AIC      BIC  log.Lik     LRT df p.value
fitJOINT0 6063.12 6100.55 -3021.56
fitJOINT  5349.24 5394.15 -2662.62 717.89  2 <0.0001
```

这表明加有随机斜率的模型优于只有随机截距的模型.

4.6 计量经济学家的视角: 面板数据

4.6.1 概念和例子

在计量经济学中, 把纵向数据的一些特殊形式称为面板数据 (panel data). 而且按照计量经济学的习惯来分类, 这些分类法和术语是一般讨论纵向数据 (或多层模型、随机效应混合模型) 的统计教科书所没有的, 因此有必要专门介绍. 此外, 这里要使用的程序包 plm [10]也很有特色, 和一般的关于面板数据或纵向数据的程序包不同, 它主要使用最小二乘法来拟合面板数据. 按照 plm 作者的说法, 这个程序包所能处理的模型并不是简单地被 lme4 或 nlme 所能处理的模型包含.

计量经济学用来拟合面板数据的一般模型为:

$$y_{it} = \alpha_{it} + \boldsymbol{\beta}_{it}^\top \boldsymbol{x}_{it} + u_{it}. \tag{4.6.1}$$

如果假定了参数的齐性, 即对于所有的 i 和 t, $\alpha_{it} = \alpha$ 及 $\boldsymbol{\beta}_{it} = \boldsymbol{\beta}$, 并且令 $u_{it} = \mu_i + \epsilon_{it}$, 则有

$$y_{it} = \alpha + \boldsymbol{\beta}^\top \boldsymbol{x}_{it} + \mu_i + \epsilon_{it},\ i = 1, 2, ..., n,\ t = 1, 2, ..., T, \tag{4.6.2}$$

和前面一样, i 为代表个体的下标, t 为代表时间的下标. 通常假定 ϵ_{it} 为独立同分布的零均值、方差固定的白噪声 (不一定正态), 而且独立于自变量 x_{it} 和个体误差 μ_i.

[10] Croissant, Y. and Millo, G. (2008) Panel data econometrics in R: the plm package. *Journal of Statistical Software* 27(2). http://www.jstatsoft.org/v27/i02/.

与一般的纵向数据随机效应混合模型相比, 这里的模型的确比较简单. 正因为其简单, 所以在计量经济学文献中把该模型的各种情况讨论得非常详尽. 这里不可能讨论所有的概念和方法, 主要围绕程序包 `plm` 所基于的模型 (4.6.2) 的概念和术语来讨论, 当然, 这并不代表其他研究面板数据模型的文献也是如此.

如果个体误差 μ_i 和自变量相关, 则 $\boldsymbol{\beta}$ 的普通最小二乘估计 (OLS) 是不相合的, 因此习惯上把 μ_i 看做 n 个参数来估计, 称之为固定效应 (fixed effects). 如果 μ_i 和自变量不相关, 则称之为随机效应 (random effect). 因此两项总和 $u_{it}=\mu_i+\epsilon_{it}$ 也是随机效应, 这时通常用某些广义最小二乘估计 (generalized least squares, GLS) 方法来估计.

如果没有个体项 μ_i, 则对 $\boldsymbol{\beta}$ 最有效的估计为 OLS, 这时模型称为汇集 (pooling) 模型.

如果 ϵ_{it} 不是白噪声, 即可能有异方差性和序列相关性, 则用更一般的 GLS 方法, 称为无约束的 (unrestricted) 或一般 (general)GLS. 其特例为 μ_i 和自变量相关的固定效应 GLS.

一种消除不随时间而变的部分的方法是在时间序列里常用的差分. 这时

$$\Delta y_{it}=\boldsymbol{\beta}^\top\Delta\boldsymbol{x}_{it}+\Delta u_{it},$$

式中, $\Delta u_{it}=\Delta(\mu_i+\epsilon_{it})=\Delta\epsilon_{it}$. 该模型可以用 OLS 来估计. 这称为一阶差分 (first difference, FD) 估计.

此外, 还有其间 (between) 模型, 它基于时间或组的平均数计算.

变量系数模型 (variable coefficients model) 是把较强的约束 $\boldsymbol{\beta}_{it}=\boldsymbol{\beta},\forall i,t$ 去掉, 使得系数可以沿着一个方向变化. 如果假定 $\boldsymbol{\beta}_{it}=\boldsymbol{\beta}_i$, 就是固定系数模型. 如果假定 $\boldsymbol{\beta}_{it}=\boldsymbol{\beta}+\boldsymbol{\eta}_i,\forall t$, 这里 $\boldsymbol{\eta}_i$ 为零均值, 就是随机效应模型.

正如计量经济学中对于其他统计模型的应用 (如后面介绍的单位根检验和协整检验), 这里对于确定应该使用何种模型有一系列格式化的 (检验) 步骤. 比如, 用函数 `pooltest` 做检验以确定是否用汇集 (pooling) 模型, 用函数 `phtest` 做 Hausman 类的检验以确定是用固定效应模型还是用随机效应模型等. 在实际操作中, 有人经常以不能拒绝零假设作为“接受零假设”的理由, 这在统计中是不正确的. 不能拒绝零假设只意味着可以把零假设作为一个没有被否定的假定来对待, 而绝对不是一个确定的结论.

计量经济学中的格式化步骤可能使搞经济的人能够很方便地、不用左顾右盼地得到该领域认可的结论, 而不必涉及太多的诸如“描述经济规律是否还有其他更好的模型”之类的不易回答的问题. 这有点像沿着事先设立的路标行进. 统计专业的人可能对此种思维不那么熟悉. 实际上, 应用统计方法的许多其他领域的实际工作者都是这样做的. 这没有什么好奇怪的, 不然要学统计的干什么? 顺着路标走路不是统计学家的任务, 探索及发现可行的道路并设立路标才是统计学家的使命.

我们通过一个例子来说明如何用 `plm` 程序包拟合面板数据.

例 4.4 工资数据 (Wages.csv) 这是美国的 595 名个体从 1976 年到 1982 年的数据, 共有 4165 个观测值, 来自关于收入动态 (Income Dynamics, PSID) 的面板研究. 来源于 Baltagi (2003) 和 Cornwell and Rupert (1988). `plm` 程序包中包含这个数据, 其 12 个变量的情况 (包括变量名、描述及属性) 见表 4.6.1.

表 4.6.1 例 4.4 工资数据变量情况

变量名	描述	属性
exp	全时工作年限	整数
wks	年工作周数	整数
bluecol	是否蓝领	分类
ind	制造业工作	分类
south	是否在南方	分类
smsa	是否居住在标准都市	分类
married	婚姻状况	分类
sex	性别	分类
union	工资是否由工会合同确定	分类
ed	受教育年限	整数
black	是否非洲裔	分类
lwage	工资的对数	数量

4.6.2 模型拟合

对这个例子, 首先选用模型 (4.6.2) 中 μ_i 和自变量不相关的情况, 也就是随机效应模型, 这时, 回归估计出来的参数除了系数之外, 还有 ϵ_{ij} 及 μ_i 的方差.

先以 lwage 为因变量, 以 married, exp 及其平方, bluecol, union, sex, black, ed 为自变量做回归, 由于该数据没有给出时间和个体的代码, 因此只要在函数中输入 `index=595` 就能自动按照顺序把每 7 个 (7=4165/595) 对象算成一个个体, 而每 7 个观测 (按顺序) 对应于从 1976 年到 1982 年的观测. 相关代码如下:

```
library(plm)
data("Wages",package="plm")
rd=plm(lwage~married+exp+I(exp^2)+bluecol+union+sex+black+ed,
    data=Wages,model="random",index=595)
summary(rd)
```

得到下面的输出结果:

```
Oneway (individual) effect Random Effect Model
   (Swamy-Arora's transformation)

Call:
plm(formula = lwage ~ married + exp + I(exp^2) + bluecol + union +
    sex + black + ed, data = Wages, model = "random", index = 595)

Balanced Panel: n = 595, T = 7, N = 4165

Effects:
                         var std.dev share
```

```
idiosyncratic 0.02313 0.15209  0.23
individual    0.07755 0.27847  0.77
theta: 0.7978

Residuals:
      Min.    1st Qu.     Median    3rd Qu.       Max.
-2.0567376 -0.1112644  0.0076004  0.1189871  2.0922479

Coefficients:
               Estimate  Std. Error  z-value  Pr(>|z|)
(Intercept)  4.2281e+00  9.0816e-02  46.5561 < 2.2e-16 ***
marriedyes  -7.4031e-02  2.2802e-02  -3.2467 0.0011675 **
exp          8.4119e-02  2.8310e-03  29.7140 < 2.2e-16 ***
I(exp^2)    -8.0216e-04  6.2445e-05 -12.8459 < 2.2e-16 ***
bluecolyes  -4.6025e-02  1.6483e-02  -2.7922 0.0052346 **
unionyes     6.1649e-02  1.6945e-02   3.6381 0.0002746 ***
sexfemale   -3.3501e-01  5.2763e-02  -6.3493 2.163e-10 ***
blackyes    -2.2062e-01  5.9925e-02  -3.6816 0.0002318 ***
ed           1.0166e-01  5.8281e-03  17.4433 < 2.2e-16 ***
---
Signif. codes:  0 '***' 0.001 '**' 0.01 '*' 0.05 '.' 0.1 ' ' 1

Total Sum of Squares:    267.06
Residual Sum of Squares: 160
R-Squared:      0.40089
Adj. R-Squared: 0.39974
Chisq: 2780.95 on 8 DF, p-value: < 2.22e-16
```

其中, 与随机部分有关的估计为 $\hat{\sigma}_{\mu}^2 = 0.02313$ 和 $\hat{\sigma}_{\epsilon}^2 = 0.07755$. 固定效应部分的输出格式与通常回归类似.

4.6.3 带工具变量的回归

为了探究该程序包的部分强大功能, 下面再做带有工具变量的回归. 在社会学和计量经济学领域中, 工具变量是在没有可控制的实验的情况下用来探讨回归中的因果关系的. 当某自变量与误差项相关时, 需要用工具变量来解决估计的无偏性和相合性问题. 工具变量应该和与因变量可能有因果关系的内生变量在给定其他自变量的条件下相关, 而且不能和回归的误差项相关. 这里不打算更多地讨论这个问题的细节. 统计学家通常认为因果关系只有在可干预情形下通过实验数据才有可能导出, 单纯从观测数据出发很难做任何因果推断.

这里以 lwage 为因变量, 以 wks, south, smsa, married, exp 及其平方, bluecol, ind, union, sex, black, ed 为自变量, 以 sex, black, bluecol, south, smsa, ind 为工具变量 (instrumental variables). 代码如下 (在 "|" 后面的为工具变量, 这和其他程序包有所区别):

```
ht <- plm(lwage~wks+south+smsa+married+exp+I(exp^2)+
          bluecol+ind+union+sex+black+ed |
          sex+black+bluecol+south+smsa+ind,
          data=Wages,model="ht",index=595)
summary(ht)
```

输出的结果为:

```
Oneway (individual) effect Hausman-Taylor Model
(Hausman-Taylor estimator)

Call:
pht(formula = lwage ~ wks + south + smsa + married + exp + I(exp^2) +
    bluecol + ind + union + sex + black + ed | sex + black +
    bluecol + south + smsa + ind, data = Wages, index = 595)

T.V. exo  : bluecol, south, smsa, ind
T.V. endo : wks, married, exp, I(exp^2), union
T.I. exo  : sex, black
T.I. endo : ed

Balanced Panel: n = 595, T = 7, N = 4165

Effects:
                  var std.dev share
idiosyncratic 0.02304 0.15180 0.025
individual    0.88699 0.94180 0.975
theta: 0.9392

Residuals:
     Min.   1st Qu.    Median   3rd Qu.      Max.
-1.9193535 -0.0707404  0.0065708  0.0796568  2.0250882

Coefficients:
              Estimate  Std. Error z-value  Pr(>|z|)
(Intercept)  2.9127e+00  2.8365e-01 10.2687 < 2.2e-16 ***
wks          8.3740e-04  5.9973e-04  1.3963   0.16263
southyes     7.4398e-03  3.1955e-02  0.2328   0.81590
smsayes     -4.1833e-02  1.8958e-02 -2.2066   0.02734 *
marriedyes  -2.9851e-02  1.8980e-02 -1.5728   0.11578
exp          1.1313e-01  2.4710e-03 45.7851 < 2.2e-16 ***
I(exp^2)    -4.1886e-04  5.4598e-05 -7.6718 1.696e-14 ***
bluecolyes  -2.0705e-02  1.3781e-02 -1.5024   0.13299
ind          1.3604e-02  1.5237e-02  0.8928   0.37196
```

```
unionyes      3.2771e-02  1.4908e-02  2.1982   0.02794 *
sexfemale    -1.3092e-01  1.2666e-01 -1.0337   0.30129
blackyes     -2.8575e-01  1.5570e-01 -1.8352   0.06647 .
ed            1.3794e-01  2.1248e-02  6.4919 8.474e-11 ***
---
Signif. codes:  0 '***' 0.001 '**' 0.01 '*' 0.05 '.' 0.1 ' ' 1

Total Sum of Squares:    886.9
Residual Sum of Squares: 95.947
Chisq: 6891.87 on 12 DF, p-value: < 2.22e-16
```

上面的结果还指出了哪些是外生变量 (exogenous variable, 这里为工具变量), 哪些是内生变量 (endogenous variable, 这里为没有列在工具变量名单中的变量), 以及是不是随时间变化 (time variable 或 time invariable), 它们的 4 个组合分别用缩写 `T.V. exo`, `T.I. exo`, `T.V. endo`, `T.I. endo` 表示.

这里只为读者介绍了 `plm` 程序包的很少一部分功能. 希望能够引起有关领域读者的兴趣, 对其做更深入的了解, 从而让该程序包更充分地发挥作用.

4.7 本章的 Python 代码

本章的内容多数基于模型驱动, 那些随机效应是为了弥补假定模型的不足而设立, 基本上对于预测精度不会有改进. Python 社区对此类问题的关注不如 R 社区, 因此很难有合适的 Python 程序包或算法独立出现. 下面用涉及例 4.1 和例 4.2 模型的 Python 代码来演示, 该代码实际上利用了 R 代码, 没有独创性. 关注此类模型的读者可以在 R 软件上找到更多自己需要的信息.

4.7.1 生成例 4.1 数据图形的 Python 代码

下面是生成例 4.1 数据图形 (见图 4.7.1) 的代码:

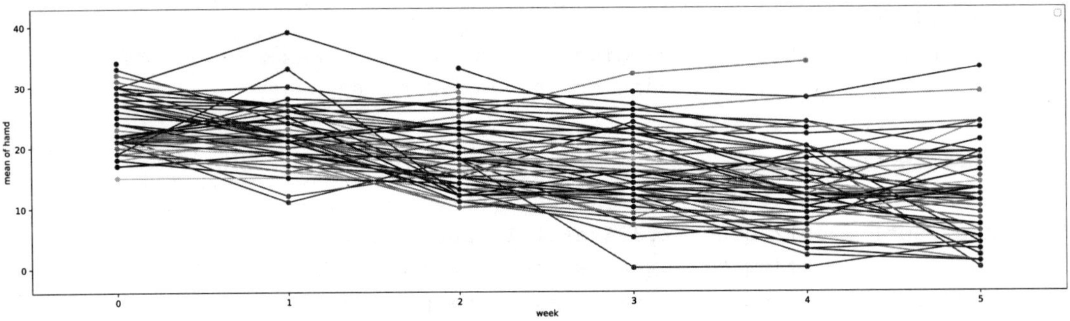

图 4.7.1 例 4.1 的 66 个患者的 HD 度量对时间的散点图

```
w=pd.read_csv("riesby.csv",na_values="-9")

from statsmodels.graphics.factorplots import interaction_plot
```

```
plt.rc("figure", figsize=(22,6))
fiag = interaction_plot(x=w['week'],trace=w['id'] ,response=w['hamd'],
                        legendloc=None,ms=10,plottype='b')
plt.legend('')
fiag.savefig('riesby0p.pdf',bbox_inches='tight',pad_inches=0)
```

4.7.2 4.2 节的代码

```
w=pd.read_csv("riesbyF.csv",na_values="-9")

import statsmodels.api as sm
import statsmodels.formula.api as smf
md = smf.mixedlm("hamd ~ week", w, groups=w["id"], re_formula="~week")
mdf = md.fit(method=["lbfgs"])
print(mdf.summary())
```

输出为:

```
           Mixed Linear Model Regression Results
============================================================
Model:              MixedLM  Dependent Variable:  hamd
No. Observations:   396      Method:              REML
No. Groups:         66       Scale:               13.8550
Min. group size:    6        Log-Likelihood:      -1178.3411
Max. group size:    6        Converged:           Yes
Mean group size:    6.0
------------------------------------------------------------
                 Coef.  Std.Err.    z    P>|z| [0.025 0.975]
------------------------------------------------------------
Intercept        23.584    0.539  43.725 0.000 22.526 24.641
week             -2.385    0.183 -13.020 0.000 -2.744 -2.026
Group Var        11.943    1.010
Group x week Cov -0.952    0.248
week Var          1.422    0.116
============================================================
```

这里输出的结果和 4.2 节基本是一样的, 仅有的区别是这里输出的是方差和协方差而不是标准差和线性相关系数: $\hat{\sigma}_0^2 = 11.943 = 3.456^2$, $\hat{\sigma}_1^2 = 1.422 = 1.1925^2$, $\hat{\sigma}_{01} = -0.952$ $(= \hat{\gamma}_{01}(\hat{\sigma}_0\hat{\sigma}_1))$, 而在输出中的 `Scale` 为 $\hat{\sigma}_\epsilon^2 = 13.8550\,(= 3.722^2)$.

4.7.3 4.3 节的代码

为了得到和 R 相同的结果, 需要下载程序包 `pymer4` (如用 `pip install pymer4`), 然后运行下面的代码:

```
w=pd.read_csv("schizx1.csv",na_values="-9") #数据中"-9"代表缺失值
w=w.astype({"id": 'O'})
from pymer4.models import Lmer

model=Lmer('imps79b~tx*sweek+(1|id)',
    family='binomial',data=w)
print(model.fit())
```

输出基本上和 R 类似 (因为实际上使用了 R 的代码):

```
Formula: imps79b~tx*sweek+(1|id)
Family: binomial  Inference: parametric
Number of observations: 3059  Groups: {'id': 437.0}
Log-likelihood: -629.032   AIC: 1268.065

Random effects:
             Name    Var    Std
id  (Intercept)  4.097  2.024
No random effect correlations specified

Fixed effects:
             Estimate  2.5_ci  97.5_ci     SE       OR  OR_2.5_ci  OR_97.5_ci  \
(Intercept)     5.294   4.093    6.496  0.613  199.204     59.918     662.275
tx             -0.016  -1.246    1.214  0.628    0.984      0.288       3.368
sweek          -1.436  -1.987   -0.884  0.282    0.238      0.137       0.413
tx:sweek       -1.039  -1.681   -0.397  0.327    0.354      0.186       0.672

              Prob  Prob_2.5_ci  Prob_97.5_ci  Z-stat  P-val  Sig
(Intercept)  0.995        0.984         0.998   8.638  0.000  ***
tx           0.496        0.223         0.771  -0.026  0.980
sweek        0.192        0.121         0.292  -5.099  0.000  ***
tx:sweek     0.261        0.157         0.402  -3.174  0.002   **
```

第 5 章　多元时间序列

时间序列是按照一定时间间隔收集的一系列数据. 时间序列可以是一维或一元的, 即只有一个按照时间记录的变量, 比如一个气象站点获取的降水量数据; 也可以是多元的, 即变量是多维向量, 比如一个气象站点按照相同时间间隔收集的气压、气温、降水量、风力等多个指标数据. 研究时间序列的一个主要目的是对变量的未来值做预测. 对于一元时间序列来说, 这就意味着下面的假定必须成立: **这个变量的未来值能够完全由该变量的现在值和过去值预测, 而不受任何其他变量的影响.** 这个假定很强, 通常不能满足, 但人们往往有意无意地无视这个假定. 当然也会使用加入其他变量的模型. 一般的时间序列教科书主要是关于一元时间序列的, 这是因为其数学推导和结论比较清晰透彻, 容易讲解. 到了多元, 一切都不再那么清晰和漂亮, 而且一元时间序列的一些数学结论和公式很难推广到多元的情形.

多元时间序列在预测上是否就比一元强呢? 不一定. 时间序列, 特别是经济领域的时间序列受到大量其他因素的影响, 比如传染病 (如 "非典" 和 "新冠病毒肺炎")、自然灾害 (如地震、海啸)、法律政策的改变、全球金融危机等. 经济领域的时间序列严重受制于那些大环境因素的变化, 而后者几乎无法用数学方法预测.

本章首先回顾基于时间序列的一些基本概念和计算, 然后介绍多元时间序列的单位根检验、协整检验、Granger 因果检验、VAR 模型、VARX 模型及状态空间模型等内容. 此外, 还将介绍非线性时间序列, 包括自门限自回归模型 (SETAR), Logistic 平滑过渡自回归模型 (LSTAR)、神经网络模型、可加 AR 模型、向量误差修正模型 (TVECM) 等内容.

5.1　时间序列的基本概念及单变量时间序列方法的回顾

学过时间序列的读者可以不看这一节. 没有学过时间序列的读者, 也最好仅仅在不清楚某些术语及概念的定义时参阅这一节. 时间序列是统计之中数学概念最多的领域之一, 为此专门设一节来回顾.

5.1.1 时间序列的一些定义和基本概念

本小节中关于时间序列的定义和概念完全是数学上的, 为了以后叙述及读者查阅方便而汇集在这里. 时间序列领域的数学模型是很漂亮的, 但是, 在使用任何现有模型去拟合数据之前必须搞清楚, 手中的数据是否近似满足必要的条件及数学假定.

平稳、自协方差函数及偏自相关函数

假定 $X(t_1), X(t_2), \dots$ 是在时间 $t_1, t_2, \dots$ 上的时间序列. 所谓**严平稳时间序列** (strictly stationary) 要满足下列条件: 对于所有 $t_1, t_2, \dots, t_k$, τ, $X(t_1)$, $X(t_2)$, $\dots, X(t_k)$ 与 $X(t_1+\tau), X(t_2+\tau), \dots, X(t_k+\tau)$ 的联合分布相同. **弱平稳 (二阶平稳)** (weakly stationary, second-order stationary) **时间序列**要满足: $E[X(t)] = \mu$ 及 $Cov[X(t), X(t+\tau)] = \gamma(\tau)$. 该协方差仅

依赖于滞后 τ, 与绝对时间无关. 严平稳和弱平稳这两个概念没有一个无条件地包含另一个的关系.

一般教科书只研究二阶平稳时间序列, 因此, 一般文献中所谓的“平稳”就意味着“二阶平稳”或“弱平稳”. 一般时间序列的**自协方差函数** (autocovariance function, acvf) 定义为:

$$\gamma(t_1, t_2) = E\{[X(t_1) - \mu(t_1)][X(t_2) - \mu(t_2)]\}.$$

平稳时间序列的自协方差函数满足

$$\gamma(\tau) = E\{[X(t) - \mu][X(t+\tau) - \mu]\} = Cov[X(t), X(t+\tau)],$$

仅仅依赖于滞后 τ, 与绝对时间无关. 如果 $X(t)$ 有均值 μ, 方差 σ^2, 自协方差函数 (acvf) $\gamma(\tau)$ 及自相关函数 (acf) $\rho(\tau)$, 则

$$\rho(\tau) = \gamma(\tau)/\gamma(0) = \gamma(\tau)/\sigma^2.$$

说明: $\rho(\tau) = \rho(-\tau)$; $\|\rho(\tau)\| \leqslant 1$. 一般来说, acf 并不唯一识别模型. 而**偏自相关函数** (partial autocorrelation function, pacf) 在正态假定下定义为:

$$\phi(k) = Cor(Y_t, Y_{t+k}|Y_{t+1}, Y_{t+2}, \ldots, Y_{t+k-1}).$$

纯随机过程

满足下面条件的序列 $\{Z_t\}$ 称为**纯随机过程** (purely random process): Z_t 为 iid, 而且 $Z_t \sim N(0, \sigma_Z^2)$.[1] 则有

$$\begin{aligned}\gamma(k) &= Cov(Z_t, Z_{t+k}) = \begin{cases} \sigma_Z^2, & k = 0; \\ 0, & k = \pm 1, \pm 2, \ldots \end{cases} \\ &\Rightarrow \rho(k) = \begin{cases} 1, & k = 0; \\ 0, & k = \pm 1, \pm 2, \ldots \end{cases}\end{aligned}$$

纯随机过程是二阶平稳的, 也是严平稳的.

差分算子和后移算子

序列的差分: 对于序列 $\{X_1, X_2, \ldots, X_N\}$, 其**一阶 (向后) 差分** (first-order (backward) difference) 为 $\{y_2, y_3, \ldots, y_N\}$, 这里 $y_t = \Delta x_t \equiv x_t - x_{t-1}$.

二阶差分为:

$$\begin{aligned}\Delta^2 x_t &= \Delta(\Delta x_t) = \Delta x_t - \Delta x_{t-1} \\ &= (x_t - x_{t-1}) - (x_{t-1} - x_{t-2}) = x_t - 2x_{t-1} + x_{t-2},\end{aligned}$$

p 阶差分为:

$$\Delta^p x_t = \Delta^{p-1}(\Delta x_t) = \Delta^{p-1} x_t - \Delta^{p-1} x_{t-1},$$

s 滞后差分为:

$$\Delta_s x_t = x_t - x_{t-s}.$$

差分的性质还包括: $\Delta\Delta_s \equiv \Delta_s\Delta$; $\Delta c = 0$.

[1] 纯随机过程不一定都定义为正态分布, 但至少是独立同分布并具有常数均值和方差, 这也称为白噪声 (white noise).

后移 (滞后) 算子 (backshift (lag) operator) L (一些文献用 B 表示):

- $Ly_t \equiv y_{t-1}$
- $L^s y_t = y_{t-s}$
- $Lc = c$
- $Lcy_t = cy_{t-1} = cLy_t$
- $(a_1 L^i + a_2 L^j)y_t = a_1 L^i y_t + a_2 L^j y_t = a_1 y_{t-i} + a_2 y_{t-j}$
- $L^i L^j y_t = L^{i+j} y_t = y_{t-i-j}$
- $\dfrac{1}{(1-aL)} y_t = (1 + aL + a^2 L^2 + \cdots) y_t = y_t + a y_{t-1} + a^2 y_{t-2} + \cdots,\ |a| < 1$
- $L^0 = 1$
- $L(cx_t) = cLx_t = cx_{t-1}$
- $L(x_t + y_t) = x_{t-1} + y_{t-1}$
- $\Delta \equiv 1 - L$
- $\Delta^i = (1-L)^i = \sum_{i=0}^{n} (-1)^i \binom{n}{i} L^i$
- p 阶差分: $\Delta^p x_t = (1-L)^p x_t = \sum_{i=0}^{p} (-1)^i \binom{p}{i} x_{t-i}$
- k 滞后差分: $\Delta_k x_t = x_t - x_{t-k} = (1 - L^k) x_t$

随机游走

随机游走 (random walks, 亦称随机徘徊): 假定 $\{Z_t\}$ 为离散纯随机过程, 均值为 μ, 方差为 σ_Z^2, 如果

$$X_t = X_{t-1} + Z_t,$$

则过程 $\{X_t\}$ 称为随机游走. 当 $t = 1$, $X_1 = Z_1$, 有 $X_t = \sum_{i=1}^{t} Z_i$. 因此, $E(X_t) = t\mu$, $Var(X_t) = t\sigma_Z^2$, 这意味着非平稳. 然而, 其一阶差分 $\Delta X_t = X_t - X_{t-1} = Z_t$ 是一个纯随机过程, 它是平稳的.

平滑

简单**指数平滑** (exponential smoothing) 模型: 如果 $\{X_i\}$ $(i = 0, \pm 1, \pm 2, \dots)$ 为原始的时间序列, 那么指数平滑模型为:

$$Y_t = \alpha X_t + (1-\alpha) Y_{t-1},\ \ 0 < \alpha < 1,$$

或者等价地表示为:

$$Y_t = \alpha \sum_{k=0}^{\infty} (1-\alpha)^k X_{t-k}.$$

还有更复杂的指数平滑模型, 包括线性趋势可加季节模型、线性趋势可乘季节模型、指数趋势可加季节模型、指数趋势可乘季节模型、减幅趋势可加季节模型、减幅趋势可乘季节模型等. 指数平滑类模型与 ARMA 类模型形成了当前拟合时间序列的主要方法.

除了指数平滑之外, 还有各种滤波方法, 把噪声去掉, 剩下人们想要的部分, 这也是平滑的方法. 这里对其数学细节不做赘述, 有各种软件可以实行滤波. 此外, 还有许多非参数方法可对时间序列做平滑.

MA 模型

移动平均过程 (moving average processes): 假定均值为 0, 方差为 σ_Z^2 的 $\{Z_t\}$ 为离散纯随机过程, 如果

$$X_t = Z_t + \beta_1 Z_{t-1} + \cdots + \beta_q Z_{t-q} = (1 + \beta_1 L + \cdots + \beta_q L^q) Z_t \equiv \theta(L) Z_t,$$

则 $\{X_t\}$ 称为 q 阶移动平均过程 $MA(q)$. 考虑 L 为一个复变量, $\theta(L) = 0$ 称为该模型的特征方程. 显然

$$E(X_t) = 0,\ Var(X_t) = \sigma_Z^2 \sum_{i=0}^{q} \beta_i^2.$$

AR 模型

自回归过程 (autoregressive processes) $AR(p)$ 的定义为:

$$X_t = \alpha_1 X_{t-1} + \cdots + \alpha_p X_{t-p} + Z_t.$$

如果 X_t 的期望 μ 不等于 0, 则上式可写为:

$$X_t = \alpha_0 + \alpha_1 X_{t-1} + \cdots + \alpha_p X_{t-p} + Z_t,$$

这里 $\alpha_0 = (1 - \alpha_1 - \cdots - \alpha_p)\mu$. 令 $\phi(L) = 1 - \alpha_1 L - \cdots - \alpha_p L^p$, 则该模型为 $\phi(L) X_t = Z_t$. 模型表明, 如果 Z_t 独立于 $X_{t-1}, X_{t-2}, X_{t-3}, \ldots$, 那么该过程是平稳的, 当且仅当特征方程 $\phi(L) = 0$ 的所有根在单位圆外.

可逆性

过程 $\{X_t\}$ 称为**可逆的** (invertable), 如果随机扰动

$$Z_t = \sum_{j=0}^{\infty} \pi_j X_{t-j}$$

收敛, 这里 $\sum |\pi_j| < \infty$. 也就是说, 该过程可以重新写成自回归过程的形式, 可能为有穷阶, 其系数形成收敛的和. **可逆性条件** (invertibility) 确保: 对于一个给定的 acf, 存在唯一的 MA 过程.

AR 与 MA 过程互为镜像 (duality). 如果序列是平稳的, 则 $AR(p)$ 过程等价于收敛的 $MA(\infty)$ 过程, 而且如果满足可逆性条件, 则 $MA(q)$ 过程等价于收敛的 $AR(\infty)$ 过程. 如果 $MA(q)$ 过程的特征方程

$$\theta(L) = \beta_0 + \beta_1 L + \cdots + \beta_q L^q = 0$$

的所有根在单位圆外, 则该 $MA(q)$ 过程为可逆的. 如果 $AR(p)$ 过程的特征方程

$$\phi(L) = 1 - \alpha_1 L - \cdots - \alpha_p L^p = 0$$

的所有根在单位圆外, 则该 $AR(p)$ 过程为平稳的.

ARMA 模型

自回归移动平均过程$ARMA(p,q)$ 定义为:

$$X_t = \alpha_1 X_{t-1} + \cdots + \alpha_p X_{t-p} + Z_t + \beta_1 Z_{t-1} + \cdots + \beta_q Z_{t-q}$$

或者 $\phi(L)X_t = \theta(L)Z_t$, 这里

$$\phi(L) = 1 - \alpha_1 L - \cdots - \alpha_p L^p,\ \theta(L) = 1 + \beta_1 L + \cdots + \beta_q L^q.$$

如果 X_t 的期望 μ 不等于 0, 则上面的定义可写为:

$$X_t = \alpha_0 + \alpha_1 X_{t-1} + \cdots + \alpha_p X_{t-p} + Z_t + \beta_1 Z_{t-1} + \cdots + \beta_q Z_{t-q},$$

这里 $\alpha_0 = (1 - \alpha_1 - \cdots - \alpha_p)\mu$.

使得过程平稳的 $\{\alpha_i\}$ 值满足 $\phi(L) = 0$ 的根在单位圆外, 而使得过程可逆的 $\{\beta_i\}$ 值满足 $\theta(L) = 0$ 的根在单位圆外. ARMA 比纯粹的 AR 或 MA 有更少的参数.

把 ARMA 写成纯 MA 过程: $X_t = \psi(L)Z_t$, 这里

$$\psi(L) = \theta(L)/\phi(L) = \sum \psi_i L^i.$$

把 ARMA 写成纯 AR 过程: $\pi(L)X_t = Z_t$, 这里

$$\pi(L) = \phi(L)/\theta(L) = 1 - \sum_{i\geqslant 1} \pi_i L^i.$$

显然, $\pi(L)\psi(L) = 1$, $\pi(L)\theta(L) = \phi(L)$, $\psi(L)\phi(L) = \theta(L)$.

ARIMA 模型

如果 X_t 是不平稳的, 而

$$W_t = \Delta^d X_t = (1 - L)^d X_t$$

是平稳的, 那么整合的 ARMA 模型 $ARIMA(p, d, q)$ 为用平稳过程 W_t 来替代不平稳的 X_t 在 ARMA 模型中的位置, 即

$$W_t = \alpha_1 W_{t-1} + \cdots + \alpha_p W_{t-p} + Z_t + \beta_1 Z_{t-1} + \cdots + \beta_q Z_{t-q},$$

也可以写成

$$\phi(L)W_t = \theta(L)Z_t \text{ 或者 } \phi(L)(1 - L)^d X_t = \theta(L)Z_t.$$

说明: $\phi(L)(1 - L)^d$ 有 d 个根在单位圆上 (如 $L = 1$), 意味着 X_t 为非平稳的, 在单位圆上的根叫单位根 (unit root). 作为特例, 随机游走 (随机徘徊)$X_t = X_{t-1} + Z_t$, 可以写成 $(1 - L)X_t = Z_t$, 为 $ARIMA(0, 1, 0)$.

如果时间序列 X_t 的 d 阶差分 $\Delta^d X_t$ 是平稳过程, 则称 X_t 为 d 阶单整的, 记为 $I(d)$, 也称序列 X_t 有 d 个单位根. 随机游走有一个单位根.

季节模型

为了符号简洁, 本部分使用下列记号:

$$\begin{aligned}
\phi_p(x) =& 1 - \alpha_1 x - \alpha_2 x^2 - \cdots - \alpha_p x^p,\\
\Phi_P(x) =& 1 - C_1 x^s - C_2 x^{2s} - \cdots - C_P x^{Ps},\\
\theta_q(x) =& 1 + \beta_1 x + \beta_2 x^2 + \cdots + \beta_q x^q,\\
\Theta_Q(x) =& 1 + T_1 x^s + T_2 x^{2s} + \cdots + T_Q x^{Qs}.
\end{aligned}$$

具有非平稳 (通常的) 阶数 p, d, q, 季节阶数 P, D, Q 及周期 s 的 Box-Jenkins 季节 ARIMA 模型 (可乘季节 ARIMA 模型) 为其差分序列 $W_t = \Delta^d \Delta_s^D X_t$ 满足具有周期 s 的 $ARMA(p,q) \times (P,Q)_s$ 模型. 一个一般的可乘季节 ARIMA (SARIMA) 模型为:

$$\phi_p(L)\varPhi_P(L)W_t = \theta_q(L)\varTheta_Q(L)Z_t.$$

季节 $SMA(Q)$ 模型为:

$$X_t = Z_t + T_1 Z_{t-s} + T_2 Z_{t-2s} + \cdots + T_Q Z_{t-Qs}$$

或

$$X_t = \varTheta_Q(L)Z_t.$$

季节 $SAR(P)$ 模型为:

$$X_t = C_1 X_{t-s} + C_2 X_{t-2s} + \cdots + C_P X_{t-Ps} + Z_t$$

或

$$\varPhi_P(L)X_t = Z_t.$$

结构时间序列模型/一元状态空间模型

结构时间序列模型 (structural time series model) 为针对一元时间序列的 (线性高斯) **状态空间模型** (state-space models), 它以时间序列所分解的若干成分为基础. 那些成分序列以一组误差方差来识别. 最简单的模型为**局部水平模型** (local level model), 这里水平 m_t 也称为**状态** (state), 满足 (状态方程或动态方程)

$$m_{t+1} = m_t + \xi_t, \ \ \xi_t \sim N(0, \sigma_\xi^2).$$

测量方程 (观测方程) 为:

$$x_t = m_t + \epsilon_t, \ \ \epsilon_t \sim N(0, \sigma_\epsilon^2),$$

该模型有两个参数: σ_ξ^2 及 σ_ϵ^2. 这是一个参数受限的 $ARIMA(0,1,1)$ 模型.

局部线性趋势模型 (local linear trend model) 有同样的测量方程, 但其动态方程中有称为**斜率** (slope) 的随时间变化的 n_t:

$$m_{t+1} = m_t + n_t + \xi_t, \ \ \xi_t \sim N(0, \sigma_\xi^2). \tag{5.1.1}$$

式中的 n_t 定义为 $n_{t+1} = n_t + \zeta_t, \ \ \zeta_t \sim N(0, \sigma_\zeta^2)$. 当 $\sigma_\zeta^2 = 0$, 模型 (5.1.1) 就是局部水平模型; 当 $\sigma_\xi^2 = 0$, 意味着有光滑的趋势. 这是受限制的 $ARIMA(0,2,2)$ 模型.

基本结构模型 (basic structural model) 为有可加季节成分的局部趋势模型. 因此, 测量方程为:

$$x_t = m_t + s_t + \epsilon_t, \ \ \epsilon_t \sim N(0, \sigma_\epsilon^2),$$

式中, s_t 为季节成分, 其动态方程为:

$$s_{t+1} = -s_t - \cdots - s_{t-s+2} + w_t, \ \ w_t \sim N(0, \sigma_w^2).$$

边界状态 $\sigma_w^2 = 0$ 相应于确定但又任意的季节模式.

多元时间序列模型

对于多元时间序列 $\boldsymbol{X}_t=(x_{t1},x_{t2},\dots,x_{tk})^\top$ $(t=0,\pm1,\pm2,\dots)$, 记为 $VAR(1)$ 的向量自回归模型为:

$$\boldsymbol{X}_t=\boldsymbol{\alpha}+\boldsymbol{\Phi}_1\boldsymbol{X}_{t-1}+\boldsymbol{w}_t,$$

式中, $\boldsymbol{\Phi}_1$ 为 $k\times k$ 维; $E(\boldsymbol{w}_t\boldsymbol{w}_t^\top)=\boldsymbol{\Sigma}_w$; $\boldsymbol{\alpha}=(\alpha_1,\alpha_2,\dots,\alpha_k)^\top$ 为常数向量. 由于平稳序列总可以通过减去均值而转化为零均值序列, 因此通常假定 $\boldsymbol{\alpha}=\boldsymbol{0}$.

向量自回归模型 $VAR(p)$ 为:

$$\boldsymbol{X}_t=\boldsymbol{\alpha}+\sum_{j=1}^{p}\boldsymbol{\Phi}_j\boldsymbol{X}_{t-j}+\boldsymbol{w}_t,\ t=p+1,p+2,\dots,n.$$

向量自回归移动平均过程 $VARMA(p,q)$ 为:

$$\boldsymbol{X}_t=\boldsymbol{\alpha}+\sum_{j=1}^{p}\boldsymbol{\Phi}_j\boldsymbol{X}_{t-j}+\boldsymbol{w}_t+\sum_{k=1}^{q}\boldsymbol{\Theta}_k\boldsymbol{w}_{t-k},$$

$$\boldsymbol{\Phi}_p\neq\boldsymbol{0},\ \boldsymbol{\Theta}_q\neq\boldsymbol{0},\ \boldsymbol{\Sigma}_w>\boldsymbol{0}.$$

如果使用算子符号

$$\boldsymbol{\Phi}(L)=\boldsymbol{I}-\boldsymbol{\Phi}_1L-\cdots-\boldsymbol{\Phi}_pL^p,\ \boldsymbol{\Theta}(L)=\boldsymbol{I}+\boldsymbol{\Theta}_1L+\cdots+\boldsymbol{\Theta}_qL^q,$$

则 $VARMA(p,q)$ 可以表示成

$$\boldsymbol{\Phi}(L)\boldsymbol{X}_t=\boldsymbol{\Theta}(L)\boldsymbol{w}_t.$$

由于种种困难, 在实际应用中, 一般不考虑 VARMA 过程, 仅考虑 VAR 过程.

带有输入项的向量自回归移动平均过程 VARMAX 为:

$$\boldsymbol{X}_t=\boldsymbol{\Gamma}\boldsymbol{u}_t+\sum_{j=1}^{p}\boldsymbol{\Phi}_j\boldsymbol{X}_{t-j}+\sum_{\ell=1}^{q}\boldsymbol{\Theta}_\ell\boldsymbol{w}_{t-\ell}+\boldsymbol{w}_t,\ \ \boldsymbol{\Gamma}:\ k\times r,$$

式中, $\boldsymbol{u}_t$ 为 $r\times1$ 向量输入. 名称 VARMAX 中的 “X” 意味着它是外生向量过程.

5.1.2 常用的一元时间序列方法

时间序列的组成和分解、差分及平滑

一个时间序列可能由趋势、季节、循环这三个成分中的某些或全部再加上随机成分构成. 如果能够把这些成分分解开来, 问题就可以简化. 当然, 并不是所有的序列都可以分解. 下面通过一个例子来介绍有关方法.

例 5.1 货币基数数据 (AMBNS.csv) 这是美国联邦储备银行发布的货币基数数据.[2] 该数据是月度数据, 从 1918 年 1 月 1 日到 2012 年 1 月 1 日, 单位是 10 亿美元.

去除趋势最简单的方法是一阶差分, 图 5.1.1 中的左图就是 AMBNS 全部数据曲线图, 图 5.1.1 中的右图是对其做一阶差分之后的点图, 可以看出, 一阶差分之后较早的趋势基本没有了, 但最后几年的一些波动很难消除.

[2]FRED, Federal Reserve Economic Data, Federal Reserve Bank of St. Louis: St. Louis Adjusted Monetary Base [AMBNS]; U.S. Department of Labor: Bureau of Labor Statistics; `http://research.stlouisfed.org/fred2/series/AMBNS/downloaddata?cid=124`; accessed Feb. 24, 2012.

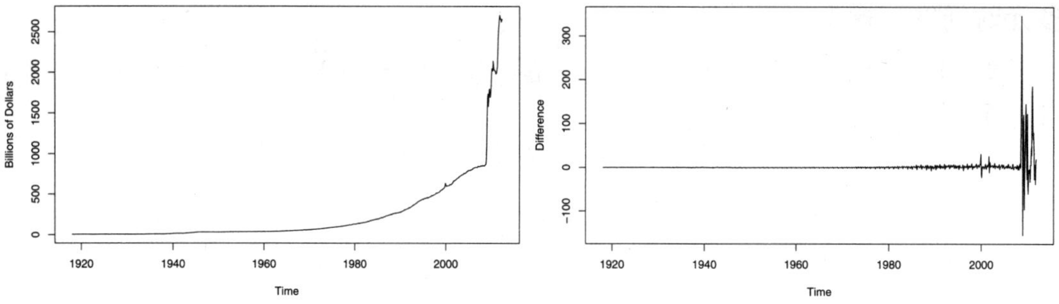

图 5.1.1 例 5.1 数据曲线图 (左) 及一阶差分图 (右)

下面是产生图 5.1.1 的代码:

```
w=read.csv("AMBNS.csv")
w1=ts(w[,2],start = c(1918,1), frequency = 12)
par(mfrow=c(1,2))
ts.plot(w1,ylab="Billions of Dollars")
ts.plot(diff(w1),ylab="Difference")
```

当然, 并不是所有的趋势都能够被一阶差分消除. 对于季节性周期, 则可以用滞后等于季节长度的差分来消除, 也可以对货币基数数据做指数平滑, 其为 Holt-Winters 滤波的特例, 因此可用 Holt-Winters 滤波函数 `HoltWinters` 来对 1997 年以后的数据做指数平滑, 下面的代码生成图 5.1.2:

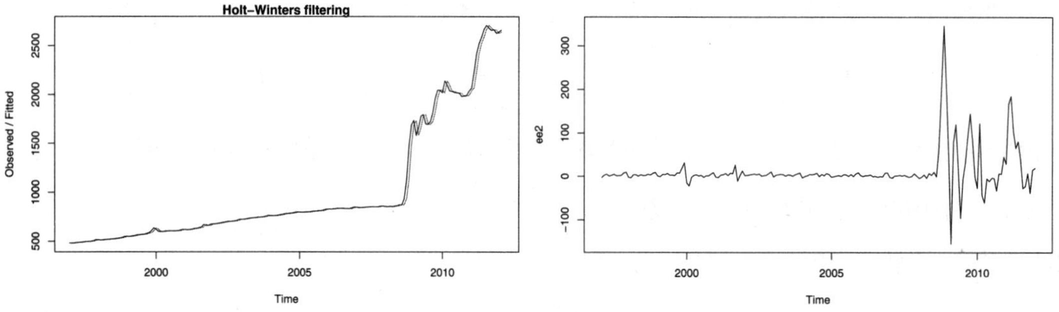

图 5.1.2 例 5.1 中 1997 年以后数据的指数平滑效果图

```
w2=ts(w1[949:1129],start = c(1997,1), frequency = 12)
b2 <- HoltWinters(w2, gamma = FALSE, beta = FALSE)
par(mfrow=c(1,2))
plot(b2) #1997年以后的序列及拟合曲线图
ee2=b2$x-b2$fit[,1]
plot(ee2) #拟合误差图
```

图 5.1.2 中的两图为例 5.1 中 1997 年以后数据的指数平滑效果图, 其中左图是原数据及拟合曲线, 右图是拟合误差. 从左图看不出差别有多大, 但右图显示最后几年误差的波动很大. 相

信读者明白该数据最后几年变化较大的原因.

例 5.2 橙汁数据 (Orange.csv) 这是 1948 年 1 月到 2001 年 6 月关于橙汁的每月观测数据 [3], 为程序包 Ecdat 所带. 它一共有 642 个观测值, 3 个变量: 冰冻橙汁厂家价格 (priceoj)、成品的厂家价格 (pricefg)、冰冻度——天数 (fdd, 来自奥兰多区域每日最低温度记录, 公式为 $\sum_i \max(0 - T_i, 0)$, T_i 为第 i 天的摄氏温度).

下面基于 Loess 方法对冰冻橙汁厂家价格做季节趋势分解 (seasonal-trend decomposition). 使用的是程序包 stats 中的函数 stl (Cleveland et al., 1990). 图 5.1.3 中的左图为原始数据, 右图为画在一张图上的趋势、季节、冗余三部分.

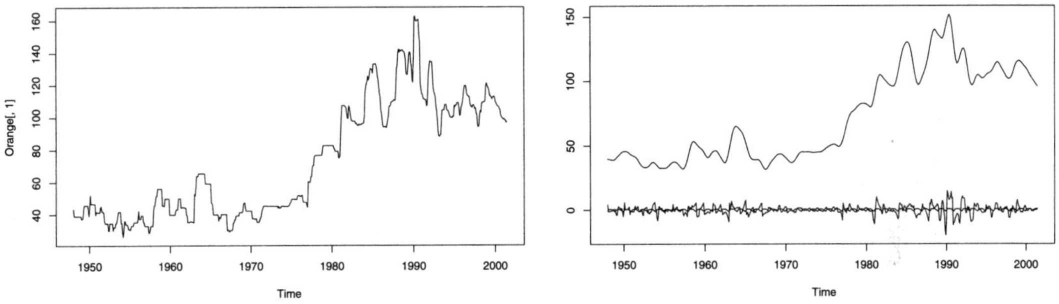

图 5.1.3 橙汁原始数据 (左) 以及数据的分解成分: 趋势、季节、冗余 (右)

下面是产生图 5.1.3 的代码:

```
data(Orange,package="Ecdat")
ts.plot(Orange[,1])#原始变量点图
a=stl(Orange[,1], "period") #对第一个变量(Orange[,1])分解
ts.plot(a$time.series[,1:3])#画出分解出来的三部分
```

ARMA 模型和 ARIMA 模型

前面提到, 当时间序列均值和方差不变时, 有可能可以用平稳序列来近似, 即可以试试 ARMA 模型; 如果在一阶差分之后均值及方差不变, 可以试试 ARIMA 模型, 或者在差分后试试 ARMA 模型. 但是, 即使一个序列可以用 ARMA 模型, 如何选择它的阶数依然是个问题. 有一种解决方法就是用序列的 acf 图和 pacf 图来判断其阶数, 虽然比较粗糙, 但总比没有强. 对于纯随机过程 ($ARMA(0,0)$), 由于观测值之间独立, acf 和 pacf 的值很小, 它们的条形图没有什么突出的模式. 一个拟合得很好的时间序列的残差的 pacf 图和 acf 图就应该如同纯随机过程的一样, 数值很小. 而对于一般的 $ARMA(p,q)$ 序列阶数的确定, 则有表 5.1.1 中介绍的 acf 和 pacf 条形图直观判断法.

表 5.1.1 中的所谓 "拖尾", 就是条形图以指数形式或周期形式衰减; 所谓 "截尾", 就是很小而且没有什么模式. 如果 acf 条形图和 pacf 条形图中均没有截尾, 而且至少有一个图没

[3]U.S. Bureau of Labor Statistics for PPIOJ and PWFSA, National Oceanic and Atmospheric Administration (NOAA) of the U.S Department of Commerce for FDD.

有显示以指数形式或正弦形式衰减, 那么说明该序列不是平稳序列. 上述图形判别法不太准确, 只能作为参考. 稍微精确一些的做法是对不同的 p 和 q 尝试各种 ARMA 模型, 比较它们的 BIC 值等, 选择 BIC 值较小的模型. 下面用一个例子来说明.

表 5.1.1 用 pacf 图及 acf 图的拖尾和截尾判断 ARMA 模型

模型	$AR(p)$	$MA(q)$	$ARMA(p,q)$
pacf 图	第 p 个条后截尾	拖尾	头 p 个条无规律, 其后拖尾
acf 图	拖尾	第 q 个条后截尾	头 q 个条无规律, 其后拖尾

例 5.3 尼罗河数据 (Nile.txt) 这是在阿斯旺所测量的 1871—1970 年尼罗河的年度流量.[4] 该数据可以从程序包`datasets`[5]得到.

利用下面的语句来点出例 5.3 尼罗河数据的 acf 图和 pacf 图 (见图 5.1.4).

```
data(Nile,package="datasets")
layout(matrix(c(1,1,2,3),2,2,byrow=TRUE))
plot(Nile); acf(Nile); pacf(Nile)
```

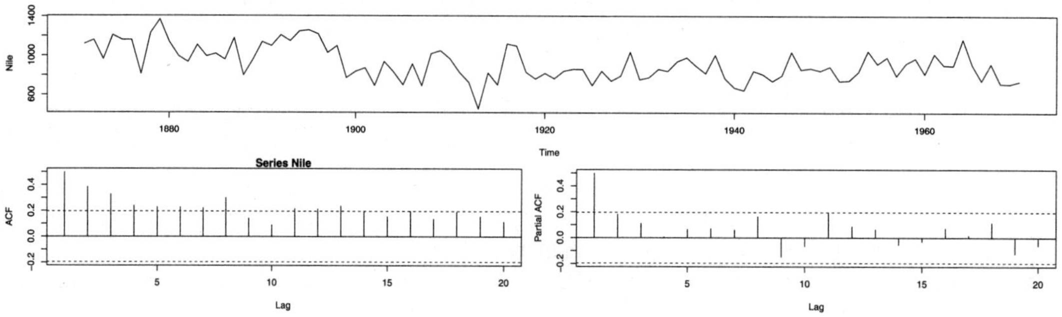

图 5.1.4 例 5.3 数据的时间序列图 (上) 和 acf 图 (下左)、pacf 图 (下右)

从图 5.1.4 下面的两个图来看, 序列似乎是平稳的, 但很难看出阶数. 我们可以用程序包 `TSA`[6] 中的函数 `armasubsets` 根据 BIC 准则来判断, 对于不同的 p 和 q(这里最大的 p 和 q 分别设为 11 和 12) 显示出相应的 BIC 值, 并把结果画在图 5.1.5 中, 所用语句如下:

```
library(TSA)
res=armasubsets(y=Nile,nar=11,nma=12,y.name="test", ar.method="ols")
plot(res)
```

[4]Durbin, J. and Koopman, S. J. (2001) *Time Series Analysis by State Space Methods*. Oxford University Press. `http://www.ssfpack.com/DKbook.html`.

[5]R Development Core Team (2011). R: A language and environment for statistical computing. *R Foundation for Statistical Computing*. Vienna, Austria. ISBN 3-900051-07-0, `http://www.R-project.org/`.

[6]Chan, K-S. (2010) TSA: Time Series Analysis. R package version 0.98. `http://CRAN.R-project.org/package=TSA`.

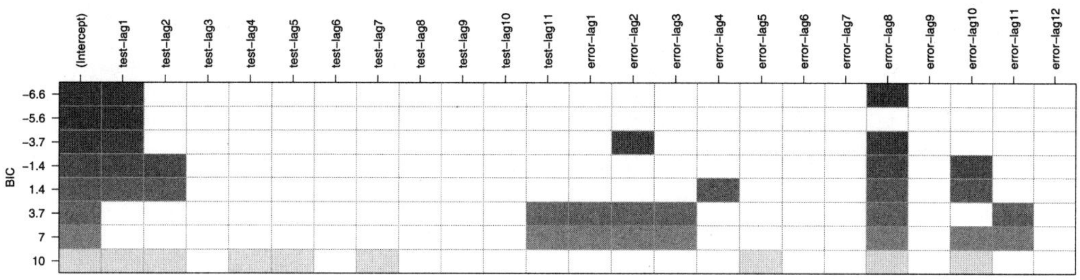

图 5.1.5 对于不同的 p 和 q 显示出相应的 BIC 值

从图 5.1.5 看出，使得 BIC 值最小的模型是 $ARMA(1,8)$，如果模型形式为：

$$X_t = \alpha_1 X_{t-1} + \cdots + \alpha_p X_{t-p} + Z_t + \beta_1 Z_{t-1} + \cdots + \beta_q Z_{t-q},$$

那么仅有 α_1 及 β_8 两个系数显著. 为了验证，我们用 $ARMA(1,12)$ 模型来拟合这个数据，语句为：

```
rn1=arima(Nile,c(1,0,8));rn1
```

输出的结果为：

```
Call:
arima(x = Nile, order = c(1, 0, 8))

Coefficients:
         ar1     ma1     ma2     ma3     ma4     ma5     ma6
      0.1524  0.2249  0.3421  0.2069  0.1538  0.0310  0.1312
s.e.  0.2862  0.2600  0.1518  0.1982  0.1556  0.1528  0.1489
         ma7     ma8  intercept
      0.0766  0.3203   918.0725
s.e.  0.2094  0.1055    38.8358

sigma^2 estimated as 18423:  log likelihood = -633.64,  aic = 1287.27
```

从上面输出的系数估计的大小来看，β_8 的确像图 5.1.5 反映的那样相对显著. 用下面的语句点出滞后为 1 ~ 30 相应残差的 Ljung-Box 检验的 p 值 (虚线为 0.05 水平线)、acf 图和 pacf 图 (见图 5.1.6). Ljung-Box 检验的零假设为序列独立 (对于某个滞后)，其 p 值小说明可能有相关性，而对于不相关的观测值，如纯随机过程，p 值则应该很大. 从 Ljung-Box 检验及 acf 和 pacf 函数图来看，这个拟合的残差有些像纯随机过程，因此拟合还过得去. 语句为：

```
B=NULL;for( i in 1:30)
B=c(B,Box.test(rn1$resi, lag = i, type = "Ljung-Box")$p.value)
layout(matrix(c(1,1,2,3),2,2,byrow=TRUE))
plot(B,main="Ljung-Box tests", ylab="p-value",
```

```
     xlab="lag",pch=16,ylim=c(0,1))
abline(h=.05,lty=2)
acf(rn1$res);pacf(rn1$res)
```

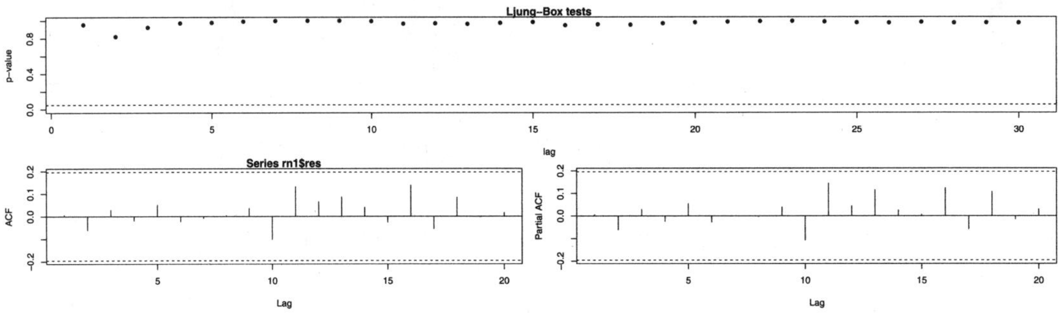

图 5.1.6 用 ARMA 拟合例 5.3 数据残差的 Ljung-Box 检验的 p 值、acf 图及 pacf 图

对于例 5.3 尼罗河数据, 用自动选择 ARIMA 参数的函数 auto.arima, 该函数包含在程序包 forecast[7] 之中. 利用下面的语句做自动选择模型的计算和画图:

```
library(forecast)
data(Nile,package="datasets")
rn2=auto.arima(Nile);rn2
B=NULL;for( i in 1:30)
B=c(B,Box.test(rn2$resi, lag = i, type = "Ljung-Box")$p.value)
layout(matrix(c(1,1,2,3),2,2,byrow=TRUE))
plot(B,main="Ljung-Box tests", ylab="p-value",
    xlab="lag",pch=16,ylim=c(0,1))#Ljung-Box检验的p值图
abline(h=.05,lty=2)
acf(rn2$res);pacf(rn2$res)#acf图及pacf图
```

这里的函数 auto.arima 选择了 $ARIMA(1,1,1)$. 模型的确比较简单, 但相应残差的 Ljung-Box 检验的 p 值图、acf 图及 pacf 图结果均不如图 5.1.6. 这些图请读者按照上面的代码自己生成.

关于自动选择模型的程序的说明: 很多软件都有自动选择模型的程序, 在 R 程序包中关于时间序列的 ARMA 模型的选择也有好几个, 但这些都有局限性. 软件不可能编得很复杂、很费时间, 因此不可能对所有的参数、所有可能的模型形式、所有可能的准则做详尽的测试. 经验表明, 自动选择的模型可以作为有价值的参考, 但不见得比人工选择的要好.

下面考虑例 5.1 的货币基数数据, 截取货币基数数据的一部分 (从 1918 年 1 月到 2007 年 12 月), 试试 $ARIMA(0,1,8)(1,0,0)$ 模型, 这是从各种 ARIMA 模型中挑选出来的一个 ‘‘较好’’ 的猜测. 代码为 (最后画出图 5.1.7):

[7] Rob J. Hyndman with contributions from Slava Razbash and Drew Schmidt (2012). forecast: Forecasting functions for time series and linear models. R package version 3.20. http://CRAN.R-project.org/package=forecast.

```
w=read.csv("AMBNS.csv")
w1=ts(w[,2],start=c(1918,1), frequency=12)
w0=ts(w1[1:1080],start = c(1918,1), frequency = 12)
w2=ts(w1[949:1129],start = c(1997,1), frequency = 12)
b0=arima(w0,order=c(0,1,8),seasonal=list(order=c(1,0,0)))
bp72=predict(b0,72)
layout(matrix(c(1,1,1,2,3,4),nrow=2,byrow=T))
plot(w2);lines(bp72$pre,lty=2)
#下面是三个诊断点图
plot(b0$res, ylab="Residual");abline(h=5,lty=2)
abline(h=-5,lty=2)
acf(b0$res,main="ACF of residuals");bb=NULL
for( i in 1:10)
  bb=c(bb,Box.test(b0$res, lag = i, type = "Ljung-Box")$p.value)
plot(bb,main="Ljung-Box tests", ylab="p-value",xlab="lag",
     pch=16,ylim=c(0,1));abline(h=.05,lty=2)#Ljung-Box
```

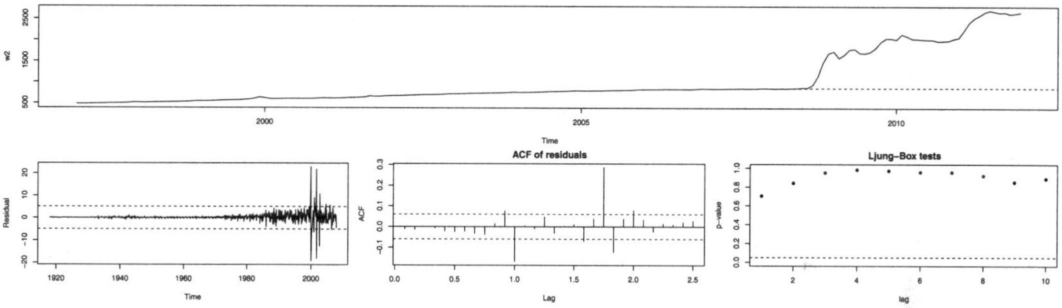

图 5.1.7 例 5.1 数据拟合后的部分序列 (实线) 及三年预测 (虚线) 图 (上) 和诊断图 (下)

图 5.1.7 中的上图为例 5.1 数据放大 (只取 1997 年后的序列部分) 的点图 (实线) 及根据上面拟合预测三年 (2008—2010 年) 的图 (虚线). 这个预测是灾难性的. 图 5.1.7 中的下面三个图是诊断图. 诊断图 (下左) 为标准化残差图, 看得出来, 在 2000 年左右残差变化幅度很大; 诊断图 (下中) 为残差的 acf 图, 表现不那么像纯随机过程; 诊断图 (下右) 为滞后 1 ~10 的 Ljung-Box 检验 p 值的点图. Ljung-Box 检验的 p 值小说明可能有相关性, 按照图中的滞后范围看不出显著的相关性, 但正如前面指出的, 不能拒绝零假设并不意味着零假设正确, 何况滞后仅仅是有限的. 我们应该做更长时间的 Ljung-Box 检验. 可用下面的代码对较长滞后 (1 ~ 30) 做该检验的 p 值, 并产生图 5.1.8.

```
B=NULL;for( i in 1:30)
B=c(B,Box.test(b0$resi, lag = i, type = "Ljung-Box")$p.value)
plot(B,main="Ljung-Box tests",
     ylab="p-value",xlab="lag",pch=16)
abline(h=.05,lty=2)
```

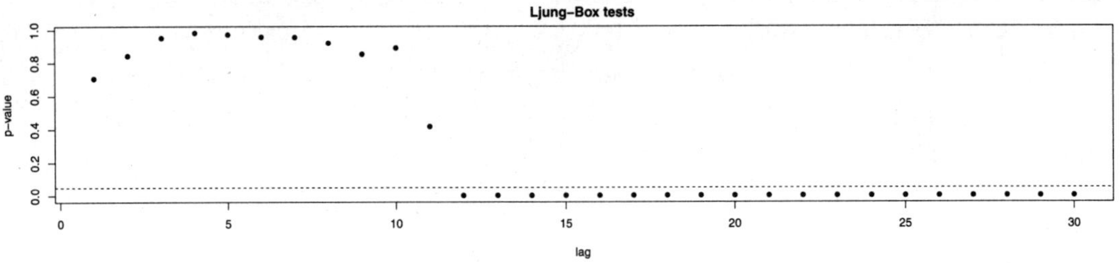

图 5.1.8　例 5.1 数据拟合后的较长滞后的 Ljung-Box 检验的 p 值 (虚线为 0.05 水平线)

图 5.1.8 显示, 在滞后稍微大些时, p 值基本上为 0, 说明残差严重相关. 这说明用 ARIMA 模型来拟合比较 "规范" 的金融危机之前的数据就很不合适, 当然, 再用拟合结果来预测金融危机时候的情况 (见图 5.1.7 中的上图) 更是极大的失策.

试验自动选择模型的函数 `auto.arima`. 对整个数据它建议 $ARIMA(4,2,5)(0,0,2)$, 但对于部分数据 (从 1918 年 1 月到 2007 年 12 月) 继续试验该函数时, 该程序在出现警告情况下建议用 $ARIMA(5,2,5)(0,0,2)$, 而且在拟合时出现了可能不收敛的问题.

这并不是一个成功的 ARIMA 模型拟合例子. 可能有人认为找一个更适合 ARIMA 模型的数据来做预测例子更好. 其实为了介绍方法和计算, 这个数据就足够了. 有什么理由不用虽然 ARIMA 拟合失败但真实的数据呢? 只使用成功数据的教科书对学生会有某种误导.

结构时间序列模型/一元状态空间模型

还是考虑例 5.3 尼罗河数据的例子, 只不过用局部水平结构时间序列来拟合, 这里测量方程为:

$$x_t = m_t + \epsilon_t,\ \ \epsilon_t \sim N(0, \sigma_\epsilon^2),$$

而动态方程 (状态方程) 为:

$$m_{t+1} = m_t + \xi_t,\ \ \xi_t \sim N(0, \sigma_\xi^2).$$

我们将用程序包`stats`[8] 中的函数 `StructTS` 来得到 $\sigma_\epsilon^2, \sigma_\xi^2$, 以及 $\{m_t\}$ 的估计. 具体代码如下:

```
layout(matrix(c(1,1,1,2,3,4),nrow=2,byrow=T))
data(Nile,package="datasets")
(fit <- StructTS(Nile, type = "level"))
plot(Nile)
#同期平滑得到的状态:
lines(fitted(fit), lty = 2)
#固定区间平滑得到的状态:
lines(tsSmooth(fit),lty=3,col=4)
legend("bottomleft", lty=1:3, c("Nile",
    "contemporaneous smoothing","fixed-interval smoothing"))
```

[8] R Development Core Team (2011). R: A language and environment for statistical computing. *R Foundation for Statistical Computing*, Vienna, Austria. ISBN 3-900051-07-0. `http://www.R-project.org/`.

```
B=NULL;for( i in 1:30)
B=c(B,Box.test(residuals(fit),lag=i,type="Ljung-Box")$p.value)
plot(B,main="Ljung-Box tests", ylab="p-value",
     xlab="lag",pch=16,ylim=c(0,1))
abline(h=.05,lty=2);acf(residuals(fit))
pacf(residuals(fit))
```

根据上面的计算, 得到 $\hat{\sigma}_\epsilon^2 = 15099$ 及 $\hat{\sigma}_\xi^2 = 1469$. 原始序列及两种平滑估计出来的 m_t 展示在图 5.1.9 中的上图. 而残差的 Ljung-Box 检验以及 acf 图和 pacf 图在图 5.1.9 中的下面三个图, 将该图与用 ARMA 模型拟合得到的残差 Ljung-Box 检验和 acf 图及 pacf 图 (见图 5.1.6) 比较, 可以看出结构时间序列的这个拟合并不比前面 ARMA 模型的拟合好.

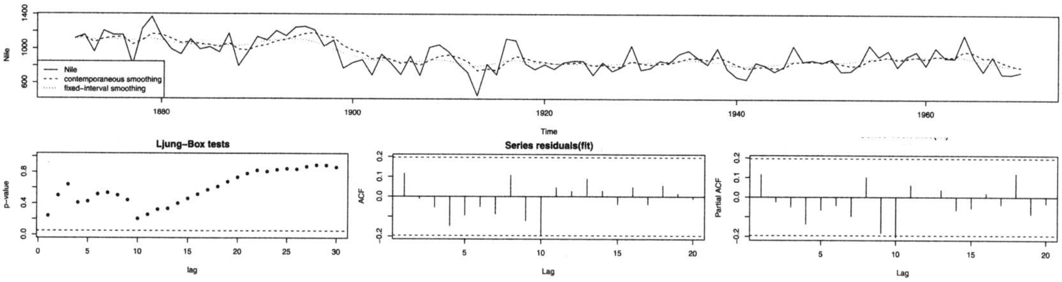

图 5.1.9　例 5.3 数据和对其状态 m_t 的两个平滑估计 (上) 以及残差的 Ljung-Box 检验 p 值、acf 图及 pacf 图 (下)

5.2　单位根检验、协整检验及 Granger 因果检验

用单变量时间序列本身来预测自己的未来是有风险的, 除非这个时间序列不受其他因素的影响. 因此, 人们想知道, 如果若干时间序列互相关联, 是否可以互相解释呢? 这些关系在未来是否不受其他因素的影响呢? 本节将讨论这些问题.

5.2.1 概述

本节的方法在计量经济学中是比较引人注目的. 有些人用这些方法做预测. 但是, 这些数学公式都是人们用有限的数学语言对现实问题的一种近似. 首先, 这里所有的方法都要求 (实际上是假定) 时间序列具有满足某些条件的线性表示, 并且满足某些分布假定, 甚至如 Johansen 方法中的更强的 VAR 表示, 没有这些假定, 所有的方法、渐近性质和结论都毫无意义. 想想看, 宇宙间有多少规律是严格线性的? 人们之所以到处使用线性模型, 或用线性模型近似, 仅仅是因为线性关系是或多或少可以控制的少数几个关系之一.

其次, 所有方法的结论都严重依赖于大样本性质, 这是因为独立同正态分布的条件几乎不可能满足, 也无法进行验证. 没有一位统计学家 (无论他们证明了多少大样本定理) 可以断定在实际中样本量达到多少才算是大样本. 而在小样本情况下, 所有这些结论可能根本不成立, 那些基于大样本定理的显著性检验可能完全没有意义.

最后, 一些时间序列可能是相关的, 它们在一定时期可能显示出较强的相关性. 但是, 用它们自己来预测自己的未来或者互相预测, 风险很大. 就拿宏观经济时间序列来说, 它们都受到经济危机、金融危机、政权更迭、天灾人祸、疾病等偶然事件, 法律和规则的改变, 以及人们心态变化的影响, 而这些无法预料的因素根本无法加入这几个只包含若干可测量的时间序列的模型之中, 某些短期预测往往不用时间序列也可以猜出来, 而长期预测往往是极端不可靠的. 单纯利用时间序列来做出推断, 甚至给出 " 政策建议 ", 不仅是不科学的, 也是很不负责任的.

这里还会遇到利用不同的方法得到不同结论的问题. 这么多检验方法 (这里只介绍几种) 得出不同结论的原因在于数学模型不同以及这些模型及假定与事实不符. 不仅不同方法会导致不同结论, 同一种方法采用不同的角度也会导致不同的结论. 比如 Engle-Granger 检验, 很可能轮换回归得到的结论就不同, 不仅如此, 该方法有两个步骤, 第二个步骤肯定继承了第一个步骤的误差, 最终误差可能达到不可承受的地步.

此外, 实际工作者在使用这些方法时, 往往把 " 不能拒绝零假设 " 当成 " 零假设正确 " 或 " 接受零假设 " 的同义词, 这在逻辑上是完全错误的, 在统计上是绝对不允许的. " 不能拒绝零假设 " 意味着拒绝的证据不足, 并不意味着零假设正确. 在拒绝零假设时, 至少给出了犯错误的大致概率, 即 p 值, 但任何人都无法给出 " 接受零假设 " 时犯错误的概率, 做出结论而又不给出该结论所包含的风险是极端不负责任的行为. 但实际工作者往往需要在显著性检验无法拒绝零假设时做出决策, 合乎逻辑的说法是: " 在所有关于模型形式 (比如某种线性表示) 以及数据的**各种假定都成立的前提下,** 没有足够的证据否定零假设, 因此**把零假设当成另一个附加的假定**."

5.2.2 单位根检验

如果一个时间序列是平稳的, 则没有任何预测价值, 因为平稳序列的均值不变, 任何预测都不会有什么有意义的结果, 所以人们只对非平稳序列感兴趣. 之所以对平稳序列进行研究, 也是因为希望可以通过差分等方式把非平稳序列转换成平稳的, 而后者是可以通过数学方式予以解释的.

如果由 d 次差分可以将一个非平稳序列转换成平稳序列, 则称其为 d 阶单整的, 记为 $I(d)$. 换句话说, 如果 $\Delta^d X_t$ 为平稳的, 则称序列 X_t 有 d 个单位根. 最简单的情况为 (这里带有截距) 随机游走

$$X_t = c + X_{t-1} + u_t,\ \ u_t \sim \mathrm{iid}\,(0, \sigma^2),$$

这里, $u_t \sim \mathrm{iid}\,(0, \sigma^2)$ 意味着 u_t 序列是独立同分布 (不一定正态) 的, 而且有均值 0 及方差 σ^2. 对于随机游走, 显然, $\Delta X_t = c + u_t$ 为平稳过程, 即随机游走为 1 阶单整的 ($I(1)$), 它有一个单位根.

下面介绍常用的 ADF (Augmented Dickey-Fuller) 单位根检验方法.

先考虑简单的 $AR(1)$ 模型

$$X_t = \phi X_{t-1} + u_t, \tag{5.2.1}$$

它可以写成

$$X_t - X_{t-1} = (\phi - 1) X_{t-1} + u_t$$

或者

$$\Delta X_t = \gamma X_{t-1} + u_t, \tag{5.2.2}$$

式中, $\gamma = \phi - 1$. 实践中, 与其估计模型 (5.2.1), 不如检验 $H_0 : \gamma = 0 \Leftrightarrow H_a : \gamma \neq 0$. 在 H_0 下 (意味着 $\phi = 1$), 有单位根, 序列为非平稳的. 这个检验的 t 统计量不服从渐近 t 分布, 其相应的临界值由 DF(Dickey-Fuller) 检验的 τ 统计量给出. 但误差项往往出现序列相关性, 即 u_t 不是独立的, 这样就发展出 ADF 检验, 其回归方程包括那些一阶差分的滞后以确保误差项的独立同分布性质. 即有

$$\Delta X_t = \gamma X_{t-1} + \alpha_i \sum_{i=1}^{p} \Delta X_{t-i} + u_t,$$

还可以加入截距和时间趋势:

$$\Delta X_t = \beta_1 + \beta_2 t + \gamma X_{t-1} + \alpha_i \sum_{i=1}^{p} \Delta X_{t-i} + u_t. \tag{5.2.3}$$

基于式 (5.2.3), ADF 检验为 $H_0 : \gamma = 0 \Leftrightarrow H_a : \gamma < 0$. 检验统计量为:

$$F_\gamma = \frac{\hat{\gamma}}{SE(\hat{\gamma})},$$

式中, $SE(\hat{\gamma})$ 为 $\hat{\gamma}$ 的标准误差.

为了与数值计算相结合, 本节使用下面的例子.

例 5.4 芬兰数据 (finland.csv) 该数据来自 Johansen and Juselius (1990), 有 4 个时间序列变量, 它们是从 1958 年第二季度到 1984 年第三季度的货币供应量 M1 的对数 (lrm1)、实际收入的对数 (lny)、边际利率的对数 (lnmr)、通货膨胀率 (difp). 该数据在程序包 urca[9] 中提供.

下面就是对例 5.4 数据的 ADF 检验, 看其 4 个时间序列变量有没有单位根. 所用的检验函数是程序包 urca 提供的. 代码如下:

```
library(urca)
data(finland)
attach(finland)
lrm1.df=ur.df(lrm1,lags=5,type="trend");summary(lrm1.df)
lny.df=ur.df(lny,lags=5,type="trend");summary(lny.df)
lnmr.df=ur.df(lnmr,lags=5,type="trend");summary(lnmr.df)
difp.df=ur.df(difp,lags=5,type="trend");summary(difp.df)
```

上述代码对每个变量都输出了很多结果, 我们关注的是检验统计量的值, 比如对于变量 lrm1, 有下面的部分输出:

```
Value of test-statistic is: -2.2702 3.1172 2.578

Critical values for test statistics:
      1pct  5pct 10pct
```

[9] Pfaff, B. (2008) *Analysis of Integrated and Cointegrated Time Series with R*. Second Edition. Springer, New York. ISBN 0-387-27960-1.

```
tau3 -3.99 -3.43 -3.13
phi2  6.22  4.75  4.07
phi3  8.43  6.49  5.47
```

lrm1 对应输出中最上面的检验统计量值的第一个 (`-2.2702`), 它相应于下面显著性水平的第一行. 而显著性水平的 3 列分别对应于 0.01 (`1pct`)、0.05 (`5pct`)、0.1 (`10pct`), 显著性水平 0.1 是最不显著的, 这里是 -3.13, 因此对于变量 lrm1 来说, 统计量比该值还大, 显然不能算是显著. 上面输出的显著性水平表 (在我们设定的) 对于 4 个变量是一样的. 总之, 由于 ADF 显著性水平为 0.1 的临界值为 -3.13 (值越小就越显著), 而这 4 个检验统计量的值分别为 $-2.2702, -1.5932, -3.1016, -2.7569$ (除了变量 lrm1 之外, 这里不展示其他 3 个变量的结果), 都大于这个非常低的显著性水平, 因此没有足够的证据拒绝零假设, 也就是说, 没有证据说它们是平稳的. 因此假定它们都至少是 $I(1)$ 的.

为了确定这些系列的单整阶数, 再对它们的差分序列做 ADF 单位根检验, 零假设是差分序列有单位根. 下面是使用的代码:

```
lrm12=diff(lrm1);lrm12.df=ur.df(lrm12,lags=5,type="trend")
summary(lrm12.df)
lny2=diff(lny); lny2.df=ur.df(lny2,lags=5,type="trend")
summary(lny2.df)
lnmr2=diff(lnmr);lnmr2.df=ur.df(lnmr2,lags=5,type="trend")
summary(lnmr2.df)
difp2=diff(difp);difp2.df=ur.df(difp2,lags=5,type="trend")
summary(difp2.df)
```

这次, ADF 显著性水平为 0.01, 0.05 及 0.1 的临界值分别为 -3.99, -3.45, -3.13 (值越小就越显著), 这和前面相同, 而上述差分的 4 个检验统计量分别为 -4.89, -3.7416, -6.4769, -5.7403, 分别在 0.01, 0.05, 0.01, 0.01 的水平上显著, 这就拒绝了差分有单位根的零假设, 即它们都不太可能是 $I(2)$ 的, 有可能是 $I(1)$ 的.

5.2.3 协整检验

如果若干时间序列的线性组合的单整阶数小于其成分的单整阶数, 就称这些序列间存在协整 (cointegration). 那些线性组合系数称为协整向量 (cointegrating vector), 协整向量个数小于变量数目. 一个时间序列向量, 只有当它们是协整的, 才有同时研究的价值. 协整意味着向量分量之间存在长期关系. 在短期中, 这些向量可能关系不那么显著, 分别由不同的动态过程支配, 然而, 从长远来说, 协整把变量绑在一起.

只有当协整关系存在时, 研究多元时间序列才有意义, 这时可以用 VAR 模型或状态空间模型拟合数据. 对于多元时间序列 $\boldsymbol{X}_t = (X_{t1}, X_{t2}, \dots, X_{tk})^\top$ $(t = 0, \pm 1, \pm 2, \dots)$, 带有输入项 (哑元 $\boldsymbol{D}_t$) 的向量自回归模型 $VAR(p)$ 为:

$$\boldsymbol{X}_t = \boldsymbol{\alpha} + \sum_{j=1}^{p} \boldsymbol{\Phi}_j \boldsymbol{X}_{t-j} + \boldsymbol{\Upsilon} \boldsymbol{D}_t + \boldsymbol{u}_t,\ t = p+1, p+2, \dots, n.$$

如果使用符号表示

$$\boldsymbol{\Gamma}_i = -(\boldsymbol{I} - \boldsymbol{\Phi}_1 - \cdots - \boldsymbol{\Phi}_i)\ (i = 1, 2, \ldots, p-1);\ \boldsymbol{\Pi} = -(\boldsymbol{I} - \boldsymbol{\Phi}_1 - \cdots - \boldsymbol{\Phi}_p).$$

则 $VAR(p)$ 可以重新表示成

$$\Delta \boldsymbol{X}_t = \boldsymbol{\Gamma}_1 \Delta \boldsymbol{X}_{t-1} + \cdots + \boldsymbol{\Gamma}_{p-1} \Delta \boldsymbol{X}_{t-p+1} + \boldsymbol{\Pi} \boldsymbol{X}_{t-p} + \boldsymbol{\Upsilon} \boldsymbol{D}_t + \boldsymbol{\alpha} + \boldsymbol{u}_t, \tag{5.2.4}$$

称为长期向量误差修正模型 (long-run vector error correction model, long-run VECM), 其中矩阵 $\boldsymbol{\Pi}$ 包含了累积的长期影响. 这描述了序列之间的长期关系. 如果令

$$\boldsymbol{\Gamma}_i^* = -(\boldsymbol{\Phi}_{i+1} + \cdots + \boldsymbol{\Phi}_p),\ i = 1, 2, \ldots, p-1,$$

则 $VAR(p)$ 还可以表示成

$$\Delta \boldsymbol{X}_t = \boldsymbol{\Gamma}_1^* \Delta \boldsymbol{X}_{t-1} + \cdots + \boldsymbol{\Gamma}_{k-1}^* \Delta \boldsymbol{X}_{t-p+1} + \boldsymbol{\Pi} \boldsymbol{X}_{t-1} + \boldsymbol{\Upsilon} \boldsymbol{D}_t + \boldsymbol{\alpha} + \boldsymbol{u}_t, \tag{5.2.5}$$

称为暂时的 (transitory 或 short-run) 误差修正模型.

本小节考虑三种协整检验, 第一种是 Engle-Granger (两步) 协整检验, 第二种是 Phillips-Ouliaris 协整检验, 第三种是 Johansen 方法.

Engle-Granger 协整检验

这个检验的思想很简单: 先用这些时间序列变量互相做普通最小二乘 (OLS) 回归, 再通过单位根检验它们的残差是否为 $I(0)$, 如果是, 则这些变量可能存在协整关系. 我们通过例 5.4 来说明. 首先对这些序列互相做 OLS 回归:

```
lrm1=ts(lrm1,start=c(1958,2),end=c(1984,3),frequency=4)
lny=ts(lny,start=c(1958,2),end=c(1984,3),frequency=4)
lnmr=ts(lnmr,start=c(1958,2),end=c(1984,3),frequency=4)
difp=ts(difp,start=c(1958,2),end=c(1984,3),frequency=4)

flcons=window(cbind(lrm1,lny,lnmr,difp),start=c(1958,2),
    end=c(1984,3))
#各个变量轮流作因变量:
lrm1.eq=summary(lm(lrm1~lny+lnmr+difp,data=flcons));lrm1.eq
lny.eq=summary(lm(lny~lrm1+lnmr+difp,data=flcons));lny.eq
lnmr.eq=summary(lm(lnmr~lrm1+lny+difp,data=flcons));lnmr.eq
difp.eq=summary(lm(difp~lrm1+lny+lnmr,data=flcons));difp.eq
#下面是残差序列:
error.lrm1=ts(resid(lrm1.eq),start=c(1958,3),
    end=c(1984,3),frequency=4)
error.lny=ts(resid(lny.eq),start=c(1958,3),
    end=c(1984,3),frequency=4)
error.lnmr=ts(resid(lnmr.eq),start=c(1958,3),
    end=c(1984,3),frequency=4)
error.difp=ts(resid(difp.eq),start=c(1958,3),
    end=c(1984,3),frequency=4)
```

从这些回归的输出结果 (没有在这里显示) 可以看出, 有些变量之间是有些关系的, 但由于

OLS 的检验条件不一定符合, 不足为据, 因此必须对残差做进一步研究. 下面的代码是对上面代码输出的残差做 ADF 单位根检验, 这里的零假设是残差序列存在单位根, 即它们之间不存在协整.

```
df.lrm1=ur.df(error.lrm1,lags=0,type="none");summary(df.lrm1)
df.lny=ur.df(error.lny,lags=0,type="none"); summary(df.lny)
df.lnmr=ur.df(error.lnmr,lags=0,type="none");summary(df.lnmr)
df.difp=ur.df(error.difp,lags=0,type="none");summary(df.difp)
```

这里, ADF 检验的显著性为 0.01, 0.05, 0.1 的临界值分别为 -2.58, -1.95, -1.62, 而这四个残差的检验统计量的值分别为 -3.5256, -3.904, -5.1339, -8.7288, 都在 0.01 的水平上显著, 也就是说, 可以拒绝零假设, 得出结论说残差不存在单位根, 为 $I(0)$ 序列, 因而这些序列之间很可能存在协整关系.

基于协整关系, 我们希望得到长期的误差修正模型 (ECM), 对于例 5.4, 它可以是这样的 (非矩阵) 形式:

$$\begin{aligned}\Delta\text{lrm1}_t &= \beta_0+\beta_1\Delta\text{lny}_t+\beta_2\Delta\text{lnmr}_t+\beta_3\Delta\text{difp}_t\\&\quad+\alpha(\text{lrm1}_{t-1}-\beta_0-\beta_1\text{lny}_{t-1}-\beta_2\text{lnmr}_{t-1}-\beta_3\text{difp}_{t-1})+u_t.\end{aligned}$$

这些系数可以用简单线性模型估计:

```
lrm12=diff(lrm1)
lny2=diff(lny)
lnmr2=diff(lnmr)
difp2=diff(difp)
leq2=lag(error.lrm1)
ecm=summary(lm(lrm12~lny2+lnmr2+difp2+leq2))#OK
ecm$coef[,1] #得 到ECM系 数
```

得到上述长期 ECM 系数的估计: $\hat{\beta}_0=0.00285$, $\hat{\beta}_1=0.61041$, $\hat{\beta}_2=0.35955$, $\hat{\beta}_3=-0.44133$, $\hat{\alpha}=-0.18900$. 当然, 这些估计是比较粗糙的. 但可以看出, 最后一项即误差项的系数估计 $\hat{\alpha}$ 为负数, 这就是“误差修正”的含义, 描述了长期效应收敛的快慢.

Phillips-Ouliaris 协整检验

前面的 Engle-Granger 协整检验利用长期方程的残差来做 ADF 检验, 而 Phillips-Ouliaris 协整检验引进两种残差检验: 方差率检验 (variance ratio test) 和多元迹检验. 这两个检验的零假设都是“序列不存在协整”, 因此如果检验显著, 则可能存在协整.

考虑 VAR 模型的拟合回归方程

$$\boldsymbol{Z}_t=\hat{\boldsymbol{\Phi}}\boldsymbol{Z}_{t-1}+\hat{\boldsymbol{u}}_t,\ t=1,2,\dots,n,$$

式中, $\boldsymbol{Z}_t=(\boldsymbol{Y}_t,\boldsymbol{X}_t)^\top$; $\boldsymbol{Y}_t$ 为一个序列; $\boldsymbol{X}_t$ 为时间序列向量; $\hat{\boldsymbol{\Phi}}$ 为估计的系数. 方差率检验统计量为:

$$\hat{P}_u=\frac{n\hat{\omega}_{11.2}}{\frac{1}{n}\sum_{t=1}^{n}\hat{e}_t},$$

式中, $\hat{e}_t$ 为长期回归拟合方程 $Y_t = \hat{\beta} X_t + \hat{e}_t$ 的残差项, 而

$$\hat{\omega}_{11.2} = \hat{\omega}_{11} - \hat{\boldsymbol{\omega}}_{21}^{\top} \hat{\boldsymbol{\Omega}}_{22}^{-1} \hat{\boldsymbol{\omega}}_{21}.$$

而且

$$\hat{\boldsymbol{\Omega}} = \frac{1}{n} \sum_{t=1}^{n} \hat{\boldsymbol{u}}_t \hat{\boldsymbol{u}}_t^{\top} + \frac{1}{n} \sum_{s=1}^{l} w_{sl} \left(\sum_{t=s+1}^{n} \hat{\boldsymbol{u}}_t \hat{\boldsymbol{u}}_{t-s}^{\top} + \hat{\boldsymbol{u}}_{t-s} \hat{\boldsymbol{u}}_t^{\top} \right),$$

式中, $w_{sl} = 1 - s/(l-1)$ (窗宽 $l < n$), 而 $\hat{\boldsymbol{\Omega}}$ 矩阵的元素为

$$\hat{\boldsymbol{\Omega}} = \begin{bmatrix} \hat{\omega}_{11} & \hat{\boldsymbol{\omega}}_{21}^{\top} \\ \hat{\boldsymbol{\omega}}_{21} & \hat{\boldsymbol{\Omega}}_{22} \end{bmatrix}.$$

多元迹统计量为:

$$\hat{P}_z = n \,\mathrm{tr}(\hat{\boldsymbol{\Omega}} \boldsymbol{M}_{zz}^{-1}),$$

这里 $\boldsymbol{M}_{zz}^{-1} = \frac{1}{n} \sum_{t=1}^{n} \boldsymbol{z}_t \boldsymbol{z}_t^{\top}$.

对于例 5.4 的数据, 方差率检验的代码为:

```
flcons=window(cbind(lrm1,lny,lnmr,difp),
                    start=c(1958,2), end=c(1984,3))
pu.test=summary(ca.po(flcons,demean="const",type="Pu"))
pu.test
```

统计量的值为 26.0919, 而显著性水平为 0.1 的临界值为 39.6949, 因此不显著 (这里统计量越大越显著). 多元迹检验代码为:

```
pz.test=summary(ca.po(flcons,demean="const",type="Pz"))
pz.test
```

统计量的值为 184.3248, 而显著性水平为 0.01 的临界值为 153.4504, 因此, 按照多元迹检验, 可能存在协整, 而根据方差率检验, 没有证据表明存在协整. 这两个检验的结论相互矛盾.

Johansen 方法

Johansen 方法 (Johansen procedure 或 Johansen test) 允许多个协整关系, 因此比 Engle-Granger 检验的应用更加广泛, Engle-Granger 检验是基于对单个协整关系残差的 ADF 单位根检验. 有两种 Johansen 检验: 基于迹或者特征值, 而且推断可能有区别. 回顾模型 (5.2.4): k 维时间序列向量的 $VAR(p)$ 可以表示成

$$\Delta \boldsymbol{X}_t = \boldsymbol{\Gamma}_1 \Delta \boldsymbol{X}_{t-1} + \cdots + \boldsymbol{\Gamma}_{p-1} \Delta \boldsymbol{X}_{t-p+1} + \boldsymbol{\Pi} \boldsymbol{X}_{t-p} + \boldsymbol{\Upsilon} \boldsymbol{D}_t + \boldsymbol{\alpha} + \boldsymbol{u}_t.$$

矩阵 $\boldsymbol{\Pi}$ 包含着关于模型的长期性质. 如果它的秩为 0, 那么系统就不是协整的 (假定所有在 $\boldsymbol{X}_t$ 中的变量至少为单整 $I(1)$ 的). 如果 $\boldsymbol{\Pi}$ 的秩为 k(满秩), 那么 $\boldsymbol{X}_t$ 的变量为平稳的. 如果矩阵 $\boldsymbol{\Pi}$ 有秩 r, 这里 $0 < r < k$, 则 $\boldsymbol{\Pi}$ 可以分解为两个不同的 $(k \times r)$ 矩阵 $\boldsymbol{a}$ 和 $\boldsymbol{b}$, 使得 $\boldsymbol{\Pi} = \boldsymbol{a}\boldsymbol{b}^{\top}$, 即在 $\boldsymbol{b}$ 中包含 r 个协整向量. $\boldsymbol{b}$ 的每一列为协整向量意味着 $\boldsymbol{b}^{\top} \boldsymbol{X}_t \sim I(0)$.

Johansen 方法基本上是从不受约束的 VAR 来估计矩阵 $\boldsymbol{\Pi}$, 再看是否能够拒绝由 $\boldsymbol{\Pi}$ 的降秩形式给出的约束. Johansen 方法包含如下步骤:

- 确保时间序列向量的单整水平至少为 $I(1)$;
- 选择滞后阶数;
- 选择系统的确定的成分 (诸如包含截距、斜率等项的问题);
- 确定协整向量数目.

其中第四步是确定 $\boldsymbol{\Pi}$ 的秩, 即协整向量的个数. 需要做迹检验或最大特征值检验.

最大特征值检验 为简化符号, 这里令

$$\boldsymbol{Z}_{0t} = \Delta \boldsymbol{X}_t,\ \boldsymbol{Z}_{1t} = (\Delta \boldsymbol{X}_{t-1}, \ldots, \Delta \boldsymbol{X}_{t-p+1}, \boldsymbol{D}_t, 1)^\top,\ \boldsymbol{Z}_{pt} = \boldsymbol{X}_{t-p},$$

再令 $\boldsymbol{\Gamma}$ 包含参数 $(\boldsymbol{\Gamma}_1, \ldots, \boldsymbol{\Gamma}_{p-1}, \boldsymbol{\Upsilon}, \boldsymbol{\alpha})$, 模型 (5.2.4) 就成为:

$$\boldsymbol{Z}_{0t} = \boldsymbol{\Gamma} \boldsymbol{Z}_{1t} + \boldsymbol{a}\boldsymbol{b}^\top \boldsymbol{Z}_{pt} + \boldsymbol{u}_t.$$

令

$$\boldsymbol{M}_{ij} = \frac{1}{n}\sum_{t=1}^{n} \boldsymbol{Z}_{it}\boldsymbol{Z}_{jt}^\top,\ \ i, j = 0, 1, p.$$

记

$$\boldsymbol{S}_{ij} = \boldsymbol{M}_{ij} - \boldsymbol{M}_{i1}\boldsymbol{M}_{11}^{-1}\boldsymbol{M}_{1j},\ \ i, j = 0, 1, p.$$

假定特征值 $\hat{\lambda}_1, \hat{\lambda}_2, \ldots, \hat{\lambda}_k$ $(\hat{\lambda}_1 > \hat{\lambda}_2 > \cdots > \hat{\lambda}_k > 0)$ 为方程

$$|\lambda \boldsymbol{S}_{kk} - \boldsymbol{S}_{k0}\boldsymbol{S}_{00}^{-1}\boldsymbol{S}_{0k}| = 0$$

的特征值. 要做的检验为:

$$H_0:\ \text{rank}(\boldsymbol{\Pi}) = r\ \Leftrightarrow\ H_a:\ \text{rank}(\boldsymbol{\Pi}) = r + 1.$$

检验统计量为:

$$\lambda_{\max}(r, r+1) = -n\ln(1 - \hat{\lambda}_{r+1}).$$

迹检验 想法是, 当增加比 r 个更多的 λ_i, tr$(\boldsymbol{\Pi})$ 是否会增加. $\lambda_i = 0$ 等价于相应的迹统计量为 0. 这就导致了随 r 递增的约束模型的似然比检验, 要做的检验为:

$$H_0:\ \text{tr}(\boldsymbol{\Pi}) \leqslant r\ \Leftrightarrow\ H_a:\ \text{tr}(\boldsymbol{\Pi}) > r.$$

检验统计量为:

$$\lambda_{\text{tr}}(r) = -n\sum_{i=r+1}^{k} \ln(1 - \hat{\lambda}_i).$$

使用 Johansen 方法对例 5.4 的数据进行迹检验的代码如下:

```
summary(ca.jo(data.frame(lrm1,lny,lnmr,difp),
        type="trace",ecdet="const")) #迹检验
```

程序输出的检验结果如下:

```
Values of teststatistic and critical values of test:
          test 10pct  5pct  1pct
r <= 3 |  7.76  7.52  9.24 12.97
```

```
r <= 2 | 18.90 17.85 19.96 24.60
r <= 1 | 51.67 32.00 34.91 41.07
r = 0  | 95.78 49.65 53.12 60.16
```

对该输出的解读见表 5.2.1. 按照这个结果, 可能有 $r = 2$ 个协整向量.

表 5.2.1 Johansen 迹检验结果

H_0	H_a	检验统计量	0.1 临界值	0.05 临界值	0.01 临界值	结论
$r \leqslant 3$	$r > 3$	7.76	7.52	9.24	12.97	0.05 不显著
$r \leqslant 2$	$r > 2$	18.90	17.85	19.96	24.60	0.05 不显著
$r \leqslant 1$	$r > 1$	51.67	32.00	34.91	41.07	0.01 显著
$r = 0$	$r > 0$	95.78	49.65	53.12	60.16	0.01 显著

使用 Johansen 方法对例 5.4 的数据进行特征值检验的代码如下:

```
summary(ca.jo(data.frame(lrm1,lny,lnmr,difp),
        type="eigen",ecdet="const"))#特征值检验
```

程序输出的检验结果如下:

```
Values of teststatistic and critical values of test:
          test 10pct  5pct  1pct
r <= 3 |  7.76  7.52  9.24 12.97
r <= 2 | 11.15 13.75 15.67 20.20
r <= 1 | 32.77 19.77 22.00 26.81
r = 0  | 44.11 25.56 28.14 33.24
```

对该输出的解读见表 5.2.2. 按照这个输出结果, 可能有 $r = 2$ 个协整向量. 这两个检验的结果一致.

表 5.2.2 Johansen 特征值检验结果

H_0	H_a	检验统计量	0.1 临界值	0.05 临界值	0.01 临界值	结论
$r \leqslant 3$	$r > 3$	7.76	7.52	9.24	12.97	在 0.05 水平不显著
$r \leqslant 2$	$r > 2$	11.15	13.75	15.67	20.20	在 0.1 水平不显著
$r \leqslant 1$	$r > 1$	32.77	19.77	22.00	26.81	在 0.01 水平显著
$r = 0$	$r > 0$	44.11	25.56	28.14	33.24	在 0.01 水平显著

5.2.4 Granger 因果检验

考虑两个时间序列 X 和 Y, 由 Granger(1969) 提出的关于 X 和 Y 的 Granger 因果检验 (Granger causality testing) 是用来评估 X 过去的观测值对于预测 Y(其过去值已经建模) 是否有用的. 零假设为: X 过去的观测值 (比如 p 个) 对于预测 Y 值没用.

该检验是用 p 个过去的 Y 值对 p 个过去的 X 值做回归而成. 统计量的分布为 F 分布. 下面的公式对于理解其概念可能有帮助, 假定 Y 有自回归模型 $AR(p)$(这里 p 可以根据 AIC, BIC 等准则确定):

$$Y_t = a_0 + a_1 Y_{t-1} + \cdots + a_p Y_{t-p} + \epsilon_{1t}.$$

再进行增加 X 的自回归

$$Y_t = a_0 + a_1 Y_{t-1} + \cdots + a_p Y_{t-p} + b_0 + b_1 X_{t-1} + \cdots + b_p X_{t-p} + \epsilon_{2t}.$$

如果系数 $b_1, \ldots, b_p$ 都显著不为 0 或者 ϵ_{2t} 的方差显著小于 ϵ_{1t} 的方差, 则称变量 X 为 Y 的 "Granger 原因"(X Granger-(G)-causes Y). 这个检验的原理和计算都很简单, 计量经济学研究中很常用.

就例 5.4 的芬兰数据来说, 要对每一对变量进行 Granger 因果检验, 可以使用程序包 `lmtest` [10], 为了得到其两两变量之间 (选择 order = 3) 检验的 F 统计量值及 p 值, 只要输入下面代码即可:

```
data(finland,package = 'urca')
fin=ts(finland,start = c(1958,2),frequency = 4)
library(lmtest)
cb=gtools::permutations(4,2,1:4)
for (i in 1:dim(cb)[1]){
  z=cb[i,]
  nm=paste(colnames(fin)[z[1]],'~',colnames(fin)[z[2]])
  gt=grangertest(formula(nm), order = 3,data=fin)
  cat(nm, 'F-test p-value =', gt$`Pr(>F)`[2],'\n')
 }
```

输出为:

```
lrm1 ~ lny F-test p-value = 0.09134582
lrm1 ~ lnmr F-test p-value = 0.05620222
lrm1 ~ difp F-test p-value = 0.6590178
lny ~ lrm1 F-test p-value = 0.0354147
lny ~ lnmr F-test p-value = 0.1366271
lny ~ difp F-test p-value = 0.9545777
lnmr ~ lrm1 F-test p-value = 0.0009979841
lnmr ~ lny F-test p-value = 0.1572263
lnmr ~ difp F-test p-value = 0.1184803
difp ~ lrm1 F-test p-value = 0.03010345
difp ~ lny F-test p-value = 0.03793134
difp ~ lnmr F-test p-value = 0.9323885
```

可以看出, 有个别变量之间是显著的, 互相间有 Granger 因果关系, 比如 `lnmr~lrm1` 的检验 p 值不到 0.001.

[10]Zeileis, A. and Hothorn, T. (2002) Diagnostic checking in regression relationships. *R News*, 2(3): 7-10. https://CRAN.R-project.org/doc/Rnews/.

值得注意的是, Granger 因果关系并不一定是真正的因果关系, 因为变量 X 和 Y 很可能都被另外的第三个过程影响. 由于 Granger 检验是为两个变量而设计的, 因此, 该检验不适用于包含许多 (多于两个) 变量的情况.

5.3 VAR 模型、VARX 模型与状态空间模型

上一节讨论了单位根、协整、Granger 因果检验等问题, 主要目的是确定这些时间序列之间是否存在长期的关联关系, 但究竟是怎样的关系, 则需要用一些模型来拟合数据. 本节介绍向量自回归模型 (VAR 模型)、带有输入序列 (可以是多个序列) 及输出序列的 VARX 模型以及一系列状态空间 (state space) 模型. 还要用这些模型拟合例 5.4 的数据并做出预测.

5.3.1 VAR 模型的拟合与预测

这里用的程序包是 `vars` [11], 该程序包解 VAR 的函数为 `VAR`, 其对应的模型是

$$\boldsymbol{y}_t = \boldsymbol{A}_1\boldsymbol{y}_{t-1} + \cdots + \boldsymbol{A}_p\boldsymbol{y}_{t-p} + \boldsymbol{C}\boldsymbol{D}_t + \boldsymbol{u}_t,$$

式中, $\boldsymbol{y}_t$ 为 $K \times 1$ 维的内生变量; $\boldsymbol{u}_t$ 为 $K \times 1$ 维的扰动项; 系数矩阵 $\boldsymbol{A}_1, \cdots, \boldsymbol{A}_p$ 为 $K \times K$ 维的. 在函数选项中可以加常数项、趋势项、中心化的季节变量、外生变量 ($\boldsymbol{C}\boldsymbol{D}_t$). 函数缺省值有常数项, 而没有季节和外生变量. 对于例 5.4 的数据, 代码为:

```
library(vars)
data(finland,package="urca") #芬兰数据
VAR(finland, p = 2, type = "none")
VAR(finland, p = 2, type = "const")
VAR(finland, p = 2, type = "trend")
VAR(finland, p = 2, type = "both")
```

下面只给出代码中`type = "none"` 的输出:

```
> VAR(finland, p = 2, type = "none")

VAR Estimation Results:
=======================
Estimated coefficients for equation lrm1:
=========================================
Call:
lrm1 = lrm1.l1 + lny.l1 + lnmr.l1 + difp.l1 + lrm1.l2 + lny.l2 + lnmr.l2 + difp.l2

 lrm1.l1    lny.l1   lnmr.l1   difp.l1   lrm1.l2    lny.l2   lnmr.l2   difp.l2
 0.50821  -0.16292  -0.08667  -0.35025   0.37475   0.26467  -0.22728   0.07009

Estimated coefficients for equation lny:
========================================
Call:
lny = lrm1.l1 + lny.l1 + lnmr.l1 + difp.l1 + lrm1.l2 + lny.l2 + lnmr.l2 + difp.l2
```

[11]Pfaff, B. (2008) VAR, SVAR and SVEC models: implementation within R package vars. *Journal of Statistical Software* 27(4). http://www.jstatsoft.org/v27/i04/.

```
 lrm1.l1    lny.l1  lnmr.l1  difp.l1  lrm1.l2    lny.l2  lnmr.l2  difp.l2
-0.24075  0.51742 -0.04208 -0.37853  0.21887  0.50898 -0.14786  0.22840

Estimated coefficients for equation lnmr:
=========================================
Call:
lnmr = lrm1.l1 + lny.l1 + lnmr.l1 + difp.l1 + lrm1.l2 + lny.l2 + lnmr.l2 + difp.l2

 lrm1.l1    lny.l1  lnmr.l1  difp.l1  lrm1.l2    lny.l2  lnmr.l2  difp.l2
-0.26545  0.08285  0.81185  0.13470  0.29291 -0.09158 -0.23263  0.07008

Estimated coefficients for equation difp:
=========================================
Call:
difp = lrm1.l1 + lny.l1 + lnmr.l1 + difp.l1 + lrm1.l2 + lny.l2 + lnmr.l2 + difp.l2

 lrm1.l1    lny.l1  lnmr.l1  difp.l1  lrm1.l2    lny.l2  lnmr.l2  difp.l2
 0.03631 -0.02816  0.01020  0.20975 -0.01935  0.01759 -0.01826  0.34218
```

可以看到, 输出展示逐个序列的拟合形式, 没有给出矩阵形式. 由于选的滞后数目为 p=2, 因此每个变量有两个滞后系数. 比如上面输出的最后一行代表:

$$\begin{aligned}\text{difp}_t =&0.0363\,\text{lrm1}_{t-1} - 0.0282\,\text{lny}_{t-1} + 0.0102\,\text{lnmr}_{t-1} + 0.2098\,\text{difp}_{t-1}\\ &- 0.0194\,\text{lrm1}_{t-2} + 0.0176\,\text{lny}_{t-2} - 0.0183\,\text{lnmr}_{t-2} + 0.3422\,\text{difp}_{t-2}.\end{aligned}$$

如果要对 VAR(finland,p=2,type="both") 拟合的模型做未来的预测 (设定置信度为 0.95 以求出置信带), 则可以使用下面的代码:

```
z=VAR(finland,p=2,type="both")
zp=predict(z,n.ahead =8,ci = 0.95)
plot(zp,mar=c(2,2,1,1))
```

用代码 zp$fcst 可输出所有的预测值, 包括 95%置信带, 还可输出预测的图形 (见图 5.3.1).

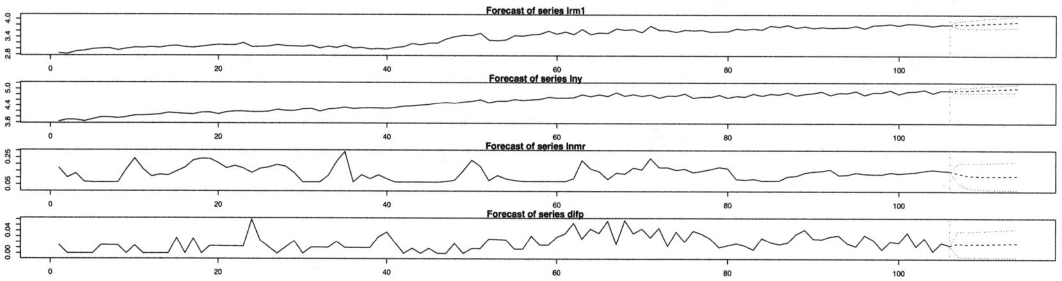

图 5.3.1 VAR 拟合模型对未来的预测

图 5.3.1 中各图右侧的虚线部分为预测值, 上下虚线之间的区域为 95%置信带.

5.3.2 VARX 模型的拟合与预测

这里用的程序包是 dse [12]. 使用该程序包可以实现 VARX 模型及状态空间模型的拟合. 使用程序包dse 的输出是矩阵形式, 相应的带有输入序列的向量自回归移动平均模型 (VARMAX) 可以用下式表达:

$$\boldsymbol{A}(L)\boldsymbol{Y}_t = \boldsymbol{B}(L)\boldsymbol{e}_t + \boldsymbol{C}(L)\boldsymbol{X}_t, \tag{5.3.1}$$

式中, $\boldsymbol{Y}_t$ 是 k 维输出变量 (因变量), 也就是说, 有 k 个时间序列作为因变量; $\boldsymbol{X}_t$ 为 m 维输入变量 (自变量), 由 m 个时间序列组成; $\boldsymbol{e}_t$ 为 k 维不可观测的扰动过程; $\boldsymbol{A}, \boldsymbol{B}, \boldsymbol{C}$ 为适当维的后移滞后算子 L 的矩阵. VARX 模型为 VARMAX 模型的特例, 其 $\boldsymbol{B}(L) = I$. 下面用例 5.4 的芬兰数据来说明对这些系数矩阵的估计.

使用程序包 dse 的第一步是把数据变成该程序包的数据格式. 代码如下:

```
data(finland,package="urca") #芬兰数据
library(dse);attach(finland)
#把第一个变量(M1)作为输出, 另外三个作为输入:
fld <- TSdata(input= finland[,2:4],output= finland[, 1])
#把数据标为时间序列:
fld <-tframed(fld,list(start=c(1958,2), frequency=4))
#把变量名标上(说明:旧版本无法取代默认名字:Series 1,Series 2,\dots ):
seriesNamesInput(fld) <- c("lny","lnmr","difp")
seriesNamesOutput(fld) <- "lrm1"
```

利用最小二乘估计拟合 VARX 模型并画图 5.3.2:

```
fld.ls <- estVARXls(fld,max.lag=2)#默认的max.lag=6
print(fld.ls)
stability(fld.ls)
rr=checkResiduals(fld.ls)
par(mfrow=c(1,2));acf(rr$re,main='');pacf(rr$re,main='')
```

输出的拟合矩阵为:

```
neg. log likelihood= -81.20899

A(L) =
1-0.733L1-0.173L2

B(L) =
1

C(L) =
0.487-0.410L1    0.245-0.329L1    -0.770+0.091L1
```

[12]Gilbert, P. D. (2006 or later) Brief User's Guide: Dynamic Systems Estimation distributed with the dse package. http://cran.r-project.org/web/packages/dse/vignettes/dse-guide.pdf.

这意味着拟合的式 (5.3.1) 为:

$$\begin{aligned}&(1-0.73L-0.17L^2)\mathrm{lrm1}\\=\;&(0.49-0.41L)\mathrm{lny}+(0.25-0.33L)\mathrm{lnmr}+(-0.77+0.09L)\mathrm{difp}\end{aligned}$$

或者

$$\begin{aligned}&\mathrm{lrm1}_t-0.73\,\mathrm{lrm1}_{t-1}-0.17\,\mathrm{lrm1}_{t-2}\\=\;&0.49\,\mathrm{lny}_t-0.41\,\mathrm{lny}_{t-1}+0.25\,\mathrm{lnmr}_t-0.33\,\mathrm{lnmr}_{t-1}-0.77\,\mathrm{difp}_t+0.09\,\mathrm{difp}_{t-1}.\end{aligned}$$

图 5.3.2 给出了用 VARX 模型拟合例 5.4 的数据所得残差的 acf 图和 pacf 图.

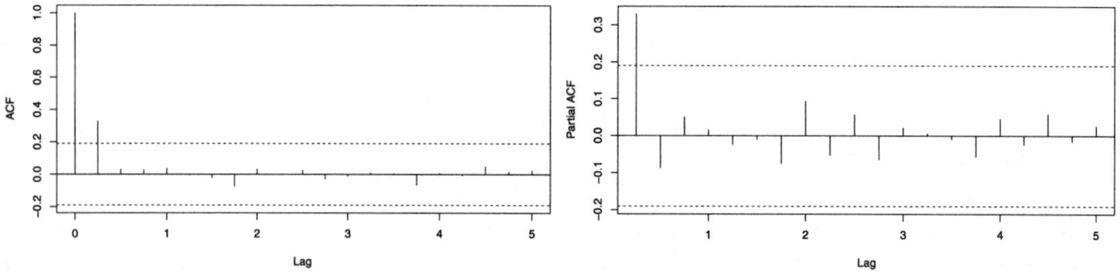

图 5.3.2　用 VARX 模型拟合例 5.4 的数据所得残差的 acf 图 (左) 和 pacf 图 (右)

如果要利用到 1982 年第二季度为止的数据建模, 并利用原来全部数据预测 1982 年第三季度到 1984 年第三季度的输出 (M1) (包括画图 5.3.3), 则可以用下面的语句:

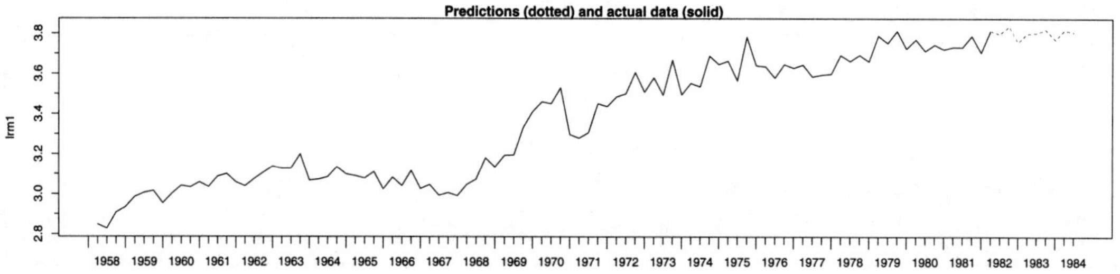

图 5.3.3　用截至 1982 年第二季度的数据估计 VARX 模型预测后 9 个季度的输出

```
fld.ls2 <- estVARXls(window(fld,end=c(1982,2)),max.lag=2)
f.p=forecast(fld.ls2, conditioning.inputs=fld$input)
tfplot(f.p)
```

利用代码 `f.p$forecast` 得到从 1982 年第三季度到 1984 年第三季度的输出 (M1) 预测值 (下面的输出) 以及利用模型对其他时间输出的预测值.

```
          Qtr1     Qtr2     Qtr3     Qtr4
1982                     3.798115 3.836499
1983 3.758110 3.799563 3.803339 3.819459
```

```
1984 3.770789 3.817838 3.806252
```

注意, 软件输出中对于建模没有包括的部分的预测叫 `forecast`, 而对于训练集本身的预测叫 `pred` (prediction). 预测的部分在图 5.3.3 中用虚线展示 (实线是真实数值).

5.3.3 状态空间模型的拟合与预测

状态空间模型是另一种多元时间序列模型, 是 VARX 模型之外另一种包含输入序列及输出序列的模型. 一个独立于时间的线性**状态空间** (state space) 的**创新形式** (innovations form) 为:

$$
\begin{aligned}
\boldsymbol{Z}_t &= \boldsymbol{F}\boldsymbol{Z}_{t-1} + \boldsymbol{G}\boldsymbol{X}_t + \boldsymbol{K}\boldsymbol{e}_{t-1},\\
\boldsymbol{Y}_t &= \boldsymbol{H}\boldsymbol{Z}_t + \boldsymbol{e}_t,
\end{aligned}
$$

式中, $\boldsymbol{Z}_t$ 为不可观测的 n 维状态向量; $\boldsymbol{F}$ 为状态转移矩阵; $\boldsymbol{G}$ 为输入矩阵; $\boldsymbol{H}$ 为输出矩阵; $\boldsymbol{K}$ 为 Kalman 收益. 第一个方程通常称为**状态转移方程** (state transition equation), 第二个称为**测量方程** (measurement equation). 这些概念和结构方程模型的一些概念有些类似, 这里 $\boldsymbol{Z}_t$ 是隐变量, 而 $\boldsymbol{Y}_t$ 和 $\boldsymbol{X}_t$ 是可观测变量. 另一个更一般的模型为**非创新形式** (non-innovations form):

$$
\begin{aligned}
\boldsymbol{Z}_t &= \boldsymbol{F}\boldsymbol{Z}_{t-1} + \boldsymbol{G}\boldsymbol{X}_t + \boldsymbol{Q}\boldsymbol{n}_t,\\
\boldsymbol{Y}_t &= \boldsymbol{H}\boldsymbol{Z}_t + \boldsymbol{R}\boldsymbol{e}_t,
\end{aligned}
$$

式中, $\boldsymbol{n}_t$ 为系统噪声; $\boldsymbol{Q}$ 为系统噪声矩阵; $\boldsymbol{R}$ 为输出 (测量) 噪声矩阵.

下面用程序包 `dse` 中的状态空间模型拟合例 5.4 的数据. 和前面一样, 仍然把变量 lrm1 作为输出变量 $\boldsymbol{Y}_t$, 而把其余三个变量作为输入变量 $\boldsymbol{X}_t$. 使用如下代码 (`estSSfromVARX` 是用 VARX 模型来估计状态空间模型的函数):

```
fld.ss <- estSSfromVARX(fld,max.lag=3)
print(fld.ss)
stability(fld.ss)
rs=checkResiduals(fld.ss)
par(mfrow=c(1,2));acf(rs$re);pacf(rs$re)
```

输出的拟合矩阵为:

```
neg. log likelihood= -58.54483


 F =
      [,1] [,2]    [,3]
[1,]     0    0 -0.0678
[2,]     1    0  0.2391
[3,]     0    1  0.7257

 G =
```

```
        [,1]    [,2]    [,3]
[1,]  0.0721 -0.162  0.3296
[2,] -0.4238 -0.191  0.0517
[3,]  0.4371  0.204 -0.9037

 H =
     [,1] [,2] [,3]
[1,]    0    0    1

 K =
        [,1]
[1,] -0.0678
[2,]  0.2391
[3,]  0.7257
```

这给出了状态空间模型中矩阵的估计:

$$\hat{\boldsymbol{F}} = \begin{bmatrix} 0 & 0 & -0.068 \\ 1 & 0 & 0.239 \\ 0 & 1 & 0.726 \end{bmatrix}, \ \hat{\boldsymbol{G}} = \begin{bmatrix} 0.072 & -0.162 & 0.330 \\ -0.424 & -0.191 & 0.052 \\ 0.437 & 0.204 & -0.904 \end{bmatrix},$$

$$\hat{\boldsymbol{H}} = (0,0,1), \ \hat{\boldsymbol{K}} = \begin{bmatrix} -0.068 \\ 0.239 \\ 0.726 \end{bmatrix}.$$

如果用基于到 1982 年第二季度为止的数据估计的状态空间模型预测以后 9 个季度的输出, 可用下面的语句:

```
fld.ss <- estSSfromVARX(window(fld,end=c(1982,2)),
    fld,max.lag=3)
f.s.p=forecast(fld.ss,conditioning.inputs=fld$input)
tfplot(f.s.p)
```

图 5.3.4 的虚线部分为预测值, 这个图和 VARX 模型预测图 (见图 5.3.3) 不完全一样.

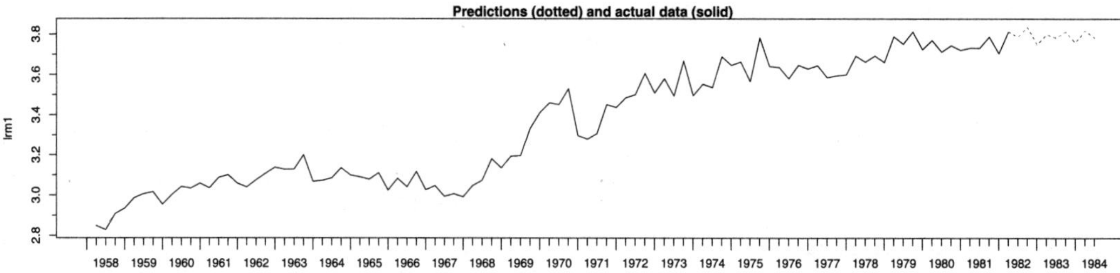

图 5.3.4 用状态空间模型预测 1982 年第二季度以后 9 个季度的值

5.3.4 模型的比较

程序包 dse 有一个自动在各状态空间模型中选择 " 最好 " 模型的函数 estBlackBox (黑匣子). 下面将利用这个黑匣子模型来拟合数据, 并与前面的 VARX 模型及状态空间模型进行比较. 这里需要比较的模型包括 VARX 模型 (用 estVARXls 函数)、状态空间模型 (用 estSSfromVARX 函数) 及黑匣子模型 (用 estBlackBox 函数). 为了得到黑匣子模型的估计, 可以运行下面的代码:

```
fld.bb <- estBlackBox(fld, max.lag=6)
print(fld.bb)
stability(fld.bb)
rb=checkResiduals(fld.bb)
par(mfrow=c(1,2));acf(rb$re);pacf(rb$re) #图不展示
```

结果 (在 lag=6 之内) 选择了阶数为 2 的状态空间模型, 输出的估计矩阵为:

```
neg. log likelihood= -81.20899

 F =
       [,1]   [,2]
[1,]  0.542 -0.682
[2,] -0.406  0.192

 G =
       [,1]   [,2]    [,3]
[1,] -0.471 -0.253  0.6713
[2,] -0.456 -0.396 -0.0366

 H =
      [,1] [,2]
[1,] -1.14 0.11

 K =
       [,1]
[1,] -0.605
[2,]  0.387
```

即

$$\hat{\boldsymbol{F}} = \begin{bmatrix} 0.542 & -0.682 \\ -0.406 & 0.192 \end{bmatrix}, \ \hat{\boldsymbol{G}} = \begin{bmatrix} -0.471 & -0.253 & 0.6713 \\ -0.456 & -0.396 & -0.0366 \end{bmatrix},$$

$$\hat{\boldsymbol{H}} = (-1.14, 0.11), \ \hat{\boldsymbol{K}} = \begin{bmatrix} -0.605 \\ 0.387 \end{bmatrix}.$$

用下面的语句对以 fld.ls, fld.ss, fld.bb 为结果的三个模型做比较:

```
informationTests(fld.ls, fld.ss,fld.bb)
tfplot(fld.ls, fld.ss,fld.bb,start=c(1960,1))
```

得到下面关于三个模型 (按照次序 1,2,3) 各种指标的输出 (见表 5.3.1) 以及原输出序列及三个模型向前一步预测值的图 (见图 5.3.5).

表 5.3.1 模型比较的各种指标

			based on no.of parameters					based on theoretical parameter dim.				
	PORT	−ln(L)	AIC	BIC	GVC	RICE	FPE	AIC	BIC	GVC	RICE	FPE
1	13.6	−81.2	−146.4	−125.1	−145.8	−145.1	−146.4					
2	14.2	−58.5	−87.1	−47.1	−84.7	−81.8	−86.9	−87.1	−47.1	−84.7	−81.8	−86.9
3	13.6	−81.2	−134.4	−97.1	−132.4	−129.9	−134.3	−142.4	−115.8	−141.4	−140.3	−142.4

表 5.3.1 中各种指标的英文原文为:

- PORT: Portmanteau test
- AIC: neg. Akaike Information Criterion
- GVC: Generalized Cross Validation
- FPE: Final Prediction Error
- −ln(L): neg. log likelihood
- BIC: neg. Bayes Information Criterion
- RICE: Rice Criterion

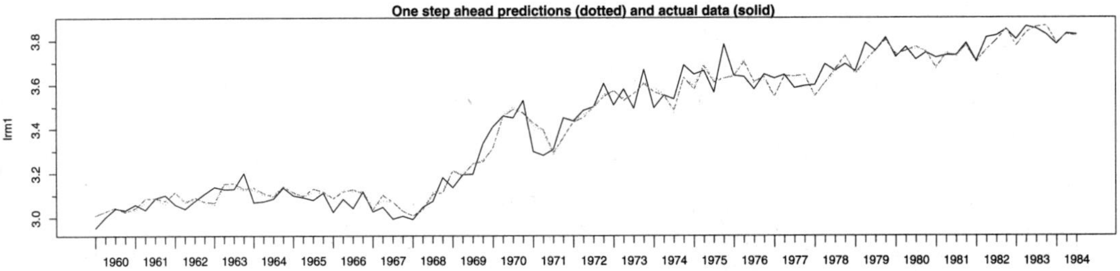

图 5.3.5 例 5.4 的数据原输出序列及三个模型向前一步预测值

从三个模型基于参数个数 (输出中标以 “based on no.of parameters” 一栏) 的一些准则看, 用函数 `estVARXls` 得到的 VARX 模型似乎是最好的.

5.4 非线性时间序列

5.4.1 引言

本节介绍如何从图形区别一个线性模型与一个非线性模型, 但对涉及的众多知识不做详尽解释, 有兴趣的读者可参阅动力系统、混沌理论、差分方程、非线性时间序列等方面的文献.

先看两个数据例子，一个是模拟的 $ARIMA(1,1,1)$ 时间序列数据，另一个是程序包 `tsDyn`[13] 所带的 lynx 数据.

例 5.5 人造 $ARIMA(1,1,1)$ 数据 该数据是用下面的语句模拟而成的，为 $ARIMA(1,1,1)$ 模型，有参数 $\alpha=0.2,\beta=-0.1$. 这是一个线性时间序列，是为了与非线性时间序列进行比较而产生的.

```
library(TSA);set.seed(0)
y=arima.sim(list(order=c(1,1,1),ar=0.2,ma=-0.1),n=120)
```

例 5.6 猞猁数据 (lynx) 猞猁数据 (参见 Brockwell & Davis, 1991; Campbell & Walker, 1977) 是 1821 — 1934 年在加拿大每年捕获的猞猁数目.

为了比较这两个数据，先看原来的序列图 (见图 5.4.1).

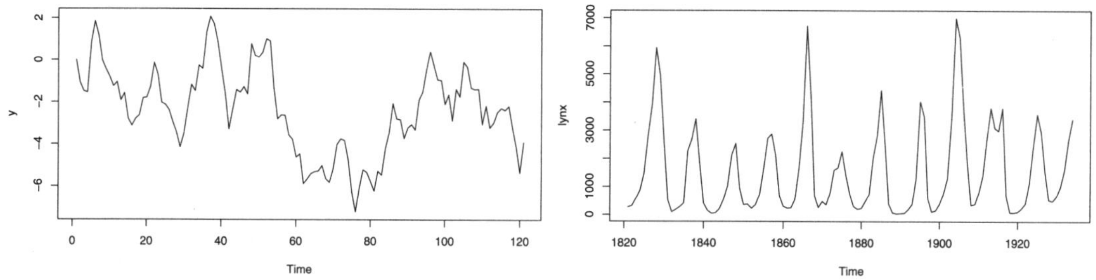

图 5.4.1 例 5.5 的数据 (左) 和例 5.6 的数据 (右) 的时间序列图

从图 5.4.1 可以看出，猞猁数据出现震荡，但又不是周期性震荡，这可能是一个**非线性随机动态** (nonlinear stochastic dynamics) 系统. 图 5.4.1 是用下面的代码产生的:

```
library(tsDyn);x=log10(lynx);plot(y);plot(lynx)
```

通过观察两个序列分别关于不同滞后的**相图** (phase portrait plot)，即对 $m=1,3$, x_t 对 x_{t-m} 的散点图 (见图 5.4.2)，也可以发现它们有很大区别. 猞猁数据的相图 (见图 5.4.2 的右侧两图) 与人造线性时间序列数据相图 (见图 5.4.2 的左侧两图) 很不一样，左边两图杂乱无序地集中在对角线方向，而右边两图显然在循环转圈. 这至少说明右边的图反映了一些有别于线性时间序列的特征，也就是非线性特征.

产生图 5.4.2 的代码为 (系统应该有程序包 sm，下面的代码需要用到这个程序包):

```
library(tsDyn);
par(mfrow=c(1,4))
autopairs(y,lag=1,type="lines")
autopairs(y,lag=3,type="lines")
autopairs(x,lag=1,type="lines")
```

[13]Narzo, A.F.D., Aznarte, J. L. and Stigler, M. (2009) tsDyn: Time series analysis based on dynamical systems theory. Matthieu Stigler (2010). tsDyn: Threshold cointegration: overview and implementation in R.

```
autopairs(x,lag=3,type="lines")
```

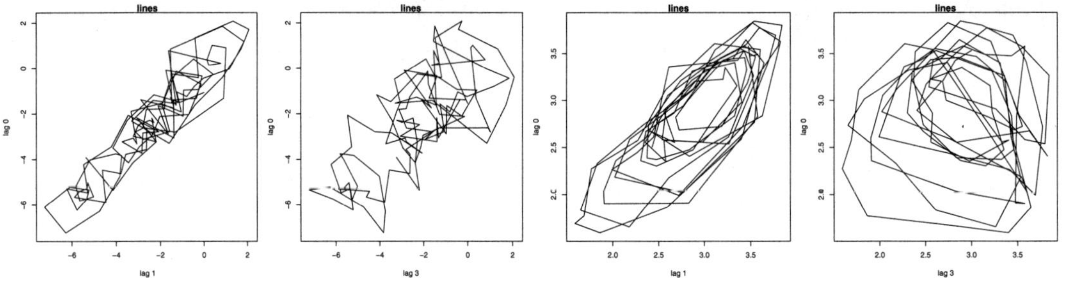

图 5.4.2 例 5.5 的数据 (左两图) 和例 5.6 的数据 (右两图) 关于不同滞后的相图

我们还可以用局部线性 AR 时间序列模型来预测这两个序列未来的值, 并对它们点出相图 (见图 5.4.3).

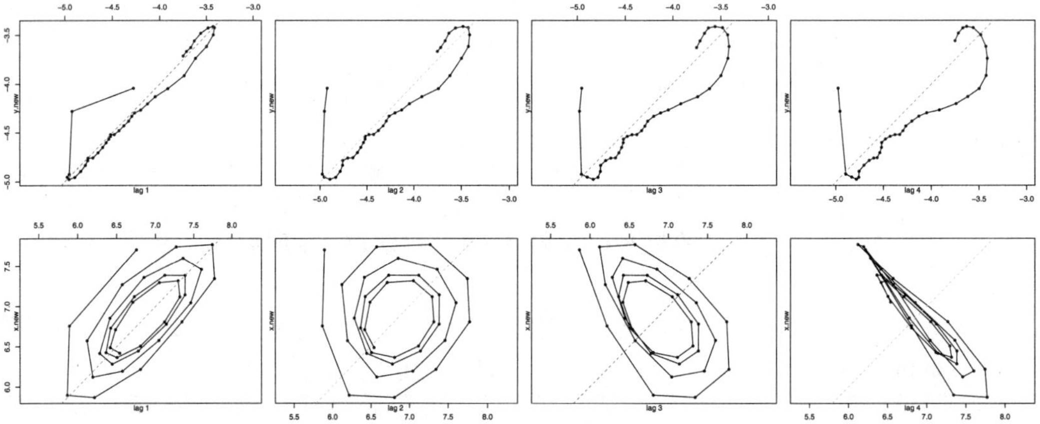

图 5.4.3 用局部线性 AR 模型预测 40 个未来值的相图

生成图 5.4.3 的代码如下:

```
y.new=llar.predict(y,n.ahead=40,m=3,eps=2,onvoid="enlarge",r=5)
lag.plot(y.new,labels=FALSE,lag=4)
x.new=llar.predict(log(lynx),n.ahead=40,m=3,eps=2,
    onvoid="enlarge",r=5)
lag.plot(x.new, labels=FALSE,lag=4)
```

图 5.4.3 中上边四张图对应例 5.5 的序列, 下边四张图对应例 5.6 的序列. 结果显示出猞猁序列的图与人造线性序列的图完全不同,

一般的离散单变量 (不一定是线性的) m 阶时间序列 $\{X_t\}_{t\in T}$ (称为 NLAR(m), NonLinear AutoRegressive of order m) 有下面的形式:

$$X_{t+s} = f(X_t, X_{t-d}, \dots, X_{t-(m-1)d}; \boldsymbol{\theta}) + \epsilon_{t+s}, \ \ \forall t \in T,$$

式中, $\{\epsilon_t\}_{t\in T}$ 为白噪声; f 为 $R^m \to R$ 的映射; m 为嵌入维数 (embedding dimension); d 为滞后时间; s 为预测步数; 向量 $\boldsymbol{\theta}$ 为模型 f 的待估计参数, 需要通过观测序列 $\{X_t\}_{t\in T}$ 来估计.

5.4.2 线性 AR 模型

前面已经简单讨论过线性时间序列, 作为前面一般序列特例的线性 AR 模型为:

$$\begin{aligned} X_{t+s} &= \phi + \phi_1 X_t + \phi_2 X_{t-d} + \phi_3 X_{t-2d} + \cdots \\ &\quad + \phi_{m-1} X_{t-(m-2)d} + \phi_m X_{t-(m-1)d} + \epsilon_{t+s}. \end{aligned}$$

用线性 AR 模型 ($d=1, m=3$) 拟合猞猁数据, 代码为 ($d=1$ 为默认值):

```
library(tsDyn);x <- log10(lynx)
x.ar=linear(x, m=2) #这里的m相当于公式中的m-1
x.ar$coefficients
```

输出为:

```
  const    phi.1    phi.2
 1.0576   1.3842 -0.7478
```

输出的系数估计为: $(\phi, \phi_1, \phi_2) = (1.0576, 1.3842, -0.7478)$, 即估计的模型为:

$$X_t = 1.0576 + 1.3842\, X_{t-1} - 0.7478\, X_{t-2} + \epsilon_t.$$

而且 (如果用 `summary(x.ar)`) 可得到 $\sigma_\epsilon^2 = 0.05072$. 根据上述拟合模型, 预测未来 10 年的结果可用如下语句:

```
(x.ar.p=predict(x.ar, n.ahead=10))
```

输出下面 10 个数的预测数列:

```
Time Series:
Start = 1935
End = 1944
Frequency = 1
 [1] 3.384622 3.102350 2.821052 2.642745 2.606274
 [6] 2.689122 2.831076 2.965623 3.045717 3.055977
```

5.4.3 自门限自回归模型

自门限自回归模型 (self threshold autoregressive model, SETAR) 严格说来是分段线性模型, 当时间序列的值在不同的期间时, 用不同的线性 AR 模型来描述. 两段 (一个门限参数) 的 SETAR 模型为:

$$X_{t+s} = \begin{cases} \phi_{10} + \phi_{11} X_t + \cdots + \phi_{1mL} X_{t-(mL-1)d} + \epsilon_{t+s}, & Z_t \leqslant \text{th}; \\ \phi_{20} + \phi_{21} X_t + \cdots + \phi_{2mH} X_{t-(mH-1)d} + \epsilon_{t+s}, & Z_t > \text{th}. \end{cases}$$

式中, Z_t 为门限变量 (threshold variable); th 为门限值. 在 SETAR 模型中 Z_t 是

$$\{X_t, X_{t-d}, \ldots, X_{t-(m-1)d}\}$$

中的一个. 可以通过门限滞后 $0 \leqslant \delta \leqslant m-1$ 来定义 Z_t, 使得

$$Z_t = X_{t-\delta d}.$$

还可以更灵活地定义 Z_t 为不同滞后的时间序列值的线性组合, 即

$$Z_t = \beta_1 X_t + \beta_2 X_{t-d} + \cdots + \beta_m X_{t-(m-1)d}.$$

类似地, 三段 (两个门限参数) 的 SETAR 模型为:

$$X_{t+s} = \begin{cases} \phi_{10} + \phi_{11} X_t + \cdots + \phi_{1mL} X_{t-(mL-1)d} + \epsilon_{t+s}, & Z_t \leqslant \text{th}_1; \\ \phi_{20} + \phi_{21} X_t + \cdots + \phi_{2mM} X_{t-(mM-1)d} + \epsilon_{t+s}, & \text{th}_1 < Z_t \leqslant \text{th}_2; \\ \phi_{30} + \phi_{31} X_t + \cdots + \phi_{3mH} X_{t-(mH-1)d} + \epsilon_{t+s}, & Z_t > \text{th}_2. \end{cases}$$

一个门限参数的模型

我们可以用程序包 `tsDyn` 中的函数 `setar` 实现用 SETAR 模型拟合猞猁数据, 可以选定 $\delta = 1$ (`thDeley=1`) 及 $m = 2$, 但两段模型的自回归阶数 (`mL` 和 `mH`) 必须在函数中确定, 但这也可以用另一个函数 `selectSETAR` 来根据 AIC 准则选择. 仍然考虑例 5.6 的猞猁数据 (x), 语句为:

```
selectSETAR(x, m=2)
```

部分输出为:

```
  thDelay mL mH        th pooled-AIC
1       0  2  2 2.557507  -25.48913
2       0  2  2 2.587711  -24.43721
3       0  2  2 2.556303  -23.45258
4       0  2  2 2.553883  -23.28460
5       0  2  2 2.582063  -23.06773
```

因而, 可以选择`mL=2, mH=2`, 即使用下面的拟合语句:

```
x.setar=setar(x, m=2, mL=2, mH=2, thDelay=1)
summary(x.setar)
```

得到下面的输出:

```
Non linear autoregressive model

SETAR model ( 2 regimes)
Coefficients:
Low regime:
const.L  phiL.1  phiL.2
 0.5884  1.2643 -0.4284
```

```
High regime:
const.H  phiH.1  phiH.2
  1.166   1.599  -1.012

Threshold:
-Variable: Z(t) = + (0) X(t)+ (1)X(t-1)
-Value: 3.31
Proportion of points in low regime: 69.64%   High regime: 30.36%
```

于是拟合的模型为:

$$X_{t+1} = \begin{cases} 0.588 + 1.264X_t - 0.428X_{t-1} + \epsilon_{t+1}, & X_{t-1} \leqslant 3.31; \\ 1.166 + 1.599X_t - 1.012X_{t-1} + \epsilon_{t+1}, & X_{t-1} > 3.31. \end{cases}$$

对于上述拟合模型, 预测未来 10 年的结果可用如下语句:

```
(x.setar.p=predict(x.setar, n.ahead=10))
```

输出下面 10 个数的预测数列:

```
Time Series:
Start = 1935
End = 1944
Frequency = 1
 [1] 3.348576 2.949075 2.494675 2.478933 2.653709
 [6] 2.881419 3.094429 3.266175 3.392051 3.477612
```

两个门限参数的模型

可以用 SETAR($\delta = 1, m = 2$, 三部分模型的自回归阶数均为 2) 来拟合例 5.6 猞猁数据 (未进行参数选择), 代码为:

```
x.setar3=setar(x,m=2,mL=2,mH=2,mM=2,thDelay=1,nthresh=2)
summary(x.setar3)
```

得到下面的输出:

```
Non linear autoregressive model

SETAR model ( 3 regimes)
Coefficients:
Low regime:
const.L  phiL.1  phiL.2
 0.5729  1.3981 -0.5729

Mid regime:
```

```
const.M  phiM.1  phiM.2
 1.5613  1.2150 -0.6996

High regime:
const.H  phiH.1  phiH.2
  1.166   1.599  -1.012

Threshold:
-Variable: Z(t) = + (0) X(t)+ (1)X(t-1)+ (0)X(t-0)
-Value: 2.612 3.310
Proportion of points in low regime: 35.71%   Middle regime: 33.93%
High regime: 30.36%
```

这时, 拟合的模型为:

$$X_{t+1} = \begin{cases} 0.573 + 1.398X_t - 0.573X_{t-1} + \epsilon_{t+1}, & X_{t-1} \leqslant 2.612; \\ 1.561 + 1.215X_t - 0.700X_{t-1} + \epsilon_{t+1}, & 2.612 < X_{t-1} \leqslant 3.310; \\ 1.166 + 1.599X_t - 1.012X_{t-1} + \epsilon_{t+1}, & X_{t-1} > 3.310. \end{cases}$$

对于上述拟合模型, 预测未来 10 年的结果可用如下语句:

```
(x.setar3.p=predict(x.setar3, n.ahead=10))
```

输出下面 10 个数的预测数列:

```
Time Series:
Start = 1935
End = 1944
Frequency = 1
 [1] 3.455664 3.289612 3.140546 3.075603 3.100984
 [6] 3.177257 3.252169 3.289825 3.283168 3.248737
```

Hansen 检验

Hansen(1999) 提出了零假设为线性模型、备选假设为门限模型的利用自助法分布的检验. 对猞猁数据实行这个检验的代码如下 (备选假设为两段和三段的门限 AR 模型, 因此实际上是两个检验):

```
Hansen.x=setarTest(lynx, m=1, nboot=1000)
summary(Hansen.x);plot(Hansen.x)
```

利用上面的代码产生了和检验有关的图 5.4.4 及下面的输出.

```
Test of linearity against setar(2) and setar(3)


        Test  Pval
```

```
1vs2 20.0573 0.006
1vs3 42.8147 0.000

Critical values:
         0.9     0.95    0.975     0.99
1vs2 10.3266 12.3068 14.2181 17.6212
1vs3 19.8616 22.8425 25.2254 28.9905

SSR of original series:
               SSR
AR        137160013
SETAR(2) 116484232
SETAR(3)  99471266

Threshold of original series:
          th1  th2
SETAR(2) 3465   NA
SETAR(3) 1676 3465

Number of bootstrap replications:  1000
Asymptotic bound:  729.535
```

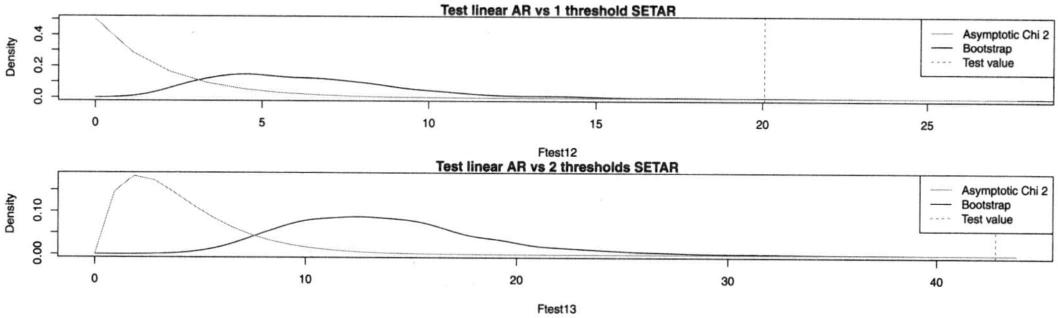

图 5.4.4　与 Hansen 检验有关的图

5.4.4 Logistic 平滑过渡自回归模型

Logistic 平滑过渡自回归模型 (logistic smooth transition autoregressive model, LSTAR) 如下所示:

$$\begin{aligned}X_{t+s} =&(\phi_{10} + \phi_{11}X_t + \cdots + \phi_{1L}X_{t-(L-1)d})[1 - G(Z_t, \gamma, \text{th})]\\&+ (\phi_{20} + \phi_{21}X_t + \cdots + \phi_{2H}X_{t-(H-1)d})G(Z_t, \gamma, \text{th}) + \epsilon_{t+s},\end{aligned}$$

式中, $G(Z_t, \gamma, \text{th})$ 为 logistic 分布函数, 其位置参数 (location) 为 th, 尺度参数 (scale) 为 $1/\gamma$, 即

$$G(Z_t, \gamma, \text{th}) = \frac{1}{1 + \exp[-(Z_t - \text{th})\gamma]} = \frac{1}{2} + \frac{1}{2}\tanh\frac{(Z_t - \text{th})\gamma}{2},$$

其密度函数为:

$$f(Z_t, \gamma, \text{th}) = \frac{\gamma \exp[-(Z_t - \text{th})\gamma]}{\{1 + \exp[-(Z_t - \text{th})\gamma]\}^2} = \frac{\gamma}{4}\text{sech}^2 \frac{(Z_t - \text{th})\gamma}{2}.$$

LSTAR 模型的各个变量和 SETAR 类似. 给定 th 和 γ 后, 该模型也是线性的. 估计 LSTAR 模型时, 需要为所有待估计参数 $(\phi, \gamma, \text{th})$ 确定初始值. 估计时先通过线性回归确定 ϕ, 然后确定 th, γ 使得残差平方和最小, 重复这两步, 直到收敛.

用 LSTAR 模型拟合例 5.6 猞猁数据, 这里也有关于 `mL` 和 `mH` 参数选择的函数 (当然, 用默认值也可以执行) `selectLSTAR`, 确定 `m=2, thDelay=1`. 用下面的代码选择参数:

```
selectLSTAR(x, m=2)
```

得到输出:

```
  thDelay mL mH       AIC       BIC       th      gamma
1       1  2  1 -358.5196 -339.3662 3.379743   8.740303
2       1  2  2 -356.6440 -334.7544 3.344847  10.305586
3       1  1  1 -355.9970 -339.5798 3.585194   2.819021
4       1  1  2 -354.9086 -335.7552 4.272686   2.717408
5       0  2  2 -349.9262 -328.0366 2.567991 100.000109
```

根据上面输出的 AIC 值和 BIC 值来做的判断并不一致. 这里还是根据 AIC 值选择了 `mL=2` 和 `mH=1`, 并用来建模. 代码如下:

```
x.lstar=lstar(x, m=2, mL=2,mH=1,thDelay=1)
summary(x.lstar)
```

得到输出:

```
Non linear autoregressive model

LSTAR model
Coefficients:
Low regime:
  const.L    phiL.1    phiL.2
 0.450298  1.252161 -0.354821

High regime:
  const.H    phiH.1
-2.116224  0.451393

Smoothing parameter: gamma = 8.701

Threshold
Variable: Z(t) = + (0) X(t) + (1) X(t-1)
```

```
Value: 3.38

Residuals:
     Min       1Q   Median       3Q      Max
-0.59741 -0.11197  0.01593  0.11567  0.50632

Fit:
residuals variance = 0.03809,  AIC = -359, MAPE = 5.597%

Non-linearity test of full-order LSTAR model against full-order AR model
 F = 12.45 ; p-value = 1.382e-05
```

拟合的模型为:

$$\begin{aligned}X_{t+1} =&(0.450 + 1.252X_t - 0.355X_{t-1})[1 - G(X_{t-1}, 8.701, 3.38)]\\&+ (-2.116 + 0.451X_t)G(X_{t-1}, 8.701, 3.38) + \epsilon_{t+1}.\end{aligned}$$

输出中还有一个相对于线性 AR 模型的 F 检验, p 值为 0.0000138, 说明这个模型比线性模型优越.

对于上述拟合模型, 预测未来 10 年的结果可用如下语句:

```
(x.lstar.p=predict(x.lstar, n.ahead=10))
```

输出下面 10 个数的预测数列:

```
Time Series:
Start = 1935
End = 1944
Frequency = 1
 [1] 3.345630 2.909123 2.564024 2.612981 2.811630
 [6] 3.042702 3.257380 3.416870 3.426117 3.197871
```

5.4.5 神经网络模型

具有 D 个隐藏层节点 (只考虑一个隐藏层) 而且激活函数为 g 的**神经网络模型** (参照第 9 章内容) 定义为:

$$x_{t+s} = \beta_0 + \sum_{j=1}^{D} \beta_j g \left(\gamma_{0j} + \sum_{i=1}^{m} \gamma_{ij} x_{t-(i-1)d} \right),$$

在确定使用多少隐藏层节点时, 可用下面的语句:

```
set.seed(8)
selectNNET(x, m=3, size=1:10)
```

得到输出:

```
   size      AIC      BIC
1     6 -373.344 -288.522
2     8 -357.672 -245.488
3     9 -351.847 -225.982
4     5 -348.673 -277.532
5     7 -339.374 -240.870
6     1 -336.829 -320.412
7     4 -336.788 -279.328
8     2 -326.829 -296.731
9     3 -316.829 -273.050
10   10 -246.829 -107.283
```

这里根据上面输出的 AIC 值和 BIC 值所做的判断也不一致, 可以选择 6 个节点:

```
x.nnet=nnetTs(x, m=2,size=6);summary(x.nnet)
```

得到输出:

```
NNET time series model
a 2-6-1 network with 25 weights
options were - linear output units

Fit:
residuals variance = 0.03695,  AIC = -326, MAPE = 5.573%
```

当然, 对于神经网络模型完全没有必要写出拟合公式, 但可以用拟合的模型进行预测, 预测未来 10 年的结果可用以下代码:

```
(x.nnet.p=predict(x.nnet, n.ahead=10))
```

输出为:

```
Time Series:
Start = 1935
End = 1944
Frequency = 1
 [1] 3.43524 3.10436 2.63950 2.39638 2.45008 2.67964
 [7] 2.98873 3.28793 3.47513 3.49387
```

5.4.6 可加 AR 模型

可加 AR 模型 (additive autoregressive model, AAM) 是**广义可加模型** (generalized additive model, GAM) 之一, 定义为:

$$x_{t+s} = \mu + \sum_{i=1}^{m} s_i(x_{t-(i-1)d}),$$

式中, s_i 为由**处罚三次回归样条** (penalized cubic regression splines) 所表示的光滑函数. 拟合猞猁数据可以用下面的语句 (不显示输出):

```
x.aar=aar(x, m=3);summary(x.aar)
```

而对未来 10 年的预测可用下面的语句:

```
(x.aar.p=predict(x.aar, n.ahead=10))
```

输出为:

```
Time Series:
Start = 1935
End = 1944
Frequency = 1
 [1] 3.33920 2.91273 2.54882 2.48683 2.60493 2.83581
 [7] 3.09219 3.31335 3.40067 3.26985
```

5.4.7 模型的比较

可以通过 AIC 和 MAPE (mean absolute percent error, 均方绝对误差率) 的值在上述各种模型中挑选最好的, 代码如下 (利用前面的运算结果):

```
mod <- list()
mod[["linear"]]=x.ar
mod[["setar"]]=x.setar
mod[["setar3"]]=x.setar3
mod[["lstar"]]=x.lstar
mod[["nnetTs"]]=x.nnet
mod[["aar"]]=x.aar
sapply(mod, AIC);sapply(mod, MAPE)
```

输出为 (上面是 AIC, 下面是 MAPE):

```
  linear     setar    setar3     lstar    nnetTs       aar
-333.874 -358.374 -357.525 -358.519 -325.979 -320.534
   linear     setar     setar3     lstar    nnetTs       aar
0.0680196 0.0564860 0.0544365 0.0559741 0.0557334 0.0566615
```

从上面的输出可以看出, LSTAR 和 SETAR3 差不多. 一个 AIC 值最小, 一个 MAPE 值最小.

5.4.8 门限协整

向量误差修正模型

分析非平稳时间序列时, 协整的概念是非常重要的, 前面介绍的是线性协整 (linear cointegration), 其基本思想是, 即使两个或更多的变量是非平稳的, 也有可能存在它们的平稳的线性组合. 这些变量能够被解释为有一个稳定的关系, 即**长远的平衡状态** (a long-run equilibrium), 可以用**向量的误差修正模型** (vector error-correction model, VECM) 来表示, 并共享一个共同的随机趋势.

然而, 这个定义意味着对长远平衡状态的微小偏移将导致即刻的误差修正. **门限协整** (threshold cointegration) 推广了线性协整, 它允许只在超过临界门限时才调整, 即考虑了可能的交易花费和价格的粘滞; 也允许调整的非对称性, 即对正负偏移不以同样方式修正.

回顾前面的长期线性 VECM (式 (5.2.4)):

$$\Delta \boldsymbol{X}_t = \boldsymbol{\Gamma}_1 \Delta \boldsymbol{X}_{t-1} + \cdots + \boldsymbol{\Gamma}_{p-1} \Delta \boldsymbol{X}_{t-p+1} + \boldsymbol{\Pi} \boldsymbol{X}_{t-p} + \boldsymbol{\Upsilon} \boldsymbol{D}_t + \boldsymbol{\alpha} + \boldsymbol{u}_t,$$

其中, 矩阵 $\boldsymbol{\Pi}$ 包含了累积的长期影响. 在 $k=2, p=1$, 而且没有输入项的情况下, 上式也可以写成

$$\begin{bmatrix} \Delta X_{t1} \\ \Delta X_{t2} \end{bmatrix} = \begin{bmatrix} \gamma_{11} & \gamma_{12} \\ \gamma_{21} & \gamma_{22} \end{bmatrix} \begin{bmatrix} \Delta X_{t-1,1} \\ \Delta X_{t-1,2} \end{bmatrix} + \begin{bmatrix} a_1 \\ a_2 \end{bmatrix} ECT_{-1} + \begin{bmatrix} \alpha_1 \\ \alpha_2 \end{bmatrix} + \begin{bmatrix} u_{t1} \\ u_{t2} \end{bmatrix},$$

式中, 误差修正项

$$ECT_{-1} = (1, -\beta) \begin{bmatrix} X_{t-1,1} \\ X_{t-1,2} \end{bmatrix}.$$

当门限自回归模型实际上是分段自回归模型时, 上面公式的误差修正项也分成相应的段. 以三段门限为例, 上式可转换成下面的门限 VECM(threshold VECM, TVECM) 形式, 其中, 最上面的式子相应于低段 (用误差修正项的下标 L 标识), 中间的式子相应于中段 (用误差修正项的下标 M 标识), 最下面的式子相应于高段 (用误差修正项的下标 H 标识):

$$\begin{bmatrix} \Delta X_{t1} \\ \Delta X_{t2} \end{bmatrix} = \begin{cases} \begin{bmatrix} a_{1L} \\ a_{2L} \end{bmatrix} ECT_{L,t-1} + \begin{bmatrix} \gamma_{11} & \gamma_{12} \\ \gamma_{21} & \gamma_{22} \end{bmatrix} \begin{bmatrix} \Delta X_{t-1,1} \\ \Delta X_{t-1,2} \end{bmatrix} + \begin{bmatrix} \alpha_1 \\ \alpha_2 \end{bmatrix} + \begin{bmatrix} u_{t1} \\ u_{t2} \end{bmatrix}; \\ \begin{bmatrix} a_{1M} \\ a_{2M} \end{bmatrix} ECT_{M,t-1} + \begin{bmatrix} \gamma_{11} & \gamma_{12} \\ \gamma_{21} & \gamma_{22} \end{bmatrix} \begin{bmatrix} \Delta X_{t-1,1} \\ \Delta X_{t-1,2} \end{bmatrix} + \begin{bmatrix} \alpha_1 \\ \alpha_2 \end{bmatrix} + \begin{bmatrix} u_{t1} \\ u_{t2} \end{bmatrix}; \\ \begin{bmatrix} a_{1H} \\ a_{2H} \end{bmatrix} ECT_{H,t-1} + \begin{bmatrix} \gamma_{11} & \gamma_{12} \\ \gamma_{21} & \gamma_{22} \end{bmatrix} \begin{bmatrix} \Delta X_{t-1,1} \\ \Delta X_{t-1,2} \end{bmatrix} + \begin{bmatrix} \alpha_1 \\ \alpha_2 \end{bmatrix} + \begin{bmatrix} u_{t1} \\ u_{t2} \end{bmatrix}. \end{cases}$$

向量误差修正模型的估计

这一类模型也完全可以使用程序包 `tsDyn` 中的函数来估计参数, 包括协整系数向量参数 β 的估计. 下面用该程序包所带的美国利率期限结构数据 (zeroyld) 来说明.

例 5.7 美国利率期限结构数据 (zeroyld) 该数据共有从 1947 年到 1991 年的 482 个观测值及 2 个变量: 12 个月短期利率期限 (short.run) 及 120 个月长期利率期限 (long.run).

使用 TVECM 拟合例 5.7 并且生成图 5.4.5 及产生估计的模型 (5.4.1) 所用的语句为:

```
data(zeroyld)
tvecm=TVECM(zeroyld, nthresh=2,lag=1, ngridBeta=60,
        ngridTh=30, plot=TRUE,trim=0.05)
summary(tvecm)
```

式 (5.4.1) 展示了用 TVECM 拟合该数据得到的结果模型, 第一行相应于 $\text{th} \in (-\infty, -1.31]$, 第二行相应于 $\text{th} \in (-1.31, 0.77]$, 第三行相应于 $\text{th} \in (0.77, \infty)$.

$$\begin{bmatrix}\Delta X_{t1}\\ \Delta X_{t2}\end{bmatrix} = \begin{cases} \begin{bmatrix}0.23\\ 1.14\end{bmatrix} ECT_{-1} + \begin{bmatrix}0.56\\ 1.95\end{bmatrix} + \begin{bmatrix}0.22 & -0.13\\ 0.77 & 0.02\end{bmatrix} \begin{bmatrix}\Delta X_{t-1,1}\\ \Delta X_{t-1,2}\end{bmatrix}; \\ \begin{bmatrix}-0.01\\ 0.02\end{bmatrix} ECT_{-1} + \begin{bmatrix}0.01\\ -0,01\end{bmatrix} + \begin{bmatrix}0.10 & 0.07\\ 0.33 & 0.24\end{bmatrix} \begin{bmatrix}\Delta X_{t-1,1}\\ \Delta X_{t-1,2}\end{bmatrix}; \\ \begin{bmatrix}-0.05\\ 0.11\end{bmatrix} ECT_{-1} + \begin{bmatrix}0.07\\ -0.09\end{bmatrix} + \begin{bmatrix}-0.11 & 0.05\\ 0.09 & -0.03\end{bmatrix} \begin{bmatrix}\Delta X_{t-1,1}\\ \Delta X_{t-1,2}\end{bmatrix}. \end{cases} \tag{5.4.1}$$

使用 TVECM 还可得到构成误差修正项 ECT 的协整向量: $(1, -\beta) = (1, -1.047592)$, 以及搜寻门限的图 5.4.5 (包括与线性门限值的比较).

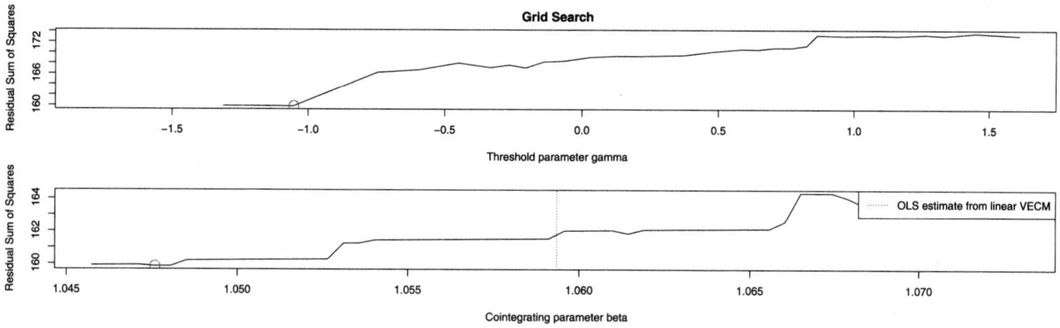

图 5.4.5 搜寻门限的图 (包括与线性门限值的比较)

相应于模型 (5.4.1) 的计算打印输出为:

```
#############
###Model TVECM
#############
Full sample size: 482  End sample size: 480
Number of variables: 2  Number of estimated parameters 24
AIC -2222.99  BIC -2114.48  SSR 155.529


Cointegrating vector: (1, - 1.04759 )
$Bdown
                    ECT                 Const               short.run t -1
Equation short.run 0.2324(0.0209)*     0.5640(0.0042)**    0.2152(0.2194)
Equation long.run  1.1401(1.1e-11)*** 1.9515(2.2e-09)*** 0.7741(0.0070)**
                    long.run t -1
Equation short.run -0.1314(0.1646)
Equation long.run  0.0204(0.8946)
```

```
$Bmiddle
                      ECT                 Const               short.run t -1
Equation short.run -0.0095(0.7920)  0.0072(0.6923)     0.0996(0.3455)
Equation long.run   0.0204(0.7283)  -0.0055(0.8530)    0.3270(0.0580).
                      long.run t -1
Equation short.run 0.0690(0.2106)
Equation long.run   0.2368(0.0086)**

$Bup
                      ECT                 Const               short.run t -1
Equation short.run -0.0492(0.4422)  0.0664(0.4250)     -0.1122(0.2911)
Equation long.run   0.1080(0.3008)  -0.0906(0.5044)    0.0851(0.6232)
                      long.run t -1
Equation short.run 0.0464(0.5253)
Equation long.run  -0.0287(0.8097)


Threshold
Values: -1.312 0.766
Percentage of Observations in each regime 6.7% 56.9% 36.5%
```

向量误差修正模型的检验

这里检验的零假设为**线性协整** (linear cointegration), 备选假设为**门限协整** (threshold cointegration). 该检验来自 Hansen and Seo (2002). 该检验应用了回归和残差自助法抽样.

对于例 5.7 美国利率期限结构数据 (zeroyld), 如果取自助法抽样数目为 100, 该检验代码为:

```
z=TVECM.HStest(zeroyld, lag=1, intercept=TRUE, nboot=100)
summary(z);plot(z)
```

得到与检验统计量有关的图 5.4.6 及下面的输出:

```
## Test of linear versus threshold cointegration of Hansen and Seo (2002) ##

Test Statistic:  20.5994 (Maximized for threshold value: -0.0480544 )
P-Value:  0.05   ( Fixed regressor bootstrap )

Critical values:
   0.90%   0.95%   0.99%
 18.5502 20.3447 23.0023
Number of bootstrap replications:  100

Cointegrating value (estimated under restricted linear model): -1.02206
```

这个输出不仅给出了检验的 p 值 0.05, 而且给出了协整值 $\beta = -1.022065$. 这说明可能存在门限协整.

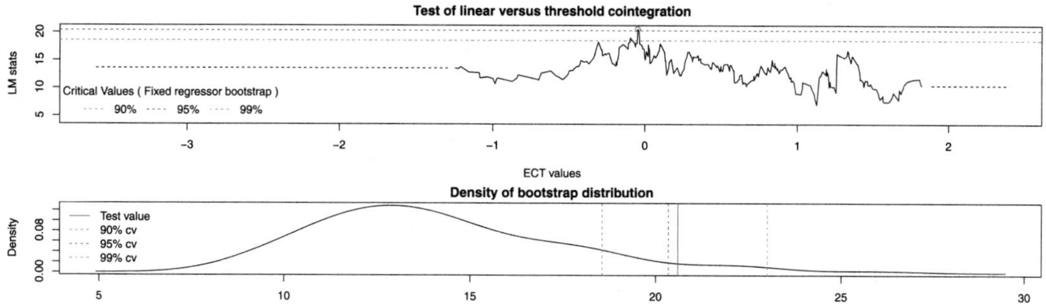

图 5.4.6 与检验统计量有关的图

5.5 本章的 Python 代码

5.5.1 5.1 节的代码

下面是由例 5.1 数据生成的图 5.5.1 及有关代码:

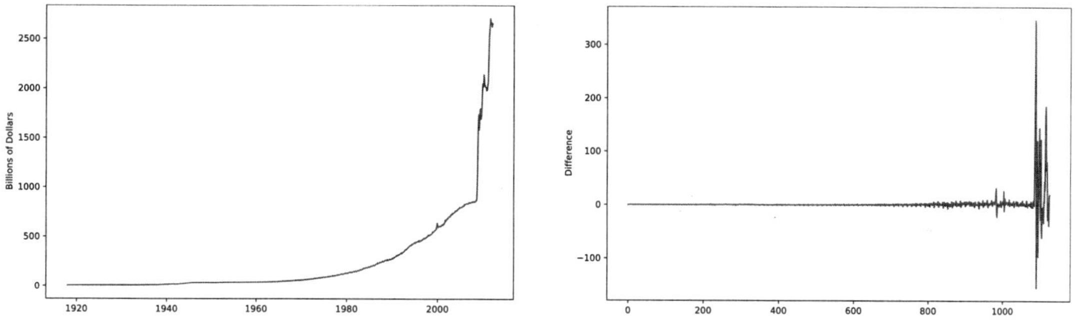

图 5.5.1 例 5.1 的数据及其一阶差分图

```
series = pd.read_csv('AMBNS.csv')['VALUE']
series.index = pd.date_range('12/1917', periods=series.shape[0], freq='M')

plt.figure(figsize=(21,6))
plt.subplot(121)
plt.plot(series)
plt.ylabel('Billions of Dollars')
plt.subplot(122)
plt.plot(np.diff(series))
plt.ylabel('Difference')
plt.savefig('AMB110p.pdf',bbox_inches='tight',pad_inches=0)
```

关于例 5.1 数据的指数平滑图 5.5.2 是用下面的代码生成的:

```
w=pd.read_csv('AMBNS.csv')[['VALUE']]
from statsmodels.tsa.holtwinters import SimpleExpSmoothing
from statsmodels.tsa.holtwinters import ExponentialSmoothing
w['HWES1'] = SimpleExpSmoothing(w['VALUE']).fit(smoothing_level=1/24,optimized=False,
    use_brute=True).fittedvalues
fig,axes=plt.subplots(nrows=1,ncols=2,figsize=(21,6))
w[['VALUE','HWES1']].plot(title='Holt Winters Single Exponential Smoothing',ax=axes[0])
(w['VALUE']-w['HWES1']).plot(title='Error of Holt Winters Single Exponential Smoothing',
    ax=axes[1])
plt.savefig('AMB20p.pdf',bbox_inches='tight',pad_inches=0)
```

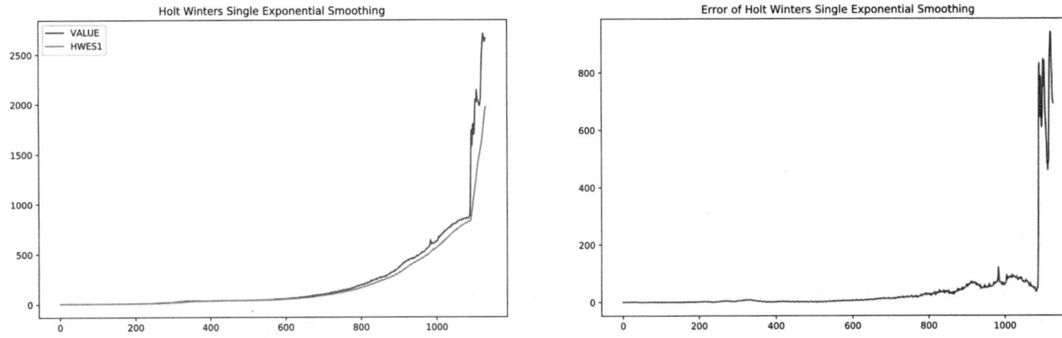

图 5.5.2　例 5.1 全部数据的指数平滑效果图

例 5.2 橙汁原始数据以及数据的分解成分图 5.5.3 及代码如下:

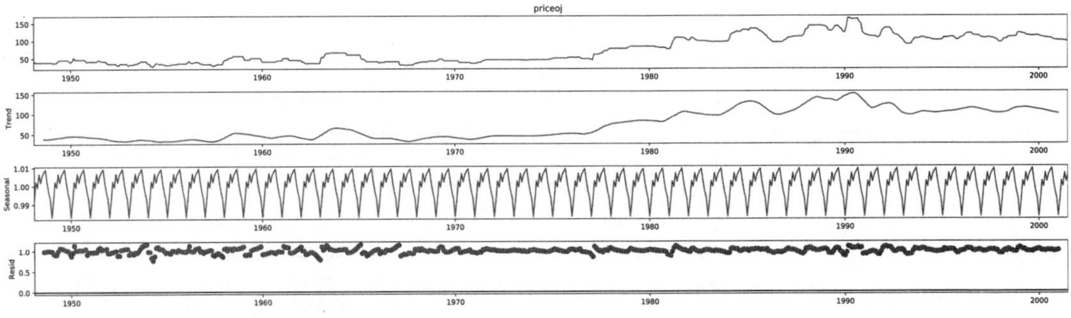

图 5.5.3　例 5.2 橙汁原始数据 (上) 及数据的分解成分 (趋势 (中上)、季节 (中下)、冗余 (下))

```
u=pd.read_csv('orange.csv')['priceoj']
u.index = pd.date_range('1/1948', periods=len(u), freq='M')
from statsmodels.tsa.seasonal import seasonal_decompose
decompose_result = seasonal_decompose(u,model='multiplicative')
import matplotlib as mpl
mpl.rc("figure", figsize=(21,6))
decompose_result.plot()
plt.savefig('Orange1p.pdf',bbox_inches='tight',pad_inches=0)
```

图 5.5.4 为例 5.3 尼罗河数据的时间序列图及相应的 acf 图及 pacf 图. 生成图 5.5.4 的代码为:

```
v = pd.read_csv('nile.csv')
import statsmodels.api as sm
fig = plt.figure(figsize=(21, 6))
ax1 = fig.add_subplot(2, 1, 1)
ax1.set_xlabel('Time')
ax1.set_ylabel('Nile')
ax1.plot(v)
ax2 = fig.add_subplot(2, 2, 3)
_ = sm.graphics.tsa.plot_acf(v, lags=26, ax=ax2)
ax3 = fig.add_subplot(2, 2, 4)
_ = sm.graphics.tsa.plot_pacf(v, lags=26, ax=ax3)
plt.savefig('nile0p.pdf')
```

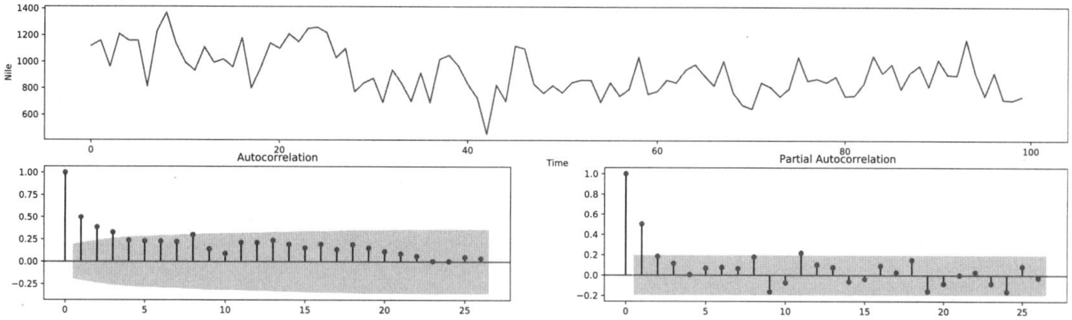

图 5.5.4 例 5.3 尼罗河数据的时间序列图 (上) 和 acf 图 (左下)、pacf 图 (右下)

图 5.5.5 为用 ARMA 拟合例 5.3 尼罗河数据残差的 Ljung-Box 检验的 p 值、acf 图及 pacf 图. 生成图 5.5.5 的代码为:

```
from statsmodels.tsa.arima.model import ARIMA
model = ARIMA(np.array(v), order=(1,0,8))
model_fit = model.fit()
residuals = pd.DataFrame(model_fit.resid)
from statsmodels.stats.diagnostic import acorr_ljungbox
JB=[]
for i in range(30):
    JB.append(acorr_ljungbox(residuals, lags=[1+i], return_df=False)[1])
fig = plt.figure(figsize=(21, 6))
ax1 = fig.add_subplot(2, 1, 1)
ax1.set_xlabel('Time')
ax1.set_ylabel('Nile')
ax1.plot(JB,'b:')
ax1.title.set_text('Ljung-Box test')
ax2 = fig.add_subplot(2, 2, 3)
_ = sm.graphics.tsa.plot_acf(residuals, lags=26, ax=ax2)
```

```
ax3 = fig.add_subplot(2, 2, 4)
_ = sm.graphics.tsa.plot_pacf(residuals, lags=26, ax=ax3)
plt.savefig('nileresp.pdf')
```

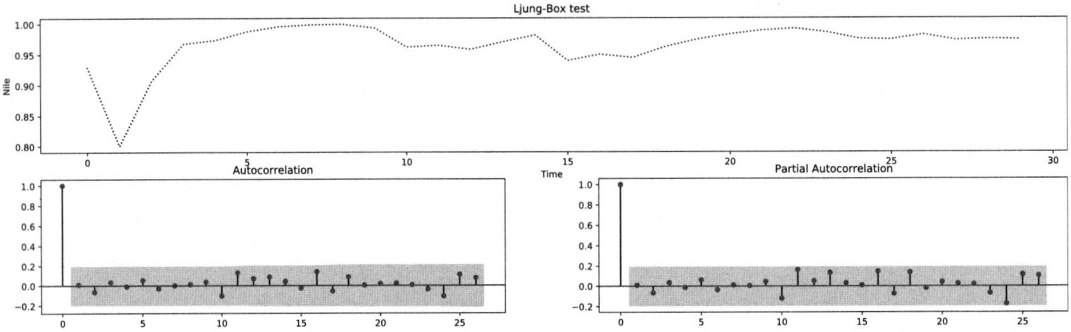

图 5.5.5 用 ARMA 拟合例 5.3 尼罗河数据残差的 Ljung-Box 检验的 p 值、acf 图及 pacf 图

对例 5.1 自动选择 ARIMA 模型 (选中 ARIMA(4,2,1)(0,0,0)), 并且取 95%数据训练 (剩下的预测), 并对残差做 Ljung-Box 检验并做图 (见图 5.5.6). 生成图 5.5.6 的代码为:

```
series = pd.read_csv('AMBNS.csv')['VALUE']
series.index = pd.date_range('12/1917', periods=w.shape[0], freq='M')

train = series[:int(0.95*(len(series)))]
valid = series[int(0.95*(len(series))):]


from statsmodels.stats.diagnostic import acorr_ljungbox
from pmdarima.arima import auto_arima
model = auto_arima(train, trace=True, error_action='ignore', suppress_warnings=True)
model.fit(train)

forecast = model.predict(n_periods=len(valid))
forecast = pd.DataFrame(forecast,index = valid.index,columns=['Prediction'])

resi=valid-forecast['Prediction']
JB=[]
for i in range(30):
    JB.append(acorr_ljungbox(resi, lags=[1+i], return_df=False)[1])
JB

fig = plt.figure(figsize=(21, 6))
ax1 = fig.add_subplot(2, 2, 1)
ax1.plot(train, label='Train')
ax1.plot(valid, label='Valid')
ax1.plot(forecast, label='Prediction')
ax2 = fig.add_subplot(2, 2, 2)
ax2.plot(resi, label='Residuals')
# ax1.set_xlabel('Time')
# ax1.set_ylabel('Nile')
```

```
ax3 = fig.add_subplot(2, 2, 3)
ax3.plot(JB,'b:')
ax3.title.set_text('Ljung-Box test')
ax4 = fig.add_subplot(2, 2, 4)
_ = sm.graphics.tsa.plot_acf(resi, lags=26, ax=ax4)
plt.savefig('autoARIMA0.pdf',bbox_inches='tight',pad_inches=0)#,transparent=True)
```

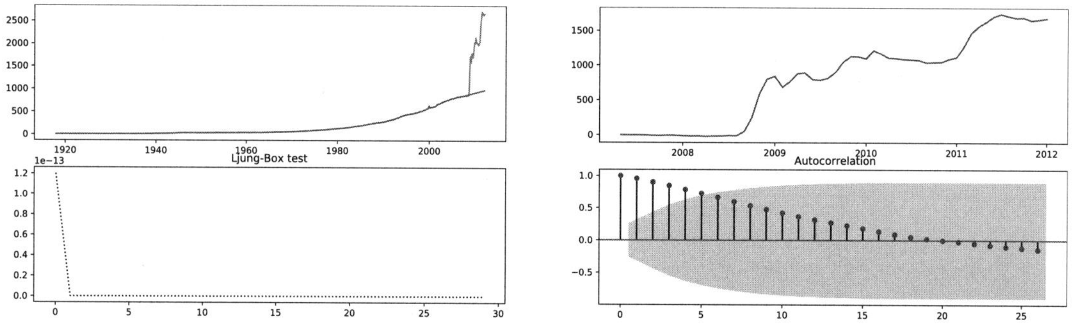

图 5.5.6 例 5.1 的数据拟合后的序列及预测 (15%序列) 图 (左上)、残差图 (右上) 和诊断图 (左下为 Ljung-Box 检验, 右下为残差 acf 图)

5.5.2 5.2 节的代码

例 5.4 芬兰数据各个序列 acf 图 (见图 5.5.7) 及代码如下.

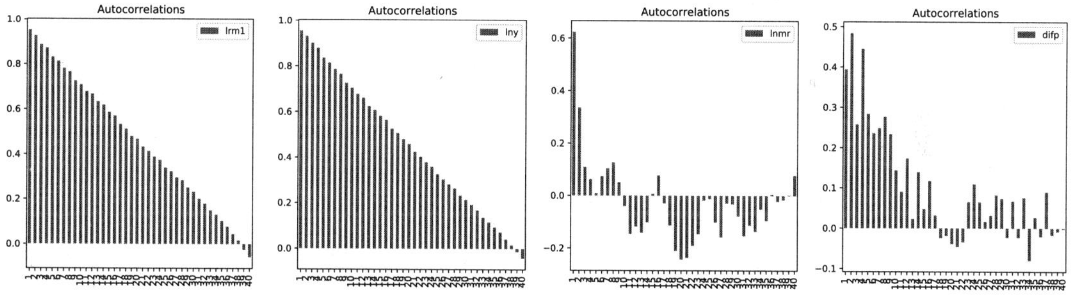

图 5.5.7 例 5.4 数据各个序列 acf 图

```
import statsmodels.api as sm
fin=pd.read_csv('finland.csv')
fig,axes=plt.subplots(nrows=1,ncols=4,figsize=(21,5))
for k in range(fin.shape[1]):
    acf = pd.DataFrame(sm.tsa.stattools.acf(fin.iloc[:,k]),
                       columns=[fin.columns[k]])
    acf[1:].plot(kind="bar", title="Autocorrelations",ax=axes[k])
plt.savefig('acf4finp.pdf',bbox_inches='tight',pad_inches=0)
```

例 5.4 数据的 ADF 检验的代码为:

```
df=pd.DataFrame(index=fin.columns,data=np.zeros((4,2)),
                columns=['Adf','AdfDiff'])
for k in range(fin.shape[1]):
    df.iloc[k,0]=ADF(fin.iloc[:,k]).pvalue
    df.iloc[k,1]=ADF(np.diff(fin.iloc[:,k])).pvalue
print(df.T)
```

输出为:

```
             lrm1       lny          lnmr          difp
Adf      0.857284  0.626685  3.472139e-05  8.812388e-02
AdfDiff  0.011366  0.038880  2.270398e-10  3.457939e-18
```

例 5.4 数据的 KPSS 检验的代码为:

```
from arch.unitroot import KPSS
K=pd.DataFrame(index=fin.columns,data=np.zeros((4,1)),columns=['SPSS'])
for k in range(fin.shape[1]):
    K.iloc[k,0]=KPSS(fin.iloc[:,k]).pvalue
print(K.T)
```

输出为:

```
          lrm1       lny      lnmr      difp
SPSS  0.000134  0.000116  0.633199  0.008013
```

例 5.4 数据的 Engle-Granger 检验的代码为:

```
from arch.unitroot import engle_granger
E_G={}
for k in range(fin.shape[1]):
    for j in range(fin.shape[1]):
        if k<j:
            E_G[fin.columns[k]+'&'+fin.columns[j]]=\
            np.round(engle_granger(fin.iloc[:,k],fin.iloc[:,j],
                                   trend="n").pvalue,4)
print(pd.Series(E_G,index=E_G.keys()))
```

输出为:

```
lrm1&lny     0.0626
lrm1&lnmr    0.0003
lrm1&difp    0.2200
lny&lnmr     0.0003
lny&difp     0.2326
```

```
lnmr&difp    0.1053
```

例 5.4 数据的 Phillips-Ouliaris 检验的代码为:

```
from arch.unitroot.cointegration import phillips_ouliaris
P_O={}
for k in range(fin.shape[1]):
    for j in range(fin.shape[1]):
        if k<j:
            P_O[fin.columns[k]+'&'+fin.columns[j]]=\
            phillips_ouliaris(fin.iloc[:,k],fin.iloc[:,j],
                              trend="c", test_type="Zt").pvalue
print(pd.Series(P_O,index=P_O.keys()))
```

输出为:

```
lrm1&lny     0.053583
lrm1&lnmr    0.838747
lrm1&difp    0.044034
lny&lnmr     0.725369
lny&difp     0.014934
lnmr&difp    0.000114
```

例 5.4 数据的 Johansen 协整检验的来自网页[14]的代码为:

```
from statsmodels.tsa.vector_ar.vecm import coint_johansen

def cointegration_test(df, alpha=0.05):
    out = coint_johansen(df,-1,5)
    d = {'0.90':0, '0.95':1, '0.99':2}
    traces = out.lr1
    cvts = out.cvt[:, d[str(1-alpha)]]
    def adjust(val, length= 6): return str(val).ljust(length)

    # Summary
    print('Name   ::  Test Stat > C(95%)    =>   Signif  \n', '--'*20)
    for col, trace, cvt in zip(df.columns, traces, cvts):
        print(adjust(col), ':: ', adjust(round(trace,2), 9), ">",
              adjust(cvt, 8), ' =>  ' , trace > cvt)

cointegration_test(fin)
```

输出为:

[14]https://www.machinelearningplus.com/time-series/vector-autoregression-examples-python/.

```
Name    ::  Test Stat > C(95%)    =>   Signif
 ----------------------------------------
lrm1    ::  33.92     > 40.1749   =>   False
lny     ::  16.83     > 24.2761   =>   False
lnmr    ::  7.83      > 12.3212   =>   False
difp    ::  0.68      > 4.1296    =>   False
```

例 5.4 数据的 Granger 检验的代码为:

```
from statsmodels.tsa.stattools import grangercausalitytests
Granger={}
for i in range(fin.shape[1]):
    for j in range(fin.shape[1]):
        if i!=j:
            Granger[str(i)+'&'+str(j)]=\
grangercausalitytests(fin[fin.columns[[1,3]]], maxlag=4)
# Granger
```

上面代码的输出很长, 这里不展示. 下面的代码把该检验的信息进行了重新组织, 得到简要的输出:

```
from statsmodels.tsa.stattools import grangercausalitytests
maxlag=12
def G_C(data):
    verbose=False
    pp=data.shape[1]
    df = pd.DataFrame(np.zeros((pp, pp)), columns=data.columns,
                      index=data.columns)
    for c in df.columns:
        for r in df.index:
            test_result = grangercausalitytests(data[[r, c]],
                                                maxlag=maxlag,
                                                verbose=False)
            p_values = [round(test_result[i+1][0]['ssr_chi2test'][1],4)
                        for i in range(maxlag)]
            if verbose: print(f'Y = {r}, X = {c}, P Values = {p_values}')
            min_p_value = np.min(p_values)
            df.loc[r, c] = min_p_value
    df.columns = [var + '_x' for var in fin.columns]
    df.index = [var + '_y' for var in fin.columns]
    return df

print(G_C(fin))
```

输出为:

```
        lrm1_x  lny_x   lnmr_x  difp_x
lrm1_y  1.0000  0.0018  0.0048  0.0054
lny_y   0.0225  1.0000  0.0000  0.0081
lnmr_y  0.0000  0.0000  1.0000  0.0000
difp_y  0.0000  0.0000  0.0913  1.0000
```

5.5.3 5.3 节的代码

对例 5.4 芬兰数据的 VAR 拟合的代码为:

```
from statsmodels.tsa.vector_ar.var_model import VAR

model = VAR(fin)
model_fit = model.fit() #order defaults to 12 * (nobs/100.)**(1./4)
# make prediction
yhat = model_fit.forecast(model_fit.y, steps=8)
print(pd.DataFrame(yhat,columns=fin.columns, index=range(107,115)))
```

输出的 8 个预测值为 (不再点图):

```
         lrm1       lny      lnmr      difp
107  3.806924  4.930445  0.136077  0.026647
108  3.803484  4.929526  0.135862  0.028220
109  3.801746  4.930529  0.136778  0.028503
110  3.800271  4.931399  0.137410  0.028598
111  3.798950  4.932008  0.137753  0.028645
112  3.797791  4.932418  0.137909  0.028672
113  3.796795  4.932689  0.137955  0.028686
114  3.795954  4.932864  0.137939  0.028692
```

输出 VAR 结果汇总的代码为:

```
print(model_fit.summary())
```

输出为:

```
  Summary of Regression Results
==================================
Model:                         VAR
Method:                        OLS
Date:           Fri, 03, Dec, 2021
Time:                     09:06:25
--------------------------------------------------------------------
No. of Equations:         4.00000    BIC:                  -26.4165
Nobs:                     105.000    HQIC:                 -26.7172
Log likelihood:           837.454    FPE:                2.03246e-12
AIC:                     -26.9221    Det(Omega_mle):     1.68736e-12
```

```
-----------------------------------------------------------------
Results for equation lrml
======================================================================
              coefficient       std. error          t-stat           prob
----------------------------------------------------------------------
const            0.076269         0.117372           0.650          0.516
L1.lrml          0.867092         0.075454          11.492          0.000
L1.lny           0.090733         0.073392           1.236          0.216
L1.lnmr         -0.311932         0.128266          -2.432          0.015
L1.difp          0.801356         0.508158           1.577          0.115
======================================================================

Results for equation lny
======================================================================
              coefficient       std. error          t-stat           prob
----------------------------------------------------------------------
const            0.322413         0.101260           3.184          0.001
L1.lrml          0.069728         0.065097           1.071          0.284
L1.lny           0.881346         0.063317          13.919          0.000
L1.lnmr         -0.275799         0.110659          -2.492          0.013
L1.difp          1.267166         0.438403           2.890          0.004
======================================================================

Results for equation lnmr
======================================================================
              coefficient       std. error          t-stat           prob
----------------------------------------------------------------------
const            0.131194         0.071126           1.845          0.065
L1.lrml          0.039416         0.045724           0.862          0.389
L1.lny          -0.049825         0.044475          -1.120          0.263
L1.lnmr          0.595780         0.077728           7.665          0.000
L1.difp          0.720658         0.307937           2.340          0.019
======================================================================

Results for equation difp
======================================================================
              coefficient       std. error          t-stat           prob
----------------------------------------------------------------------
const           -0.069826         0.021858          -3.195          0.001
L1.lrml          0.001883         0.014052           0.134          0.893
L1.lny           0.016614         0.013668           1.216          0.224
L1.lnmr          0.027140         0.023887           1.136          0.256
L1.difp          0.197807         0.094633           2.090          0.037
======================================================================

Correlation matrix of residuals
            lrml       lny      lnmr      difp
lrml    1.000000  0.617872  0.327853 -0.346956
lny     0.617872  1.000000  0.206705 -0.319600
lnmr    0.327853  0.206705  1.000000 -0.055690
difp   -0.346956 -0.319600 -0.055690  1.000000
```

生成例 5.4 数据的 VAR 残差图 5.5.8 的代码为:

```
markers=['o','^','p','x']
ax = model_fit.resid.plot(kind='line')
for i, line in enumerate(ax.get_lines()):
    line.set_marker(markers[i])

ax.legend(ax.get_lines(), fin.columns, loc='best')
plt.savefig('VARres.pdf',bbox_inches='tight',pad_inches=0)
plt.show()
```

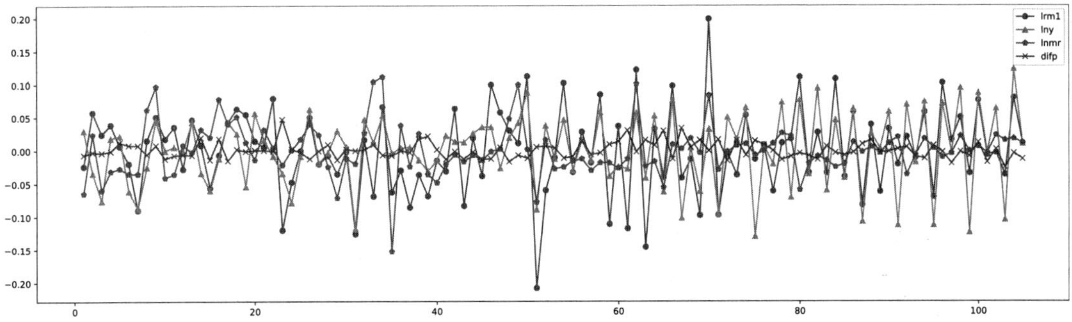

图 5.5.8　例 5.4 数据的 VAR 残差图

VARX 模型 (实际上是通过状态空间模型方法来实施的) 的代码, 这里自变量有两个序列 (lnmr, difp), 因变量也是两个序列 (lrm1, lny):

```
# Import libraries
from statsmodels.tsa.statespace.varmax import VARMAX
from random import random
data = np.array(fin.iloc[:,2:])
data_exog = np.array(fin.iloc[:,:2])
# fit model
model = VARMAX(data, exog=data_exog, order=(2, 0))
model_fit = model.fit(disp=False)

print(model_fit.summary())
```

输出为:

```
                         Statespace Model Results
==============================================================================
Dep. Variable:           ['y1', 'y2']   No. Observations:                  106
Model:                        VARX(2)   Log Likelihood                 515.150
                          + intercept   AIC                           -996.300
Date:                Sat, 04 Dec 2021   BIC                           -951.021
Time:                        15:31:13   HQIC                          -977.948
Sample:                             0
                                - 106
```

```
Covariance Type:                    opg
===================================================================================
Ljung-Box (Q):                  59.83, 43.89   Jarque-Bera (JB):          15.74, 19.38
Prob(Q):                          0.02, 0.31   Prob(JB):                    0.00, 0.00
Heteroskedasticity (H):           0.20, 0.74   Skew:                        0.08, 0.82
Prob(H) (two-sided):              0.00, 0.37   Kurtosis:                    4.88, 4.31
                           Results for equation y1
==============================================================================
                 coef    std err          z      P>|z|      [0.025      0.975]
------------------------------------------------------------------------------
intercept      0.1881      0.082      2.300      0.021       0.028       0.348
L1.y1          0.6959      0.077      9.060      0.000       0.545       0.846
L1.y2          0.8499      0.363      2.343      0.019       0.139       1.561
L2.y1         -0.1742      0.073     -2.386      0.017      -0.317      -0.031
L2.y2          0.2637      0.445      0.592      0.554      -0.609       1.136
beta.x1        0.0664      0.040      1.664      0.096      -0.012       0.145
beta.x2       -0.0820      0.040     -2.064      0.039      -0.160      -0.004
                           Results for equation y2
==============================================================================
                 coef    std err          z      P>|z|      [0.025      0.975]
------------------------------------------------------------------------------
intercept     -0.0464      0.032     -1.445      0.148      -0.109       0.017
L1.y1          0.0278      0.045      0.614      0.539      -0.061       0.117
L1.y2          0.1446      0.126      1.150      0.250      -0.102       0.391
L2.y1         -0.0156      0.042     -0.368      0.713      -0.099       0.068
L2.y2          0.2667      0.092      2.884      0.004       0.085       0.448
beta.x1       -0.0034      0.017     -0.202      0.840      -0.036       0.030
beta.x2        0.0149      0.018      0.828      0.408      -0.020       0.050
                            Error covariance matrix
==================================================================================
                     coef    std err          z      P>|z|      [0.025      0.975]
----------------------------------------------------------------------------------
sqrt.var.y1        0.0382      0.003     14.357      0.000       0.033       0.043
sqrt.cov.y1.y2    -0.0011      0.002     -0.620      0.535      -0.005       0.002
sqrt.var.y2        0.0118      0.001     14.520      0.000       0.010       0.013
==================================================================================

Warnings:
[1] Covariance matrix calculated using the outer product of gradients (complex-step).
```

第 6 章　路径建模/结构方程建模

6.1　路径模型概述

路径建模 (path modeling) 也称**结构方程建模** (structural equation modeling, SEM). 与之相关的模型称为**路径模型** (path model) 或**结构方程模型** (structural equation model, SEM). 与回归分析及因子分析相比，路径建模是一个年轻的方向，从 20 世纪 60 年代后期开始出现在论文中，其方法还在发展，基本的概念正面临挑战和修正. 路径建模是一种验证性的方法，其基本思想是根据想象、已有假说或已有经验事先构造一个模型，先画路径图并写出关系，然后根据这个模型收集数据，再用该模型来拟合. 由于不涉及其他模型，因此无法通过比较来确定该模型是否比未知模型更合适，只能在构造的模型框架内部加以调整. 不能期望用路径建模来发现一个更适合的模型 (它不是一种探索性方法). 但是，这种方法对于比较成熟的模型 (如瑞典、西欧和美国的顾客满意度模型) 还是很有效的.

6.1.1 通过例子介绍路径模型

隐变量和显变量

一些比较笼统或抽象的度量是无法用简单的一个度量来表示的，请考虑下面的情况:

- 评价人们对某品牌汽车质量的满意度，下面哪种方法更有道理?
  - (1) 简单地问很多人对该品牌汽车质量是否满意，然后将回答“满意”的百分比作为质量满意度.
  - (2) 让人们回答涉及该品牌汽车物理质量的各个方面 (比如，动力系统、电器系统、操纵性能、可靠性及耐用性等等) 的问题，然后得到对质量满意情况的结论.
- 了解人们幸福不幸福，下面哪种方法更有道理?
  - (1) 简单地问很多人“是否幸福”，然后将回答“幸福”的百分比作为人们觉得幸福的比例.
  - (2) 让人们回答涉及物质生活及精神生活的各方面、生理及心理的各种感觉等问题，最后综合得出各人的幸福指数.
- 了解一个人的时间观念，下面哪种方法更有道理?
  - (1) 简单地了解“该人是否守时”，然后将回答“是”的百分比作为其是否“守时”的评价.
  - (2) 让人们从该人上班、约会、旅行等是否守时，是否及时回复事务性的邮件及微信，是否按时完成各种允诺的事情等各个方面来评价以得到对其“守时”的度量结果.

上面所说的“汽车质量”“幸福”“守时”这一类的概念往往不能直接观测到，而必须经过多方面的观测才可以合理地得出综合结论. 这种变量称为**隐变量**或**潜变量** (latent variable,

LV); 而那些和该变量相关的可以观测的变量则称为**显变量** (manifest variable) 或**可观测变量**, 也称为相应隐变量的**指标** (indicator).

人们关心的往往不是单独的隐变量, 而是若干隐变量之间的关系, 而这些隐变量又需要通过显变量来度量. 这也是结构方程模型的目标, 模型是以路径图形显示, 并根据等价的线性关系来计算及度量的.

结构模型

下面通过**欧洲顾客满意度指数** (European customer satisfaction index, ECSI) 模型来认识路径模型. 前面举过一个关于汽车质量的例子, 但人们要关注的往往是对整个品牌的满意度, 而不仅仅是诸如外观、加速性能、马力、油耗等单项质量, 这时就可以建立关于某种商品总体满意度的模型, 并用该模型来对各种品牌做出能互相比较的评价——**顾客满意度指数** (customer satisfaction index). 各个国家对于耐用商品、服务等各方面都有相应的满意度模型, 不同国家的标准不同, 但方法类似, 即使用 PLS-SEM 方法.

图 6.1.1 是一个欧洲顾客满意度指数路径模型中的**结构模型** (structural model), 也称**内部模型**或**内部关系**. 在圆中的变量都是不可观测或度量的隐变量, 包括: 企业形象 (corporate image, IMAG)、顾客期望 (customer expectations, EXPE)、感知质量 (perceived product quality, QUAL)、感知价值 (perceived value, VAL)、顾客满意度指数 (customer satisfaction index, SAT)、顾客忠诚度 (customer loyalty, LOY). 图中的箭头意味着因果关系. 其中没有被箭头所指的隐变量只有 IMAG, 称为**外生变量** (exogenous variables), 它是模型中其他变量的原因变量 (其他变量不是它的原因). 而其他 5 个隐变量都有箭头所指, 称为**内生变量** (endogenous variables). 对内生变量来说, 模型中有一个或更多的隐变量为其原因, 内生变量也可能是其他隐变量的原因. [1]

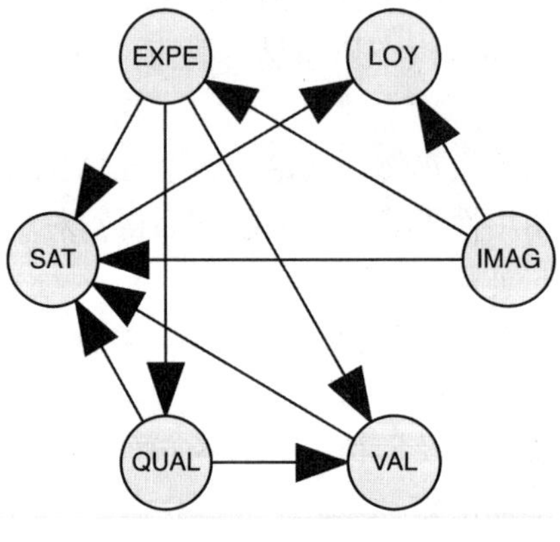

图 6.1.1 ECSI 路径模型的结构模型

测量模型

隐变量不可观测, 需要使用显变量的观测值才能进行推断, 这样就有隐变量及显变量之间的关系. 图 6.1.2 为 ECSI 路径模型的**测量模型** (measurement model), 也称**外部模型**或**外部**

[1]内生变量和外生变量的概念不仅仅限于这里的隐变量.

关系, 其中矩形中的变量为显变量. 测量模型把 (圆中的) 隐变量和 (矩形中的) 显变量联系起来. 在这个模型中显变量为与 6 个隐变量有关的 IMAG1, IMAG2, IMAG3, IMAG4, IMAG5, EXPE1, EXPE2, EXPE3, EXPE4, EXPE5, QUAL1, QUAL2, QUAL3, QUAL4, QUAL5, VAL1, VAL2, VAL3, VAL4, SAT1, SAT2, SAT3, SAT4, LOY1, LOY2, LOY3, LOY4 等 27 个变量. 图 6.1.3 是图 6.1.1 的结构模型与图 6.1.2 的测量模型结合起来的完整路径模型或结构方程模型. 当然, 这里没有讲使用何种 " 方程 ", 后面将通过数据例子介绍 PLS-SEM 方法及 CB-SEM 方法的不同方程模式.

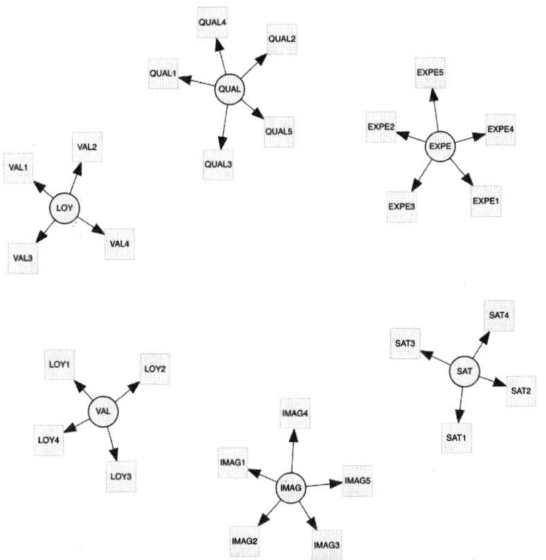

图 6.1.2 ECSI 路径模型的测量模型

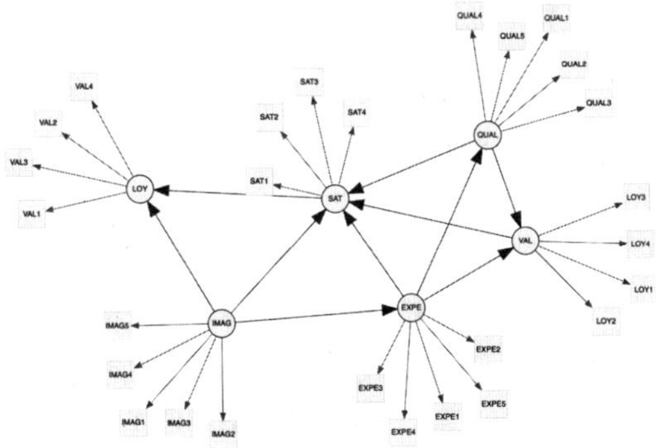

图 6.1.3 完整的 ECSI 路径模型

6.1.2 路径建模的两种方法

路径建模的结构方程模型主要有互相竞争的两种: 基于协方差的 CB-SEM (covariance-based SEM, CB-SEM, 也称为 ML-LISREL 方法或 AMOS 方法[2]) 和基于方差的偏最小二乘法 (variance-based partial least squares) 的 PLS (partial least squares) 或 PLS-SEM. 我国许多冠以

[2]ML 指最大似然法. LISREL 和 AMOS 为使用 CB-SEM 的软件名字.

“结构方程模型”之名的教材和文章都以前者为主要内容，因此人们往往认为 ML-LISREL 方法等价于结构方程模型，这是一种误解. 这两种方法除了分析目标都是路径模型之外，没有任何内容上的交叉，很难比较它们的结果. 它们在模型假定、计算过程及输出等方面均有很大区别.

PLS-SEM 完全根据原始数据通过迭代算法找到各个变量之间完全的线性关系，而且估计出全部隐变量的值. CB-SEM 则在对数据的多元正态性的假定之下，加上图模型所确定的协方差关系 (而 PLS-SEM 总是假定变量之间相关，图上及公式中无须注明)，得到似然函数，然后以最大似然法来得到各种估计，但 CB-SEM 所用的最大似然法无法估计出隐变量的值，也无法得到线性关系的绝对系数 (只有相对系数). CB-SEM 可以仅用均值、协方差矩阵及样本量来得到所有结果，这与多元分析中的因子分析类似. 实际上，从某种意义来说，因子分析为结构方程模型的一个特例，各个因子就是隐变量.

在考虑结构方程模型 (SEM) 时，在 CB-SEM 和 PLS-SEM 之间进行选择可能具有挑战性. 这种选择绝对不是一个单纯的科学问题，而是混杂了很多历史因素、地理因素，甚至是学派或个人之间的关系. 首先，两者都是基于假定的路径模型，但区别在于：

- PLS-SEM 不用对数据做任何分布假定，而 CB-SEM 必须假定数据服从多元正态分布.
- PLS-SEM 假定所有隐变量都是相关的 (即使在图模型中它们之间没有箭头)，而 CB-SEM 必须事先在模型中 (用双箭头) 主观假定哪些变量相关，否则就假定它们之间严格零相关，并体现在后续的计算之中.
- PLS-SEM 用全部数据建模，而 CB-SEM 由于假定了分布，只要有各变量的均值、协方差矩阵和样本量就可以计算.[3]
- 如果假定了数据变量的正态性，则 CB-SEM 可以输出多达 40 种不同的统计量、检验的 p 值等，而 PLS-SEM 无法做这些检验，但有一些其他指标.
- PLS-SEM 适用于关注隐变量得分的情况，比如满意度指数，而 CB-SEM 无法直接得到隐变量得分，因此各国在计算满意度指数时一般都用 PLS-SEM.
- PLS-SEM 对于小样本情形也非常有效，而 CB-SEM 效果欠佳或根本不能实施.
- PLS-SEM 由于收敛速度快，因此适用于较大、较复杂的结构方程模型，计算效率比 CB-SEM 更高.
- 由于长期没有商业软件支持，PLS-SEM 的知名度不如 CB-SEM 高，而后者由于有 LISREL, AMOS (SPSS 公司产品), EQS, COSAN, EZPATH 等软件的支持和商业宣传，知名度较高. 但现在有多个 R 程序包可以使用，商业软件也开始开发 PLS-SEM.
- 由于数学上的复杂性使其有数学文章可做，CB-SEM 有很多数学研究论文，而 PLS-SEM 主要是欧洲大陆 (所谓非“盎格鲁 – 撒克逊”统计传统[4]) 的人在研究.
- 由于软件成熟较早，而且只要有协方差阵就可以计算，一些社会学、心理学、教育学等方面的学者喜欢用 CB-SEM，但随着 PLS-SEM 相关软件的普及，情况有所改变.
- 关于 CB-SEM 在正态假定不满足时的稳健性，许多论文都予以否认，这些结论往往与 LISREL, AMOS 软件商的宣传大相径庭.

---

[3]这意味着，假定有 4 个可观测变量，则只要有均值、协方差下三角矩阵 (10 个数) 及样本量等总共 12 个数字就可以得到填满几页纸的大量输出. 这表明先验的假定对结果有强大影响.

[4]偏最小二乘回归、对应分析以及这里介绍的 PLS-SEM 等都是欧洲大陆学者开发的，与欧洲大陆人所说的“盎格鲁 – 撒克逊”统计传统 (即英美统计传统) 有所区别.

- 在人文学科的实际应用中, 人们往往把统计不显著的结果判定为显著. 这实际上不是软件的问题, 而是使用者对数据的假定太强, 路径建模的设定太主观, 不能体现数据产生的背景规律, 导致削足适履.
- CB-SEM 的支持者总是用 PLS-SEM 的有偏性来做文章. 在正态假定下, PLS-SEM 估计是有偏的, 但这个偏差是人造的, 所造成的误差远远小于由不正确假定造成的误差.
- 由于使用 CB-SEM 的人主要是社会科学的研究人员, 他们往往从其本学科的论文群中寻找方向, 而很少怀疑这些来自统计社区的方法的合理性. 例如心理学社区习惯使用 CB-SEM, 多年来发表大量论文, 其中的一些权威 (包括一些刊物) 习惯性地对后出现的 PLS-SEM 不想了解、不愿意认可, 甚至非理性地排斥.
- 由于使用者并不质疑其模型的科学性, 很多 CB-SEM 的使用者把结论格式化, 比如在正态分布假定下, 各个检验的显著性水平应该是多少就算显著已经成为行业惯例, 有些检验甚至连 p 值小于 0.1 也算是显著. 本行业研究人员 (包括审稿人) 当然不会追究这些并非他们领域的统计细节.
- 两种方法不应该是互斥的, 而应该是互补的, 除了软件商之外, 学者之间的争论应该保持在学术层面.

一些研究结果表明, 与 PLS-SEM 相比, 当使用 CB-SEM 时, 需要删除一些变量以达到可接受的 (数学假定下的) 拟合优度. 此外, 使用 PLS-SEM 时, 复合信度和收敛效度[5]通常更高, 但其他指标 (如判别效度和 Beta 系数) 则和 CB-SEM 差不多. 在比较因变量指标中解释的方差时, PLS-SEM 明显优于 CB-SEM.

实际上, 这两种方法都是社会科学研究人员的绝佳工具, 只是它们各自适用于不同的研究情况. 如果所研究的理论已经建立, 并且测量得到有效执行, 那么 CB-SEM 通常效果很好. 但是 CB-SEM 假设数据分布是正态的, 这在社会科学研究中很少遇到. 相比之下, PLS-SEM 是非参数的, 不仅适用于非正态分布, 而且在正确编码时对序数和二进制尺度的使用也几乎没有限制. CB-SEM 的替代方法 (最大似然算法除外) 旨在处理非正态数据, 但它们需要大样本量. 研究表明, CB-SEM 导致指标变量大量损失, 以努力实现可接受的拟合优度. 同时, PLS-SEM 能够保留更多的指标项, 支持测量和结构理论的发展. 比较两种方法的 R^2 输出表明, 如果预测是研究的重点, 那么 PLS-SEM 是首选方法, 因为在与 CB-SEM 的直接比较中, 因变量解释的方差要高得多. 总的来说, PLS-SEM 在理论发展阶段比 CB-SEM 更合适.

Anderson and Gerbing (1988) 指出, SEM 为研究人员提供了一种评估和修改理论模型的综合方法. 虽然 CB-SEM 是迄今为止使用最广泛的 SEM (Hair et al., 2017a), 但近年来 PLS-SEM 的使用急剧增长 (Hair et al., 2017c). 在战略管理 (Hair et al., 2012a)、营销 (Hair et al, 2012b)、会计 (Lee et al., 2011)、信息系统 (Ringle et al., 2012; Hair et al, 2017b)、家族企业 (Sarstedt et al., 2014) 和旅游业 (Oom do Valle and Assaker, 2016) 等领域, 都发表了关于 PLS-SEM 应用的文章. 总体而言, 在大多数情况下, 首选 CB-SEM, 因为使用这种方法更有可能被审稿人推荐, 比使用其他统计方法的论文更有可能优先发表 (Babin et al., 2008). 一些学者对 PLS-SEM 持批评态度, 但在大多数情况下, 他们的批评是没有根据的 (Henseler et al., 2014).

[5]英文为 composite reliability and convergent validity.

PLS-SEM 等第二代统计方法的广泛应用并不意味着传统统计方法不再有用, 或者它们的结果毫无意义. 这只是统计方法的合乎逻辑的进化, 应该鼓励社会科学学者考虑使用这些更新、更强大且通常更灵活的研究工具. 事实上, 使用 PLS-SEM 进行的许多统计分析是第一代方法无法完成的. 例如, PLS-SEM 和 SmartPLS 软件 (Ringle et al., 2015) 可以促进 SEM 解决很多复杂问题, 这些问题包括: 为减少多重共线性的高阶构造 (Hair et al., 2018)、未观察到的异质性 (Hair et al., 2016a; Matthews et al., 2016)、多组分析 (Matthews, 2017) 和不同的算法 (Sarstedt et al., 2016).

一般来说, 使用 PLS-SEM 几乎能够在任何情况下获得有意义的解决方案, 特别是当样本量很小时 (例如对企业的研究) 以及当研究侧重于具有大量指标以及众多内生和外生结构或非正态数据分布的复杂理论模型时. 此外, 作为一种 "因果预测" 技术, PLS-SEM 允许将解释和预测视角结合到模型估计中, 其共同考虑是大多数商业和社会科学的主要关注点和一般研究 (Joreskog and Wold, 1982).

6.2 PLS-SEM 模型: 顾客满意度的例子

本节以欧洲顾客满意度为例, 说明 PLS-SEM 模型.

例 6.1 欧洲顾客满意度数据 (satisfaction.csv) 这是程序包`plspm`[6] 自带的数据[7], 有 250 个观测值及 28 个变量. 该数据的变量在前面介绍 ECSI 路径模型时已经介绍过, 当然, 数据都是显变量的观测值, 因为隐变量不可观测, 只出现在模型之中. 除了 27 个显变量之外, 还有 1 个没有被包括在下面分析中的性别 (gender) 变量. 图 6.1.3 完全描述了该路径模型.

6.2.1 路径模型隐变量和显变量的两种假定的因果关系

假定例 6.1 中的这 27 个显变量用 $x_1, x_2, \ldots, x_{27}$ 表示, 外生隐变量用 ξ 表示 (代表 IMAG), ξ 和显变量的关系记为 $\xi \rightarrow (x_1, x_2, x_3, x_4, x_5)$; 内生隐变量用 $\eta_1, \eta_2, \ldots, \eta_5$ 表示 (依次代表 EXPE, QUAL, VAL, SAT, LOY), 下面用箭头 ($\rightarrow$) 代表变量之间假定的因果关系.

根据上面符号, 图 6.1.1 (为图 6.1.3 所包含) 所关联的隐变量之间的关系为:

$$
\begin{aligned}
&\xi \leftrightarrow \xi, (\text{IMAG} \leftrightarrow \text{IMAG})\\
&\xi \rightarrow \eta_1,\ \ \eta_1 \rightarrow \eta_2,\ \ (\text{IMAG} \rightarrow \text{EXPE}, \text{EXPE} \rightarrow \text{QUAL})\\
&\eta_1, \eta_2 \rightarrow \eta_3,\ \ (\text{EXPE, QUAL} \rightarrow \text{VAL})\\
&\xi, \eta_1, \eta_2, \eta_3 \rightarrow \eta_4,\ \ (\text{IMAG, EXPE, QUAL, VAL} \rightarrow \text{SAT})\\
&\xi, \eta_4 \rightarrow \eta_5,\ \ (\text{IMAG, SAT} \rightarrow \text{LOY})
\end{aligned}
\tag{6.2.1}
$$

而图 6.1.2 (为图 6.1.3 所包含) 所关联的各个内生隐变量与显变量的关联依次表示为:

$$
\begin{aligned}
&\eta_1 \rightarrow (x_6, x_7, x_8, x_9, x_{10}),\ \eta_2 \rightarrow (x_{11}, x_{12}, x_{13}, x_{14}, x_{15}),\\
&\eta_3 \rightarrow (x_{16}, x_{17}, x_{18}, x_{19}),\ \eta_4 \rightarrow (x_{20}, x_{21}, x_{22}, x_{23}),\ \eta_5 \rightarrow (x_{24}, x_{25}, x_{26}, x_{27}).
\end{aligned}
\tag{6.2.2}
$$

式 (6.2.2) 的箭头 ($\rightarrow$) 代表了隐变量和显变量之间假定的因果关系: 如果箭头从隐变量指

[6] Sanchez, G. (2012) plspm: Partial Least Squares Data Analysis Methods. R package version 0.2-1. `http://CRAN.R-project.org/package=plspm`.

[7] 来自 Laboratory of Information Analysis and Modeling (LIAM). Facultat d'Informatica de Barcelona, Universitat Politecnica de Catalunya.

向显变量, 则这个关系称为**反应型** (reflective), 如果箭头方向相反, 则这个关系称为**影响型** (formative). 这两种关系可以用下面的说明性例子来理解.

(1) 反应型例子: 比如一个人很 " 守时 " (隐变量), 则体现为 (显变量): 他会准时回信、从不迟到、遵守约定时间、按时完成任务等等. 也就是说, 具有这种隐变量性质的人会在所有显变量的现象上显示.

(2) 影响型例子: 一个人 " 忧虑 " (隐变量), 则造成忧虑的原因 (显变量) 可能是: 生病、失去亲朋、决策失败、经济困难、与他人关系的危机等. 这和反应型不同, 并不是有这种忧虑 (隐变量) 的人会有后面所有显变量的现象, 而是后面显变量之一会造成忧虑.

6.2.2 PLS-SEM 模型的等价方程

结构模型

图 6.1.1 即关系式 (6.2.1) 等价于带有误差项的方程 (见式 (6.2.3)), 这个形式和后面代码的形式一致. 式 (6.2.3)、(6.2.4)、(6.2.5) 所代表的就是例 6.1 的结构模型.

$$\begin{pmatrix}\xi\\\eta_1\\\eta_2\\\eta_3\\\eta_4\\\eta_5\end{pmatrix}=\begin{pmatrix}0&0&0&0&0&0\\\beta_{21}&0&0&0&0&0\\0&\beta_{32}&0&0&0&0\\0&\beta_{42}&\beta_{43}&0&0&0\\\beta_{51}&\beta_{52}&\beta_{53}&\beta_{54}&0&0\\\beta_{61}&0&0&0&\beta_{65}&0\end{pmatrix}\begin{pmatrix}\xi\\\eta_1\\\eta_2\\\eta_3\\\eta_4\\\eta_5\end{pmatrix}+\begin{pmatrix}1\\0\\0\\0\\0\\0\end{pmatrix}\xi+\begin{pmatrix}0\\\zeta_1\\\zeta_2\\\zeta_3\\\zeta_4\\\zeta_5\end{pmatrix}. \tag{6.2.3}$$

该方程也可以写成数学上的等价表示:

$$\begin{pmatrix}\eta_1\\\eta_2\\\eta_3\\\eta_4\\\eta_5\end{pmatrix}=\begin{pmatrix}0&0&0&0&0\\\beta_{32}&0&0&0&0\\\beta_{42}&\beta_{43}&0&0&0\\\beta_{52}&\beta_{53}&\beta_{54}&0&0\\0&0&0&\beta_{65}&0\end{pmatrix}\begin{pmatrix}\eta_1\\\eta_2\\\eta_3\\\eta_4\\\eta_5\end{pmatrix}+\begin{pmatrix}\beta_{21}\\0\\0\\\beta_{51}\\\beta_{61}\end{pmatrix}\xi+\begin{pmatrix}\zeta_1\\\zeta_2\\\zeta_3\\\zeta_4\\\zeta_5\end{pmatrix}. \tag{6.2.4}$$

有一些文献将内生变量和外生变量之间的系数用单独一套字母表示, 比如, 式 (6.2.4) 中的 $\boldsymbol{\eta}\equiv(\eta_1,\eta_2,\dots,\eta_5)^\top$, 式 (6.2.4) 右边第一个系数矩阵记为 $\boldsymbol{B}$, 式 (6.2.4) 右边第二个系数向量记为:

$$\boldsymbol{\Gamma}=(\gamma_1,\gamma_2,\dots,\gamma_6)^\top\equiv(\beta_{21},0,0,0,\beta_{51},\beta_{61})^\top,$$

式 (6.2.4) 右边最后一项 $\boldsymbol{\zeta}\equiv(\zeta_1,\zeta_2,\dots,\zeta_5)$, 于是式 (6.2.4) 的矩阵形式为:

$$\boldsymbol{\eta}=\boldsymbol{B\eta}+\boldsymbol{\Gamma\xi}+\boldsymbol{\zeta}. \tag{6.2.5}$$

测量模型

图 6.1.2 及式 (6.2.2) 描述的测量模型等价于下面带误差项的方程, 其中涉及外生变量:

$$\begin{pmatrix}x_1\\x_2\\x_3\\x_4\\x_5\end{pmatrix}=\begin{pmatrix}\lambda_{11}\\\lambda_{12}\\\lambda_{13}\\\lambda_{14}\\\lambda_{15}\end{pmatrix}\xi+\begin{pmatrix}\delta_1\\\delta_2\\\delta_3\\\delta_4\\\delta_5\end{pmatrix}, \tag{6.2.6}$$

其矩阵形式为:

$$\boldsymbol{x}_\xi = \boldsymbol{\Lambda}_\xi \boldsymbol{\xi} + \boldsymbol{\delta}_\xi, \tag{6.2.7}$$

而涉及内生变量的测量方程为:

$$\begin{pmatrix} x_6 \\ x_7 \\ x_8 \\ x_9 \\ x_{10} \\ x_{11} \\ x_{12} \\ x_{13} \\ x_{14} \\ x_{15} \\ x_{16} \\ x_{17} \\ x_{18} \\ x_{19} \\ x_{20} \\ x_{21} \\ x_{22} \\ x_{23} \\ x_{24} \\ x_{25} \\ x_{26} \\ x_{27} \end{pmatrix} = \begin{pmatrix} \lambda_{21} & 0 & 0 & 0 & 0 \\ \lambda_{22} & 0 & 0 & 0 & 0 \\ \lambda_{23} & 0 & 0 & 0 & 0 \\ \lambda_{24} & 0 & 0 & 0 & 0 \\ \lambda_{25} & 0 & 0 & 0 & 0 \\ 0 & \lambda_{31} & 0 & 0 & 0 \\ 0 & \lambda_{32} & 0 & 0 & 0 \\ 0 & \lambda_{33} & 0 & 0 & 0 \\ 0 & \lambda_{34} & 0 & 0 & 0 \\ 0 & \lambda_{35} & 0 & 0 & 0 \\ 0 & 0 & \lambda_{41} & 0 & 0 \\ 0 & 0 & \lambda_{42} & 0 & 0 \\ 0 & 0 & \lambda_{43} & 0 & 0 \\ 0 & 0 & \lambda_{44} & 0 & 0 \\ 0 & 0 & 0 & \lambda_{51} & 0 \\ 0 & 0 & 0 & \lambda_{52} & 0 \\ 0 & 0 & 0 & \lambda_{53} & 0 \\ 0 & 0 & 0 & \lambda_{54} & 0 \\ 0 & 0 & 0 & 0 & \lambda_{61} \\ 0 & 0 & 0 & 0 & \lambda_{62} \\ 0 & 0 & 0 & 0 & \lambda_{63} \\ 0 & 0 & 0 & 0 & \lambda_{64} \end{pmatrix} \begin{pmatrix} \eta_1 \\ \eta_2 \\ \eta_3 \\ \eta_4 \\ \eta_5 \end{pmatrix} + \begin{pmatrix} \delta_6 \\ \delta_7 \\ \delta_8 \\ \delta_9 \\ \delta_{10} \\ \delta_{11} \\ \delta_{12} \\ \delta_{13} \\ \delta_{14} \\ \delta_{15} \\ \delta_{16} \\ \delta_{17} \\ \delta_{18} \\ \delta_{19} \\ \delta_{20} \\ \delta_{21} \\ \delta_{22} \\ \delta_{23} \\ \delta_{24} \\ \delta_{25} \\ \delta_{26} \\ \delta_{27} \end{pmatrix}, \tag{6.2.8}$$

其矩阵形式为:

$$\boldsymbol{x}_\eta = \boldsymbol{\Lambda}_\eta \boldsymbol{\eta} + \boldsymbol{\delta}_\eta. \tag{6.2.9}$$

6.2.3 PLS-SEM 模型的计算步骤

偏最小二乘方法计算就是用迭代方法数值上解出结构方程和测量方程的未知变量, 即基于可观测的显变量 $\{x_{ij}\}$, 计算隐变量 $\boldsymbol{\eta}, \boldsymbol{\xi}$ 的值, 并估计出系数 $\boldsymbol{\Lambda}, \boldsymbol{\Gamma}$. 具体步骤为:

1. 用迭代 (包括一系列 OLS 回归、线性运算及抽取平方根) 来得到隐变量 $\boldsymbol{\xi}$ 和 $\boldsymbol{\eta}$ 的表达式 (通常把 $\boldsymbol{\eta}$ 也写成 $\boldsymbol{\xi}$ 的分量, 放到一起, 用 $\boldsymbol{\xi}$ 表示)

   $$\hat{\xi}_j = \sum \tilde{w}_{jh} x_{jh},$$

   它们是显变量 $\boldsymbol{x}$ 的线性组合 (通过加权 $\boldsymbol{w}$), 实际上对每个观测都得到隐变量的值.
2. 用普通最小二乘法得到内部关系系数 $\boldsymbol{\beta}$ 的估计, 也就是得到隐变量之间关系的度量.
3. 用普通最小二乘法得到外部关系的系数 $\boldsymbol{\lambda}$ 的估计, 它们代表了隐变量和显变量之间的关系.
4. 最后得到各种指数. 以满意度隐变量 η_4 为例, 由于每个隐变量都有和观测值一样多的估计值, 假定一共有 n 个观测值, 则有估计的 $\hat{\eta}_{4i}$ $(i = 1, 2, \ldots, n)$. 基于这些估计值, 顾客满意度指数习惯用下面的公式来得到:

   $$\hat{\eta}_4 \equiv \frac{\dfrac{1}{n}\displaystyle\sum_i^n \hat{\eta}_{4i} - \min_i \hat{\eta}_{4i}}{\max_i \hat{\eta}_{4i} - \min_i \hat{\eta}_{4i}} \times 100.$$

下面是例 6.1 的计算代码, 利用的是程序包 `plspm` 的函数 `plspm`. 先把上面的模型输

入:

```
library(plspm)
data(satisfaction)
IMAG <- c(0,0,0,0,0,0)
EXPE <- c(1,0,0,0,0,0)
QUAL <- c(0,1,0,0,0,0)
VAL  <- c(0,1,1,0,0,0)
SAT  <- c(1,1,1,1,0,0)
LOY  <- c(1,0,0,0,1,0)
sat.mat <- rbind(IMAG, EXPE, QUAL, VAL, SAT, LOY)
#上面的语句定义的矩阵sat.mat与内部关系方程中的矩阵相同
#下面的语句把显变量分配到与其有关的隐变量确定测量模型
sat.sets <- list(1:5,6:10,11:15,16:19,20:23,24:27)
sat.mod <- rep("A",6)
#上面"A"说明6组显变量都是反应型的("B"意味着显变量是影响型的)
```

这里代码中的 sat.mat 就是式 (6.2.3) 右边第一个矩阵的形式; 而 sat.sets 把显变量按照式 (6.2.6) 和式 (6.2.7) 的排列对应到隐变量; sat.mod 则指出隐变量和显变量之间关系的类型: 反应型 (代码用字母A 表示) 还是影响型 (代码用字母B 表示). 对于我们的例子, 关系都是反应型的, 变量是假定以隐变量为原因的, 关系可记为 $x_h = \pi_{h0} + \pi_h\xi + \delta$, 因此在图模型 (见图 6.1.2 或图 6.1.3) 箭头是指向显变量的. 而影响型假定显变量是隐变量的原因, 关系可记为 $\xi = \sum_h \omega_h x_h + \epsilon$, 在图模型中的箭头是指向隐变量的. 还有混合型的, 即与一个隐变量相关的一部分显变量是反应型的, 另一部分是影响型的. 在例 6.1 的满意度模型中, 所有的显变量都是反应型的. 把上面的模型准备好之后, 用下面的语句来计算得到所有的输出:

```
res=plspm(satisfaction,sat.mat,sat.sets,sat.mod,scaled=F)
summary(res)
plot(res, what="all")
```

上述代码中函数 plspm 的变元 satisfaction 是数据, 变元 sat.mat 是内部关系矩阵, 变元 sat.sets 是显变量的分配, 变元 scaled=F 表示不做标准化.

6.2.4 PLS-SEM 模型的输出

输出的基本结果 (即被估计的各个系数) 都显示在图 6.2.1 诸图的相应箭头旁, 读者可自己在 R 中产生, 看原图更清晰, 或者看单独输出的各项结果 (后面列出了输出各种信息的相关语句). 其中, 左图显示估计的结构模型的路径系数, 其他图显示了估计的测量模型的载荷及权重. 载荷为显变量 (的条件期望) 用隐变量表示时的系数, 权重为隐变量 (的条件期望) 用显变量表示时的系数. 用数学语言表述为: 如果记任意的一个隐变量为 ξ, 载荷为满足 $E(x_h|\xi) = \pi_{h0} + \pi_h\xi$ 的 π_h, 权重为满足 $E(\xi|x_1, x_2, \dots, x_p) = \sum_h w_h x_h$ 的 w_h.

从图 6.2.1 中左图的数字可以看出, 从隐变量 EXPE 到 SAT 的路径系数太小, 只有 -0.0028, 这说明该模型 (至少在这个数据上) 的这个关系并不显著 (但间接正面效应是显著的, 见后面关于结构模型的效应输出后的评论). 此外, 在实际的关于顾客满意度的应用中,调查问卷中要回答的问题 (也就是显变量) 很可能远比这个数据复杂. 越复杂的商品, 问题就越复杂. 比如汽车, 仅仅是感知质量方面就可能有操控性能、节能、刹车、电路、加速等诸多问题. 在满意度调查中, 对每一项的打分习惯上采用 10 分制. 在模型设计上, 假定的因果关系一般都是正面关系 (即在设计上, 尽量不涉及负面因果关系). 因此如果产生了负数, 就要核对模型假定是否适合该数据. 模型假定的核对不仅包含因果关系的方向, 而且包括从变量选择到变量之间关系的图模型的每一个细节.

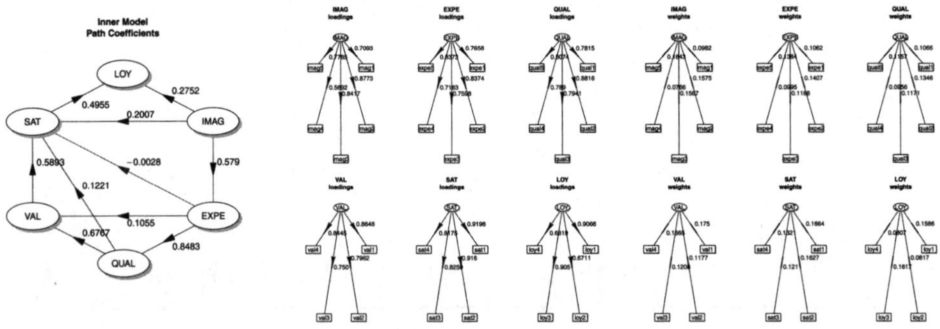

图 6.2.1 例 6.1 的 PLS 解

除了图 6.2.1 中展示的数字之外, 还可以输出涉及相关及拟合等度量的各种统计量, 相信读者根据模型方程及图形可以理解它们的意义. 如果计算输出存储在名为 `res` 的对象下, 那么, 除了 `summary(res)` 语句之外, 得到的所有信息也可以分别以下面的语句输出 (见表 6.2.1).

表 6.2.1 输出信息的语句

代码	意义
`res$outer.mod`	测量模型的结果: 外部权重、标准化载荷、共同度、冗余等
`res$inner.mod`	结构模型的结果: 路径系数、R^2 等
`res$latents`	标准化隐变量的估计值矩阵
`res$scores`	隐变量用于估计内部模型的值矩阵
`res$out.weights`	外部权重向量
`res$loadings`	标准化载荷向量, 即与隐变量的相关系数
`res$path.coefs`	路径系数矩阵
`res$r.sqr`	R^2 向量
`res$outer.cor`	隐变量和可测变量的相关
`res$inner.sum`	隐变量的汇总表
`res$effects`	各个隐变量的直接和间接效应
`res$unidim`	核对隐变量的反应型显变量组的单向度 (unidimensionality)
`res$gof`	绝对、相对、外部模型、内部模型的拟合优度
`res$data`	原始数据
`res$model`	结构方程模型 (dataset=TRUE 时有效)
`res$boot`	自助法 (bootstrapping) 结果 (boot.val=TRUE 时有效)

6.2.5 几点说明

- 表 6.2.1 的单向度 (res$unidim) 定义为一个隐变量为与其正相关的显变量的单一背景变量. 用代码 res$unidim 得到下面的输出:

```
       Mode MVs   C.alpha    DG.rho  eig.1st   eig.2nd
  IMAG    A   5 0.8302267 0.8822033 3.017810 0.7776358
  EXPE    A   5 0.8465841 0.8908554 3.102314 0.6105467
  QUAL    A   5 0.8713250 0.9068997 3.305987 0.5677773
  VAL     A   4 0.8357228 0.8904442 2.681531 0.6006842
  SAT     A   4 0.8940109 0.9267006 3.039999 0.4220001
  LOY     A   4 0.8194216 0.8813711 2.604721 0.5734549
```

  其中:

  (1) C.alpha 为 Cronbach's alpha ($\alpha > 0.7$ 时认为该组显变量是单向的), 该度量的公式为 (p 为与该隐变量相关的显变量个数):

$$\alpha = \frac{Cov(x_h, x_{h'})}{Var\left(\sum_{h=1}^{p} x_h\right)} \times \frac{p}{p-1}.$$

  (2) DG.rho 为 Dillon–Goldstein's rho ($\rho > 0.7$ 时认为该组显变量是单向的), Dillon–Goldstein's rho 的估计为:

$$\rho = \frac{[\sum_{h=1}^{p} Cor(x_h, t_1)]^2}{[\sum_{h=1}^{p} Cor(x_h, t_1)]^2 + \sum_{h=1}^{p}[1 - Cor^2(x_h, t_1)]}.$$

  (3) 相应显变量组相关阵的第一特征值和第二特征值: eig.1st 及eig.2nd. 隐变量单向度的另一个标准是相应显变量组相关阵的第一特征值显著大于第二特征值.

- 关于显变量权重估计 (res$out.weights). 对反应型显变量的权重估计为 $w_{jh} = Cov(\boldsymbol{x}_{jh}, \boldsymbol{z}_j)$, 这里 $\boldsymbol{z}_j$ 为标准化的隐变量的估计, 而对影响型的显变量的权重估计为 $W_j = (\boldsymbol{X}_j^\top \boldsymbol{X}_j)^{-1} \boldsymbol{X}_j^\top \boldsymbol{z}_j$.

作为例子, 表 6.2.1 可输出的内容之一为用 res$effects 得到的下面结构模型效应:

```
> res$effects
   relationships       direct  indirect     total
1   IMAG -> EXPE  0.578959128 0.0000000 0.5789591
2   IMAG -> QUAL  0.000000000 0.4911567 0.4911567
3    IMAG -> VAL  0.000000000 0.3934112 0.3934112
4    IMAG -> SAT  0.200724200 0.2902469 0.4909711
5    IMAG -> LOY  0.275149576 0.2432660 0.5184156
6   EXPE -> QUAL  0.848344408 0.0000000 0.8483444
7    EXPE -> VAL  0.105477650 0.5740369 0.6795146
8    EXPE -> SAT -0.002753995 0.5040794 0.5013254
9    EXPE -> LOY  0.000000000 0.2483964 0.2483964
10   QUAL -> VAL  0.676655529 0.0000000 0.6766555
11   QUAL -> SAT  0.122144566 0.3987738 0.5209184
12   QUAL -> LOY  0.000000000 0.2581043 0.2581043
```

```
13    VAL -> SAT  0.589330650 0.0000000 0.5893307
14    VAL -> LOY  0.000000000 0.2920012 0.2920012
15    SAT -> LOY  0.495479322 0.0000000 0.4954793
```

输出中后面三列数字分别代表直接效应、间接效应和总效应. 在这个输出的关系中, 唯一的负值是 `EXPE -> SAT` 的直接效应 (`dir.effects`), 为 -0.0028, 似乎不合乎逻辑, 但是数值很小, 可以忽略. 再看间接效应 (`ind.effects`) 及总效应 (`tot.effects`), EXPE 对 SAT 的影响还是正的, 但主要来自间接影响. 这说明直接效应的箭头有些多余. 这是模型和数据不一致的例子.

利用输出信息的语句还可分别输出一些更详细的内容, 如用 `res$outer.mod$SAT` 输出 `res$outer.mod` 中的有关变量 `SAT` 的内容.

6.3 CB-SEM 方法简介

6.3.1 概述

由于 CB-SEM 数学模型的假定很多, 假定种类也很多, 因此由模型 (而不是数据) 导致的计算和结果解释非常复杂. 这使得该模型的解释权掌握在少数 " 权威 " 手中, 至于这种 (强烈模型驱动) 模型的结果有多少是主观假定的成分, 又有多少是来源于数据, 则没有任何 " 权威 " 会回答.

由于模型的假定, 协方差方法有模型确认和识别问题, 也就是说, 不是画出图模型, 用数据算一下就能够得出结果. 除了分布之外, 还必须有其他假定, 比如, 隐变量方差为 1, 均值为 0 (AMOS 默认值). 误差项路径系数为 1 (AMOS 默认值) 或方差为 1 (可自行设定), 一个隐变量的一个测量变量的路径系数必须为 1 (AMOS 默认值), 内生因变量要有误差项 (自己设定). 如果未知参数个数等于已知数据量, 则称为 " 恰好识别 " (just identified, saturated), 这时自由度为 0; 如果参数个数小于已知数据量, 则称为 " 过度识别 " (over identified), 这时, 自由度为正, 参数完全可以估计出来; 如参数个数大于数据量, 则称为 " 不可识别 " (under identified), 这时无法做任何事情. 由于路径模型的协方差方法需要涉及许多参数, 判断模型是否可识别并不那么简单, 有很多判断识别状况的方法, 这里不一一介绍. 最简单的方法是用软件计算, 如果可以得出结果, 肯定是可识别的.

除了识别问题, 对于结果的评价也很不简单, 各个软件所提供的和文献所推荐的不尽相同. 篇幅有限, 不再详述.

CB-SEM (协方差方法或 ML-LISREL 方法) 的主要思想是对要预测的协方差阵和样本协方差阵进行比较, 预测的值要使得这两个矩阵的差越小越好.[8] 假定 $\boldsymbol{S}$ 为样本协方差阵, $\boldsymbol{\Sigma}(\theta)$ 为预测的协方差阵, 则目标的似然函数为:

$$F_{ML} = \ln|\boldsymbol{\Sigma}(\theta)| + \mathrm{tr}[\boldsymbol{S}\boldsymbol{\Sigma}^{-1}(\theta)] - \ln|\boldsymbol{S}| - (p+q),$$

这里, p 及 q 分别为内生观测变量及外生观测变量的数目. 还有一些其他方法, 比如使得下

[8] 这种不用原始数据, 只要有协方差矩阵和均值就能计算的性质, 使得人们往往回避原始数据 (往往是只有 5 个数目的打分) 一般不满足正态分布的现实而得出垃圾结论.

式最小的方法 (不加权最小二乘):

$$F_{ULS} = \frac{1}{2}\text{tr}\{[\boldsymbol{S} - \boldsymbol{\Sigma}(\theta)]^2\},$$

或者使得下式最小的方法 (广义最小二乘):

$$F_{GLS} = \frac{1}{2}\text{tr}(\{[\boldsymbol{S} - \boldsymbol{\Sigma}(\theta)]W^{-1}\}^2).$$

还有利用工具变量的两步最小二乘法等. 它们都基于使得 $\boldsymbol{S}$ 和 $\boldsymbol{\Sigma}(\theta)$ 尽可能接近的原理.

6.3.2 例 6.1 数据的 CB-SEM 计算

下面就例 6.1 的欧洲顾客满意度数据 (satisfaction.csv) 来演示如何在 R 中用 CB-SEM 拟合数据. 用协方差方法解结构方程模型的商业软件很多, 在 R 中类似的程序包却不多, 这里用的是程序包 `lavaan`[9]. 该程序包比另一个名为 `sem` 的程序包似乎要好用.

我们用和 6.2 节使用 PLS-SEM 时完全一样的图模型 (当然这里 CB-SEM 模型在数学上有许多数学分布及变量关系的假定, 计算也大相庭径), 差别是增加少许相关关系 (协方差关系). 为此, 在建立模型时使用的代码为:

```
w=read.csv("satisfaction.csv")
library(lavaan)
model<-"
#外部关系:
IMAG=~imag1+imag2+imag3+imag4+imag5
EXPE=~expe1+expe2+expe3+expe4+expe5
QUAL=~qual1+qual2+qual3+qual4+qual5
VAL=~val1+val2+val3+val4
SAT=~sat1+sat2+sat3+sat4
LOY=~loy1+loy2+loy3+loy4
#内部关系:
EXPE~IMAG
QUAL~EXPE
VAL~EXPE+QUAL
SAT~EXPE+QUAL+VAL+IMAG
LOY~IMAG+SAT
#协方差关系:
imag1~~imag2+imag3+imag4+imag5
imag2~~imag3+imag4+imag5
imag3~~imag4+imag5
imag4~~imag5"
```

代码中的内部关系和外部关系与 6.2 节使用 PLS-SEM 时相同, 只有后面的协方差关系是加上去的, 它意味着所有和隐变量 IMAG 有关的可观测变量是两两相关的. 注意, PLS-SEM 假定所有的变量都相关, 因此不存在这个问题. 这里还不能加太多协方差关系, 否则会算不出来, 这也是协方差方法的缺陷之一.

[9] Rosseel, Y. (2012) lavaan: an R package for structural equation modeling. *Journal of Statistical Software*, 48(2): 1-36. `http://www.jstatsoft.org/v48/i02/`.

下一步是用这样定义的模型 model 拟合这个数据, 并打印出各种结果. 相应的代码为:

```
fit <- sem(model, w)
summary(fit, fit.measures = TRUE)
```

得到输出:

```
lavaan 0.6-7 ended normally after 130 iterations

  Estimator                                         ML
  Optimization method                           NLMINB
  Number of free parameters                         74

  Number of observations                           250

Model Test User Model:

  Test statistic                              1096.353
  Degrees of freedom                               304
  P-value (Chi-square)                           0.000

Model Test Baseline Model:

  Test statistic                              5261.366
  Degrees of freedom                               351
  P-value                                        0.000

User Model versus Baseline Model:

  Comparative Fit Index (CFI)                    0.839
  Tucker-Lewis Index (TLI)                       0.814

Loglikelihood and Information Criteria:

  Loglikelihood user model (H0)             -12337.606
  Loglikelihood unrestricted model (H1)     -11789.430

  Akaike (AIC)                               24823.212
  Bayesian (BIC)                             25083.800
  Sample-size adjusted Bayesian (BIC)        24849.214

Root Mean Square Error of Approximation:

  RMSEA                                          0.102
  90 Percent confidence interval - lower         0.096
```

```
  90 Percent confidence interval - upper         0.109
  P-value RMSEA <= 0.05                          0.000

Standardized Root Mean Square Residual:

  SRMR                                           0.066

Parameter Estimates:

  Standard errors                             Standard
  Information                                 Expected
  Information saturated (h1) model          Structured

Latent Variables:
                   Estimate  Std.Err  z-value  P(>|z|)
  IMAG =~
    imag1             1.000
    imag2             1.688    0.211    8.011    0.000
    imag3             1.627    0.224    7.249    0.000
    imag4             0.803    0.139    5.795    0.000
    imag5             2.122    0.339    6.262    0.000
  EXPE =~
    expe1             1.000
    expe2             1.291    0.113   11.462    0.000
    expe3             1.096    0.116    9.445    0.000
    expe4             0.873    0.086   10.122    0.000
    expe5             1.278    0.118   10.822    0.000
  QUAL =~
    qual1             1.000
    qual2             1.279    0.094   13.592    0.000
    qual3             1.092    0.098   11.110    0.000
    qual4             0.917    0.075   12.200    0.000
    qual5             1.093    0.089   12.297    0.000
  VAL =~
    val1              1.000
    val2              0.736    0.055   13.353    0.000
    val3              0.735    0.069   10.726    0.000
    val4              0.953    0.066   14.330    0.000
  SAT =~
    sat1              1.000
    sat2              0.962    0.044   21.709    0.000
    sat3              0.759    0.052   14.707    0.000
    sat4              0.776    0.054   14.243    0.000
  LOY =~
```

```
    loy1              1.000
    loy2              0.530    0.056    9.538    0.000
    loy3              1.008    0.064   15.726    0.000
    loy4              0.582    0.062    9.412    0.000

Regressions:
                   Estimate  Std.Err  z-value  P(>|z|)
  EXPE ~
    IMAG              1.108    0.468    2.365    0.018
  QUAL ~
    EXPE              1.133    0.107   10.598    0.000
  VAL ~
    EXPE             -5.346   26.720   -0.200    0.841
    QUAL              5.756   23.515    0.245    0.807
  SAT ~
    EXPE             -3.776   34.178   -0.110    0.912
    QUAL              3.280   33.447    0.098    0.922
    VAL               0.771    3.225    0.239    0.811
    IMAG              0.438    0.405    1.083    0.279
  LOY ~
    IMAG              0.482    0.385    1.254    0.210
    SAT               0.804    0.144    5.565    0.000

Covariances:
                   Estimate  Std.Err  z-value  P(>|z|)
 .imag1 ~~
   .imag2             0.721    0.542    1.331    0.183
   .imag3             0.385    0.518    0.744    0.457
   .imag4             0.677    0.293    2.313    0.021
   .imag5            -0.321    0.667   -0.481    0.630
 .imag2 ~~
   .imag3             0.442    0.842    0.525    0.599
   .imag4             0.217    0.437    0.497    0.619
   .imag5            -0.681    1.087   -0.626    0.531
 .imag3 ~~
   .imag4             0.240    0.421    0.571    0.568
   .imag5            -0.830    1.047   -0.793    0.428
 .imag4 ~~
   .imag5            -0.430    0.542   -0.793    0.428

Variances:
                   Estimate  Std.Err  z-value  P(>|z|)
   .imag1             2.110    0.383    5.512    0.000
   .imag2             1.237    0.883    1.401    0.161
```

```
   .imag3           1.133    0.820     1.382    0.167
   .imag4           1.809    0.274     6.600    0.000
   .imag5           1.591    1.387     1.147    0.251
   .expe1           2.060    0.196    10.488    0.000
   .expe2           1.714    0.176     9.721    0.000
   .expe3           3.013    0.284    10.617    0.000
   .expe4           1.459    0.140    10.432    0.000
   .expe5           2.304    0.227    10.146    0.000
   .qual1           1.902    0.184    10.330    0.000
   .qual2           1.562    0.167     9.367    0.000
   .qual3           2.860    0.272    10.515    0.000
   .qual4           1.392    0.137    10.195    0.000
   .qual5           1.912    0.188    10.157    0.000
   .val1            1.390    0.155     8.945    0.000
   .val2            1.508    0.148    10.190    0.000
   .val3            2.764    0.259    10.670    0.000
   .val4            2.017    0.204     9.902    0.000
   .sat1            0.704    0.090     7.780    0.000
   .sat2            0.749    0.091     8.228    0.000
   .sat3            1.579    0.153    10.337    0.000
   .sat4            1.792    0.172    10.404    0.000
   .loy1            1.673    0.246     6.793    0.000
   .loy2            2.748    0.262    10.474    0.000
   .loy3            1.901    0.263     7.226    0.000
   .loy4            3.427    0.326    10.497    0.000
    IMAG            0.775    0.377     2.058    0.040
   .EXPE            0.805    0.395     2.036    0.042
   .QUAL            0.014    0.064     0.222    0.825
   .VAL             0.342    1.801     0.190    0.849
   .SAT             0.157    0.759     0.208    0.836
   .LOY             1.802    0.284     6.352    0.000
```

可用类似于下面的代码输出各种需要的结果 (比如 R^2、系数、均值、协方差矩阵等等):

```
inspect(fit, "free"); inspect(fit, "start"); inspect(fit, "rsquare")
inspect(fit, "fit"); fitted.values(fit): coef(fit)
resid(fit, type="normalized")
```

6.3.3 CB-SEM 的指标

协方差方法模型的评价指标有很多类, 每类又有许多个, 比如各种吝啬度量、各种吝啬调整的度量、各种信息度量、ECVI 的置信区间、各种与基线模型比较的指标以及至少 10 种其他未归类的指标等. 对于各种指标需要注意:

- 指标没有强有力的理论基础来支持数据的意义和原理.

- 不同指标的优劣一直有争议.
- CB-SEM 模型检验是基于理论的, 最佳指标完全依赖于理论上的假定.
- 不适当的参数应事先考察.
- 初始模型必须具有合理的理论基础, 否则再多修饰也于事无补.

6.4 路径模型/结构方程模型的一些问题

绝对不应认为结构方程模型可以弥补设计不周或考虑不周的研究. 结构方程模型有许多特有的、与其他统计模型不同的问题, 下面就其中的一些问题予以讨论.

- 构造图模型的时候, 必须进行因果关系的论证. 没有任何根据就在图上画几个圆 (或椭圆) 和矩形, 再想当然地加几个箭头必然会失败.
- 结构方程模型分析的推论有很大的局限性, 这是因为结构方程模型本身无法创造理论或知识, 一定要避免过度依赖技术指标进行过度推断.
- 解释 CB-SEM 结构方程模型时要明白, 各参数显著和拟合很好等是变量因果关系的必要条件而不是充分条件, 应该避免根据参数的显著性盲目乐观地给出因果结论.
- 在做决策时, 对模型优劣避免武断和绝对化,
- 应该尽可能检验不同的路径模型, 先进行测量模型的检验, 然后进行结构模型的参数估计, 再做模型评估.
- 模型是否适当, 不能只考虑统计意义, 还要考虑概念的本质与意义, 注意隐变量的多重指标是否有理论和实际意义.
- 对 CB-SEM 来说, 对于模型拟合的评估, 应参考各种指标, 不能仅选取符合自己想象的. 应尽可能事先检验数据的分布特征, 测量变量应尽可能符合正态分布的假定 (实际上不可能核实), 选择简单、参数较少的模型, 样本量则越大越好.
- 在使用结构方程模型时, 处处都可能出现问题. 比如,
  - 在收集数据后才确定模型是一种疏忽;
  - 隐变量有可能缺乏足够的测量变量的支持;
  - 因果关系可能完全弄颠倒了;
  - 为追求拟合而改变模型形式, 使其复杂化;
  - 使用协方差方法时, 在没有充分理由的情况下, 将测量残差或解释残差的相关性纳入估计或者使用多维假定 (一个测量变量受一个以上隐变量影响).
- 在使用结构方程模型做结果报告时, 绝不能仅关心模型的拟合, 而忽视其他指标和模型的合理性. 把模型拟合解读为模型被支持的唯一或主要证据, 或者把模型拟合解读为内生变量被有效解读的证据是最常见的错误.
- 在使用 CB-SEM 时, 往往过度依赖显著性检验结果, 错误解释标准化参数估计.

6.5 本章的 Python 代码

6.5.1 6.2 节的代码

例 6.1 欧洲顾客满意度指数数据的 PLS 路径模型代码:

```
import pandas as pd, plspm.config as c
from plspm.plspm import Plspm
from plspm.scheme import Scheme
from plspm.mode import Mode

satisfaction = pd.read_csv("satisfaction.csv")

structure = c.Structure()
structure.add_path(["IMAG"], ["EXPE", "SAT", "LOY"])
structure.add_path(["EXPE"], ["QUAL", "VAL", "SAT"])
structure.add_path(["QUAL"], ["VAL", "SAT"])
structure.add_path(["VAL"], ["SAT"])
structure.add_path(["SAT"], ["LOY"])

config = c.Config(structure.path(), scaled=False)
config.add_lv_with_columns_named("IMAG", Mode.A, satisfaction, "imag")
config.add_lv_with_columns_named("EXPE", Mode.A, satisfaction, "expe")
config.add_lv_with_columns_named("QUAL", Mode.A, satisfaction, "qual")
config.add_lv_with_columns_named("VAL", Mode.A, satisfaction, "val")
config.add_lv_with_columns_named("SAT", Mode.A, satisfaction, "sat")
config.add_lv_with_columns_named("LOY", Mode.A, satisfaction, "loy")

plspm_calc = Plspm(satisfaction, config, Scheme.CENTROID)
print(plspm_calc.inner_summary())
print(plspm_calc.path_coefficients())
```

输出为:

```
             type  r_squared  r_squared_adj  block_communality  \
EXPE  Endogenous   0.335194       0.332513           0.616420
IMAG   Exogenous   0.000000       0.000000           0.582269
LOY   Endogenous   0.509923       0.505954           0.639052
QUAL  Endogenous   0.719688       0.718558           0.658572
SAT   Endogenous   0.707321       0.702543           0.758891
VAL   Endogenous   0.590084       0.586765           0.664416

      mean_redundancy       ave
EXPE         0.206620  0.616420
IMAG         0.000000  0.582269
LOY          0.325867  0.639052
QUAL         0.473966  0.658572
SAT          0.536779  0.758891
VAL          0.392061  0.664416
          IMAG       EXPE       QUAL         VAL         SAT   LOY
```

```
IMAG  0.000000  0.000000  0.000000  0.000000  0.000000    0
EXPE  0.578959  0.000000  0.000000  0.000000  0.000000    0
QUAL  0.000000  0.848344  0.000000  0.000000  0.000000    0
VAL   0.000000  0.105478  0.676656  0.000000  0.000000    0
SAT   0.200724 -0.002754  0.122145  0.589331  0.000000    0
LOY   0.275150  0.000000  0.000000  0.000000  0.495479    0
```

6.5.2 6.3 节的代码

例 6.1 欧洲顾客满意度指数数据的协方差模型代码:

```
import semopy as sem

v=pd.read_csv('satisfaction.csv')

# 描述模型(和R相同)
model="""
# 外部关系
IMAG=~imag1+imag2+imag3+imag4+imag5
EXPE=~expe1+expe2+expe3+expe4+expe5
QUAL=~qual1+qual2+qual3+qual4+qual5
VAL=~val1+val2+val3+val4
SAT=~sat1+sat2+sat3+sat4
LOY=~loy1+loy2+loy3+loy4
# 内部关系
EXPE~IMAG
QUAL~EXPE
VAL~EXPE+QUAL
SAT~EXPE+QUAL+VAL+IMAG
LOY~IMAG+SAT
# 协方差关系
imag1~~imag2+imag3+imag4+imag5
imag2~~imag3+imag4+imag5
imag3~~imag4+imag5
imag4~~imag5"""

# 拟合
m = sem.Model(model)
m.fit(v, obj="MLW", solver="SLSQP")

# 输出结果
print(m.inspect(mode='list', what="names", std_est=True))
```

输出为 (一共有 80 行, 只显示部分):

```
    lval  op   rval  Estimate  Est. Std    Std. Err    z-value   p-value
0   EXPE   ~   IMAG  1.096075  0.731856   0.476572   2.299916  0.021453
1   QUAL   ~   EXPE  1.131266  0.995714   0.106768  10.595606       0.0
2    VAL   ~   EXPE -3.889986 -2.868976  14.871303  -0.261577  0.793648
3    VAL   ~   QUAL  4.475030  3.749775  13.091389    0.34183  0.732479
4    SAT   ~   EXPE -2.011654 -1.481769  10.945696  -0.183785  0.854182
..   ...  ..    ...       ...       ...        ...        ...       ...
75  sat4  ~~   sat4  1.792254  0.478703   0.172259  10.404441       0.0
76  loy4  ~~   loy4  3.427399  0.673507   0.326507  10.497168       0.0
77 expe2  ~~  expe2  1.710475  0.368623   0.176232   9.705841       0.0
78  val2  ~~   val2  1.507638  0.462413   0.147952  10.190051       0.0
79  loy1  ~~   loy1  1.673472  0.254489   0.246405   6.791539       0.0

[80 rows x 8 columns]
```

实际上想要看哪一行哪一列都行, 比如:

```
df=m.inspect(mode='list', what="names", std_est=True)
print(df[df['lval']=='SAT'])
```

输出为:

```
   lval  op  rval  Estimate  Est. Std   Std. Err   z-value   p-value
4   SAT   ~  EXPE -2.011654 -1.481769  10.945696 -0.183785  0.854182
5   SAT   ~  QUAL  1.564934  1.309645  10.725919  0.145902  0.883999
6   SAT   ~   VAL  0.930199  0.929018   1.066744  0.871999  0.383209
7   SAT   ~  IMAG  0.427660  0.210335   0.401529  1.065079   0.28684
38  SAT  ~~   SAT  0.198806  0.061335   0.275761  0.720934   0.47095
```

可计算一些关于模型的统计量:

```
sem.calc_stats(m)
```

输出为:

```
       DoF  DoF Baseline         chi2  chi2 p-value  chi2 Baseline       CFI  \
Value  304           351  1096.367293           0.0    5261.366771  0.838634

            GFI      AGFI       NFI       TLI     RMSEA         AIC  \
Value  0.791619  0.759403  0.791619  0.813686  0.102312  139.229062

             BIC    LogLik
Value  399.81717  4.385469
```

还可以画图. 以下代码产生图 6.5.1:

```
g = sem.semplot(m, "sem.pdf",show=True)
```

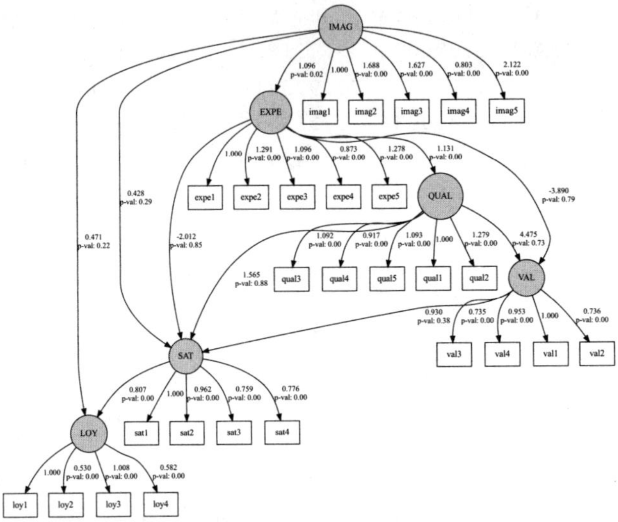

图 6.5.1　例 6.1 SEM 图

还可以改变画图参数 (比如增加相关及标准化估计的输出等). 以下代码产生图 6.5.2:

```
g1=sem.semplot(m, "sem2.pdf",plot_covs=True,engine='dot',
    latshape='circle',plot_ests=True,std_ests=True,show=True)
```

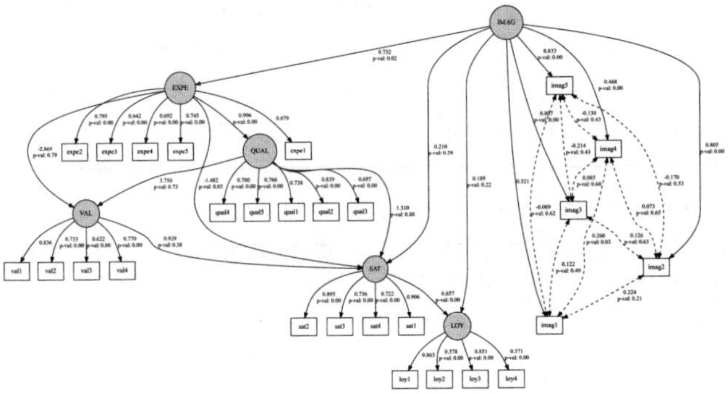

图 6.5.2　例 6.1 变化的 SEM 图

第 7 章　无监督学习: 经典多元分析

本书的所有内容都是关于多元数据的, 本章是以经典多元分析的无监督学习部分的内容为主. 前面章节分析数据问题时都包含因变量和自变量, 并根据数据训练出预测模型, 本章分析的问题不区分因变量和自变量.

为了做各种附带的显著性推断, 经典的多元分析往往给数据以诸如正态性等分布假定, 内容通常包括聚类分析、主成分分析及因子分析、典型相关分析、判别分析. 有的教科书也包括不那么经典的对应分析. 经典多元分析要求变量都是实数轴上的数量变量, 而且变量中不能有分类变量.

7.1　主成分分析及因子分析

主成分分析及因子分析的目的都是降维, 就是把相关的变量数目减少, 用较少的变量来取代原始变量, 而这些新变量为原始变量的线性组合. 如果原始变量数据互相正交, 那么这两种方法都没有任何意义. 这两种方法的区别不在于数据或研究目的, 而在于数学模型.

一般来说, 因子分析数学假定很强, 如果这些 (很难验证的) 假定近似满足, 其效果有可能优于主成分分析. 主成分分析的优点是原理简单, 计算容易. 因子分析实际上是第 6 章图模型中隐变量模型的特例. 由于有很强的关于正态性及协方差矩阵的假定, 因子分析甚至可以在只有样本协方差矩阵而没有原始数据的条件下进行, 这与 CB-SEM 的方法一致.

当然, 较强的假定往往使得模型与现实距离更远, 人们也更有理由对结果提出质疑. 在做主成分分析及因子分析时, 最主观、对结果影响最大的就是选择哪些变量参与建模, 这方面怎么强调都不过分.

下面引进洛杉矶街区数据 (见例 7.1), 后面将通过对该数据的分析介绍本章的若干种多元分析方法.

例 7.1 洛杉矶街区数据 (LA.Neighborhoods.csv) 这是美国人口普查局 2000 年的数据.[1] 一共有 110 个街区, 15 个变量. 变量情况见表 7.1.1. 表中的 API 为涉及学生成绩的 Academic Performance Index 的缩写. 其中除 LA.Nbhd 为分类变量外, 其他全部是数量型变量.

表 7.1.1　例 7.1 洛杉矶街区数据变量情况

变量名	描述	变量名	描述	变量名	描述
LA.Nbhd	街区名字	Black	非洲裔比例	Income	收入中位数
Schools	公立学校 API 中位数	Latino	拉丁裔比例	White	欧洲裔比例
Diversity	种族多样性 (0 ~1 打分)	Population	人口	Age	年龄中位数
Homes	有房家庭比例	Area	面积	Longitude	经度
Vets	复员军人比例	Asian	亚洲裔比例	Latitude	纬度

[1] http://wiki.stat.ucla.edu/socr/index.php/SOCR_Data_LA_Neighborhoods_Data.

7.1.1 主成分分析

假定原始数据有 p 个感兴趣的变量 (用向量 $\boldsymbol{x}$ 表示), 主成分分析的数学原理是在原始变量组成的 p 维空间中找到方差最大的方向, 也就是代表性最强的方向, 这等价于寻找线性组合 $\boldsymbol{a}^\top\boldsymbol{x}$ 的系数 $\boldsymbol{a}$, 使得方差 $Var(\boldsymbol{a}^\top\boldsymbol{x}) = \boldsymbol{a}^\top\boldsymbol{R}\boldsymbol{a}$ 最大. 式中, $\boldsymbol{R}$ 为协方差矩阵. 在线性代数中, 这等价于求 $\boldsymbol{R}$ 的最大特征值所对应的特征向量. 称这个向量为第一主成分, 记该方向的单位向量为 $\boldsymbol{a}_1$; 类似地, 在与 $\boldsymbol{a}_1$ 正交的空间, 再找使得方差最大的单位向量 $\boldsymbol{a}_2$, 如此下去, 可以找到 p 个主成分以及对应于 $\boldsymbol{R}$ 的 p 个特征值 $\lambda_1, \lambda_2, \ldots, \lambda_p$ $(\lambda_1 \geqslant \lambda_2 \geqslant \cdots \geqslant \lambda_p)$ 的 p 个特征向量 $\boldsymbol{a}_1, \boldsymbol{a}_2, \ldots, \boldsymbol{a}_p$. 为叙述方便, 不妨假定这些 $\boldsymbol{a}_i$ 为单位向量.[2]

第 i 个主成分的贡献率定义为其特征值在所有特征值之和中所占的比例 $\lambda_i/\sum_{j=1}^{p}\lambda_j$, 前 k 个主成分的累积贡献率为 $\sum_{j=1}^{k}\lambda_i/\sum_{j=1}^{n}\lambda_j$. 由于协方差矩阵 $\boldsymbol{R}$ 是未知的, 因此用样本协方差矩阵或样本相关矩阵来代替. 第 i 个主成分与第 j 个原始变量之间的相关系数为 $\sqrt{\lambda_i}a_{ij}$, 这里 a_{ij} 是 $\boldsymbol{a}_i$ 的第 j 个分量, 当然, 向量 $\sqrt{\lambda_i}\boldsymbol{a}_i$ 和 $\boldsymbol{a}_i$ 是同方向的特征向量, 只不过 $\boldsymbol{a}_i$ 是单位向量而已. 在一些软件 (比如 SPSS) 的输出中称 $\sqrt{\lambda_i}\boldsymbol{a}_i$ 为载荷 (loading), 但在另一些软件 (比如 R 的 `princomp()` 函数及 SAS) 的输出中称 $\boldsymbol{a}_i$ 为载荷, 这没有多大关系.

如果用 $y_1, y_2, \ldots, y_p$ 表示 p 个主成分, 用 $x_1, x_2, \ldots, x_p$ 表示原始变量, 那么主成分和原始变量之间的关系为:

$$
\begin{aligned}
y_1 &= a_{11}x_1 + a_{12}x_2 + \cdots + a_{1p}x_p \\
y_2 &= a_{21}x_1 + a_{22}x_2 + \cdots + a_{2p}x_p \\
&\vdots \\
y_p &= a_{p1}x_1 + a_{p2}x_2 + \cdots + a_{pp}x_p.
\end{aligned}
$$

下面根据求相关矩阵特征值的原始数学公式 (而不是 R 的有关函数) 求特征值问题的 R 代码来计算主成分及贡献率、累积贡献率等各种指标 (见图 7.1.1 和相应的表 7.1.2).

```
w=read.csv("LA.Neighborhoods.csv") #读入数据
w$density=w$Population/w$Area #增加人口密度变量
u=w[,-c(12:15)] # 去掉人口、面积、经纬度变量
a=eigen(cor(scale(u[-1]))) #求解标准化后的数据的特征值问题
(cca=(a$va)/sum(a$va)) #贡献率
(ca=cumsum(a$va)/sum(a$va)) #累积贡献率
par(mfrow=c(1,2)) #画贡献率图(崖底碎石图)及累积贡献率图
plot(1:11,a$va,type="o", pch=17,col=4, main="Scree Plot",
     xlab="Component Number",ylab="Eigen Value")
plot(1:11,ca,type="o",pch=17,col=4,
     main="Cumulative Contribution",
     xlab="Component Number",ylab="Cumulative Contribution")
par(mfrow=c(1,1))
```

表 7.1.2 是对例 7.1 数据的主成分分析的特征值、贡献率和累积贡献率.

[2]在数学上, 某特征向量乘以一个常数 (无论正负) 都是相应于同一个特征值的特征向量.

表 7.1.2 例 7.1 的主成分分析的特征值、贡献率和累积贡献率

成分	1	2	3	4	5	6	7	8	9	10	11
特征值	4.69	1.82	1.17	1.03	0.81	0.56	0.41	0.24	0.19	0.09	0.00
贡献率	0.43	0.17	0.11	0.09	0.07	0.05	0.04	0.02	0.02	0.01	0.00
累积贡献率	0.43	0.59	0.70	0.79	0.86	0.92	0.95	0.97	0.99	1.00	1.00

图 7.1.1 是根据表 7.1.2 中的数据绘出的, 可以看出, 第一主成分的贡献率较大, 而其他主成分的贡献率都不那么大, 一直到第 4 主成分时, 累积贡献率才超过 75%. 贡献率图之所以叫**崖底碎石图** (scree plot), 是因为希望图形一开始很陡, 如悬崖一般, 而剩下的数值都很小, 如悬崖下的碎石一样. 但这个图中悬崖只有部分是陡的, 说明用主成分分析方法降维的效果并不是特别突出.

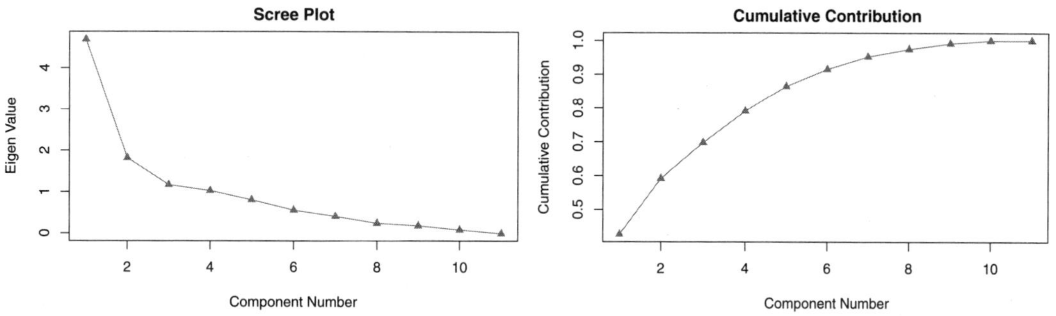

图 7.1.1 例 7.1 的主成分分析崖底碎石图 (贡献率图, 左) 和累积贡献率图 (右)

所有的方法都有其局限性, 可能对某些数据有效, 而对另一些数据不那么有效. 对于基本独立的变量无法做主成分分析.

下面的代码计算 (特征值都大于 1 的) 头 4 个主成分和原始变量的相关系数 (载荷), 其中第一行就是计算相关系数的语句, 所用的公式是 $\sqrt{\lambda_i}a_{ij}$, 即对每个特征向量 (a$vec) 乘以相应的特征值的平方根 (sqrt(a$value)); 后面的语句做出 4 个主成分与原始变量的相关系数表 (见表 7.1.3), 绘出载荷图 (见图 7.1.2).

```
(loadings=sweep(a$vec,2,sqrt(a$value),"*"))->b #计算载荷
par(mfrow=c(1,2))
plot(b[,1:2], type="n", xlab="Component 1 (42%)",
     ylab="Component 2 (17%)",
     xlim=c(-1.2,1.2),ylim=c(-1.2,1.2),main="Loadings")
text(b[,1],b[,2],names(u[,-1]));abline(h=0);abline(v=0)
plot(b[,3:4], type="n", xlab="Component 3 (11%)",
     ylab="Component 4 (9%)", xlim=c(-1.2,1.2),
     ylim=c(-1.2,1.2),main="Loadings")
text(b[,3],b[,4],names(u[,-1]))
abline(h=0);abline(v=0)
par(mfrow=c(1,1))
```

表 7.1.3 例 7.1 的四个主成分与原始变量的相关系数

原始变量	主成分 1	2	3	4
Income	−0.8852	0.0657	0.2212	−0.0301
Schools	−0.0662	−0.3460	0.1051	0.7980
Diversity	0.0993	−0.6771	−0.6012	−0.0060
Age	−0.9247	−0.0489	−0.1288	−0.1779
Homes	−0.6854	−0.0650	−0.1261	0.3256
Vets	−0.7957	0.2810	−0.3606	0.1356
Asian	−0.0526	−0.8584	−0.1722	−0.1945
Black	0.3156	0.6302	−0.6498	0.0871
Latino	0.8320	−0.0535	0.2478	0.2262
White	−0.8752	−0.0901	0.2674	−0.1865
density	0.6136	−0.0686	−0.0101	−0.3191

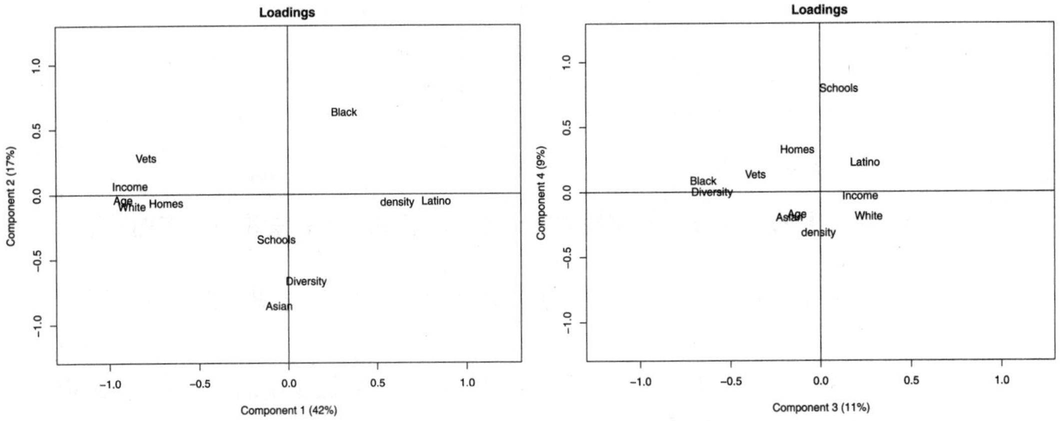

图 7.1.2 例 7.1 的主成分分析载荷图

载荷图 7.1.2 中的左图对应于例 7.1 的 4 个主成分与原始变量的相关系数表 (见表 7.1.3) 的第一、二列, 可以看出, 第一主成分小 (负值) 的对应于普遍收入高、年龄大、拥有住房的家庭多、退役军人及欧洲裔多的街区, 第一主成分大的则对应于拉丁裔人口多、人口密度高的街区. 第二主成分大的对应于非洲裔较多的街区, 第二主成分小 (负值) 的则对应于亚洲裔人口较多、种族多样性较高的街区. 其他变量和这两个主成分相关性不大. 图 7.1.2 的右图对应于主成分与原始变量相关系数表中的第三、四列, 可以看出, 这里的点相对左图更接近中间 (相关系数接近 0). 第三主成分小 (负值) 的对应于非洲裔人口较多、种族多样性较高的街区, 第四主成分大的对应于学校成绩较好的街区.

每个观测值都可以得到它们关于每个主成分的得分. 下面的语句计算了头 4 个主成分的得分, 即用标准化的原始数据矩阵乘特征向量矩阵, 并把这些得分展示在图 7.1.3 中. 图中各个点是用街区名字代表的, 虽然有些拥挤 (特别是右图), 但还是可以看出一些特别突出的街区名字.

```
par(mfrow=c(1,2))
sc=as.matrix(scale(u[,-1]))%*%a$ve[,1:4] #计算得分
plot(sc[,1],sc[,2],type="n",ylim=c(-6,6),xlim=c(-7,6),
     main="Sample Principal Components", xlab="Component 1",
     ylab="Component 2")
text(sc[,1],sc[,2],u[,1],cex=.4)
abline(v=0,col=2);abline(h=0,col=2)
plot(sc[,3],sc[,4],type="n",ylim=c(-6,6),xlim=c(-7,6),
     main="Sample Principal Components", xlab="Component 3",
     ylab="Component 4")
text(sc[,3],sc[,4],u[,1],cex=.4)
abline(v=0,col=2);abline(h=0,col=2)
par(mfrow=c(1,1))
```

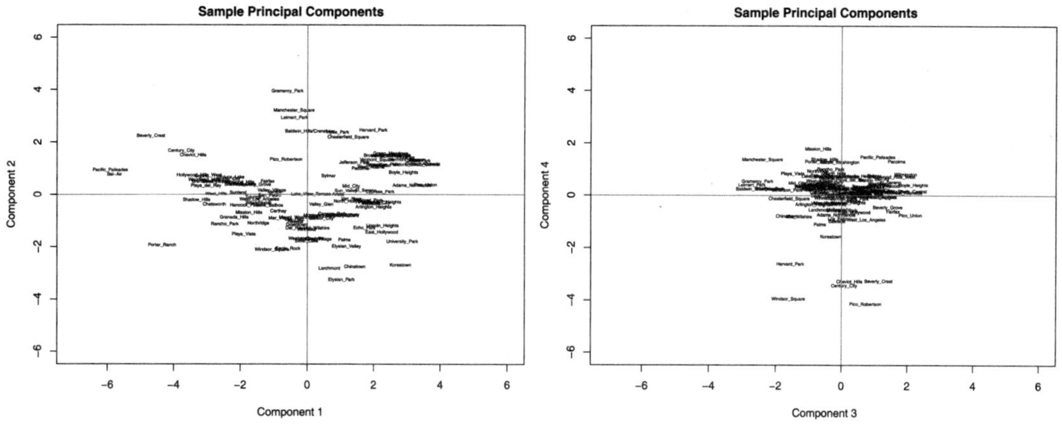

图 7.1.3 例 7.1 的样本主成分得分

只要把图 7.1.2 和图 7.1.3 相对照, 就可以看出各个街区的特点了, 比如哪些街区属于较富裕的, 哪些街区种族多样性高, 等等. 对于一些数据, 可以根据这些特点给各个主成分起名字, 但有时候很难说清楚这些主成分的意义, 更谈不上取名字了.

有些人把主成分分析和因子分析中的成分或因子作为综合评价的基础, 比如, 某个成分为 " 教育成分 ", 某个成分为 " 经济发展成分 ", 等等, 然后用这些成分或者它们的加权平均作为 " 政绩 " 的综合评价标准, 并用来排序. 但是, 如果分析时不仅仅局限于经济变量, 还包括廉政、环境、公平、效率等其他变量, 结果就不那么简单了. 这时, " 经济发展成分 " 和腐败及污染很可能都十分相关, 这时如何称呼, 如何进行综合评价都会成为问题. 比如, 公平和效率是负相关的, 反映效率的成分难道可以称为 " 不公平成分 "? 因此, 进行主成分分析或因子分析最重要的是客观、毫无偏见地选择变量.

7.1.2 因子分析

因子分析是寻找原始变量的一些不相关的线性组合, 也称为因子, 因子数量 m 比原始变量的数量 p 小, 即 $m < p$. 假定 $f_1, f_2, \ldots, f_m$ 为需要找到的因子, 那么它们和原始变量

$x_1, x_2, \ldots, x_p$ 之间的关系为:

$$\begin{aligned} x_1 - \mu_1 =& a_{11} f_1 + a_{12} f_2 + \cdots + a_{1m} f_m + \epsilon_1; \\ x_2 - \mu_2 =& a_{21} f_1 + a_{22} f_2 + \cdots + a_{2m} f_m + \epsilon_2; \\ &\vdots \\ x_p - \mu_p =& a_{p1} f_1 + a_{p2} f_2 + \cdots + a_{pm} f_m + \epsilon_p, \end{aligned}$$

或者以矩阵形式表示为:

$$\boldsymbol{x} - \boldsymbol{\mu} = \boldsymbol{A}\boldsymbol{f} + \boldsymbol{\epsilon},$$

式中, μ_i 为变量 x_i 的均值; ϵ_i 为第 i 个特殊因子, 只与 x_i 有关; 而 f_i 为第 i 个公共因子, 与所有变量有关; a_{ij} 为第 i 个变量在第 j 个因子的载荷, 也就是第 i 个变量与第 j 个公共因子的相关系数. 不能观测的值假定满足下列条件: $\boldsymbol{f}$ 和 $\boldsymbol{\epsilon}$ 独立, $E(\boldsymbol{f}) = \boldsymbol{0}$, $Cov(\boldsymbol{f}) = \boldsymbol{I}$, $E(\boldsymbol{\epsilon}) = \boldsymbol{0}$, $Cov(\boldsymbol{\epsilon}) = \boldsymbol{\Psi}$, $\boldsymbol{\Psi}$ 是对角矩阵. $\sum a_{ij}^2$ 称为共性方差 (也称**公共方差** (common variance) 或**变量共同度** (communalities)), 而 $\boldsymbol{\Psi}^2$ 称为特殊方差. 变量共同度刻画全部公共因子对变量 x_i 的总方差所做的贡献. 根据这些假定、代数的知识及计算方法, 可以得到对 a_{ij} 的矩阵 $\boldsymbol{A}$ 的解, 但这个解不唯一, 解之间相差一个正交变换或刚体旋转. 因此方差分析还需要在这些解中寻找一个最能够解释数据的解. 这也是因子分析多了旋转这个步骤的原因.

下面的代码利用了 R 固有的函数 `factanal` 来做例 7.1 数据的因子分析 (取 $m = 2$), 并计算出载荷及样本因子得分. 同时画出前两个因子的载荷图 (见图 7.1.4 左) 和样本因子得分图 (见图 7.1.4 右). 而这里的因子得分不像主成分分析那样自然, 它必须用诸如回归等方法反解出来, 这需要在函数 `factanal` 的选项中指明, 比如下面的程序表明要用回归方法来得到得分, 所用的代码为 `scores="regression"` . 求得分的数学表达式为:

$$\begin{aligned} f_1 =& \beta_{11} x_1 + \beta_{12} x_2 + \cdots + \beta_{1p} x_p; \\ f_2 =& \beta_{21} x_1 + \beta_{22} x_2 + \cdots + \beta_{2p} x_p; \\ &\vdots \\ f_m =& \beta_{m1} x_1 + \beta_{m2} x_2 + \cdots + \beta_{mp} x_p, \end{aligned}$$

式中, $m < p$. 这里用回归等方法算出的 β_{ij} 不再是相关系数了. 在读任何软件输出时都要注意这一点, 以免与主成分分析的输出格式混淆.

```
#下面进行因子分析时默认旋转rotation ="varimax":
w=read.csv("LA.Neighborhoods.csv") #读入数据
w$density=w$Population/w$Area #增加人口密度变量
u=w[,-c(12:15)]#去掉人口、面积、经纬度变量
(a=factanal(factors=2,scale(u[,-1]),scores="regression"))
(a$loadings);(a$scores)#打印载荷和得分
par(mfrow=c(1,2))#做因子载荷与样本因子得分图
plot(a$loadings[,1:2],type="n",ylim=c(-1.1,1.1),
     xlim=c(-1.1,1.2), xlab="Factor 1", ylab="Factor 2",
     main="Loadings")
```

```
abline(h=0);abline(v=0)
text(a$loadings[,1],a$loadings[,2],
labels=row.names(a$loadings),cex=1)
plot(a$scores[,1:2],type="n",ylim=c(-2,1.5),xlim=c(-2.5,2.5),
     xlab="Factor 1", ylab="Factor 2", main="Factor Scores")
abline(h=0);abline(v=0)
text(a$scores[,1],a$scores[,2],labels=u[,1],cex=.7)
```

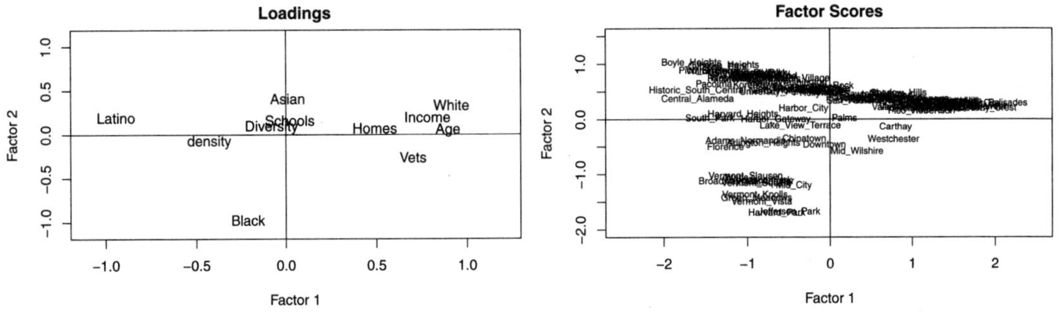

图 7.1.4　例 7.1 的前两个因子的载荷 (左) 与样本因子得分 (右)

在做主成分分析时, 可以事先不确定主成分的个数, 只需要在计算之后, 根据特征值的大小及贡献率来决定选择几个主成分. 但在因子分析中, 事先选择不同的因子个数, 可能会得到很不一样的结果. 就例 7.1 来说, 如果把上面程序中的因子个数改成 4 (`factors=4`), 所得到的前两个因子的载荷图及因子得分图与只选两个因子的情况就很不一样. 希望读者自己来体验.

下面为上面程序中命令 (`a$loadings`) (载荷) 的输出 (其中数值小于 0.1 的自动用空白代替), 它是例 7.1 的第一、二个因子与原始变量的相关系数 (载荷), 分别对应于图 7.1.4 (左) 的横坐标和纵坐标.

```
Loadings:
          Factor1 Factor2
Income     0.781   0.197
Schools            0.163
Diversity
Age        0.893
Homes      0.491
Vets       0.702  -0.263
Asian              0.408
Black     -0.212  -0.975
Latino    -0.944   0.195
White      0.913   0.334
density   -0.428
```

综合这个输出和图 7.1.4 (左) 可以看出, 第一因子大 (正方向) 的对应普遍收入高、年龄大、拥有房子的家庭多、退役军人及欧洲裔人口多的街区, 相反方向则对应拉丁裔人口多、人口密度高的社区. 第二因子主要描述了 Black 变量 (在第二因子的负方向).

在因子得分图 (见图 7.1.4 (右)) 中各个点是用街区名字代表的, 从图中可以看出各个街区所在的位置, 也可以识别出一些特别突出的街区. 因子得分的输出结果太长, 还是图 7.1.4 (右) 更清楚.

7.2 分层聚类及 k 均值聚类

数据有几个变量就形成几维空间, 每个观测值都是该空间的一个点. 聚类分析就是根据点之间的距离, 把离得近的一些点划归为一类, 原则是使得类间距离尽可能大, 而类内点间的距离尽可能小. 有很多定义距离的方法, 下面是一些常用的距离定义, 这里用 $d(\boldsymbol{x},\boldsymbol{y})$ 表示两个 d 维向量 $\boldsymbol{x}$ 和 $\boldsymbol{y}$ 之间的距离.

点间距离

1. 欧氏距离 (Euclidean distance), 也称为范数 2 (2 norm) 距离: $d(\boldsymbol{x},\boldsymbol{y}) = [\sum_{j=1}^{d}(x_j - y_j)^2]^{1/2}$.
2. 最大距离 (maximum distance), 两个向量分量间的最大值: $d(\boldsymbol{x},\boldsymbol{y}) = \sup_{1\leqslant j\leqslant d}|x_j - y_j|$.
3. 曼哈顿距离 (Manhattan distance), 两个向量的绝对距离 (分量差的绝对值之和), 也称为范数 1 (1 norm) 距离: $d(\boldsymbol{x},\boldsymbol{y}) = \sum_{j=1}^{d}|x_j - y_j|$.
4. 堪培拉距离 (Canberra distance) (这里为 0 的分量在分母和分子中都视为缺失值而被删除): $d(\boldsymbol{x},\boldsymbol{y}) = \sum_{j=1}^{d}(|x_j - y_j|)/(|x_j| + |y_j|)$.
5. 二进制距离 (binary distance), 向量被视为二进制位 (比特, bit), 因此非零元素为 “开” (on), 零元素为 “关” (off). 距离是其中至少一个打开的位中只有一个打开的位的比例.
6. Minkowski 距离 (Minkowski distance), 也称为范数 d (d norm) 距离, 为两个向量分量差的 p 次幂的和的 $1/p$ 次幂: $d(\boldsymbol{x},\boldsymbol{y}) = (\sum_{j=1}^{d}|x_j - y_j|^p)^{1/p}$.

类间距离及最大化类间距离的方法

聚类时希望不同类间距离越大越好, 这里有很多方法, 它们应用于分层聚类和聚类数目选择上. 下面用 D_{ij} 表示类 C_i 和类 C_j 之间的距离.

1. Ward 方法: 最小化类内的总方差. 在每一步, 具有最小聚类距离的一对聚类被合并. 为了实现这种方法, 在每个步骤中找到导致合并后总集群内方差增加最小的类.
2. Single 方法: 类 C_i 和类 C_j 之间的距离 D_{ij} 是在 C_i 中的点 $\boldsymbol{x}$ 和在 C_j 中的点 $\boldsymbol{y}$ 之间的最小距离:
$$D_{ij} = \min_{x\in C_i, y\in C_j} d(\boldsymbol{x},\boldsymbol{y}).$$
3. Complete 方法: 类 C_i 和类 C_j 之间的距离 D_{ij} 是在 C_i 中的点 $\boldsymbol{x}$ 和在 C_j 中的点 $\boldsymbol{y}$ 之间的最大距离:
$$D_{ij} = \max_{x\in C_i, y\in C_j} d(\boldsymbol{x},\boldsymbol{y}).$$
4. Average 方法: 类 C_i 和类 C_j 之间的距离 D_{ij} 是在 C_i 中的点 $\boldsymbol{x}$ 和在 C_j 中的点 $\boldsymbol{y}$ 之间

的平均距离:

$$D_{ij} = \sum_{x \in C_i, y \in C_j} d(\boldsymbol{x}, \boldsymbol{y})/(n_i n_j),$$

这里 n_i 和 n_j 分别为类 C_i 及类 C_j 中的元素数量.

5. McQuitty 方法: 类 C_m 和类 C_j 之间的距离是类间差异 (距离) 的加权平均值: $D_{mj} = (D_{kj} + D_{lj})/2$, 这里的类 m 是类 k 和类 l 聚合形成的类 $m = (k, i)$.
6. Median 方法: 类 C_i 和类 C_j 之间的距离 D_{ij} 由下面的公式给出:

$$D_{ij} = (D_{ik} + D_{il})/2 - (D_{kl}/4),$$

这里类 C_j 由类 C_k 和类 C_l 聚合而成.

7. Centroid 方法: 类 C_i 和类 C_j 之间的距离 D_{ij} 是两类重心之间的平方欧氏距离:

$$D_{ij} = \|\bar{x_i} - \bar{x_j}\|^2.$$

现在一般教科书上介绍的聚类方法主要是分层聚类和 k 均值聚类. 下面就用例 7.1 洛杉矶街区数据来回顾这两种方法.

7.2.1 聚类数目的选择

作为无监督学习, 聚类数目或如何聚类并没有一定的标准. 比如把一群学生分类, 可以按照体能聚类, 也可以按照性别聚类, 还可以按照其他诸如爱好、学习成绩等完全不同的特征来分类. 用不同的特征分类的结果当然不同. 即使每个人作为一类也未尝不可, 因为没有哪两个人是完全相同的.

聚类数目的选择的方法和其背后的原则有很多种, 很难说哪一种就一定合适. 这里介绍一个反映各种方法的 R 程序包. 该程序包为 `NbClust`[3]. 它提供了 30 个指数用于确定数据集中的最优聚类数目, 并根据不同的结果给用户提供最佳的聚类方案. 它不仅能确定聚类数目, 而且可以根据选项实行具体的聚类 (如 k 均值聚类).

程序包 `NbClust` 提供的聚类所基于的距离选择选项有:

```
"euclidean", "maximum", "manhattan", "canberra", "binary",
"minkowski", "NULL"
```

如果选了 `NULL`, 则必须选择不相似矩阵 (如距离矩阵), 默认值为 `euclidean` (欧氏距离). 它提供的方法有:

```
"ward.D", "ward.D2", "single", "complete", "average",
"mcquitty", "median", "centroid", "kmeans".
```

而判别数目的判别指标选项包括:

```
"kl", "ch", "hartigan", "ccc", "scott", "marriot",
"trcovw", "tracew", "friedman", "rubin", "cindex", "db",
"silhouette", "duda", "pseudot2", "beale", "ratkowsky",
```

[3]Charrad, M., Ghazzali, N., Boiteau, V., Niknafs, A. (2014) NbClust: an R package for determining the relevant number of clusters in a data set. *Journal of Statistical Software*, 61(6): 1-36. `http://www.jstatsoft.org/v61/i06/`.

```
    "ball", "ptbiserial", "gap", "frey", "mcclain", "gamma",
    "gplus", "tau", "dunn", "hubert", "sdindex", "dindex",
    "sdbw", "all", "alllong".
```

其中, all 指标包括除 gap, gamma, gplus, tau 之外的所有指数, 而 alllong 包括了 all 没有包括的所有指标. 我们就例 7.1 (除了街区名字和经纬度之外的原始数据) 来说明这个强大程序包的应用. 下面是代码和部分输出 (这里选了指标 all):

```
library(NbClust)
a<-NbClust(w[,-c(1,14:15)], distance = "euclidean", min.nc=2,
max.nc=8,  method = "complete", index = "all")
*************************************************************
* Among all indices:
* 7 proposed 2 as the best number of clusters
* 5 proposed 3 as the best number of clusters
* 6 proposed 4 as the best number of clusters
* 5 proposed 7 as the best number of clusters
* 1 proposed 8 as the best number of clusters

                   ***** Conclusion *****
* According to the majority rule,
    the best number of clusters is  2
*************************************************************
```

输出表明, 关于聚类数目, 有 7 个指标说选 2 个, 有 5 个指标说选 3 个, 有 6 个指标说选 4 个, 另外有 5 个指标说选 7 个,1 个指标说选 8 个 (也就是这里指定的最大数目 max.nc=8), 看来很不一致. 输出按照 "少数服从多数" 标出了 "最好的" 聚类数目是 2 个. 还可以输出相应于 2~8 个聚类的所有指标 (a$All.index)、某些指标 (这里是 3 个) 对于 2~8 个聚类分划的边界值 (a$All.CriticalValues), 以及相应于 "最好的" 聚类数目的指标值 (a$Best.nc). 最后还给出了说明各个观测值划分到哪一类的列表 (Best.partition). 这个 "少数服从多数" 的结果把例 7.1 的原始数据 (除了街区名字和经纬度) 分成两类, 有一类只有 3 个成员, 而剩下的 107 个全部分到另一类. 我们也试了标准化之后的数据, 结果有 9 个指标选择分成两类.

无论如何, 在使用这个程序包时, 要充分利用其大量的选项来选择与问题相关的具体选项, 不一定使用其 "少数服从多数" 的自动化功能. 而且要明白, 每个方法的角度不同, 没有 "绝对正确" 的方法.

7.2.2 分层聚类

聚类首先要确定点与点之间的距离, 可以用欧氏距离、平方欧氏距离、绝对距离、夹角余弦、相关系数、Minkowski 距离等. 此外, 还要定义类间距离, 采用的方法包括最短距离法、最长距离法、类平均法、重心法、离差平方和法等. 在 R 函数 hclust 的 method 选项就有前面提到的关于类间距离的各种方法:

```
"ward.D", "ward.D2", "single", "complete", "average" (= UPGMA),
"mcquitty" (= WPGMA), "median" (= WPGMC) or "centroid" (= UPGMC).
```

选项不同, 结果也可能不同. 当然, 选择参与聚类的变量是最根本的.

在确定了距离的选项之后, 就可以进行分层聚类了. 一开始每一个观测值都算为一类, 这样, 有多少观测值就有多少类. 分层聚类首先把最近的两类 (观测值) 划分为一类, 这样总类数就少了一个, 然后把最近的两类划到一起, 这样类的数目又少了一个, 如此下去, 当只剩下一类时, 分层聚类就完成了. 在这个过程中记录了所有类间的距离, 根据这些距离的远近, 可以画出树状图 (dendrogram), 并根据图形决定分成几类.

下面就例 7.1 的数据做分层聚类, 代码如下:

```
w=read.csv("LA.Neighborhoods.csv")
w=data.frame(w,density=w$Population/w$Area)
u=w[,c(1,2,5,6,11,16)]#选择变量
#标准化数据, 聚类方法="complete":
hh=hclust(dist(scale(u[,-1])), "complete")
plot(hh,labels=u[,1],cex=.6);id=identify(hh)#手工分成5份
```

由此得到树状图 (见图 7.2.1). 其中有手工分成 5 类的标记, 也有每一类的街区名字.

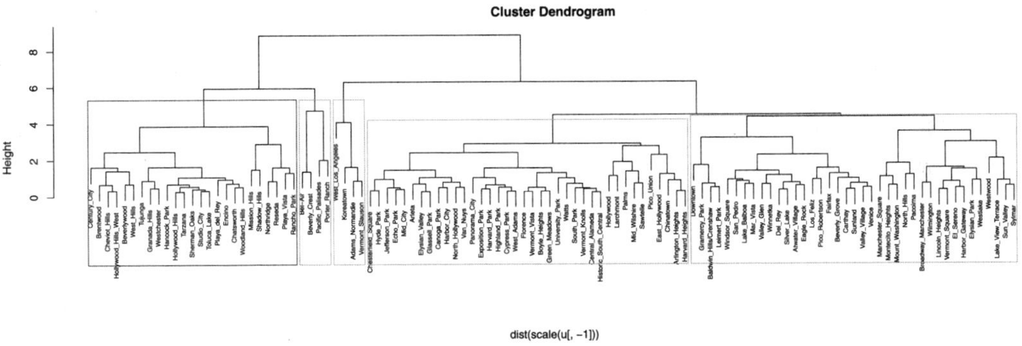

图 7.2.1 例 7.1 数据分层聚类树状图

根据所分类别和洛杉矶每个街区的经纬度, 把各个类用不同的符号点在图上 (见图 7.2.2), 画图代码如下:

```
ppp=c(7,17,19,21,24)
plot(w[id[[1]],14:15],pch=ppp[1],col=1,xlim=c(-118.7,-118.1),
     ylim=c(33.73,34.32),main="Los Angeles")
for(i in 2:5)
  points(w[id[[i]],14:15],pch=ppp[i],col=i)
legend("bottomleft",pch=ppp,paste("Cluster",1:5),col=1:5)
```

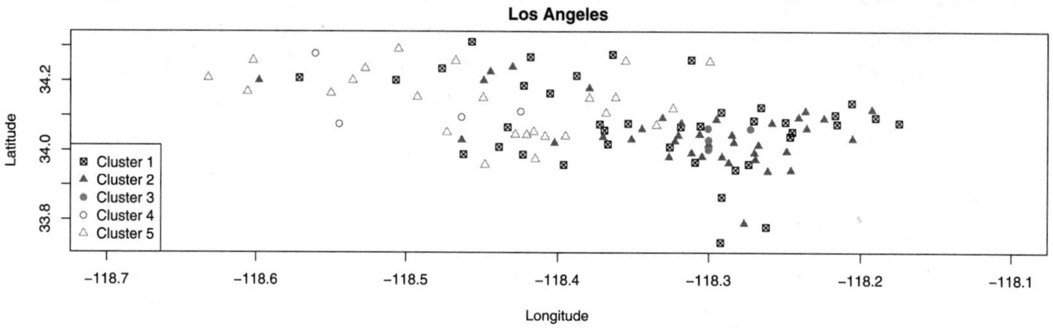

图 7.2.2　例 7.1 数据分层聚类所得 5 类街区按照经纬度在洛杉矶的点图

分层聚类的树状图直观易懂, 容易帮助人们理解各类的特点和关系. 其缺点是对于大数据的计算速度相对较慢.

7.2.3 k 均值聚类

经典多元分析教科书上往往不予介绍的 k 均值聚类又叫快速聚类. 假定有 p 个变量参与聚类, 如果要分为 k 类, 则在 p 个变量所形成的 p 维空间中选择 k 个不同的点, 称为种子, 然后按照各个观测值点距离这 k 个点的远近把所有观测值分成 k 类, 在每一类求出其中心, 作为 k 个新的种子, 再把所有观测值重新按照距离这 k 个种子的远近分成 k 类. 如此下去, 直到种子的位置基本不变为止. 初始种子的选取不必太认真, 通常计算机程序也会自动给出初始种子, 最终这些初始种子有可能会分到同一类中. 顾名思义, k 均值聚类计算速度很快, 但缺点是必须事先选择类别的数目. 目前也有利用一些准则自动选择类别数目的方法 (见前面的内容).

对例 7.1 的数据做 k 均值聚类 ($k = 5$), 并像图 7.2.2 那样按照经纬度把各个类用不同的符号点在图上 (图没有在这里展示). 代码为:

```
a=kmeans(scale(u[,-1]),5);ppp=c(7,17,19,21)
plot(w[a$cluster==1,14:15],pch=1,col=1,xlim=c(-118.7,-118.2),
     ylim=c(33.73,34.32),main="Los Angeles")
for(i in 2:5)
  points(w[a$cluster==i,14:15],pch=ppp[i-1],col=i)
legend("bottomleft",pch=c(1,ppp),paste("Cluster",1:4),col=1:5)
```

读者可以自己比较这两种聚类的异同. 实际上, k 均值聚类的第 4, 3, 1, 5, 2 类大体上相当于前面分层聚类的 1, 2, 3, 4, 5 类 (有 27 个点分的不同). 变量的选择、方法 (包括细微选项) 的选择以及是否把数据标准化都可以对聚类结果产生影响.

7.3　典型相关分析

7.3.1 数学原理

数理统计教科书中都涉及单独两个变量之间的相关问题, 而这里的**典型相关分析** (canonical correlation analysis) 则是研究两组变量之间的相关问题. 其方法是, 在两组变量中各自找一个代表, 即各自变量的线性组合, 使得这一对代表比其他对代表更加相关, 然后在两组变量与这一对代表正交的空间中再各自找另一对最相关的代表, 如此下去, 直至找不到符合要求的代表为止. 其中使用的方法就是线性代数的特征值——特征向量及 Lagrange 乘数法. 每一对线性组合都称为**典型变量** (canonical variable). 它们之间的相关称为**典型相关** (canonical correlation). 假定两组变量分别为: $\boldsymbol{X} = (X_1, X_2, \ldots, X_p)^\top$ 及 $\boldsymbol{Y} = (Y_1, Y_2, \ldots, Y_q)^\top$, 我们的目的是寻找系数 $a_1, a_2, \ldots, a_p$ 及 $b_1, b_2, \ldots, b_q$, 使得新的综合变量, 即典型变量

$$\begin{aligned} V &= a_1X_1 + a_2X_2 + \cdots + a_pX_p; \\ W &= b_1Y_1 + b_2Y_2 + \cdots + b_qY_q \end{aligned}$$

之间的**典型相关系数** (canonical correlation coefficient) 最大. 假定 $(\boldsymbol{X}, \boldsymbol{Y})^\top$ 的协方差矩阵分块为:

$$\boldsymbol{\Sigma} = \begin{bmatrix} \boldsymbol{\Sigma}_{11} & \boldsymbol{\Sigma}_{12} \\ \boldsymbol{\Sigma}_{21} & \boldsymbol{\Sigma}_{22} \end{bmatrix},$$

可得

$$Cov(V, W) = \boldsymbol{a}^\top \boldsymbol{\Sigma}_{12} \boldsymbol{b}.$$

假定 $Var(V) = 1$, $Var(W) = 1$, 使得相关系数 (这时等于协方差) $\rho_{VW} = Cov(V, W) = \boldsymbol{a}^\top \boldsymbol{\Sigma}_{12} \boldsymbol{b}$ 最大的 $\boldsymbol{a}$ 和 $\boldsymbol{b}$ 为下式极大值问题的解:

$$\phi = \boldsymbol{a}^\top \boldsymbol{\Sigma}_{12} \boldsymbol{b} - \frac{\lambda}{2}(\boldsymbol{a}^\top \boldsymbol{\Sigma}_{11} \boldsymbol{a} - 1) - \frac{\nu}{2}(\boldsymbol{b}^\top \boldsymbol{\Sigma}_{22} \boldsymbol{b} - 1),$$

即 Lagrange 乘数法的解. 经过简单的求偏导运算解方程, 得到 $\lambda = \nu = \boldsymbol{a}^\top \boldsymbol{\Sigma}_{12} \boldsymbol{b} = Cov(V, W)$ 及

$$\boldsymbol{A}\boldsymbol{a} = \lambda^2 \boldsymbol{a}, \ \boldsymbol{B}\boldsymbol{b} = \lambda^2 \boldsymbol{b},$$

式中:

$$\boldsymbol{A} \equiv \boldsymbol{\Sigma}_{11}^{-1} \boldsymbol{\Sigma}_{12} \boldsymbol{\Sigma}_{22}^{-1} \boldsymbol{\Sigma}_{21}, \ \boldsymbol{B} \equiv \boldsymbol{\Sigma}_{22}^{-1} \boldsymbol{\Sigma}_{21} \boldsymbol{\Sigma}_{11}^{-1} \boldsymbol{\Sigma}_{12}.$$

因此 λ^2 既为矩阵 $\boldsymbol{A}$ 的特征值又为矩阵 $\boldsymbol{B}$ 的特征值, 而相应的特征向量为 $\boldsymbol{a}$ 和 $\boldsymbol{b}$. $\boldsymbol{A}$ 和 $\boldsymbol{B}$ 的特征值有如下性质:

1. $\boldsymbol{A}$ 和 $\boldsymbol{B}$ 有相同的非零特征值;
2. 非零特征值的数目为 $\min(p, q)$;
3. $\boldsymbol{A}$ 和 $\boldsymbol{B}$ 的特征值均在 0 和 1 之间.

不妨假定 $p < q$ (则 $p = \min(p, q)$), 这样, 那些称为典型相关系数的非零特征值和相应的特征向量为: $\lambda_1^2, \lambda_2^2, \ldots, \lambda_p^2$ ($\lambda_1^2 \geqslant \lambda_2^2 \geqslant \cdots \geqslant \lambda_p^2 > 0$); $\boldsymbol{a}_1, \boldsymbol{a}_2, \ldots, \boldsymbol{a}_p$; $\boldsymbol{b}_1, \boldsymbol{b}_2, \ldots, \boldsymbol{b}_p$. 由此可得到 p 对线性组合 $V_i = \boldsymbol{a}_i^\top \boldsymbol{X}, W_i = \boldsymbol{b}_i^\top \boldsymbol{Y}$, 称每一对变量为典型变量. 其相关系数极大值称为第一典型相关系数. 一般只取前几个影响大的典型变量和典型相关系数来分析. 典型变量的性质是:

1. $\boldsymbol{X}$ 和 $\boldsymbol{Y}$ 中的一切典型变量都不相关.
2. $\boldsymbol{X}$ 和 $\boldsymbol{Y}$ 的同一对典型变量 V_i 和 W_i 之间的相关系数为 λ_i, 不同对的 V_i 和 $W_j (i \neq j)$ 之间不相关.

当然, 在实际例子中一般不知道 $\boldsymbol{\Sigma}$, 因此在只有样本数据的情况下, 只要将 $\boldsymbol{\Sigma}$ 用样本协

方差矩阵或样本相关矩阵 $\boldsymbol{R}$ 代替即可, 但是这时的特征值可能不在 $0 \sim 1$ 的范围内. 各种软件会给出调整后的相关系数.

7.3.2 典型相关分析的数据例子

例 7.2 橄榄油数据 (oliveoil.csv) 该数据来自 Massart et al. (1998), 是针对希腊 (第 1 个到第 5 个)、意大利 (第 6 个到第 10 个) 及西班牙 (最后 6 个) 的 16 个橄榄油样品得到的来自传感器的 6 个指标变量 (sensory) 及 5 个物理化学度量变量 (chemical). 我们希望在 sensory 及 chemical 两组变量之间做典型相关分析. 程序包 `pls` 中有这个数据. 全部数据展示在表 7.3.1 中.

表 7.3.1 例 7.2 橄榄油数据

	sensory						chemical				
id	yellow	green	brown	glossy	transp	syrup	Acidity	Peroxide	K232	K270	DK
G1	21.4	73.4	10.1	79.7	75.2	50.3	0.73	12.7	1.900	0.139	0.003
G2	23.4	66.3	9.8	77.8	68.7	51.7	0.19	12.3	1.678	0.116	−0.004
G3	32.7	53.5	8.7	82.3	83.2	45.4	0.26	10.3	1.629	0.116	−0.005
G4	30.2	58.3	12.2	81.1	77.1	47.8	0.67	13.7	1.701	0.168	−0.002
G5	51.8	32.5	8.0	72.4	65.3	46.5	0.52	11.2	1.539	0.119	−0.001
I1	40.7	42.9	20.1	67.7	63.5	52.2	0.26	18.7	2.117	0.142	0.001
I2	53.8	30.4	11.5	77.8	77.3	45.2	0.24	15.3	1.891	0.116	0.000
I3	26.4	66.5	14.2	78.7	74.6	51.8	0.30	18.5	1.908	0.125	0.001
I4	65.7	12.1	10.3	81.6	79.6	48.3	0.35	15.6	1.824	0.104	0.000
I5	45.0	31.9	28.4	75.7	72.9	52.8	0.19	19.4	2.222	0.158	−0.003
S1	70.9	12.2	10.8	87.7	88.1	44.5	0.15	10.5	1.522	0.116	−0.004
S2	73.5	9.7	8.3	89.9	89.7	42.3	0.16	8.14	1.527	0.106	−0.002
S3	68.1	12.0	10.8	78.4	75.1	46.4	0.27	12.5	1.555	0.093	−0.002
S4	67.6	13.9	11.9	84.6	83.8	48.5	0.16	11.0	1.573	0.094	−0.003
S5	71.4	10.6	10.8	88.1	88.5	46.7	0.24	10.8	1.331	0.085	−0.003
S6	71.4	10.0	11.4	89.5	88.5	47.2	0.30	11.4	1.415	0.093	−0.004

下面利用程序包 `CCA` [4]进行这两组变量的典型相关分析. 代码如下:

```
data(oliveoil,package="pls");attach(oliveoil)#数据
library(CCA)
(res.cc=cc(sensory,chemical))
```

由于两组变量中个数最少的一组有 5 个变量, 因此最多有 5 对典型相关变量, 输出中包括 5 个典型相关系数: 0.9765, 0.8397, 0.8231, 0.5731, 0.2859. 这 5 对典型相关变量为各自组中变量的线性组合, 其系数如下 (注意: 输出中 sensory 组的典型相关变量称为 `X`, 而 chemical 组

[4]González, I. and Déjean, S. (2009) CCA: Canonical correlation analysis. R package version 1.2. http://CRAN.R-project.org/package=CCA.

的典型相关变量称为 Y, 其他软件中通常也将一组称为 " 因变量 ", 另一组称为 " 自变量 ", 但实际上它们是对称的, 使用这种称谓仅是为了方便):

```
$xcoef
             [,1]    [,2]     [,3]     [,4]     [,5]
yellow -0.247101  0.3890  0.30391  0.10117  0.06152
green  -0.177212  0.3445  0.21346  0.06164  0.03562
brown   0.101121  0.2915 -0.06465  0.23142  0.06991
glossy  0.036967  0.1474 -0.46908  0.16579  0.60202
transp -0.005204 -0.1900  0.27997 -0.10092 -0.44396
syrup  -0.066060 -0.4347  0.43096 -0.17962  0.11612

$ycoef
              [,1]      [,2]     [,3]     [,4]     [,5]
Acidity    2.28933  -6.83138  -1.8312  -8.0146   1.5270
Peroxide   0.06877  -0.08713   0.2635   0.1413   0.5405
K232       4.31628  -6.11597  -1.6677  -5.1552  -8.8541
K270      -2.47051  83.26295 -16.0698  41.0047  25.1343
DK      -400.39944 636.94814 344.9703 152.6203 -64.4116
```

同时输出的还有各个观测值的得分 (即 xscores 和 yscores). 这些得分类似于因子得分, 为各个观测值做与典型变量同样的线性组合所得. 下面是输出中由典型相关变量得到的 (sensory 组的) x 得分和 (chemical 组的) y 得分分别与 X 组和 Y 组原始变量 (即 sensory 和 chemical) 之间的相关系数 (共有四种组合):

```
$scores$corr.X.xscores  #即cor(sensory,res.cc$scores$xscores)
          [,1]     [,2]     [,3]    [,4]     [,5]
yellow -0.5523 -0.34911  0.02800  0.7169 -0.12568
green   0.4416  0.40651 -0.03411 -0.7439  0.13815
brown   0.8102  0.09532  0.35992  0.4415  0.09558
glossy -0.5475 -0.22618 -0.48003  0.4014  0.04302
transp -0.4898 -0.24276 -0.40015  0.4880 -0.18182
syrup   0.6588 -0.02562  0.50117 -0.2523  0.47694

$scores$corr.Y.xscores #即cor(chemical,res.cc$scores$xscores)
             [,1]    [,2]     [,3]      [,4]     [,5]
Acidity   0.02749 0.26653 -0.08334 -0.506353  0.09375
Peroxide  0.70226 0.09085  0.55018 -0.005638  0.04450
K232      0.77804 0.21840  0.38155 -0.084279 -0.07060
K270      0.72914 0.50102 -0.08460 -0.143035  0.03332
DK       -0.01254 0.37279  0.56679 -0.321762 -0.03308

$scores$corr.X.yscores #即cor(sensory,res.cc$scores$yscores)
          [,1]     [,2]     [,3]    [,4]     [,5]
```

```
yellow -0.5393 -0.29315  0.02305  0.4109 -0.03593
green   0.4312  0.34136 -0.02807 -0.4263  0.03949
brown   0.7912  0.08004  0.29626  0.2530  0.02732
glossy -0.5346 -0.18993 -0.39512  0.2301  0.01230
transp -0.4782 -0.20385 -0.32937  0.2797 -0.05197
syrup   0.6433 -0.02151  0.41253 -0.1446  0.13634

$scores$corr.Y.yscores #即cor(chemical,res.cc$scores$yscores)
              [,1]   [,2]    [,3]      [,4]    [,5]
Acidity    0.02815 0.3174 -0.1013 -0.883538  0.3280
Peroxide   0.71917 0.1082  0.6684 -0.009837  0.1557
K232       0.79678 0.2601  0.4635 -0.147060 -0.2470
K270       0.74671 0.5966 -0.1028 -0.249583  0.1166
DK        -0.01284 0.4439  0.6886 -0.561445 -0.1157
```

根据上面这些输出, 读者可以看出各典型变量对各原始变量的代表性以及各种变量之间的关系.

7.4 对应分析

对应分析是非常简单的数据描述方式, 在二维情况下特别直观, 但由于不涉及分布及检验等经典统计要素, 因此有些多元统计的书不予介绍. 对应分析在概念上类似于主成分分析, 但用于分类变量而不是连续变量, 传统上应用于列联表. 由于其是描述性的, 只要意义清楚, 也可以应用于其他表格. 所有数据都应该是非负的, 并且行和列是平等的. 对应分析也有许多延伸, 比如应用于多维分类变量的情况等.

对应分析的数学不复杂. 从原理上说, 对应分析把一对列变量和一对行变量同时反映到同一张图上, 各自有其相应的坐标轴 (因子轴). 下面从数学的角度解释对应分析. 对于二维列联表数据, 令 $\boldsymbol{A}=\{a_{ij}\}$ 为 $n\times m$ 矩阵, $\boldsymbol{x}=\{x_i\}$ 为 n 维向量, $\boldsymbol{y}=\{y_j\}$ 为 m 维向量. 那么满足下面条件的 $(r,\boldsymbol{x},\boldsymbol{y})$ 称为对应分析问题 $C_0(\boldsymbol{A})$ 的解:

$$
\begin{aligned}
rx_i &= \sum_{j=1}^{m}\frac{a_{ij}y_j}{a_{i\cdot}},\ \ i=1,2,\ldots,n;\\
ry_j &= \sum_{i=1}^{n}\frac{a_{ij}x_i}{a_{\cdot j}},\ \ j=1,2,\ldots,m.
\end{aligned}
$$

式中, $a_{i\cdot}=\sum_j a_{ij}, a_{\cdot j}=\sum_i a_{ij}$ 是各行及各列的元素和. 该式的意义为: **行记分** (row score) x_i 与**列记分** (column score) y_j 的加权均值成比例, 列记分 y_j 与行记分 x_i 的加权均值成比例. 数值 r 代表行列记分的相关 (在典型相关的意义上). 对该问题解的数学推导也很简单, 对 $\boldsymbol{A},\boldsymbol{x},\boldsymbol{y}$ 做某种变换之后得到新的变量, 相应地记为 $\boldsymbol{Z},\boldsymbol{u},\boldsymbol{v}$, 则上面两个方程可以写成等价的矩阵形式

$$
r^2\boldsymbol{u}=\boldsymbol{Z}^\top\boldsymbol{Z}\boldsymbol{u};\ \ r^2\boldsymbol{v}=\boldsymbol{Z}\boldsymbol{Z}^\top\boldsymbol{v}.
$$

而从线性代数得知, 这是求两个有同样非零特征值的方程的特征值 – 特征向量问题. 每一个

非零特征值对应于一个 n 维向量及一个 m 维向量, 通常对应分析把两个最大特征值所相应的两对主成分作为坐标, 得到两个因子载荷矩阵 ($m \times 2$ 和 $n \times 2$). 把两个载荷图点在一起就完成了对应分析的演示. 显然 r^2 为对应于行和列的两个特征值问题的共同最大特征值的解 (这里取最大的两个, 最多不超过 $\min(m, n)$ 个). 这时, 如果用 λ 代表特征值, 则有

$$
\begin{aligned}
x_i &= \frac{1}{\sqrt{\lambda}} \sum_{j=1}^{m} \frac{a_{ij}}{a_{i\cdot}} y_j, \quad i = 1, 2, \ldots, n; \\
y_j &= \frac{1}{\sqrt{\lambda}} \sum_{i=1}^{n} \frac{a_{ij}}{a_{\cdot j}} x_i, \quad j = 1, 2, \ldots, m
\end{aligned}
$$

的形式.

为了说明如何实现对应分析的计算以及展示其结果, 先看下面来自程序包 `MASS` (Venables and Ripley, 2002) 的例子.

例 7.3 眼睛和头发颜色数据 (caith.txt) 该数据是关于苏格兰凯思内斯郡 (Caithness) 居民的眼睛颜色 (变量 eye) 和头发颜色 (变量 hair) 的列联表. 该地引人关注是因为那里混居着北欧日耳曼人 (Nordic)、凯尔特人 (Celtic) 和盎格鲁–撒克逊人 (Anglo-Saxon) 的后裔. 数据见表 7.4.1.

表 7.4.1 例 7.3 眼睛和头发颜色数据

	头发颜色 (hair)				
眼睛颜色 (eye)	fair	red	medium	dark	black
blue	326	38	241	110	3
light	688	116	584	188	4
medium	343	84	909	412	26
dark	98	48	403	681	85

我们再看对应分析的结果 (见图 7.4.1). 从图 7.4.1 可以看出, 眼睛深色和头发深色相距较近, 反之亦然. 这种图直观易懂.

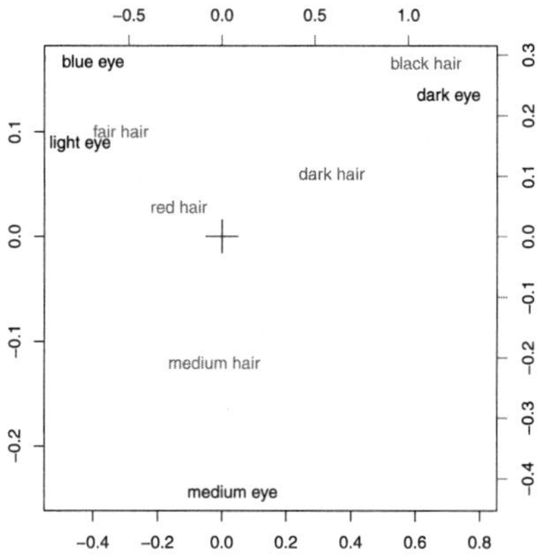

图 7.4.1 例 7.3 的对应分析结果

图 7.4.1 由下面的代码做出:

```
library(MASS);v=caith #数据来源
colnames(v)=paste(colnames(v),"hair")
rownames(v)=paste(rownames(v),"eye")
(cc=corresp(v,nf=2))#对应分析及结果输出
biplot(cc,xlim=c(-.5,.8))#画图
```

下面是输出的典型相关系数、行记分和列记分:

```
First canonical correlation(s): 0.4464 0.1735

 Row scores:
                 [,1]    [,2]
blue eye    -0.89679  0.9536
light eye   -0.98732  0.5100
medium eye   0.07531 -1.4125
dark eye     1.57435  0.7720

 Column scores:
                  [,1]    [,2]
fair hair    -1.21871  1.0022
red hair     -0.52258  0.2783
medium hair -0.09415 -1.2009
dark hair     1.31888  0.5993
black hair    2.45176  1.6514
```

7.5 本章的 Python 代码

7.5.1 7.1 节的代码

主成分分析

对例 7.1 的数据求特征值和特征向量的代码如下:

```
w=pd.read_csv('LA.Neighborhoods.csv')
w['density']=w.Population/w.Area
u=w.drop(w.columns[11:15], axis=1)

ava,ave=np.linalg.eig(np.corrcoef(u.drop('LA.Nbhd', axis=1).T))
idx = ava.argsort()[::-1]
eigenValues = ava[idx]
eigenVectors = ave[:,idx]
print("eigenvalues=\n",eigenValues,"4 eigen vectors=\n",eigenVectors[:,:4])
```

输出为:

```
eigenvalues=
 [4.69303315e+00 1.81764218e+00 1.16878554e+00 1.02697439e+00
 8.06294574e-01 5.57721049e-01 4.09928818e-01 2.43707306e-01
 1.87058185e-01 8.82870577e-02 5.67755135e-04] 4 eigen vectors=
 [[ 0.40863471 -0.04870608 -0.20464935 -0.0297057 ]
 [ 0.03056206  0.25663203 -0.09716973  0.78745201]
 [-0.04582099  0.50221591  0.55605314 -0.00589093]
 [ 0.42685697  0.03623545  0.11916666 -0.1755544 ]
 [ 0.3163786   0.0482281   0.11667175  0.32127357]
 [ 0.3673201  -0.20840539  0.3335354   0.13382616]
 [ 0.02429262  0.63666603  0.15924497 -0.19191679]
 [-0.1456867  -0.46744106  0.60105102  0.08594509]
 [-0.38404445  0.03971545 -0.22924239  0.22317211]
 [ 0.40399716  0.06681935 -0.24730941 -0.18407325]
 [-0.28326513  0.05087439  0.00935055 -0.31487988]]
```

对例 7.1 的数据做主成分分析生成崖底碎石图 (贡献率图) 和累积贡献率图 (见图 7.5.1).

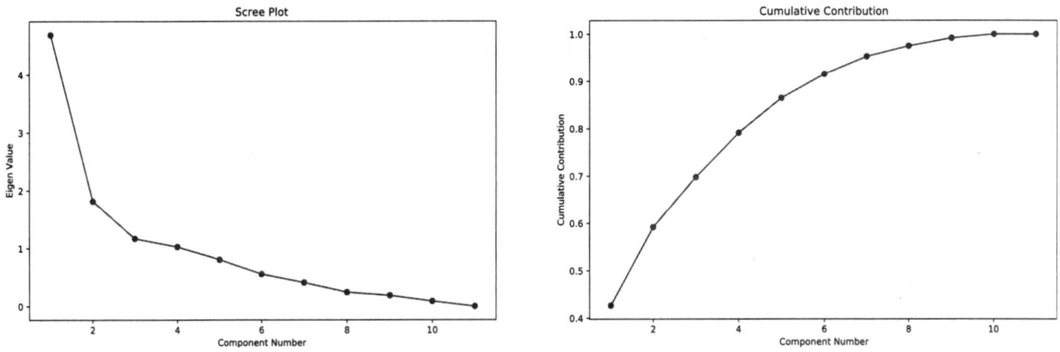

图 7.5.1 例 7.1 的主成分分析崖底碎石图 (贡献率图, 左) 和累积贡献率图 (右)

生成图 7.5.1 的代码如下:

```
cca=ava/np.sum(eigenValues)#贡献率
ca=np.cumsum(eigenValues)/np.sum(eigenValues)#累积贡献率

fig=plt.figure(figsize=(21,6))
fig.add_subplot(121)
plt.scatter(range(1,eigenValues.shape[0]+1),eigenValues)
plt.plot(range(1,eigenValues.shape[0]+1),eigenValues)
plt.title('Scree Plot')
plt.xlabel('Component Number')
plt.ylabel('Eigen Value')
fig.add_subplot(122)
plt.scatter(range(1,ca.shape[0]+1),ca)
```

```
plt.plot(range(1,ca.shape[0]+1),ca)
plt.title('Cumulative Contribution')
plt.xlabel('Component Number')
plt.ylabel('Cumulative Contribution') #plt.show()
plt.savefig("PCASC.pdf",bbox_inches='tight',pad_inches=0)
```

例 7.1 的主成分分析载荷图见图 7.5.2.

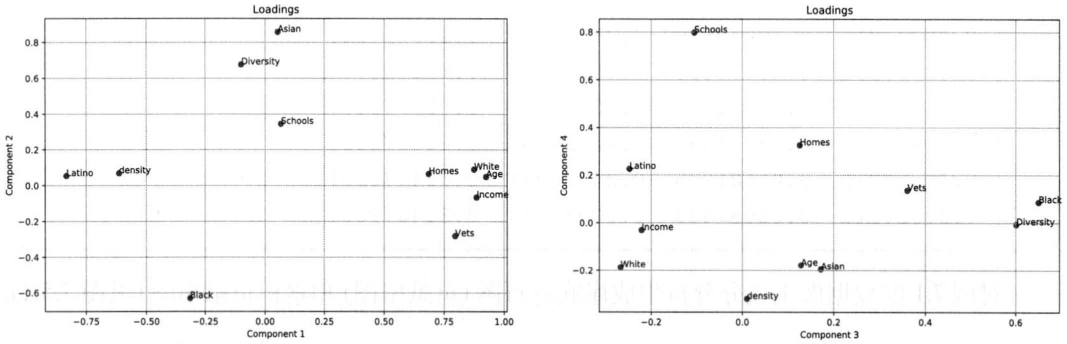

图 7.5.2　例 7.1 的主成分分析载荷图

生成图 7.5.2 的代码为:

```
loadings=np.sqrt(eigenValues)*eigenVectors
plt.figure(figsize=(21,6))
plt.subplot(121)
plt.scatter(loadings[:,0],loadings[:,1])
for i in range(11):
    plt.text(loadings[i,0],loadings[i,1],u.columns[1:][i])
plt.title('Loadings')
plt.xlabel('Component 1')
plt.ylabel('Component 2')
plt.grid(True)
plt.subplot(122)
plt.scatter(loadings[:,2],loadings[:,3])
for i in range(11):
    plt.text(loadings[i,2],loadings[i,3],u.columns[1:][i])
plt.title('Loadings')
plt.xlabel('Component 3')
plt.ylabel('Component 4')
plt.grid(True)
plt.savefig("PCALOAD.pdf",bbox_inches='tight',pad_inches=0)
```

例 7.1 数据的主成分分析得分图见图 7.5.3. 生成图 7.5.3 的代码为:

```
from sklearn.preprocessing import StandardScaler
scaler = StandardScaler()
sc=scaler.fit_transform(u.drop('LA.Nbhd', axis=1)).dot(eigenVectors)

name=u['LA.Nbhd']

plt.figure(figsize=(21,6))
plt.subplot(121)
plt.scatter(sc[:,0],sc[:,1])
for i in range(u.shape[0]):
    plt.text(sc[i,0],sc[i,1],name[i])
plt.title('Sample Principal Component Scores')
plt.xlabel('Component 1')
plt.ylabel('Component 2')
plt.grid(True)
plt.subplot(122)
plt.scatter(sc[:,2],sc[:,3])
for i in range(u.shape[0]):
    plt.text(sc[i,2],sc[i,3],name[i])
plt.title('Sample Principal Component Scores')
plt.xlabel('Component 2')
plt.ylabel('Component 3')
plt.grid(True)
plt.savefig("PCASCORES.pdf",bbox_inches='tight',pad_inches=0)
```

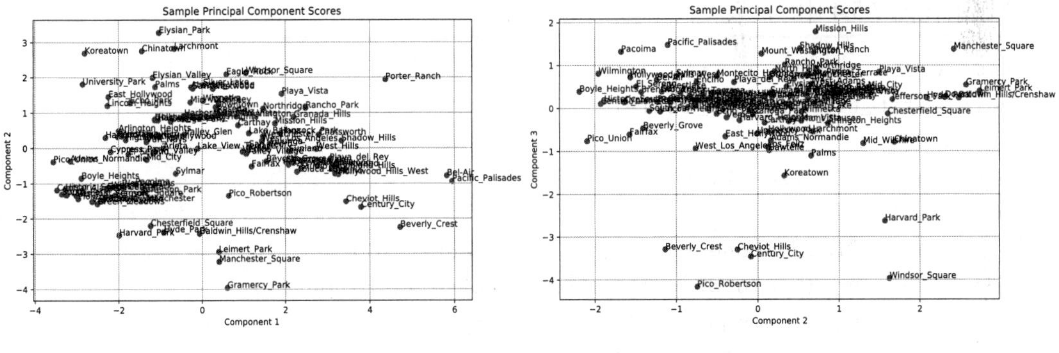

图 7.5.3 例 7.1 数据的样本主成分分析得分图

因子分析

例 7.1 数据的因子分析代码如下:

```
from sklearn.decomposition import FactorAnalysis
from sklearn import preprocessing
```

```
w=pd.read_csv('LA.Neighborhoods.csv')
w['density']=w.Population/w.Area
u=w.drop(w.columns[11:15], axis=1)
u_scale=preprocessing.scale(u.drop('LA.Nbhd', axis=1))

fa=FactorAnalysis(tol=1e-8,max_iter=50000)
fa.n_components=2
fa.fit(np.array(u_scale))
fa.components_
print(pd.DataFrame(fa.components_,columns=u.columns[1:]))
```

输出的因子载荷为:

```
     Income   Schools  Diversity       Age     Homes      Vets     Asian
0 -0.357772 -0.163385  -0.068775 -0.236509 -0.175149  0.107721 -0.405675
1  0.720920 -0.013391  -0.096927  0.862743  0.463943  0.741133 -0.078144

      Black    Latino     White   density
0  0.999994  0.009879 -0.519560  0.175954
1  0.000108 -0.964083  0.821567 -0.399881
```

注意, 由于因子分析事先确定了因子个数, 所以无所谓哪个是第一、哪个是第二, 为了和前面用 R 做的图形相似, 下面画图程序中把软件输出的两个因子次序调换了 (但没有调整正负号, 所以看上去不同).

下面的代码计算因子得分 (利用函数 fit_transform) 并画出载荷图和得分图, 这两个图显示在图 7.5.4 中:

```
name=u['LA.Nbhd']
scl=fa.fit_transform(u_scale)

plt.figure(figsize=(21,6))
plt.subplot(121)
plt.scatter(fa.components_[1],fa.components_[0])
for i in range(len(u.drop('LA.Nbhd', axis=1).columns)):
    plt.text(fa.components_[1,i],fa.components_[0,i],
             u.drop('LA.Nbhd', axis=1).columns[i])
plt.grid(True)
plt.title('Loadings')
plt.xlabel('Factor 1')
plt.ylabel('Factor 2')
plt.subplot(122)
plt.scatter(scl[:,1],scl[:,0])
for i in range(scl.shape[0]):
    plt.text(scl[i,1],scl[i,0],name[i])
```

```
plt.title('Sample Scores for California Schools')
plt.xlabel('Factor 1')
plt.ylabel('Factor 2')
plt.grid(True)
plt.savefig("FASCORES.pdf",bbox_inches='tight',pad_inches=0)
```

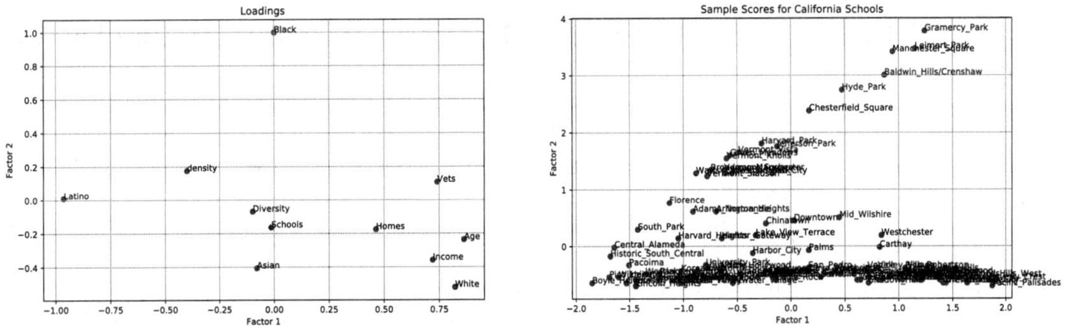

图 7.5.4 例 7.1 的数据使用 Python 模块 sklearn 计算的因子分析的载荷图 (左) 及得分 (右)

7.5.2 7.2 节的代码

分层聚类

对例 7.1 数据做分层聚类及树状图 (图 7.5.5). 下面是图形及代码.

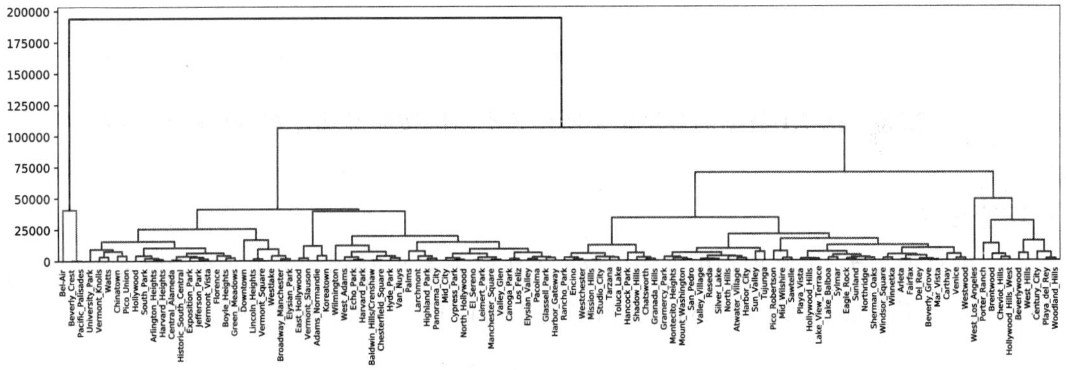

图 7.5.5 例 7.1 数据的分层聚类树状图

```
w=pd.read_csv('LA.Neighborhoods.csv')
w['density']=w.Population/w.Area
u=w.drop(w.columns[11:15], axis=1)
u=u.iloc[:,[0,1,4,5,10,11]]

from __future__ import division #为了整数除法得到浮点值
from sklearn.cluster import AgglomerativeClustering, KMeans
import scipy.cluster.hierarchy
from scipy.cluster.hierarchy import dendrogram, linkage, set_link_color_palette
```

```
Z=linkage(u.drop('LA.Nbhd',axis=1), method='complete', metric='euclidean')
set_link_color_palette(None)
fig = plt.figure(figsize=(16, 4), dpi=72)
dendrogram(Z, labels=list(u['LA.Nbhd']), leaf_rotation=90, orientation="top",
           leaf_font_size=7,above_threshold_color='blue')
plt.savefig("hclusterp.pdf",bbox_inches='tight',pad_inches=0)
```

生成例 7.1 数据的分层聚类所得 5 类街区按照经纬度在洛杉矶的点图 (见图 7.5.6) 代码如下:

```
plt.figure(figsize=(16,4))
sns.scatterplot(x=w['Longitude'],y=w['Latitude'] , hue=cutree.reshape(-1),
                style=cutree.reshape(-1),
                palette=['green','blue','brown','dodgerblue','red'])
plt.title('Los Angles')
plt.savefig(LAmapp.pdf",bbox_inches='tight',pad_inches=0)
```

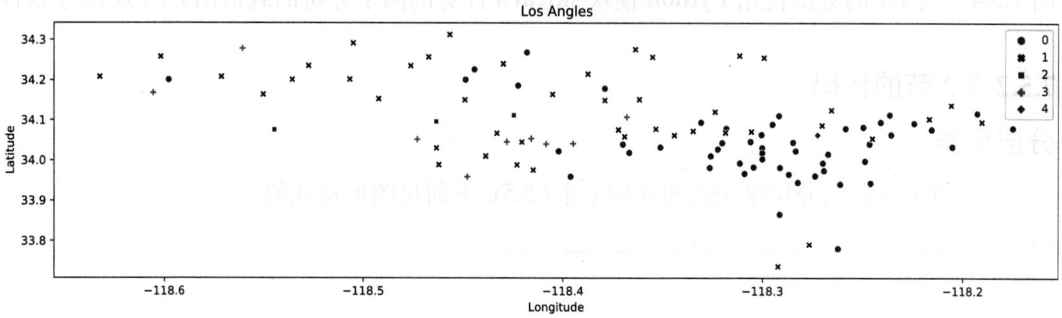

图 7.5.6　例 7.1 数据的分层聚类所得 5 类街区按照经纬度在洛杉矶的点图

k 均值聚类

下面是把例 7.1 的数据利用 k 均值聚类方法聚成 5 类, 输出 5 个中心坐标及 5 类街区名字 (不显示) 并生成类似于图 7.5.6 的图 (见图 7.5.7). 下面是图形和代码.

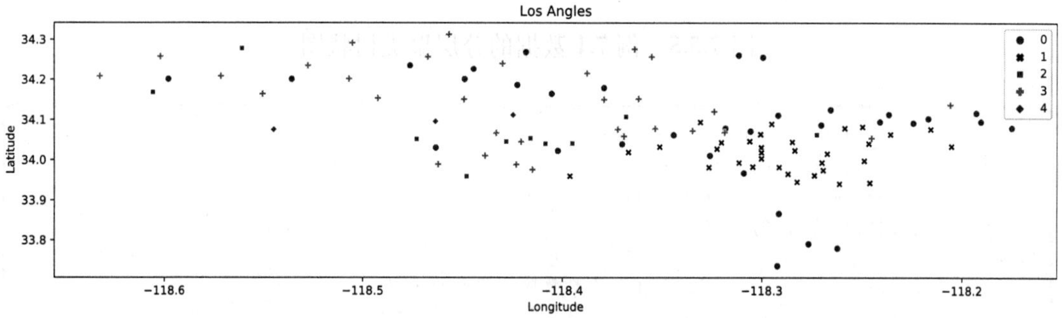

图 7.5.7　例 7.1 数据的 k 均值聚类所得 5 类街区按照经纬度在洛杉矶的点图

```
np.random.seed(8888)
cent,label=scipy.cluster.vq.kmeans2(u.drop('LA.Nbhd',axis=1), 5, iter=50, thresh=1e-05,
    minit='random', missing='warn', check_finite=True)
print("centroid:\n",cent)
for i in range(5):
    print('Group',i,':\n',w['LA.Nbhd'][label==i],'\n')
plt.figure(figsize=(16,4))
sns.scatterplot(x=w['Longitude'],y=w['Latitude'] , hue=label,
                style=label,palette=['green','blue','brown','dodgerblue','red'])
plt.title('Los Angles')
plt.savefig("LAkmp.pdf")
```

比较图 7.5.6 和图 7.5.7, 可以看出这两个聚类结果不尽相同.

7.5.3 7.3 节的代码

对例 7.2 的数据做典型相关分析并生成其观测值相应于前三组典型变量的记分图 (见图 7.5.8). 下面是图形和代码.

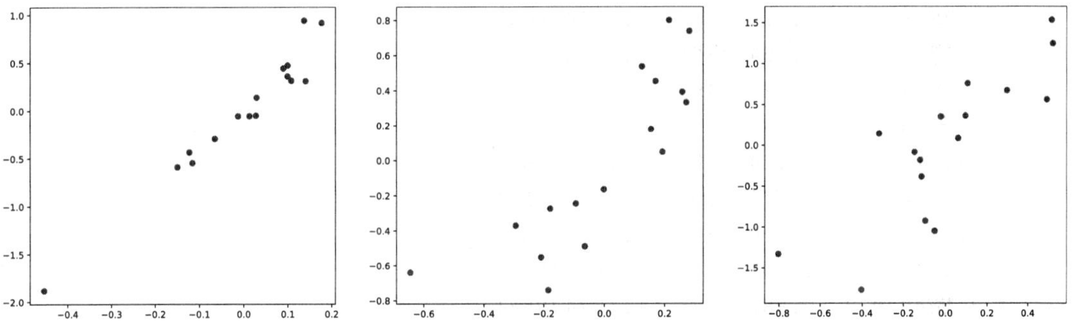

图 7.5.8 例 7.2 数据的观测值相应于前三组典型变量的记分图

```
v=pd.read_csv('oliveoil.csv')

from sklearn.cross_decomposition import CCA
X=np.array(v[v.columns[1:7]])
Y=np.array(v[v.columns[7:]])
cc=CCA(3)
cc.fit(X,Y)
xscores,yscores=cc.transform(X,Y)
print ('x_weights:\n',cc.x_weights_)
print ('y_weights:\n',cc.y_weights_)
print ('x_loadings:\n',cc.x_loadings_)
print ('y_loadings:\n',cc.y_loadings_)
print ('x_scores:\n',xscores)
print ('y_scores:\n',yscores)
fig=plt.figure(figsize=(21,6))
for i in range(3):
```

```
    fig.add_subplot(1,3,i+1)
    plt.scatter(xscores[:,i],yscores[:,i])
plt.savefig("OliveCCP.pdf",bbox_inches='tight',pad_inches=0)
```

输出得到的结果 (比如权重、载荷、观测值得分等):

```
x_weights:
 [[ 0.75300609 -0.13570282  0.12310024]
 [ 0.65090315  0.28270073 -0.176466  ]
 [-0.08257994  0.61175898 -0.60020454]
 [-0.03675769  0.3597143   0.63239772]
 [ 0.00790408 -0.44852279 -0.43943646]
 [ 0.03277005 -0.44367659 -0.02071974]]
y_weights:
 [[-0.27298103 -0.27185601  0.20076094]
 [-0.15597507  0.02667287 -0.91821031]
 [-0.72865598  0.11919506 -0.12748663]
 [ 0.03544918  0.95414361  0.08987444]
 [ 0.60741827 -0.02802459 -0.30373446]]
x_loadings:
 [[ 3.51563093 -1.34772839 -0.05068675]
 [-2.81443988  1.57249598  0.06285619]
 [-5.1465465   0.31058307 -1.03561067]
 [ 3.48117327 -0.80576696  1.38354975]
 [ 3.11492922 -0.88118875  1.15747958]
 [-4.18143889 -0.17394286 -1.42078634]]
y_loadings:
 [[-0.04286337  0.63832186  0.10066758]
 [-1.05502533  0.16702102 -0.73324107]
 [-1.16969344  0.48229758 -0.51496024]
 [-1.09814836  1.18965194  0.09100922]
 [ 0.01706535  0.83889097 -0.76609821]]
x_scores:
 [[ 0.0293399   0.25950244 -0.1467067 ]
 [-0.06513062 -0.09392392  0.29650655]
 [-0.12254367 -0.2091329   0.51295409]
 [-0.11563838  0.21449971  0.51830076]
 [ 0.09941065  0.15482083 -0.02235152]
 [-0.1496038   0.12464223 -0.80342044]
 [ 0.02769631  0.19284693 -0.09506648]
 [-0.0130047   0.27300307 -0.40445575]
 [ 0.01312353 -0.64502015 -0.05135032]
 [-0.45385581 -0.00180606  0.05903789]
 [ 0.14030217  0.16999734  0.1038463 ]
```

```
 [ 0.17682227  0.28249452  0.49060027]
 [ 0.08959144 -0.06408586 -0.11280159]
 [ 0.09908479 -0.29404366 -0.31875987]
 [ 0.13683292 -0.17891816 -0.1201687 ]
 [ 0.10757299 -0.18487634  0.09383549]]
y_scores:
 [[ 0.13909607  0.39107204 -0.08546225]
 [-0.29295499 -0.24529417  0.67287099]
 [-0.4360234  -0.5522466   1.53422558]
 [-0.54666441  0.80010551  1.24832694]
 [ 0.47476514  0.17884779  0.35279188]
 [-0.58853592  0.53615393 -1.32941375]
 [-0.04753897  0.04910862 -0.92393397]
 [-0.05420705  0.33204926 -1.77143649]
 [-0.05325863 -0.63981893 -1.04821706]
 [-1.88320776 -0.16510669  0.08615242]
 [ 0.3098173   0.45302855  0.75923218]
 [ 0.91853715  0.73875814  0.56243311]
 [ 0.44326437 -0.49001812 -0.38446417]
 [ 0.36038837 -0.37100705  0.14383784]
 [ 0.94151133 -0.27418973 -0.18191796]
 [ 0.3150114  -0.74144257  0.36497472]]
```

7.5.4 7.4 节的代码

对例 7.3 的数据做对应分析并生成图 7.5.9 的代码:

```
v=pd.read_csv('caith.txt',sep=' ')
Row=['blue', 'light', 'medium', 'dark']
Col=['fair', 'red', 'medium','dark','black']
T=np.zeros((4,5))
for k1,i in enumerate(Row):
    for k2,j in enumerate(Col):
        T[k1,k2]=v.Freq[(v['eye']==i) * (v['hair']==j)]


P=T/np.sum(T)

r=np.sum(P,axis=1);c=np.sum(P,axis=0)
Dr=np.diag(np.sqrt(r))
Dc=np.diag(np.sqrt(c))
r.shape=len(r),1
c.shape=len(c),1
S=np.dot(Dr.dot(P-r.dot(c.T)),Dc)
U,s,V=np.linalg.svd(S)
X=Dr.dot(U)
Y=Dc.dot(V.T)
```

```
T1=[v.columns[0]+":"+x for x in Row]
T2=[v.columns[1]+":"+x for x in Col]
plt.figure(figsize=(5,5))
plt.xlim(-0.5,0.5)
plt.scatter(X[:,0],X[:,1],color='r')
for i in range(4):
    plt.text(X[i,0],X[i,1],T1[i],color='r')
    plt.arrow(0,0, X[i,0],X[i,1],color='r',head_width=0.01,head_length=0.01)
plt.scatter(Y[:,0],Y[:,1],color='b')
for i in range(5):
    plt.text(Y[i,0],Y[i,1],T2[i],color='b')
    plt.arrow(0,0, Y[i,0],Y[i,1],color='b',head_width=0.01,head_length=0.01)
plt.grid()
plt.savefig("CAP.pdf")
```

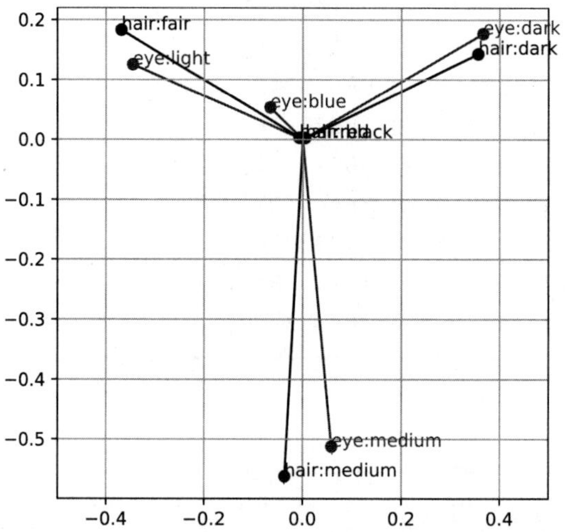

图 7.5.9　例 7.3 的对应分析结果

第二部分

机器学习篇

第 8 章　决策树及组合算法

8.1　决策树及组合增强方法简介

8.1.1 决策树简介及例子

直观上, **决策树** (decision tree) 是根部到叶子的一个倒长树形式的决策过程, 决策树是统计学、数据挖掘和机器学习中使用的预测建模方法之一. 决策树作为预测模型, 建立并展示从根部 (经过变量数值导致的树枝分叉) 到叶子关于目标的结论. 目标变量为取离散值的分类变量的树模型也称为**分类树** (classification tree), 这时叶子代表类的标签, 而分支代表导致这些类标签的变量的连接. 目标变量如为数量 (通常是实数) 的决策树也称为**回归树** (regression tree). 由于决策树具有易懂性和简单性, 因此它是最受欢迎的机器学习算法之一. 下面将对决策树做详细介绍.

8.1.2 组合及增强方法

常识告诉我们, 仅从一个角度看问题会有片面性, 只有从各个角度来探索才能得到更全面的结论. 有监督学习的组合算法就是来源于这种思维. 决策树是一个单独的预测模型, 基于一个数据所建立的单独模型的预测精度不一定很高. 如果基于同一个数据用某种抽样得到的不同样本对模型进行训练, 可训练出很多不同的模型, 这些不同版本的预测模型整合起来形成一个新预测模型, 其预测精度、普适性、稳健性一般会高于单独数据的结果. 这种算法称为**组合算法** (ensemble algorithm) 或**组合方法** (ensemble methods), 其所基于的单独预测模型称为**基础学习器** (base learner, base-learning models) 或**基础估计器** (base estimator). 基础学习器一般也称为**弱学习器** (weak learner).

组合算法的要点为:

1. 选择一个基础学习器, 无论是回归还是分类, 通常组合算法软件都以决策树作为默认的基础学习器, 也可以自选学习器或者在实施过程中采用不同的基础学习器.
2. 通过再抽样得到不同版本的数据. 这至少有两种方式:
   (1) 基于简单的随机**自助法抽样** (bootstrap sampling), 每次抽样得到符合原数据经验分布的样本, 每个样本会训练一个基础学习器, 很多样本则生成很多基础学习器构成的组合模型. 最终的预测是这些基础学习器预测值的平均.
   (2) 序贯形式的**增强** (boosting) 方法. 基础学习器是按照顺序建立的. 比如第一次对原数据做随机自助法抽样得到的样本建立模型, 而后续的抽样则根据前面抽样的误差做 (自适应) 调整以减少误差为目的进行抽样及训练模型.

在组合算法中, 需要选择 (或用软件默认值) 基础学习器的个数, 但绝对不能简单采用默认值, 需要交叉验证或利用经验来得到较好的选择.

注意，组合算法对于诸如决策树这样的算法模型作为基础学习器非常有效，但是如果把最小二乘线性回归或 logistic 回归等假定了固定数学形式的模型作为基础学习器形成组合算法，结果不一定比单独的基础学习器好.

8.1.3 组合算法的 OOB 误差

1.2 节介绍了多折交叉验证，对于基于多个自助法抽样的组合算法，由于每次自助法抽样所得到的样本都是原始样本的放回抽样的结果，有一部分观测值没有被抽去用来建模，它们不属于训练集，因此就成为天然的测试集，这部分数据称为 OOB (out of bag) 数据集[1]，由它们作为测试集得到的交叉验证误差称为 OOB 误差.

8.1.4 例子

例 8.1 胎心宫缩监护 (cardiotocography, CTG) 数据 (CTG.xls, CTG.NAOMIT.csv) 这个数据[2] 来源于 Frank and Asuncion (2010). 该数据有 2129 个观测值及 23 个变量，包含了致命心律 (fetal heart rate, FHR) 的各种度量以及基于监护记录的由专家分类的宫缩 (uterine contraction, UC) 特征. 这些变量情况列示于表 8.1.1. 表中最后三个分类变量的水平为: Tendency (FHR 直方图的趋势) 有三个水平: $-1=$ 左不对称, $0=$ 对称, $1=$ 右不对称; CLASS (FHR 分类代码) 用 1～10 表示从平静睡眠到可疑的 10 种活动状况; NSP (胎儿状态分类代码) 有三个水平: $1=$ 正常, $2=$ 疑似, $3=$ 病态.

表 8.1.1 例 8.1 胎心宫缩监护数据变量情况

变量名	描述	性质	变量名	描述	性质
LB	FHR 基线 (心跳数/分)	定量	Min	FHR 直方图的最小值	定量
AC	每秒钟加速数目	定量	Max	FHR 直方图的最大值	定量
FM	每秒钟胎儿动作数目	定量	Nmax	FHR 直方图的峰值数	定量
UC	每秒钟子宫收缩数目	定量	Nzeros	FHR 直方图的零值数	定量
DL	每秒钟轻微减速数目	定量	Mode	FHR 直方图的众数	定量
DS	每秒钟严重减速数目	定量	Mean	FHR 直方图的均值	定量
DP	每秒钟持续减速数目	定量	Median	FHR 直方图的中位数	定量
ASTV	短期变异的时间百分比	定量	Variance	FHR 直方图的方差	定量
MSTV	短期变异的平均值	定量	Tendency	FHR 直方图的趋势	分类
ALTV	长期变异的时间百分比	定量	CLASS	FHR 分类代码	分类
MLTV	长期变异的平均值	定量	NSP	胎儿状态分类代码	分类
Width	FHR 直方图的宽度	定量			

我们将尝试用前 22 个变量作为自变量来预测作为因变量的 (最后一个变量) NSP 的类别. 数据 CTG.NAOMIT.csv 为在查看数据之后删去了 3 个有缺失值的观测值而形成的文件.

[1]在样本量为 n 的数据集中，每个观测值不被自助法抽样抽中的概率为 $(1-1/n)^n$，在 n 较大时约为 0.368 左右.

[2]该数据可从网站`http://archive.ics.uci.edu/ml/datasets/Cardiotocography`下载.

8.2 决策树

决策树是最容易解释和理解的有监督学习模型. 决策树回归和分类的基本原理完全一样, 也就是根据各个变量的属性在决策树生长时使因变量观测值变纯, 仅有的区别在于对于回归中的数量型因变量及分类中的分类型因变量关于纯的度量的区别.

单独的决策树的预测精度不一定那么好, 称为弱学习器. 但以决策树作为基础学习器的组合可以形成预测精度最高的一系列组合模型, 如随机森林、梯度下降法、AdaBoost 等. 决策树及基于决策树的组合模型没有对数据分布做任何要求, 属于完全数据驱动的数据科学方法.

8.2.1 决策树分类实例

我们用例 8.1 胎心宫缩监护数据的分类来介绍决策树, 首先用决策树拟合这个数据, 看得到什么结果之后, 再解释决策树的细节. 这里使用 R 的 `rpart` 程序包[3] 的同名函数做决策树拟合, 并用程序包 `rpart.plot`[4] 来画出决策树图.

使用下面的代码读入数据、把哑元变量标识为分类变量 (用 `factor`)、拟合数据 (用 `rpart`)、打印输出并用函数 `rpart.plot` 画图 (见图 8.2.1). 从图 8.2.1 可以看出, 决策树像一个倒长的树, 上面是根下面是叶, 其中根、叶及各个分叉处称为**节点** (node), 每个节点都代表了一个数据子集, 最上面一个节点称为**根节点** (root node), 它代表了所有数据, 而最下面的一组节点称为**终节点** (terminal node) 或**叶节点** (leaf node), 它们没有后续节点, 也就是说在终节点数据集不再拆分 (停止生长).

```
w=read.csv('CTG.NAOMIT.csv',stringsAsFactors = T)
for (i in 21:23) w[,i]=factor(w[,i])
library(rpart.plot)
(a=rpart(NSP~.,w)) #用决策树拟合全部数据并打印输出
rpart.plot(a,type=2,extra=1)#画决策树
```

决策树的打印输出为:

```
n= 2126

node), split, n, loss, yval, (yprob)
      * denotes terminal node

1) root 2126 470 1 (0.7785 0.1388 0.0828)
  2) CLASS=1,2,3,4,6,7 1681  29 1 (0.9827 0.0173 0.0000) *
  3) CLASS=5,8,9,10 445 180 2 (0.0067 0.5978 0.3955)
    6) CLASS=5,10 269   4 2 (0.0112 0.9851 0.0037) *
    7) CLASS=8,9 176   1 3 (0.0000 0.0057 0.9943) *
```

[3]Therneau, T. and Atkinson, B. (2019) rpart: Recursive Partitioning and Regression Trees. R package version 4.1-15. https://CRAN.R-project.org/package=rpart.

[4]Milborrow, S. (2020) rpart.plot: Plot 'rpart' Models: An Enhanced Version of 'plot.rpart'. R package version 3.0.9. https://CRAN.R-project.org/package=rpart.plot.

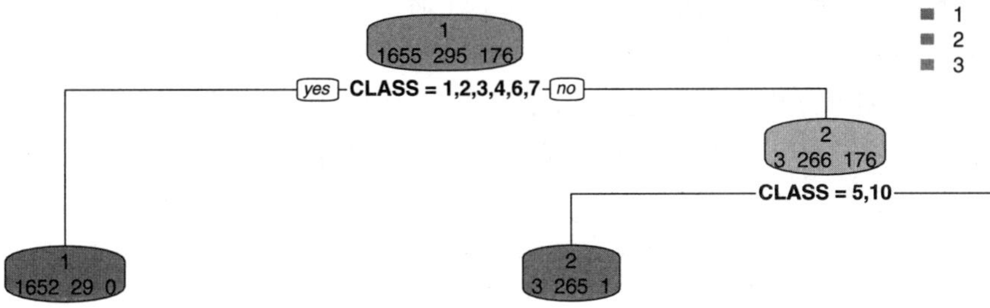

图 8.2.1 例 8.1 胎心宫缩监护数据的决策树分类

打印输出的决策树和这个决策树的图形展示 (见图 8.2.1) 对应, 但打印输出的更加详细. 对这个决策树, 人们会有下面几个问题:

1. 决策树是如何构成的?
2. 决策树是根据什么原理生长的?
3. 如何根据决策树做决策? 如何确定决策树的预测精度?

我们将对这些问题逐个讨论.

8.2.2 分类决策树的构造

我们将例 8.1 胎心宫缩监护数据分类决策树的打印版及图 8.2.1 对照起来说明决策树的构造. 在打印输出中, 除了第一行 `n=2126` 显示了样本量之外, 下面有一行图例:

```
node), split, n, loss, yval, (yprob)
```

该图例显示其后输出的格式: 首先是节点号码 `node`, 然后是该节点的样本量 (包含的观测值个数) `n`, 损失 (这里是误判个数, 即因变量非多数类/水平的观测值个数) `loss`, 预测值 (该节点因变量里占多数的水平/类) `yval`、因变量各个水平在该节点的比率 `yprob`. 图例最后注明带有星号的节点是终节点. 下面选择若干节点来说明.

节点 1) 这是包含全部数据的根节点. 根据图例的顺序:

`split` 这是根节点: `root`;

`n` 样本量为 2126, 图 8.2.1 中显示了根节点全部数据因变量三个水平的数目 (水平 1 有 1655 个; 水平 2 有 295 个; 水平 3 有 176 个), 总数为 $n = 1655 + 295 + 176 = 2126$ 个.

`loss` 该节点因变量占多数的是因变量水平为 1 的观测值 (有 1655 个), 因此如果树不再生长, 按照少数服从多数原则, 预测值为水平 1 (图中节点上面标明的 1 及打印的 `yval`), 这时因变量是水平 2 和水平 3 的观测值就会被错误预测, 一共有 $n = 295 + 176 = 471$ 个, 这就是损失 `loss`.

`yval` 这是该节点因变量占多数的水平/类, 即水平 1, 有 1655 个居首位. 这也是图 8.2.1 中节点标明的类.

`yprob` 这是该节点因变量各水平/类的比率, 为 $(1655, 295, 176)/(1655+295+176) = (0.7785, 0.1388, 0.0828)$, 即在图 8.2.1 中的 3 个数字的比率 (不同画图选项显示

不同内容, 如果在画图函数 `rpart.plot` 中用选项 `extra=4`, 则输出比率而不是计数).

节点 2) 这是根节点数据拆分出来的左侧节点, 它是终节点 (打印输出中有星号), 没有后续节点 (注意节点编号规则为: 第 m 号节点分成两个子节点, 左边是 $2m$ 号, 右边是 $2m+1$ 号, 可以有空号):

`split` 这是 (其父节点) 根节点满足变量 `CLASS=1,2,3,4,6,7` 条件拆分出来的数据子集;

`n` 样本量为 1681, 图 8.2.1 显示了该数据子集中因变量三个水平的数目 (水平 1 有 1652 个; 水平 2 有 29 个; 水平 3 有 0 个), 总计 $n = 1652 + 29 + 0 = 1681$ 个.

`loss` 该节点因变量占多数的是因变量水平为 1 的观测值 (有 1652 个), 因此如果树不再生长, 按照少数服从多数, 则预测值为水平 1 (图中节点上面标明的 1 及打印的 `yval`), 这时因变量是水平 2 和水平 3 的观测值就会被错误预测, 一共有 $n = 29 + 0 = 29$ 个, 这就是损失 (`loss`).

`yval` 这是该节点因变量占多数的水平/类, 即水平 1, 有 1652 个居首位. 这也是图 8.2.1 中节点标明的类.

`yprob` 这是该节点因变量各水平/类的比率, 数值上等于 $(1652, 29, 0)/(1652{+}29) = (0.98270.01730.0000)$, 即在图 8.2.1 中的 3 个数字的比率.

节点 3) 这是根节点数据拆分出来的右侧节点:

`split` 这是 (其父节点) 根节点满足变量 `CLASS=5,8,9,10` 条件拆分出来的数据子集;

`n` 样本量为 445, 图 8.2.1 显示了该数据子集中因变量三个水平的数目 (水平 1 有 3 个; 水平 2 有 266 个; 水平 3 有 176 个), 总数为 $n = 3 + 266 + 176 = 445$ 个.

`loss` 该节点因变量占多数的是因变量水平为 2 的观测值 (有 266 个), 因此如果树不再生长, 按照少数服从多数原则, 预测值为水平 2 (图中节点上面标明的 2 及打印的 `yval`), 这时因变量是水平 1 和水平 3 的观测值就会被错误预测, 一共有 $n = 3 + 176 = 179$ 个, 这就是损失 `loss`.

`yval` 这是该节点因变量占多数的水平/类, 即水平 2, 有 266 个, 居首位. 这也是图 8.2.1 中节点标明的类.

`yprob` 这是该节点因变量各水平/类的比率, 为 $(3, 266, 176)/(3 + 266 + 176) = (0.0067, 0.5978, 0.3955)$, 即在图 8.2.1 中的 3 个数字的比率.

8.2.3 分类决策树是根据什么原理生长的

不纯度

决策树的生长是根据各个变量的属性, 把不纯的数据变纯的过程. 所谓 "纯", 就是因变量的类/水平混杂情况的减少. 比如性别, 如果数据集中只有男性或只有女性, 则说明该数据关于性别这个变量很纯, 而如果男女各占一半, 则该数据最不纯. 如果决策树的终节点的各个数据集关于因变量都很纯, 则说明分类很彻底, 模型很好. 关于不纯度的度量有两种指标很常用: **Gini 指数** (Gini index) 或 **Gini 不纯度** (Gini impurity) 和**信息熵** (information entropy). 这两种衡量指标在数字上都非常相似. 如果大多数观测结果在节点中属于同一类, 则它们会获得小值. 相比之下, 如果节点中所有类别的观测次数相等, 则它们会最大化. 混合类节点称为不纯. 下面假定有一个有 K 类/水平的变量, p_k 为属于第 k 类的比例 $(k \in 1, 2, \ldots K)$.

(1) **Gini 不纯度** 定义为:

$$G = \sum_{k=1}^{K} p_k(1 - p_k) = 1 - \sum_{k=1}^{K} p_k^2.$$

在函数 `rpart` 中的选项 (默认) 为 `parms = list(split='gini')`.

(2) **信息熵** 定义为:

$$H = -\sum_{k=1}^{K} p_k \log p_k.$$

在函数 `rpart` 中的选项 (默认) 为 `parms = list(split='information')`.

当 $K = 2$ 时, 图 8.2.2 为这两个度量随 p (这里 $p_1 = p$, $p_2 = 1 - p$) 而变化的曲线图. 显然, 当 $p = 1/2$ 时, 两个曲线都达到最高点 (最不纯), 而当 p 为 0 或 1 时最纯.

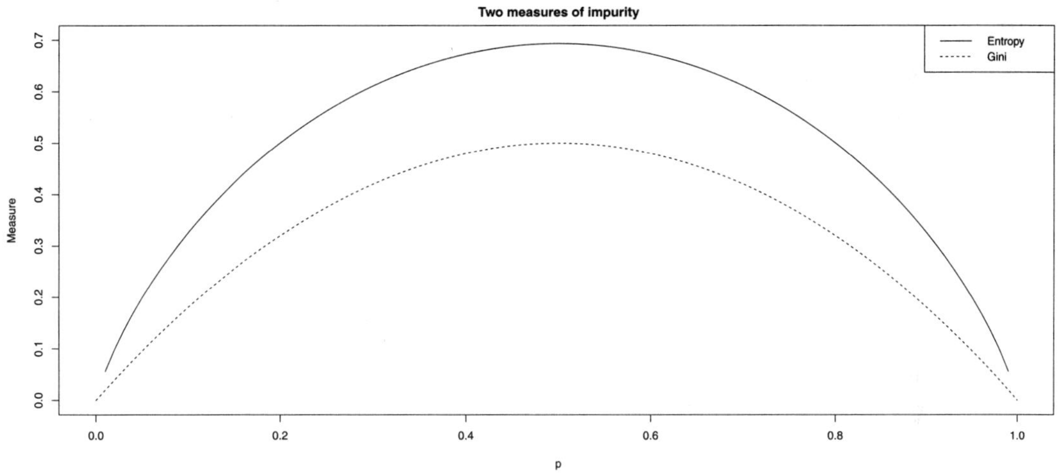

图 8.2.2 只有两类时 Gini 不纯度及信息熵曲线

在各个自变量选择使不纯度降低最快的属性

为什么决策树如此生长呢? 为什么第一个拆分是由变量 CLASS 来确定? 为什么在 CLASS 的各种拆分中, 决策树选择了是否 `CLASS=1,2,3,4,6,7` (对于二分决策树来说, 这等价于选择余集: `CLASS=5,8,9,10`) 来拆分根节点, 而不是别的变量或别的分法?

对于每次分成两叉的情况, 对于有 m 个水平/类的分类自变量来说有 $2^{m-1} - 1$ 种分法, 比如由于 CLASS 有 10 个水平, 本身一共有 $2^{10-1} - 1 = 511$ 种拆分方式. 对于有 m 个不同值的数量变量, 则有 $m - 1$ 种拆分方式. 很容易计算, 例 8.1 胎心宫缩监护数据的所有自变量的拆分方式有 5756 种. 我们可以计算每一种拆分方式对数据变纯的程度, 或纯度增益 (拆分前数据集的不纯度减去拆分后数据子集不纯度的加权平均), 对例 8.1 的根节点来说, 结果显示按照 `CLASS=1,2,3,4,6,7` (或等价的 `CLASS=5,8,9,10`) 的拆分使得不纯度减少最快, 因此这个拆分从总共 5756 种拆分中胜出, 成为根节点的首选拆分方式.

8.2.4 分类决策树做预测及预测精度

预测

有了训练好的决策树, 如图 8.2.1 所示, 对于一个新数据, 就可以按照每个节点的属性从根节点一步步走到一个终节点 (也只能走到终节点中的唯一的一个), 然后把那个终节点因变量的预测值 (也就是该终节点因变量观测值最多的水平/类) 作为新变量的预测值.

交叉验证预测精度

分类预测精度用误判率或正确率来衡量. 当然衡量模型的优劣需要进行交叉验证. 可以使用 3.3.2 节的交叉验证分类的自编函数 CVC, 及在 13.3.1 节的自编函数 Fold. 下面输入的代码中的第一个变元是数据 (w), 第二个是因变量的位置 (D=23), 第三个是折数 (这里是 10 折 Z=10), fun 是分类模型 (这里是默认的 rpart), 最后是随机种子:

```
CV_tree=CVC(w,D=23,Z=10,fun=rpart::rpart,seed=7777)
CV_tree$error
CV_tree$cfm
```

输出交叉验证的预测精度及混淆矩阵:

```
> CV_tree$error
[1] 0.016
> CV_tree$cfm
   pred
        1    2    3
  1 1652    3    0
  2   29  265    1
  3    0    1  175
```

这个交叉验证结果和训练集差不多. 如果用属于组合方法的随机森林, 则有:

```
> CV_rf=CVC(w,D=23,Z=10,fun=randomForest,seed=7777)
> CV_rf$error
[1] 0.0118
> CV_rf$cfm
   pred
        1    2    3
  1 1651    4    0
  2   17  277    1
  3    0    3  173
```

可见, 比决策树稍强一些 (少误判 9 个).

8.2.5 例 8.1 决策树分类的变量重要性

程序 rpart 的结果中包含变量重要性, 下面的代码生成了图 8.2.3, 代码中的 a$v 全名为 a$variable.importance.

```
a=rpart(NSP~.,w)
barplot(a$v, horiz=T,col=4,las=1,main = 'Variable importance plot')
```

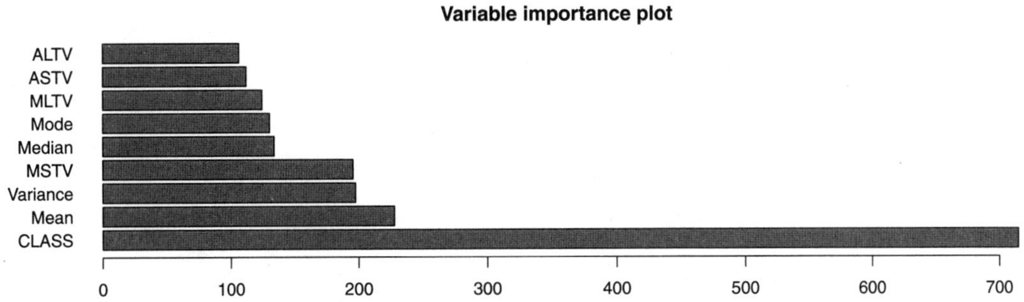

图 8.2.3 例 8.1 胎心宫缩监护数据决策树分类的变量重要性图

8.2.6 决策树回归实例

前面提到, 决策树回归和决策树分类除了关于纯度 (或不纯度) 的度量之外没有区别. 下面通过一个例子予以介绍.

例 8.2 服装业生产率数据 (garmentsF.csv) [5] [6] 该数据集包括服装生产过程的重要属性和员工的生产率, 这些属性为手工收集并已得到行业专家的验证. 服装业是劳动密集型行业, 需要大量手工流程. 满足全球对服装产品的巨大需求主要取决于服装制造公司员工的生产和交付绩效. 因此, 服装业的决策者需要跟踪、分析和预测工厂中工作团队的生产率表现. 该数据有 1197 个观测值及 15 个变量. 其中变量包括: date (日期, 年月日), quarter (一个月的某部分), depart (相应部门), day (星期几), team_no (团队号), aim_prod (管理方为每个团队设定的每天目标生产率), smv (标准分钟值, 给任务分配的时间), wip (正在生产及未完成产品), over_time (每个团队的加班时间, 单位: 分钟), incentive (财务激励措施), idle_time (因故中断生产的时间), idle_men (由于生产中断而闲置的工人人数), no_style (特定产品样式的更改次数), no_men (每个团队中的工人人数), act_prod (实际生产率). 该数据的目标变量是最后一个数量变量 act_prod. 第一个变量 date (日期) 不应该作为自变量参与建模. 数据文件 garmentsF.csv 是填补缺失值、缩短一些变量名及更正一些输入错误后形成的.

我们对例 8.2 服装业生产率数据用决策树来做回归. 代码和分类几乎一样. 输入以下代码生成打印输出及图形 (见图 8.2.4):

[5]Rahim, S., Imran, A. A., and Ahmed, T. (2021) Mining the productivity data of garment industry, *International Journal of Business Intelligence and Data Mining*, Vol 1, 1., `https://www.inderscience.com/info/ingeneral/forthcoming.php?jcode=ijbidm#89327`. Imran, A. A., Amin, M. N., Rifat, R. I., and Mehreen, S. (2019) Deep neural network approach for predicting the productivity of garment employees, *2019 6th International Conference on Control, Decision and Information Technologies (CoDIT). IEEE*. `https://ieeexplore.ieee.org/document/8820486`.

[6]该数据下载网址: `https://archive.ics.uci.edu/ml/datasets/Productivity+Prediction+of+Garment+Employees`.

```
w=read.csv('garmentsF.csv',stringsAsFactors = T)[,-1]
w[,4]=factor(w[,4])
(a=rpart(act_prod~.,w))
rpart.plot(a,type=2,extra=1)
```

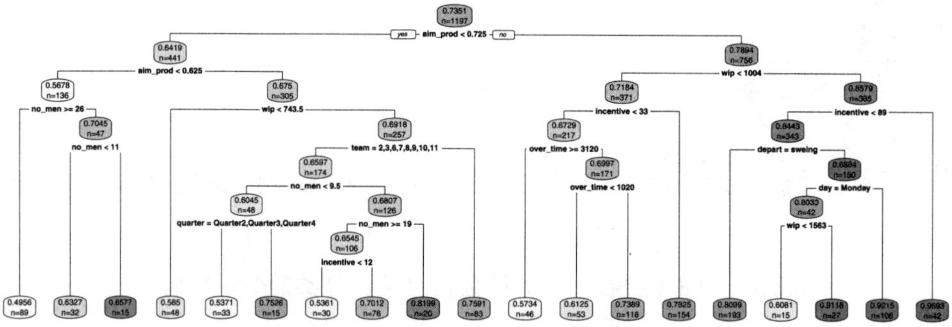

图 8.2.4　例 8.2 服装业生产率数据决策树回归

这里的打印输出和分类决策树稍有不同,之后介绍回归决策树的打印输出.

```
n= 1197

node), split, n, deviance, yval
      * denotes terminal node

  1) root 1197 36.400 0.735
    2) aim_prod< 0.725 441 14.300 0.642
      4) aim_prod< 0.625 136  5.300 0.568
        8) no_men>=26 89  1.330 0.496 *
        9) no_men< 26 47  2.630 0.705
         18) no_men< 11 32  1.920 0.633 *
         19) no_men>=11 15  0.201 0.858 *
      5) aim_prod>=0.625 305  7.950 0.675
       10) wip< 744 48  0.961 0.585 *
       11) wip>=744 257  6.520 0.692
         22) team=2,3,6,7,8,9,10,11 174  4.580 0.660
           44) no_men< 9.5 48  1.900 0.604
             88) quarter=Quarter2,Quarter3,Quarter4 33  0.896 0.537 *
             89) quarter=Quarter1,Quarter5 15  0.528 0.753 *
           45) no_men>=9.5 126  2.470 0.681
             90) no_men>=19 106  1.550 0.654
              180) incentive< 11.5 30  0.823 0.536 *
              181) incentive>=11.5 76  0.142 0.701 *
             91) no_men< 19 20  0.460 0.820 *
         23) team=1,4,5,12 83  1.390 0.759 *
    3) aim_prod>=0.725 756 16.000 0.789
      6) wip< 1e+03 371  7.270 0.718
       12) incentive< 33 217  5.690 0.673
```

```
        24) over_time>=3.12e+03 46   1.180 0.573 *
        25) over_time< 3.12e+03 171   3.930 0.700
          50) over_time< 1.02e+03 53   1.240 0.612 *
          51) over_time>=1.02e+03 118   2.100 0.739 *
      13) incentive>=33 154   0.494 0.783 *
     7) wip>=1e+03 385   5.080 0.858
      14) incentive< 89 343   4.330 0.844
        28) depart=sweing 193   0.895 0.810 *
        29) depart=finishing 150   2.910 0.888
          58) day=Monday 42   1.660 0.803
           116) wip< 1.56e+03 15   0.623 0.608 *
           117) wip>=1.56e+03 27   0.150 0.912 *
          59) day=Saturday,Sunday,Thursday,Tuesday,Wednesday 108   0.825 0.922 *
      15) incentive>=89 42   0.170 0.969 *
```

8.2.7 回归决策树的构造

我们将例 8.2 服装业生产率数据回归决策树的打印版与图 8.2.4 相对照来说明回归决策树的构造. 在打印输出中, 和分类树一样, 第一行 n=1197 显示了样本量. 而图例有些不同:

```
node), split, n, deviance, yval
```

首先是节点号码 node) 及该节点的样本量 (包含的观测值个数) n 是和分类树一样的. 但分类时的损失 loss 换成了 deviance, 这是每个节点因变量的误差平方和 (注意: 预测值为均值, 即 $\hat{y}=\bar{y}$) $\sum_{i=1}^{n}(y_i-\hat{y})^2=\sum_{i=1}^{n}(y_i-\bar{y})^2$. 而这里的预测值 yval 为该节点数据因变量的均值, 下面选择若干节点来说明.

节点 1) 这是包含全部数据的根节点. 根据图例的顺序:

split 这是根节点: root;

n 样本量为 1197, 图 8.2.4 显示 n=1197.

deviance 该节点预测值 (yval) 为因变量均值 ($\hat{y}=\bar{y}=\frac{1}{n}\sum y_i$), 而 deviance 为误差平方和 $\sum_{i=1}^{n}(y_i-\bar{y})^2$. 这也是损失, 可以看成不纯度.

yval 该节点因变量均值 $\hat{y}=\bar{y}=\frac{1}{n}\sum y_i=0.7351$.

节点 2) 这是根节点数据拆分出来的左侧节点, 它是终节点 (打印输出中有星号), 没有后续节点 (注意节点编号规则为: 第 m 号节点分成两个子节点, 左边是 $2m$ 号, 右边是 $2m+1$ 号, 可以有空号):

split 这是 (其父节点) 根节点满足变量 aim_prod< 0.725 条件拆分出来的数据子集;

n 样本量为 441, 图 8.2.4 显示 n=441.

deviance 为误差平方和, 即因变量每个数减去均值 (即 yval) 的平方和, 等于 14.300.

yval 该节点因变量均值等于 0.642 (图 8.2.4 中是 0.6419).

节点 181) 这是号码最大的终节点, 是从节点 90) 向右分出来的, 相应于图 8.2.4 中最下面从左到右数第 8 个节点.

split 这是 (其父节点) 满足 incentive>=11.5 条件拆分出来的数据子集;
n 样本量为 76, 图 8.2.4 中显示 n=76.
deviance 该节点误差平方和为 0.142.
yval 该节点因变量均值为 0.701 (图 8.2.4 中为 0.7012).

8.2.8 回归决策树的拆分变量选择

和分类类似, 回归决策树的拆分准则也是使得数据变纯最快的变量属性. 但由于因变量是数量变量, 而我们的预测值为节点数据因变量的均值, 因此不纯度就是每个节点因变量的误差平方和 $\sum_i(y_i-\overline{y})^2$. 和分类一样, 在每个需要继续分割的节点, 要从所有变量的所有可能分割中找到使得因变量误差平方和减少最快 (变纯最快) 的变量属性. 比如, 在例 8.2 服装业生产率数据回归决策树的根节点, 可以算出, 一共有 3494 种变量的属性来拆分数据集, 最终 aim_prod<0.725 胜出, 作为根节点的首选拆分属性.

8.2.9 预测及交叉验证

下面使用自编函数 CVR 对例 8.2 服装业生产率数据的回归做 10 折交叉验证. 函数 CVR 变元中的 w 是数据, D 是因变量的位置 (列数), Z 是折数, seed 是随机种子. 函数 CVR 及其应用于例 8.2 服装业生产率数据的决策树回归及作为对照的随机森林回归的代码为:

```
CVR=function(w,D=1,Z=10,fun=rpart,seed=NULL){
  if (is.numeric(seed)) set.seed(seed)
  n=nrow(w)
  I=sample(rep(1:Z,ceiling(n/Z)))[1:n]
  pred=rep(999,n)
  f=formula(paste(names(w)[D],"~."))
  for (i in 1:Z) {
    m=(I==i)
    pred[m]=fun(f,data=w[!m,]) %>% predict(w[m,])
  }
  M=sum((w[,D]-mean(w[,D]))^2)
  nmse=sum((w[,D]-pred)^2)/M
  return(list(pred=pred,nmse=nmse))
}
mse=function(x){
  tss=sum((x-mean(x))^2)
  mse=mean((x-mean(x))^2)
  return(list(tss=tss,mse=mse))
}

CV_garm_tree=CVR(w,D=14,Z=10,fun=rpart,seed=7777)
CV_garm_rf=CVR(w,D=14,Z=10,fun=randomForest,seed=7777)
CV_garm_tree$nmse
CV_garm_rf$nmse
```

输出的决策树及随机森林交叉验证的 NMSE 分别为 0.588 及 0.415:

```
> CV_garm_tree$nmse
[1] 0.588
> CV_garm_rf$nmse
[1] 0.415
```

8.2.10 例 8.2 服装业生产率数据决策树回归的变量重要性

程序 rpart 的结果中包含变量重要性, 下面的代码生成了图 8.2.5, 代码中的 a$v 全名为 a$variable.importance.

```
a=rpart(act_prod~.,w)
barplot(a$v, horiz=T,col=4,las=1,main = 'Variable importance plot')
```

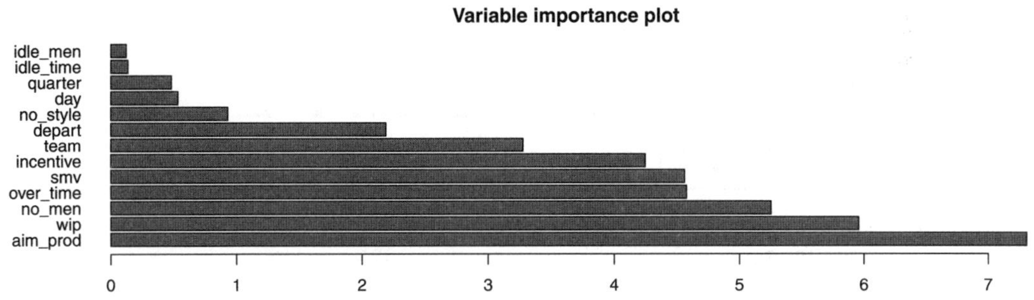

图 8.2.5　例 8.2 服装业生产率数据决策树回归的变量重要性图

8.3 bagging

最简单的组合方法是 **bagging** (bootstrap aggregating), 也称自助组合法、自助整合法等. bagging 简单明了, 不会有歧义. 它利用了自助法 (bootstrap) 放回抽样, 对训练样本做许多次 (比如 k 次) 放回抽样, 每次抽取样本量相同的观测值, 由于是放回抽样, 因此就有了 k 个不同的样本. 然后, 对每个样本生成一棵决策树. 这样, 每棵决策树都对一个新的观测值产生一个预测. 最终的决策是对所有决策树投票 (对于分类问题) 或者平均 (对于回归问题) 得到预测值. 虽然它通常用决策树作为基础学习器, 但实际上可以用任何一种有监督学习方法作为基础学习器.

决策树的程序 rpart 既可以用于回归又可以用于分类, 对于 bagging 我们也可以使用程序包 ipred[7] 的 bagging 函数于回归和分类. 下面使用分类和回归的例子来具体展示.

8.3.1 对例 8.1 胎心宫缩监护数据做 bagging 分类

用 bagging 对全部数据进行拟合, 可使用下面的代码:

[7]Peters, A. and Hothorn, T. (2019) ipred: Improved Predictors. R package version 0.9-9. https://CRAN.R-project.org/package=ipred.

```
w=read.csv('CTG.NAOMIT.csv',stringsAsFactors = T)
for (i in 21:23)  w[,i]=factor(w[,i])
library(ipred)
a=bagging(NSP~.,w,coob=T,nbagg=50)
```

上面的代码中, `coob=T` 意味着需要求 OOB 误差, 可以用代码 `a$err` 得到 OOB 误判率, 而代码 `predict(a)` 则给出 OOB 预测值; `nbagg=50` 意味着建立 50 棵决策树. 当然, 如果用代码 `predict(a,w)` 则给出训练集的预测值. 下面给出包括这些代码的输出.

1. OOB 交叉验证误差及混淆矩阵:

```
> a$err
[1] 0.01364064
> table(w$NSP,predict(a))

       1    2    3
  1 1646    9    0
  2   18  276    1
  3    0    1  175
```

2. 对训练集预测的误差及混淆矩阵:

```
> mean(w$NSP!=predict(a,w))
[1] 0.0004703669
> table(w$NSP,predict(a,w))

       1    2    3
  1 1655    0    0
  2    1  294    0
  3    0    0  176
```

上面的输出表明, 只看训练集的误判率是片面的, 交叉验证的误判率是比较客观的.

8.3.2 对例 8.2 服装业生产率数据做 bagging 回归

对例 8.2 服装业生产率数据用 bagging 进行拟合, 可使用下面的代码:

```
w=read.csv('garmentsF.csv',stringsAsFactors = T)[,-1]
w[,4]=factor(w[,4])
library(ipred)
b=bagging(act_prod~.,w,coob=T,nbagg=50)
```

和分类一样, 上面的代码中, `coob=T` 意味着需要求 OOB 误差, 可以用代码 `a$err` 得到 OOB 的均方根误差 (RMSE)[8], RMSE $= \sqrt{\frac{1}{n}\sum_{i=1}^{n}(y_i-\hat{y}_i)^2}$, 而代码 `predict(a)` 则给出

[8] 英文为 root-mean-square deviation (RMSD) 或 root-mean-square error (RMSE).

OOB 预测值; nbagg=50 意味着建立 50 棵决策树. 当然, 如果用代码 predict(a,w) 则给出训练集的预测值. 下面给出包括这些代码的输出.

1. OOB 交叉验证的 RMSE 和 NMSE:

```
> b$err
[1] 0.1249003
> sum((w$act_prod-predict(b))^2)/sum((w$act_prod-mean(w$act_prod))^2)
[1] 0.5128132
```

2. 对训练集预测的 RMSE 和 NMSE:

```
> sqrt(mean((w$act_prod-predict(b,w))^2))
[1] 0.1060164
> sum((w$act_prod-predict(b,w))^2)/sum((w$act_prod-mean(w$act_prod))^2)
[1] 0.3694694
```

8.4 随机森林

随机森林和 bagging 很像, 也是根据自助法抽样建立很多棵决策树, 然后用这些决策树的结果的投票或平均来得到预测值, 仅有的区别是: **在每棵树的每个节点都随机地只允许部分变量参与竞争拆分变量,** 这种做法可避免一些强势变量掩盖一些包含微妙信息的变量, 使得结果更加精确. 在 R 中, 我们使用程序包 randomForest [9] 的同名函数来做随机森林分类或回归. 在函数 randomForest 中默认的树有 500 棵. 如果共有 p 个自变量, 该函数默认的在每个节点随机挑选的可竞争拆分变量的自变量个数对分类为 $\sqrt{p}$, 对回归为 $p/3$. 而且, 函数 randomForest 让每棵树尽可能生长, 并且不进行修剪. 因此, 随机森林的结果包含了决策树的关于变量及观测值在各个节点状况的大量信息.

随机森林不惧怕很大的维数, 即使有数千个变量, 也不必进行 " 降维 " 或删除变量. 它还会给出分类中各个变量的重要性. 在一个关于淋巴瘤的基因芯片数据中, 变量个数可以达到 4682 个, 而样本量仅有 81 个, 但随机森林可以很好地找到重要的基因 (Breiman, 2001). 这种数据在经典统计中根本无法处理, Diaconis and Efron (1983) 曾经说过: " 统计经验表明, 基于 19 个变量和仅仅 155 个数据点来拟合模型是不明智的." 这种说法显然不适用于算法建模.

8.4.1 随机森林对例 8.1 胎心宫缩监护数据分类的拟合

用随机森林对例 8.1 胎心宫缩监护数据做分类, 代码如下:

```
w=read.csv('CTG.NAOMIT.csv',stringsAsFactors = T)
for (i in 21:23)  w[,i]=factor(w[,i])
library(randomForest)
rf=randomForest(NSP~.,w,proximity=TRUE,importance=TRUE,
                localImp=TRUE)
rf
```

[9] Liaw, A. and Wiener, M. (2002) Classification and regression by randomForest. *R News* 2(3): 18-22.

输出的 OOB 误判率及 OOB 交叉验证混淆矩阵如下:

```
        OOB estimate of  error rate: 1.22%
Confusion matrix:
     1   2   3 class.error
1 1651   4   0 0.002416918
2   19 275   1 0.067796610
3    0   2 174 0.011363636
```

8.4.2 随机森林对例 8.1 胎心宫缩监护数据分类的变量重要性

随机森林对例 8.1 胎心宫缩监护数据分类的各变量的相对重要性可用 `a$importance` 打印输出出来, 前三列显示了各个变量对 NSP 三个水平的相对影响, 后两列分别显示了扰动这些变量对精确度及 Gini 指数的影响, 相对影响大的被认为是重要的变量. 这 5 列指标展示在图 8.4.1 中. 图 8.4.1 (上) 显示了各个变量对 NSP 三个水平的相对影响, 图 8.4.1 (左下) 显示了去掉某个变量后精确度的下降程度 (变量越重要, 被删除之后预测精确度下降越大), 图 8.4.1 (右下) 显示了各变量对 Gini 不纯度降低的平均影响程度.

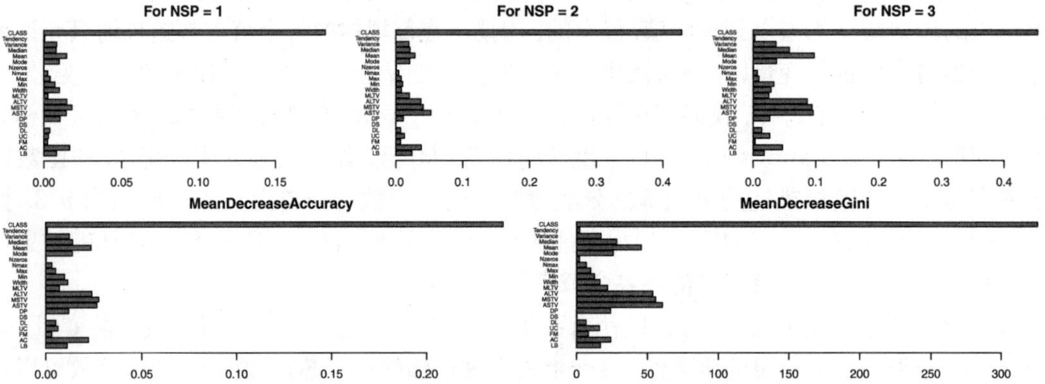

图 8.4.1 用随机森林拟合例 8.1 胎心宫缩监护数据时变量的重要性图

绘制图 8.4.1 的代码为:

```
ri=rf$importance
layout(matrix(c(1,1,2,2,3,3,4,4,4,5,5,5),by=T,nrow=2))
for(i in 1:ncol(ri)){
  if (i <=3) Main=paste('For NSP =',colnames(ri)[i]) else
    Main=colnames(ri)[i]
  barplot(ri[,i],main=Main, horiz = T,col=4,las=1,cex.names = .5)
}
```

8.4.3 随机森林对例 8.1 胎心宫缩监护数据分类的离群点图

可以根据观测值和其他观测值之间的亲近度 (proximity) 来判断离群点 (见图 8.4.2), 这里的亲近度是根据一个观测值和其他观测值同时出现在随机森林众多的节点中的机会衡量的. 离群点就好像是在社交中很少与固定伙伴参加活动的人一样.

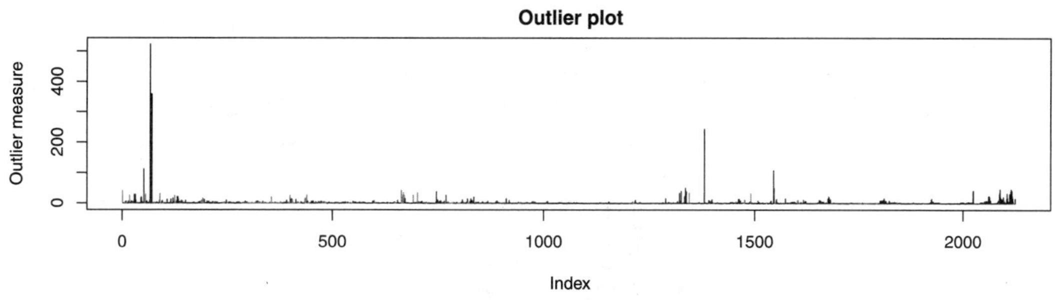

图 8.4.2 例 8.1 胎心宫缩监护数据随机森林分类的离群点图

生成图 8.4.2 的代码为:

```
Out=outlier(rf)
plot(Out, type="h",ylab='Outlier measure',main = 'Outlier plot',
     col=c("blue", "green", "red")[as.numeric(w$NSP)])
```

8.4.4 随机森林对例 8.1 胎心宫缩监护数据分类的局部变量重要性

随机森林可以度量每个变量对于每个观测值的重要性. 由于观测值有 2126 个, 画在一张图中太拥挤, 我们选取前面 30 个观测值来做图 (见图 8.4.3). 输入的代码为:

```
matplot(1:22,rf$local[,1:30],type='l',xaxt="n",
        xlab="Variable",ylab = "Local importance")
      axis(side = 1,at = 1:22,labels = rownames(rf$local),
           las=2,cex.axis=.5)
```

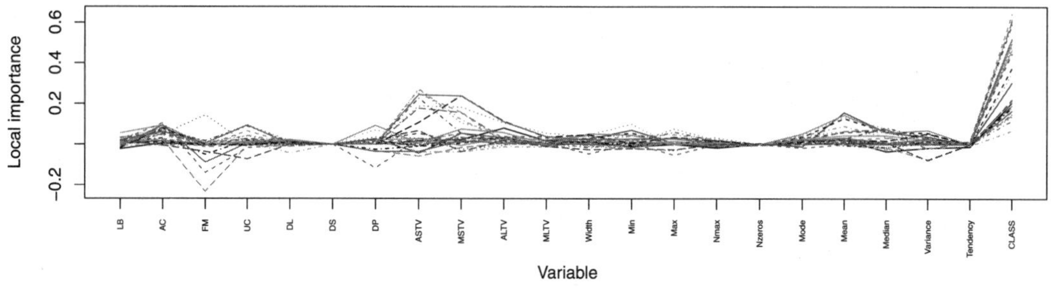

图 8.4.3 例 8.1 胎心宫缩监护数据随机森林分类部分观测值的局部重要性图

8.4.5 随机森林对例 8.1 胎心宫缩监护数据分类的部分依赖性图

还可以输出因变量对每个自变量的部分依赖性图 (见图 8.4.4), 这是某种把其他变量影响平均掉之后的度量. 生成图 8.4.4 的代码如下:

```
pnm=c("Mean", "CLASS" , "UC")
layout(t(1:3))
for (i in 1:3)
partialPlot(rf, pred.data=w, x.var=pnm[i],xlab=pnm[i],
          main=paste("Partial dependence on",pnm[i]),las=2)
```

图 8.4.4 随机森林对例 8.1 胎心宫缩监护数据分类的部分依赖性图

8.4.6 随机森林对例 8.2 服装业生产率数据的回归

由于决策树的分类和回归基本没有区别, 作为决策树组合算法的随机森林也类似. 下面对例 8.2 服装业生产率数据做随机森林回归.

下面对全部数据做随机森林回归并输出对训练集和 OOB 交叉验证的 NMSE. 代码中 `rf$predicted` 是计算结果 (rf) 中的 OOB 预测值, 而 `predict(rf,w)` 是对训练集做的预测.

```
w=read.csv('garmentsF.csv',stringsAsFactors = T)
w[,5]=factor(w[,5])
w=w[,-1]
library(randomForest)
rf=randomForest(act_prod~.,w,proximity=T,
               importance=T, localImp=T)
SSE=sum((w$act_prod-mean(w$act_prod))^2)
(Train_NMSE=sum((predict(rf,w)-w$act_prod)^2)/SSE)
(OOB_NMSE=sum((rf$predicted-w$act_prod)^2)/SSE)
```

输出的关于训练集和 OOB 交叉验证的 NMSE 为:

```
> (Train_NMSE=sum((predict(rf,w)-w$act_prod)^2)/SSE)
[1] 0.1000216
> (OOB_NMSE=sum((rf$predicted-w$act_prod)^2)/SSE)
[1] 0.4056267
```

显然, 训练集的 NMSE 比 OOB 交叉验证的要小得多. 再用 8.2.9 节的函数 CVR 做 10 折交叉验证:

```
> rf_cv=CVR(w,D=14,Z=10,fun=randomForest,seed=8888)
> rf_cv$nmse
[1] 0.4133921
```

得到的 10 折交叉验证 NMSE 和 OOB 交叉验证 NMSE 差不多.

8.4.7 随机森林对例 8.2 服装业生产率数据回归的变量重要性

可以使用下面的代码画出随机森林对例 8.2 服装业生产率数据回归的变量重要性图 (见图 8.4.5) .

```
layout(t(1:2))
for (i in 1:2){
  barplot(rf$importance[,i],horiz = TRUE,
      main=colnames(rf$importance)[i],las=1,cex.names = 1,col=4)
}
```

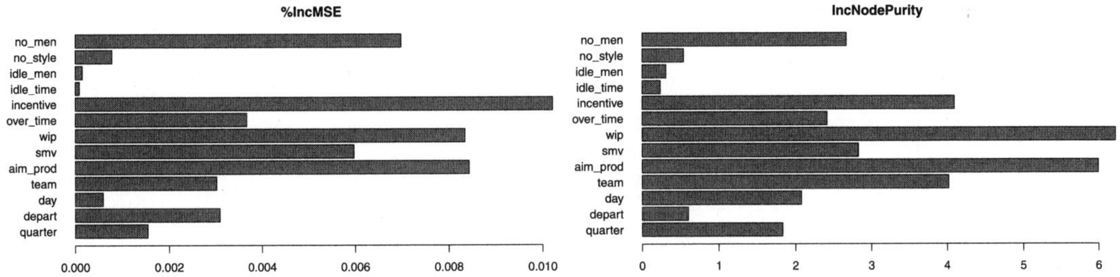

图 8.4.5 随机森林对例 8.2 服装业生产率数据回归的变量重要性

图 8.4.5 的左图为以删除一个变量后误差 (MSE) 增加百分比为度量的, 变量越重要, 失去它时误差会增加越多. 图 8.4.5 的右图为在各个决策树众多节点中变量使数据变纯的平均度量.

8.5 adaboost 分类

这里介绍的 adaboost 是增强 (boosting) 类组合方法的一种. 这里用分类树作为基本学习器. adaboost (adaptive boosting 的简写) 可以译为 “ 自适应助推法 ”, 经常用简明的英文缩写 adaboost 表示. adaboost 是一种迭代式的组合算法, 目的是分类. 所用的基础分类器 (这里用决策树) 一开始可能较弱 (即误判率较高), 但随着迭代的进行, 不断通过自助法 (bootstrap) 加权再抽样, 根据产生的新样本来改进分类器, 每一次迭代都针对前一个分类器对某些观测值的误判缺陷加以修正. 通常的做法是在 (放回) 抽取样本时对那些误判的观测值增加权重 (相当于对正确分类的观测值减少权重), 这样在新的样本中就可能有更多的前一次分错的观测值, 再形成一个新的分类器进入下一轮迭代, 而且在每轮迭代中都对这一轮产生的分类器给出误判率, 最终结果由各个阶段的分类器按照误判率加权 (设置权重目的是惩罚误判率大的分类器) 投票产生. 这就是 “ 自适应 ”.

adaboost 的缺点是对奇异点或离群点比较敏感, 优点是对过拟合不那么敏感. 这里用的程序包是 adabag [10], 该程序包包含了 adaboost 的 boosting 函数 (也就是老版本的 adaboost.M1 函数, “adaboost.M1” 是方法的名称) 及下一节要介绍的 bagging 函数. 函数 boosting 的默认迭代次数为 100 次, 即产生 100 棵决策树.

8.5.1 adaboost 对例 8.1 分类的拟合及交叉验证

为了描述这种方法, 先用 adaboost 对全部数据进行拟合来介绍一下输出. 代码如下:

```
library(adabag)
w=read.csv('CTG.NAOMIT.csv',stringsAsFactors = T)
for (i in 21:23)  w[,i]=factor(w[,i])
a=boosting(NSP~.,w)
wp=predict(a,w)$class
(z=table(w$NSP,wp))
mean(w$NSP!=wp)
```

输出对训练集的混淆矩阵及误判率 0.0004703669 (只误判了 1 个):

```
> (z=table(w$NSP,wp))
   wp
       1    2    3
  1 1655    0    0
  2    1  294    0
  3    0    0  176
> mean(w$NSP!=wp)
[1] 0.0004703669
```

但这是对训练集的误判率, 必须进行交叉验证. 可以用程序包 adabag 自带的交叉验证函数 (默认 10 折):

```
cv_ada=boosting.cv(NSP~.,w)
cv_ada$confusion
cv_ada$error
```

输出的 10 折交叉验证混淆矩阵及误判率 0.01269991 表明有 27 个被误判, 是训练集误判个数的 27 倍, 这说明不做交叉验证有可能会盲目高估精确度.

```
> cv_ada$confusion
               Observed Class
Predicted Class    1    2    3
              1 1649   19    0
              2    6  275    1
              3    0    1  175
```

[10] Alfaro-Cortes, Esteban; Gamez-Martinez, Matias, Garcia-Rubio and Noelia (2011) adabag: Applies AdaBoost.M1, AdaBoost-SAMME and Bagging. R package version 3.0. http://CRAN.R-project.org/package=adabag.

```
> cv_ada$error
[1] 0.01269991
```

如果使用 a$trees 命令, 会打印出 boosting 过程决策树产生的所有树, 比如按照默认值会打印出 100 棵树, 相信你不想这样做. 如果要打印个别的树则可用诸如 a$trees[[1]], a$trees[[2]] 等代码, 也可以画出某一棵 (比如第 100 棵) 树 (事先需载入画图程序包 rpart.plot), 用代码 rpart.plot(a$trees[[100]],type=2,extra=4) .

8.5.2 adaboost 对例 8.1 胎心宫缩监护数据分类的变量重要性

利用前面的结果, 可以得到变量重要性图 (见图 8.5.1), 代码如下:

```
barplot(a$importance,cex.name=.6,horiz = T,las=1,col=4)
title('Variable importance')
```

图 8.5.1 凸显了变量 CLASS 的重要性.

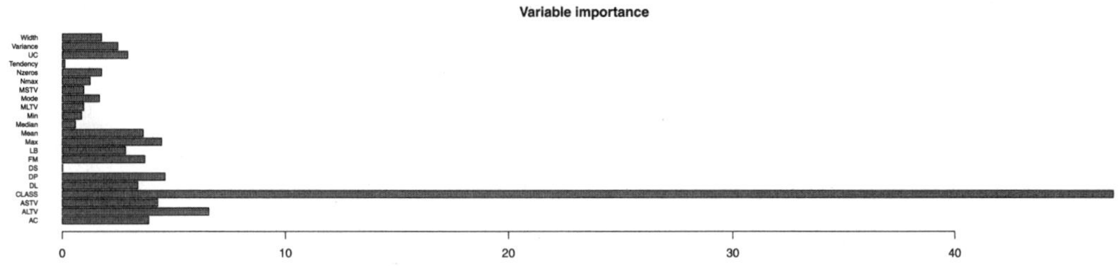

图 8.5.1 adaboost 拟合例 8.1 胎心宫缩监护数据时的变量重要性图

8.6 基于模型的增强回归 (mboost)

8.6.1 mboost 方法说明

基于模型的增强法 或 **mboost 方法** (model-based boosting) 以程序包 mboost [11] 为代表. 其原理如下.

如果把需要的回归模型记为 $f(x)$, 这里仅考虑可加模型

$$f(x) = \sum_{j=1}^{p} f_j(x^{(j)}), \tag{8.6.1}$$

比如 $f_j(x^{(j)})$ 可以是第 j 组自变量 $x^{(j)}$ 及某基础学习器 f_j 的结合. 如果定义了损失函数 $\rho(\cdot,\cdot)$, 则模型需要按照下面的公式拟合:

$$(\hat{f}_1, \hat{f}_2, ..., \hat{f}_p) = \underset{(f_1, f_2, ..., f_p)}{\arg\min} \sum_{i=1}^{n} w_i \rho\left(y_i, \sum_{j=1}^{p} f_j(x^{(j)})\right),$$

[11]Hothorn, T., Bühlmann, P., Kneib, T., Schmid, M. and Hofner, B. (2011) mboost: Model-Based Boosting. R package version 2.1-1, http://CRAN.R-project.org/package=mboost.

式中, n 为训练样本量; w_i 为某种权重; $x^{(j)}$ 为自变量观测值; y_i 为相应的因变量观测值. 其方法的细节请参阅 Buehlmann and Hothorn(2007).

8.6.2 mboost 对例 8.2 服装业生产率数据回归及交叉验证

输入例 8.2 服装业生产率数据, 删除日期, 并把哑元化变量 team 标识为定性变量, 所用的代码为:

```
w=read.csv('garmentsF.csv',stringsAsFactors = T)[,-1]
w[,4]=factor(w[,4]) # 变量 team
```

按照我们的数据, 式 (8.6.1) 中的 $p = 13$, 我们将每个变量的回归模型 $f_j(x^{(j)})\,(j = 1, 2, ..., p)$ 在下面的程序中都选为决策树, 用btree 表示, 因此建立程序中的模型代码为:

```
NM=names(w)
n=nrow(w);D=14
f=paste(NM[D],'~btree(',NM[1],')')
for (i in 2:13){
  f=paste(f,'+btree(',NM[i],')')
}
(f=formula(f))
```

具体来说模型为:

```
act_prod ~ btree(quarter) + btree(depart) + btree(day) + btree(team) +
    btree(aim_prod) + btree(smv) + btree(wip) + btree(over_time) +
    btree(incentive) + btree(idle_time) + btree(idle_men) +
    btree(no_style) + btree(no_men)
```

```
library(mboost);library(tidyr)
n=nrow(w);D=14;Z=10
ZZ=sample(rep(1:Z,ceiling(n/Z)))[1:n] #准备10折数据集
M=sum((w[,D]-mean(w[,D]))^2)
pred=rep(0,n)
for(i in 1:Z){
  m=(1:n)[ZZ==i]
  pred[m]=mboost(f,data =w[-m,]) %>% predict(w[m,])
}
(nmse=sum((w[,D]-pred)^2)/M)
```

输出 10 折交叉验证的标准化均方误差:

```
> (nmse=sum((w[,D]-pred)^2)/M)
[1] 0.5937114
```

8.7 基于决策树的梯度增强回归

8.7.1 梯度下降法

读者可能在初等微积分中学到, 梯度下降法是用于找到可微函数的局部最小值的一阶迭代优化算法. 图 8.7.1 中的曲线函数是可微的下凸函数 (下凸意味着存在极小值) $f(x)$, 运行的手法是逐步建立一个自变量序列 $x_0, x_1, \ldots$, 去逼近最小值点 $x = \arg\min_x f(x)$. 这是一步一步迭代进行的, 假定在某一步选取了 x_k, 就计算函数在该点处的偏导数 (梯度), 在实际问题中可能函数根本无法求导, 则求近似梯度 $\nabla f(x_k)$, 并取下一个点为:

$$x_{k+1} = x_k + \arg\min_x f(x) = x_k - \gamma_k \nabla f(x_k), \tag{8.7.1}$$

这是沿着梯度所代表的最陡下降的方向进行的. 这里的 $\gamma_k \in \mathbb{R}_+$ 是一个称为**收缩量** (shrinkage) 或者**学习率** (learning rates) 的正值小调整参数.

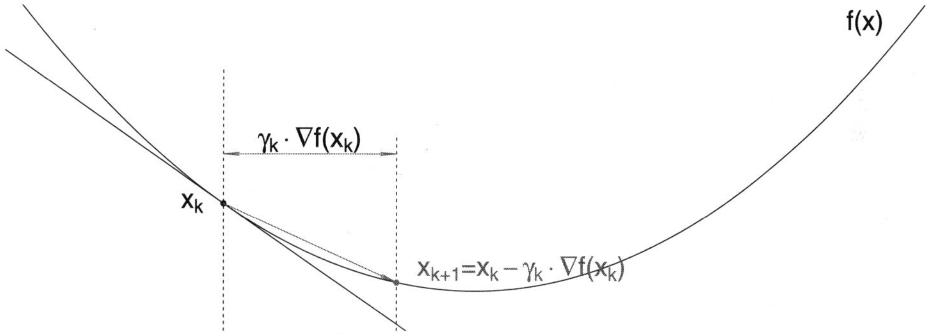

图 8.7.1 梯度下降法示意图

8.7.2 梯度增强回归

现在把梯度下降法推广到用于回归的**梯度增强法** (gradient boosting), 这里的目标是把前面梯度下降法的 $x = \arg\min_x f(x)$ 替换成 (注意: 式 (8.7.1) 中的 x 由式 (8.7.2) 中的 $m(\boldsymbol{x})$ 替代, 而式 (8.7.2) 中的 $\boldsymbol{x}$ 是这里的回归自变量, 与式 (8.7.1) 中的 x 无关),

$$\hat{m}(\boldsymbol{x}) = \arg\min_m \ell[y, m(\boldsymbol{x})] = -\gamma \nabla \ell[y, m(\boldsymbol{x})], \tag{8.7.2}$$

式 (8.7.1) 的函数 f 被由模型预测的 $\hat{y} = m(\boldsymbol{x})$ 及真实值 y 通过损失函数 ℓ 所得到的损失 $\ell[y, m(\boldsymbol{x})]$ 所替代. 也就是说, 原来式 (8.7.1) 的变元 x 就成为 m. 相应迭代中在第 $k+1$ 步, 把第 i 步训练出来的模型拟合第 $i+1$ 步的数据 $\boldsymbol{x}_{k+1}$ 得到的对因变量 y 的预测为 $m^{(k)}(\boldsymbol{x}_{k+1})$, 相应的损失函数为 $\ell[y_{k+1}, m^{(k)}(\boldsymbol{x}_{k+1})]$. 式 (8.7.1) 的 $x_{k+1} = x_k - \gamma_k \nabla f(x_k)$ 则替换成

$$m^{(k+1)} = m^{(k)} + \arg\min_m \ell[y_{k+1}, m(\boldsymbol{x}_{k+1})] = m^{(k)} - \gamma_k \nabla \ell[y_{k+1}, m^{(k)}(\boldsymbol{x}_{k+1})]. \tag{8.7.3}$$

显然, 如果类似于决策树在其每个节点纯度度量使用 MSE, 这里考虑二次损失函数 $\ell(y, m) = \frac{1}{2}(y - m)^2$, 那么 $-\nabla \ell(y, m) = \partial \ell / \partial m = y - m$, 即残差, 因此, 在选用二次损失后, 最小化的目标就可以是残差了. 在实际迭代中考虑收缩量, 对象残差的形式为 $y - \gamma m$. 假定一共进行 M 次迭代, 具体步骤为:

1. 在初始的时候, 我们利用作为基础学习器的弱回归器 (这里是决策树) 得到因变量的一

个预测值 $\hat{\boldsymbol{y}}^{(0)} = m^{(0)}(\boldsymbol{x})$, 因而可计算有收缩量 γ 的残差 $\hat{\boldsymbol{\epsilon}}^{(0)} = \boldsymbol{y} - \gamma\hat{\boldsymbol{y}}^{(0)}$, 即

$$\hat{\boldsymbol{y}}^{(0)} = m^{(0)}(\boldsymbol{x}) = \arg\min_{m} \ell[\boldsymbol{y}, m(\boldsymbol{x})],$$

$$\hat{\boldsymbol{\epsilon}}^{(0)} = \boldsymbol{y} - \gamma\hat{\boldsymbol{y}}^{(0)}.$$

2. 在初始步之后, 改成以残差为因变量, 寻求

$$m^{(k+1)}(\boldsymbol{x}_{k+1}) = m^{(k)}(\boldsymbol{x}_k) + \arg\min_{m} \ell[\hat{\boldsymbol{\epsilon}}^{(k)}, m(\boldsymbol{x}_{k+1})],$$

$$\hat{\boldsymbol{\epsilon}}^{(k+1)} = \hat{\boldsymbol{\epsilon}}^{(k)} - \gamma\, m^{(k+1)}(\boldsymbol{x}_{k+1}).$$

3. 到第 M 步就停止, 我们得到的结果是:

$$\hat{\boldsymbol{y}} = m^{(M)}(\boldsymbol{x}_M) = m^{(M-1)}(\boldsymbol{x}_{M-1}) + \arg\min_{m} \ell[\hat{\boldsymbol{\epsilon}}^{(M-1)}, m(\boldsymbol{x}_M)] = \hat{y}^{(0)} + \sum_{i=1}^{M} \gamma\hat{\epsilon}^{(i)}.$$

梯度增强法在实践中有很多版本和程序, 下面要用的是广义增强回归模型 (gbm), 具体的方法请参考涉及软件的有关资料.

8.7.3 梯度增强法对例 8.2 服装业生产率数据回归及交叉验证

由于梯度增强法有众多不同的方法, 这里采用程序包 gbm [12], gbm 为**广义增强回归模型** (generalized boosted regression models) 的简写. 具体细节请看软件给出的参考资料.

我们用的程序 gbm 有同时计算多折交叉验证的选项, 下面是拟合用的代码 (代码中输出的 .$cv.fitted 及 .$fit 分别代表交叉验证预测值和对训练集的预测值):

```
library(gbm)
w=read.csv('garmentsF.csv',stringsAsFactors = T)[,-1]
w[,4]=factor(w[,4])
garm_gbm=gbm(act_prod~.,data=w,cv.folds=10)
M=sum((w[,D]-mean(w[,D]))^2)
(cv_nmse=sum((w[,D]-garm_gbm$cv.fitted)^2)/M)
(train_NMSE=sum((w[,D]-garm_gbm$fit)^2)/M)
```

输出为:

```
> (cv_nmse=sum((w[,D]-garm_gbm$cv.fitted)^2)/M)
[1] 0.5815303
> (train_NMSE=sum((w[,D]-garm_gbm$fit)^2)/M)
[1] 0.5400729
```

其中 10 折交叉验证 NMSE 为 0.5815303, 而训练集的 NMSE 为 0.5400729.

8.7.4 梯度增强法对例 8.2 服装业生产率数据回归的变量重要性

输出及画出变量重要性图 (见图 8.7.2) 的代码如下:

[12] Greenwell, B., Boehmke, B., Cunningham, J. and GBM Developers (2020) gbm: Generalized Boosted Regression Models. R package version 2.1.8. https://CRAN.R-project.org/package=gbm.

```
summary(garm_gbm,las=1,main='Variable influence')
```

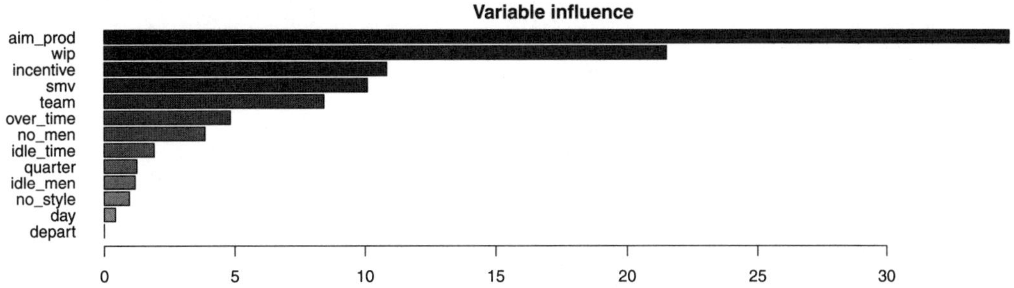

图 8.7.2 梯度增强法对例 8.2 服装业生产率数据回归的变量重要性图

8.8 本章的 Python 代码

8.8.1 8.2 节的代码

对例 8.1 胎心宫缩监护数据做决策树, 见图 8.8.1.

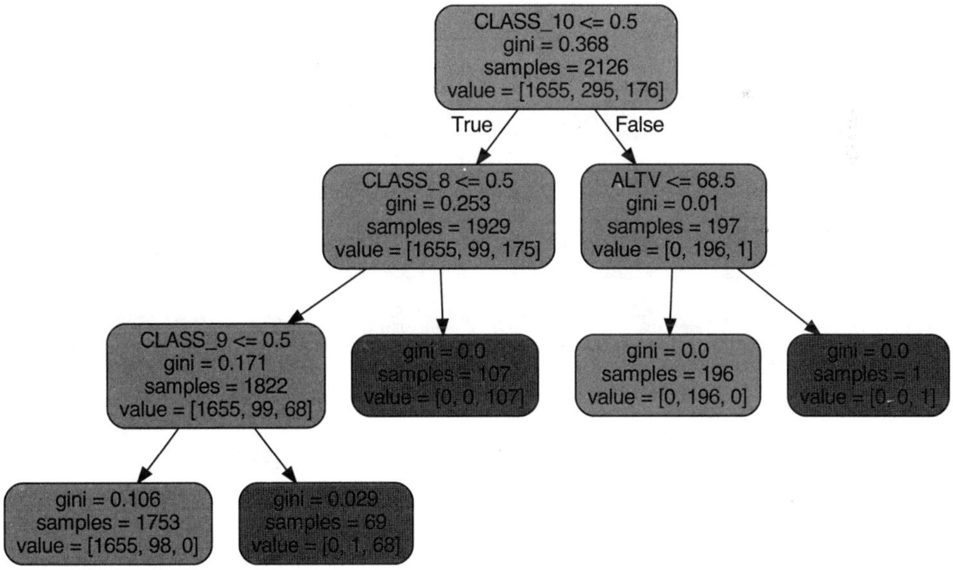

图 8.8.1 例 8.1 胎心宫缩监护数据的决策树分类

对例 8.1 胎心宫缩监护数据做决策树分类并生成图 8.8.1 的代码:

```
w=pd.read_csv("CTG.NAOMIT.csv")
w[w.columns[20:22]]=w[w.columns[20:22]].astype('O')
u=pd.get_dummies(w)
u['NSP']=u['NSP'].astype('category')

from sklearn.tree import DecisionTreeClassifier
from sklearn import tree
import graphviz
X=np.array(u.drop('NSP',axis=1))
y=u['NSP']
cls = DecisionTreeClassifier(max_depth=3,random_state=0)
cls=cls.fit(X,y)
dot_data=tree.export_graphviz(cls,out_file=None,
         feature_names = u.drop('NSP',axis=1).columns,rounded=True,
         filled=True)
graph = graphviz.Source(dot_data)
graph.render("Tree0py")
graph
```

对例 8.2 服装业生产率数据做决策树回归, 见图 8.8.2.

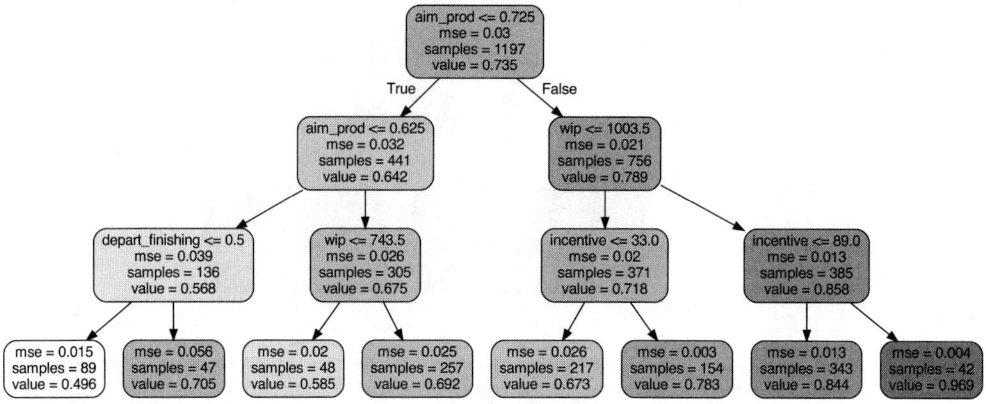

图 8.8.2　例 8.2 服装业生产率数据的决策树回归

对例 8.2 服装业生产率数据做决策树回归并生成图 8.8.2 的代码为:

```
v=pd.read_csv('garmentsF.csv')
v.team=v.team.astype('O')
df=pd.get_dummies(v.drop('date',axis=1))
X=df.drop('act_prod',axis=1)
y=df['act_prod']
```

```
from sklearn.tree import DecisionTreeRegressor
reg = DecisionTreeRegressor(random_state=0,max_depth=3)
reg=reg.fit(X,y)
dot_data=tree.export_graphviz(reg,out_file=None,
             feature_names = X.columns,rounded=True, filled=True)
graph = graphviz.Source(dot_data)
graph.render("TreeGarpy")
graph
```

对例 8.2 服装业生产率数据 (利用前面输入的数据 `X, y`) 做决策树和随机森林回归的交叉验证的代码如下, 这里需要事先运行 13.3.2 节中的自编函数 `RCV` 与 `Zfold`.

```
from sklearn.tree import DecisionTreeRegressor
from sklearn.linear_model import LinearRegression
from sklearn.ensemble import RandomForestRegressor
names = ['RandomForest', 'Tree']
regressors = [RandomForestRegressor(n_estimators=500,random_state=0),
              DecisionTreeRegressor()]
REG = dict(zip(names,regressors))
A=RCV(X,y,REG, Z=10, seed=8888)
A
```

输出的交叉验证 NMSE 为:

```
{'RandomForest': 0.40254675944172014, 'Tree': 0.6927789883272374}
```

8.8.2 8.3 节的代码

对例 8.1 胎心宫缩监护数据的 bagging 分类代码:

```
w=pd.read_csv('CTG.NAOMIT.csv')
w.iloc[:,20:]=w.iloc[:,20:].astype('category')

df=pd.get_dummies(w.iloc[:,:-1])
df['NSP']=w['NSP']

X=df.drop('NSP',axis=1)
y=df['NSP']

from sklearn.ensemble import BaggingClassifier
from sklearn.tree import DecisionTreeClassifier
clf = BaggingClassifier(base_estimator=\
                        DecisionTreeClassifier(min_samples_split=3),
                        n_estimators=100,
```

```
                        random_state=0,oob_score=True).fit(X, y)
print(f'OOb Error={round(1-clf.oob_score_,4)},\
 Error of training set={round(1-clf.score(X,y),4)}')
```

OOB 及训练集的误判率分别为:

```
OOb Error=0.0122, error of training set=0.0009
```

对例 8.2 服装业生产率数据做 bagging 回归的代码:

```
w=pd.read_csv('garmentsF.csv')
w.team=w.team.astype('category')
w=w.drop('date',axis=1)
w=pd.get_dummies(w)

X=w.drop('act_prod',axis=1)
y=w['act_prod']

from sklearn.ensemble import BaggingRegressor
from sklearn.tree import DecisionTreeRegressor
regr = BaggingRegressor(base_estimator=\
                        DecisionTreeRegressor(min_samples_split=3),
                        n_estimators=100,
                        random_state=0,oob_score=True).fit(X, y)

print(f'OOb NMSE={round(1-regr.oob_score_,4)},\
 NMSE of training set={round(1-regr.score(X,y),4)}')
```

OOB 及训练集的 NMSE 分别为:

```
OOb NMSE=0.399, NMSE of training set=0.0636
```

8.8.3 8.4 节的代码

对例 8.1 胎心宫缩监护数据的随机森林分类代码如下:

```
w=pd.read_csv('CTG.NAOMIT.csv')
w.iloc[:,20:]=w.iloc[:,20:].astype('category')

df=pd.get_dummies(w.iloc[:,:-1])
df['NSP']=w['NSP']

X=df.drop('NSP',axis=1)
y=df['NSP']
```

```
from sklearn.ensemble import RandomForestClassifier
clf = RandomForestClassifier(min_samples_split=4,n_estimators=200,
                          random_state=0,oob_score=True).fit(X, y)
print(f'OOb Error={round(1-clf.oob_score_,4)},\
Error of training set={round(1-clf.score(X,y),4)}')
```

OOB 及训练集的误判率分别为:

```
OOb Error=0.0108,Error of training set=0.0019
```

生成变量重要性图 (见图 8.8.3) 的代码:

```
plt.figure(figsize=(21,6))
plt.barh(y=X.columns,width=clf.feature_importances_)
plt.tick_params(labelsize=8)
plt.title('impurity-based variable importances')
plt.savefig("RFIMPPY.pdf",bbox_inches='tight',pad_inches=0)
```

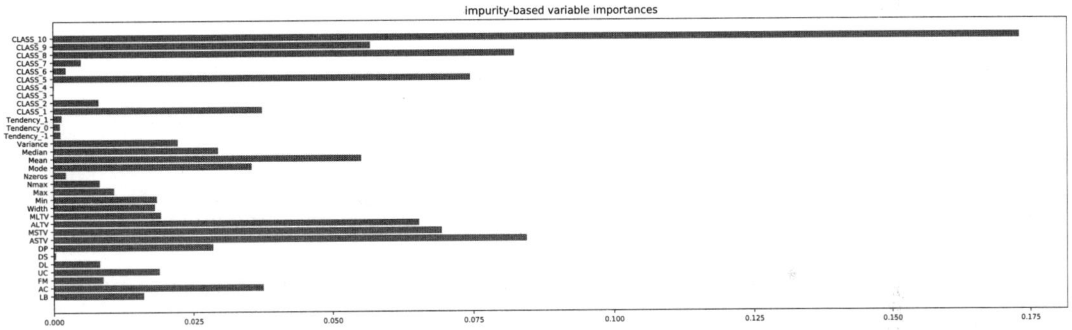

图 8.8.3　例 8.1 胎心宫缩监护数据随机森林分类变量重要性图

对例 8.2 服装业生产率数据做随机森林回归的代码:

```
w=pd.read_csv('garmentsF.csv')
w.team=w.team.astype('category')

w=w.drop('date',axis=1)

w=pd.get_dummies(w)

X=w.drop('act_prod',axis=1)
y=w['act_prod']

from sklearn.ensemble import RandomForestRegressor
regr = RandomForestRegressor(min_samples_split=4,n_estimators=200,
                             random_state=0,oob_score=True).fit(X, y)
```

```
print(f'OOb NMSE={round(1-regr.oob_score_,4)},\
 NMSE of training set={round(1-regr.score(X,y),4)}')
```

OOB 及训练集的 NMSE 分别为:

```
OOb NMSE=0.39, NMSE of training set=0.0736
```

生成变量重要性图 (见图 8.8.4) 的代码:

```
plt.figure(figsize=(21,6))
plt.barh(y=X.columns,width=regr.feature_importances_)
plt.tick_params(labelsize=8)
plt.title('impurity-based variable importances')
plt.savefig("RFIMPPY2.pdf",bbox_inches='tight',pad_inches=0)
```

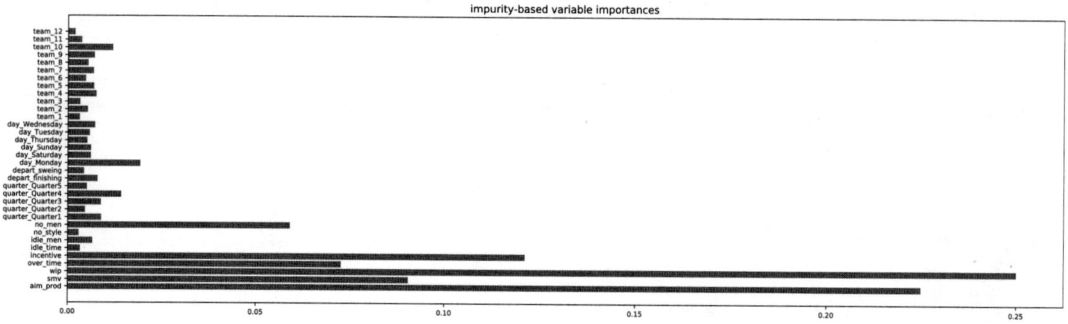

图 **8.8.4** 例 **8.2** 服装业生产率数据随机森林回归变量重要性图

8.8.4 8.5 节的代码

对例 8.1 胎心宫缩监护数据的 adaboost 分类代码如下:

```
w=pd.read_csv('CTG.NAOMIT.csv')
w.iloc[:,20:]=w.iloc[:,20:].astype('category')

df=pd.get_dummies(w.iloc[:,:-1])
df['NSP']=w['NSP']

X=df.drop('NSP',axis=1)
y=df['NSP']

from sklearn.ensemble import AdaBoostClassifier
clf = AdaBoostClassifier(n_estimators=100, random_state=0).fit(X, y)
print(f'Error of training set={round(1-clf.score(X,y),4)}')
```

训练集的误判率为 (没有交叉验证):

```
Error of training set=0.0329
```

生成变量重要性图 (见图 8.8.5) 的代码:

```
plt.figure(figsize=(21,6))
plt.barh(y=X.columns,width=clf.feature_importances_)
plt.tick_params(labelsize=8)
plt.title('impurity-based variable importances')
plt.savefig("adaIMPPY.pdf",bbox_inches='tight',pad_inches=0)
```

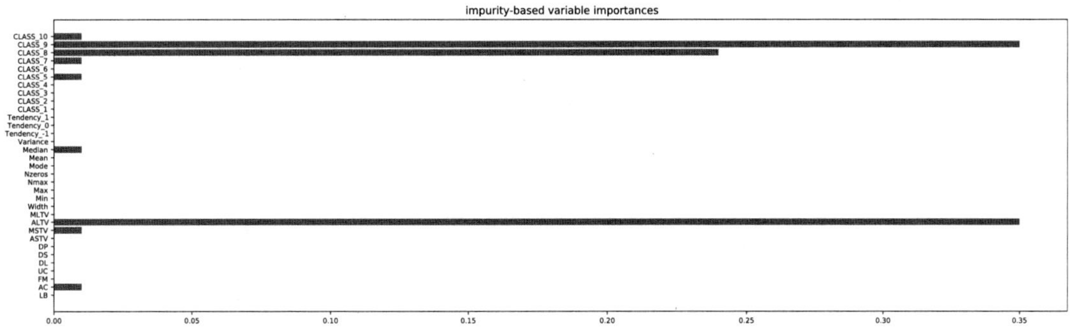

图 8.8.5　例 8.1 胎心宫缩监护数据 adaboost 分类变量重要性图

对例 8.1 胎心宫缩监护数据得出 adaboost 分类的交叉验证误判率代码如下. 使用前必须运行 13.3.2 节的自编函数 `Fold`.

```
Zid=Fold(y,Z=10,seed=1010)
clf = AdaBoostClassifier(n_estimators=100, random_state=0)
CCV(clf,X, y,Zid,logit=False)[0]
```

10 折交叉验证的误判率为:

```
0.031514581373471З1
```

8.8.5 8.7 节的代码

使用梯度增强法对例 8.2 服装业生产率数据进行回归:

```
w=pd.read_csv('garmentsF.csv')
w.team=w.team.astype('category')

w=w.drop('date',axis=1)

w=pd.get_dummies(w)

X=w.drop('act_prod',axis=1)
```

```
y=w['act_prod']

from sklearn.ensemble import GradientBoostingRegressor
reg = GradientBoostingRegressor(random_state=0).fit(X,y)
print('NMSE for training set=',1-reg.score(X, y))
```

输出的关于训练集的 NMSE 为:

```
NMSE for training set= 0.26227551885657363
```

使用梯度增强法对例 8.2 服装业生产率数据进行回归并做变量重要性图 (见图 8.8.6) 的代码:

```
plt.figure(figsize=(21,6))
plt.barh(y=X.columns,width=reg.feature_importances_)
plt.tick_params(labelsize=8)
plt.title('impurity-based variable importances')
plt.savefig("GBMIMPPY.pdf",bbox_inches='tight',pad_inches=0)
```

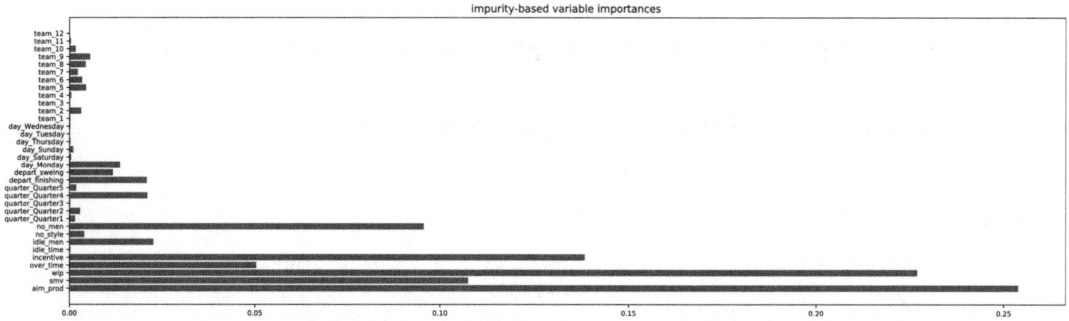

图 8.8.6　梯度增强法对例 8.2 服装业生产率数据回归的变量重要性图

梯度增强法回归对例 8.2 服装业生产率数据回归的 10 折交叉验证:

```
reg = GradientBoostingRegressor(random_state=0)
n=len(y);Z=10
zid = (list(range(Z))*int(n/Z+1))[:n]
np.random.seed(1010)
np.random.shuffle(zid)
zid=np.array(zid)
Y_pred=np.zeros(n)

for j in range(Z):
    reg.fit(X[zid!=j],y[zid!=j])
    Y_pred[zid==j]=reg.predict(X[zid==j])
print('NMSE of 10-fold CV:',
```

```
        np.sum((y-Y_pred)**2)/np.sum((y-y.mean())**2))
```

输出为:

```
NMSE of 10-fold CV: 0.4132431286518215
```

第 9 章　神经网络简介

人工神经网络 (通常简称为“神经网络”) 是一个非常强大的有监督机器学习方法, 它是深度学习和人工智能的基石. 这里不全面介绍神经网络, 仅仅通过一两个回归及分类例子来介绍简单的神经网络. 由于神经网络可以通过反复训练、不断扩张及调整超参数来改进结果, 简单的一两行代码的例子不一定能够显示其优越性. 但最复杂的深度学习方法也是由简单的神经网络构成的, 希望这里的简单介绍能够使读者理解其基本原理, 并给未来的探索打下基础.

必须注意到, 训练一个神经网络并不容易, 有很多需要预先确定的超参数, 这既是神经网络很难训练的原因, 也是神经网络可以灵活应用的标志之一. 本章仅做概要介绍.[1]

9.1　神经网络概要

9.1.1 神经网络基本结构

神经网络或**人工神经网络** (artificial neural networks) 是对自然神经网络的模仿, 它可以有效地解决很复杂的有大量互相相关变量的回归和分类问题. 在训练神经网络时可能很费时, 但一旦训练完毕, 代入新数据进行计算时则很快.

图 9.1.1 是一个有 1 个因变量 (输出) 和 5 个自变量 (输入) 的只有一个隐藏层的回归神经网络示意图. 这个图是在例 8.2 服装业生产率数据 (为了图形简单而不用全部自变量) 中任意选了 5 个自变量对因变量回归 (利用程序包 `neuralnet`[2]) 的函数计算并绘制的, 仅仅为了说明神经网络结构而用. 图 9.1.1 左边的 5 个圆圈代表自变量的 5 个节点形成**输入层** (input layer), 中间 4 个节点形成一个**隐藏层** (hidden layer), 最右边的一个节点属于**输出层** (output layer), 代表因变量. 这些节点按照箭头连接. 箭头旁的数字标出权重, 其中包含 1 的圆圈代表常数项.

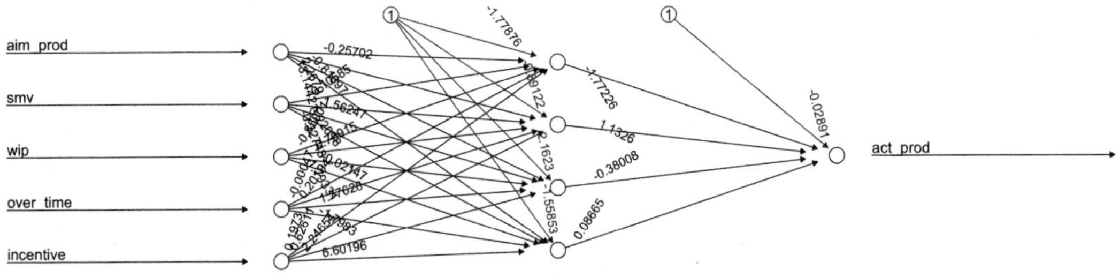

图 9.1.1　有 1 个因变量、5 个自变量及一个隐藏层 (包含 4 个节点) 的回归神经网络

---

[1]感兴趣的读者可参考吴喜之和张敏编著的《深度学习入门——基于 Python 的实现》(中国人民大学出版社, 2021).

[2]Fritsch, S., Guenther, F. and Wright, M. N. (2019) neuralnet: Training of Neural Networks. R package version 1.44.2. `https://CRAN.R-project.org/package=neuralnet`.

神经网络的因变量可以有多个，隐藏层也可以有多个，但对于比较简单的有监督学习问题，有可能一个隐藏层就够了. 隐藏层的节点可多可少，太多可能导致过拟合，太少则可能拟合不好，可以由交叉验证来选择隐藏层的个数及每个隐藏层节点的数目.

如果神经网络回归为多因变量回归，比如有 K 个因变量，则有 K 个输出节点，每个节点代表一个因变量. 从某种意义上说，从输入层开始到每一个有 m 个节点的隐藏层都相当于有 m 个因变量的神经网络回归. 只是其误差是从输出层反馈而来的 (隐藏层本身没有作为监督的目标观测值).

下面的公式 (这里不专门列出常数项) 可以说明只有一个隐藏层的多因变量回归神经网络的加权过程. 下标 j 代表第 j 个因变量. 而相应于图 9.1.1 的神经网络就只有一个因变量 (因此用不着下标 j).

$$y_j = \sigma^*\left(\sum_k w_{kj}z_{jk} + w_{0j}\right) = \sigma^*\left\{\sum_k w_{kj}\left[\sigma\left(\sum_i w_{ik}x_i + w_{0k}\right)\right] + w_{0j}\right\}, \tag{9.1.1}$$

式中，w_{ik} 是自变量 x_i 隐藏层第 k 个节点的权重；w_{kj} 是隐藏层第 k 个节点对于第 j 个因变量的权重；z_{jk} 是在隐藏层第 k 个节点相应于第 j 个因变量的值. 式 (9.1.1) 中的 σ 和 σ^* 为激活函数. 激活函数改变了输出的值域. 如果没有激活函数，神经网络的预测结果就是因变量的线性组合，结果等于线性回归.

神经网络分类和多因变量回归相同，通常只是多几个输出节点而已. 如果因变量只有用 0 和 1 表示的两类，则一个输出节点就够了，在这种情况下，预测的类根据接近 0 或者接近 1 来确定. 如果多于 2 类，比如因变量有 K (>2) 类，就有 K 个输出节点，每个因变量观测值都用 K 个 0-1 哑元 (的 K 维向量) 表示，如果该观测值是第 k 类 ($k \in \{1, 2, \dots, K\}$)，那么只有第 k 个哑元为 1，其余 $K-1$ 个哑元均为 0. 在预测时，结果生成 K 个预测值，则预测值为输出中最接近 1 所相应的节点代表的类.

9.1.2 神经网络在训练中调整权重

从式 (9.1.1) 可以看出，神经网络的预测全依赖于权重的确定. 它把上层节点的值加权平均送到下层节点，最终到输出层节点. 一旦权重确定，根据式 (9.1.1) 就可以预测出因变量的值，这个过程为**前向传播** (forward propagation)，根据这个过程得到的预测值可以算出误差，然后根据误差大小或其他设定来确定是否对权重做修正. 基于误差对权重的修正通常就用 8.7.1 节所描述的梯度下降法做**反向传播** (back propagation) 来进行，在训练过程中，两个方向的传播通过迭代进行. 一开始 (通常是随机地) 设定初始权重，然后不断迭代，一直到误差值达到预先设定的范围之内 (收敛情况)，或者达到事先限制的迭代次数 (不收敛情况) 时停止.

9.1.3 神经网络的激活函数

式 (9.1.1) 中包含了激活函数 σ 和 σ^*. 激活函数有很多种，下面是常用的三种激活函数. 其中第一个是 logistic 函数，第二个是双曲正切，第三个称为 ReLU 函数 (rectified linear unit).

$$\sigma(x) = \frac{1}{1+\mathrm{e}^{-x}},\ \sigma(x) = \tanh(x),\ \sigma(x) = \max(0, x).$$

前两个称为 S 型函数 (sigmoid)，这三种激活函数的图显示在图 9.1.2 中. 此外，还有一种常用于分类输出层的称为 softmax 的激活函数，它把一个描述记分的向量转换成总和为 1 的概率

向量, 该向量表示潜在结果列表的概率分布:

$$\sigma(y_i) = \frac{e^{y_i}}{\sum_j e^{y_j}}.$$

上面介绍的各种激活函数有很多形式. 此外, 人们针对不同的目标发明了大量其他类型的激活函数, 这里不做过多介绍.

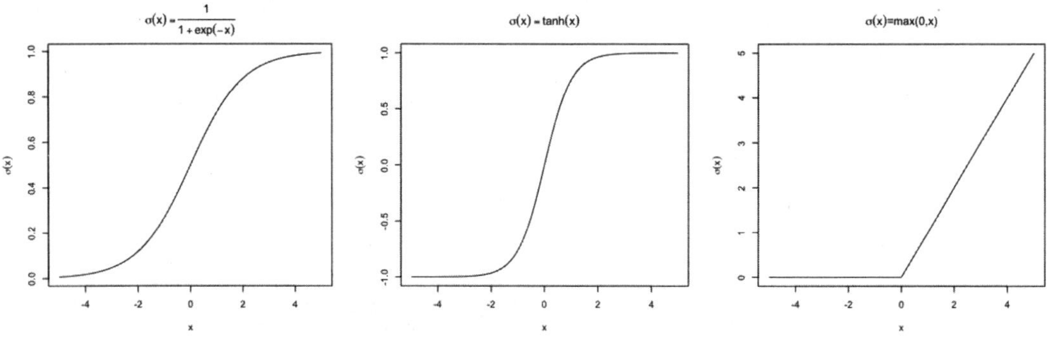

图 9.1.2　三种激活函数图

由于激活函数改变了值域, 因此激活函数用于输出层时 (在隐藏层的激活函数不会对输出层的值域有影响), 在回归时可能需要对值域与激活函数值域不相同的因变量数据做变换, 比如, 在用 S 型激活函数时, 值域在 0 和 1 之间, 这时相应的因变量值 (如果值域超出 [0, 1] 区间) 也要变换到相应的值域, 否则不会得到合理的结果. 如果隐藏层具有非线性激活函数, 那么输出层可以不用激活函数 (或者称为恒等/线性激活函数, 通常在 R 软件中相应的选项为 `linear.output=TRUE` 或 `linout=TRUE` 等), 在这种情况下不必对因变量做变换.

9.2　对例 8.2 服装业生产率数据神经网络回归的实践

9.2.1 数据输入及确定合适的隐藏层节点数目

我们利用程序包 nnet [3] 来对例 8.2 服装业生产率数据做神经网络回归. 一般神经网络要求自变量数据都是数量型的, 这就要求把其中的分类变量哑元化. 对于例 8.2 服装业生产率数据, 可以输入数据并哑元化分类变量 (见下面程序第 3 行), 但这一步对于我们将要使用程序包 nnet 的同名函数来做神经网络是不必要的, 因为该函数在内部自动进行哑元化.

```
w=read.csv('garmentsF.csv',stringsAsFactors = T)[,-1]
w[,4]=factor(w[,4]);D=14
w1=fastDummies::dummy_cols(w,remove_first_dummy=TRUE)[,-c(1:4)]
```

无论用哑元化数据还是非哑元化数据, 使用函数 nnet 时自变量个数从 13 个变成 30 个, 每一个有 ℓ 个水平的分类变量都扩展成 $\ell-1$ 个哑元化变量 (删除第一个, 以避免和截距项共线). 比如分类变量 quarter 有 5 个水平 (标识为 Quarter1 到 Quarter5), 扩展成 5 个哑元变量 (标识为 quarter_Quarter1 到 quarter_Quarter5), 但删去第一个之后只剩

[3] Venables, W.N. and Ripley, B.D. (2002) *Modern Applied Statistics with S*. Fourth Edition. Springer, New York. ISBN 0-387-95457-0.

下 4 个.

为了寻找合适的隐藏层节点数目及权重衰减参数 decay, 我们使用程序包 caret 的函数 train 来做格子点搜索, 下面是代码:

```
library(nnet)
require(caret)
set.seed(1010)
mygrid=expand.grid(.decay=c(.2,.3,.4), .size=c(6,7,8))
nnetfit=train(act_prod~.,data=w1, method="nnet",
maxit=1000, linout=TRUE,tuneGrid=mygrid, trace=F)
print(nnetfit)
```

主要输出为:

```
Resampling results across tuning parameters:

  decay  size  RMSE       Rsquared   MAE
  0.2    6     0.1308012  0.4663904  0.08864395
  0.2    7     0.1303537  0.4710608  0.08841079
  0.2    8     0.1299035  0.4765518  0.08703806
  0.3    6     0.1281351  0.4818494  0.08705734
  0.3    7     0.1307284  0.4669192  0.08783857
  0.3    8     0.1294397  0.4744045  0.08797621
  0.4    6     0.1293099  0.4704692  0.08845587
  0.4    7     0.1293156  0.4701331  0.08890221
  0.4    8     0.1294507  0.4732389  0.08888376

RMSE was used to select the optimal model using the smallest value.
The final values used for the model were size = 6 and decay = 0.3.
```

输出说明隐藏层节点数目为 6, decay 选择 0.3 时误差较小. 只要选择了 linout=TRUE, 就没有必要对因变量做变换了.

9.2.2 拟合及交叉验证

先利用上面选择的参数来对全部数据拟合, 并画出神经网络图 (见图 9.2.1), 代码如下:

```
a=nnet(act_prod~.,data=w, linout=TRUE, size=6, decay=0.3,maxit=1000)
sum((w1$act_prod-predict(a,w))^2)/sum((w$act_prod-mean(w$act_prod))^2)
NeuralNetTools::plotnet(a, skip = FALSE,cex=.6,circle_cex=3)
```

由于变量较多, 图 9.2.1 中的节点有些拥挤, 但看得出来那些自变量的名称已经被软件在内部哑元化了. 输出表明对训练集的 NMSE 等于 0.3633226.

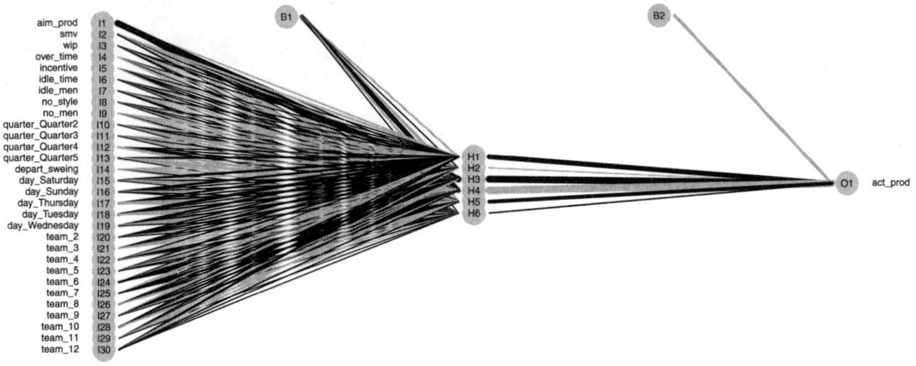

图 9.2.1　例 8.2 服装业生产率数据回归神经网络图

可以利用前面选择的参数来求 10 折交叉验证测试集的 NMSE, 代码如下:

```
library(tidyr)
Z=10;D=14 # 折数Z及因变量位置D
n=nrow(w1)
I=sample(rep(1:Z,ceiling(n/Z)))[1:n]
pred=rep(999,n)
f=formula(paste(names(w)[D],"~."))
for (i in 1:Z) {
  m=(I==i)
  pred[m]=nnet(f,data=w[!m,], trace=F,linout=TRUE, size=6, decay=0.3,
                maxit=1000) %>%
    predict(w[m,])
}
M=sum((w[,D]-mean(w[,D]))^2)
(nmse=sum((w[,D]-pred)^2)/M)
```

得到 10 折交叉验证的 NMSE 为 0.5180078.

9.3　方法稳定性讨论

对于例 8.2 服装业生产率数据, 下面用不同决策树数目 (1 ～100 棵) 的随机森林及不同数目 (1 ～30 个) 隐藏层节点的神经网络来拟合, 绘出训练集和测试集的 NMSE 的变化 (见图 9.3.1), 以研究方法的稳定性及可能的过拟合. 注意, 这里训练集随机地取 2/3 观测值, 测试集取 1/3 观测值; 神经网络用的是 nnet 包, 取了默认的 decay 值. 生成图 9.3.1 的代码如下:

```
D=14; n=nrow(w)
f=formula(paste(names(w)[D],"~."))

set.seed(8888)
```

```
m=sample(1:n,ceiling(n/3))#随机抽取的测试集下标
library(randomForest)
k=100; NMSE=rep(0,k)->NMSE0
M0=sum((w[-m,D]-mean(w[-m,D]))^2)
M1=sum((w[m,D]-mean(w[m,D]))^2)
set.seed(1010);
for (i in 1:k){
  A=randomForest(f, data=w[-m,],  ntree=i)
  y0=predict(A,w[-m,]);y1=predict(A,w[m,])
  NMSE0[i]=sum((w[-m,D]-y0)^2)/M0
  NMSE[i]=sum((w[m,D]-y1)^2)/M1
}
set.seed(1010);
k1=25;nmse=rep(0,k1)->nmse0
for(i in 1:k1){
  b=nnet(f,data=w[-m,], trace=F,linout=TRUE, size=i, maxit=1000)
  y0=predict(b,w[-m,])
  y1=predict(b,w[m,])
  nmse0[i]=sum((w[-m,D]-y0)^2)/M0
  nmse[i]=sum((w[m,D]-y1)^2)/M1
}
par(mfrow=c(1,2))
plot(1:k,NMSE,type="l", ylim=range(c(NMSE,NMSE0)),
     xlab="Number of trees", ylab="NMSE",col=2,
     main="Random Forests: NMSE",lty=2)
lines(1:k,NMSE0,col=4)
legend("top", col=c(4,2),cex=.7,lty=1:2,c("Training Set","Testing Set"))
plot(1:k1,nmse,type="l",ylim=range(c(nmse,nmse0)),
     xlab="Number of nodes in the hidden layer",
     ylab="NMSE",main="NNET: NMSE",lty=2,col=2)
lines(1:k1,nmse0,col=4)
legend("topleft", col=c(4,2),lty=1:2,cex=.7,
       c("Training Set","Testing Set"))
```

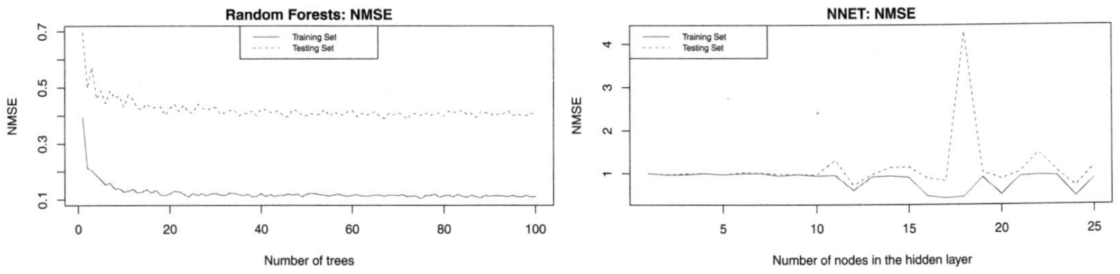

图 9.3.1　不同数目决策树的随机森林 (左) 及不同数目隐藏层节点的神经网络 (右) 对训练集和测试集的 NMSE 的影响

从图 9.3.1 可以看出, 随着决策树的数目的增加, 随机森林训练集和测试集的 NMSE 都稳定地下降, 而且最终稳定在各自的一个水平上. 而随着隐藏层节点的增加, 这个单隐藏层的神经网络训练集和测试集的 NMSE 很不稳定, 当然, 这种不稳定可能因为我们没有统筹微调各种参数, 而仅仅考虑了节点个数, 更没有增加层数. 这也说明神经网络的各种选项组合对结果影响比较大. 因此, 使用单隐藏层的神经网络的默认参数值来和其他方法比较不一定合适, 没有体现出神经网络整体的强大优势.

有人看到随机森林训练集误差很小而测试集误差相对较大, 就以为有过拟合, 实际上, 只要测试集误差不随模型复杂性的增加而增长就不是过拟合. 那什么是过拟合呢? 如果训练集的误差在下降, 而测试集的误差在下降到一定程度后反而上升, 就是过拟合. 随机森林没有过拟合现象, 这里的神经网络似乎有一些过拟合现象.

9.4 对例 8.1 胎心宫缩监护数据做神经网络分类

9.4.1 拟合

我们还是利用函数 nnet 来做例 8.1 胎心宫缩监护数据的分类, 这里选择 decay=0.3 及 size=3, 然后用这些参数来拟合. 拟合全部数据并生成训练集的混淆矩阵、误判率及神经网络图形 (见图 9.4.1) 的代码如下:

```
w=read.csv('CTG.NAOMIT.csv',stringsAsFactors = T)
for (i in 21:23)  w[,i]=factor(w[,i])
library(nnet)
a_ctg=nnet(NSP~., data=w, subset=1:n,
    size = 3,decay=.3,maxit = 1000)
wp_ctg=predict(a_ctg, w, type = "class")
table(w$NSP,wp_ctg)
mean(w$NSP!=wp_ctg)
NeuralNetTools::plotnet(a_ctg, skip = TRUE,cex=.3,circle_cex=1)
```

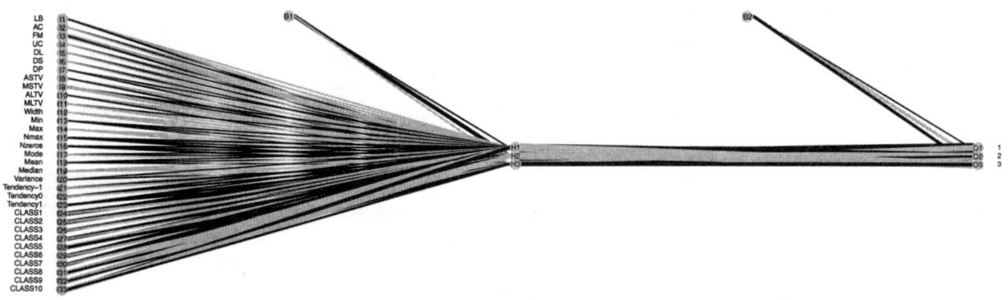

图 9.4.1　例 8.1 胎心宫缩监护数据的分类神经网络

图 9.4.1 显示了分类神经网络输出层的节点个数与因变量水平 (类) 数目相同. 输出的混淆矩阵及误判率为:

```
> table(w$NSP,wp_ctg)
   wp_ctg
       1    2    3
  1 1650    5    0
  2   13  282    0
  3    0    1  175
> mean(w$NSP!=wp_ctg)
[1] 0.008936971
```

得到误判率为 0.008936971. 下面用同样的参数做 10 折交叉验证 (这里需事先运行 13.3.1 节的自编函数 `Fold`):

```
D=23;n=nrow(w);Z=10
mm=Fold(Z,w,D,seed=7777)
library(nnet)
pred=sample(w$NSP)
for(i in 1:Z){
  m=mm[[i]]
  pred[m]==nnet(NSP~., data = w[-m,], size = 3, trace=FALSE,
    decay = 0.3, maxit = 500)  %>%
    predict(w[m,],type='class')
}
table(w$NSP, pred)
mean(w$NSP!=pred)
```

输出的混淆矩阵及误判率为:

```
> table(w$NSP, pred)
   pred
       1    2    3
  1 1285  237  133
  2  241   29   25
  3  129   29   18
> mean(w$NSP!=pred)
[1] 0.3734713
```

9.4.2 神经网络不同隐藏层节点个数的效果分析

我们可以考察一下隐藏层节点个数对于训练集和测试集的误判率的影响. 我们先固定参数 `delay=0.3`, 然后变化 `size` (即隐藏层节点个数, 从 1 个到 20 个), 最后得到图 9.4.2 中的训练集和测试集的误差变化图. 这里把数据随机分成两组, 代码为 (这里需事先运行 13.3.1 节的自编函数 `Fold`):

```
set.seed(1010)
mm=Fold(2,w,D,seed=7777)
n=nrow(w)
d1=mm[[1]];d2=mm[[2]]
ww=matrix(0,20,2);
for(s in 1:20){
  a=nnet(NSP~., data = w, subset = d1, size = s,trace=FALSE,
    decay = 0.3, maxit = 1000)
  ww[s,1]=mean(w[d1,D]!=predict(a,w[d1,],type="class"))
  ww[s,2]=mean(w[d2,D]!=predict(a,w[d2,],type="class"))
}
matplot(1:20,ww,type="o",lty=2:1,pch=c(16,18),
    ylab="Error rate",xlab="Size")
legend("topleft",c("Training set","Testing sets"),
    pch=c(16,18),lty=2:1)
title("Error rate for different size of hidden layer in nnet")
```

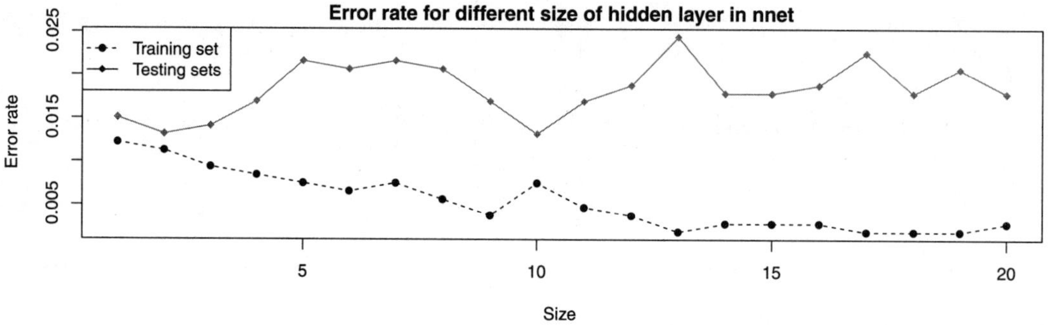

图 9.4.2 隐藏层节点不同个数拟合例 8.1 胎心宫缩监护数据时的训练集及测试集的误判率

从图 9.4.2 可以看出训练集和测试集的误差的差距. 实际上, 这些误判率随着训练集和测试集选取的不同而变化. 而且隐藏层节点个数仅仅是很多参数之一, 如果其他参数变化, 则情况更加复杂.

9.5 本章的 Python 代码

9.5.1 9.2 节的代码

对例 8.2 服装业生产率数据进行神经网络回归并得到交叉验证的 NMSE, 这里事先要运行 13.3.2 节的自编函数 `Zfold` 和 `SRCVSTD`, 代码如下:

```
w=pd.read_csv('garmentsF.csv')
w.team=w.team.astype('category')
w=w.drop('date',axis=1)
w=pd.get_dummies(w)
```

```
X=w.drop('act_prod',axis=1)
y=w['act_prod']

from sklearn.neural_network import MLPRegressor
REG=MLPRegressor(max_iter=1000)
NMSE, pred=SRCVSTD(X,y,REG)
print('NMSE of 10-fold CV =',NMSE)
```

输出的 10 折交叉验证误判率为:

```
NMSE of 10-fold CV = 0.7385796290918334
```

9.5.2 9.4 节的代码

对例 8.1 胎心宫缩监护数据进行神经网络分类并得到交叉验证误判率, 这里事先要运行 13.3.2 节的自编函数 Fold 和 SCCV.

```
w=pd.read_csv('CTG.NAOMIT.csv')
w.iloc[:,20:]=w.iloc[:,20:].astype('category')
df=pd.get_dummies(w.iloc[:,:-1])
df['NSP']=w['NSP']

X=df.drop('NSP',axis=1)
y=df['NSP']

from sklearn.neural_network import MLPClassifier
CLS=MLPClassifier()
Y_pred, cfm, error=SCCV(X,y,CLS,seed=1010)
print("confusion matrix\n",cfm,"\nerror =", error)
```

输出的 10 折交叉验证误判率和混淆矩阵为:

```
confusion matrix
 [[1643   12    0]
 [  21  272    2]
 [   2    1  173]]
error = 0.017873941674506115
```

第 10 章　支持向量机及最近邻方法

10.1　支持向量机

10.1.1 支持向量机分类方法简介

支持向量机 (support vector machine, SVM) 是一种分类方法, 发展成回归方法, 称为**支持向量回归** (support vector regression, SVR). 支持向量机方法的原理是基于二分类的, 对于多分类问题是采用多次二分类来解决的. 下面仅对一般方法做简介, 具体方法的版本很多, 在使用时, 请参看软件所附参考资料.

假定我们希望把空间中的两类点 (数据的自变量用 $\boldsymbol{x}$ 表示, 因变量 $\boldsymbol{y}$ 只取两个值: $y=-1$ 或 $y=1$) 用超平面 (hyperplane) $\boldsymbol{w}^\top\boldsymbol{x}+b=0$ 分开 (在严格线性可分的情况下, 这样的超平面存在[1]), 而且希望这个超平面与两类点的距离最大, 也就是说, 使得隔离带宽 $\rho=2/\|\boldsymbol{w}\|$ 最大. 这等价于用 Lagrange 乘子法求下式的极小值:

$$L(\boldsymbol{w},b,\boldsymbol{\alpha})=\frac{1}{2}\|\boldsymbol{w}\|^2-\sum_{i=1}^{n}\alpha_i[y_i(\boldsymbol{w}^\top\boldsymbol{x}_i+b)-1].$$

根据得到的解 $\boldsymbol{w}^*,b^*,\boldsymbol{\alpha}^*$, 得到最优分割超平面方程 $\boldsymbol{w}^{*\top}\boldsymbol{x}+b^*=0$. 任意点 $(\boldsymbol{x})$ 的函数值 $\boldsymbol{w}^{*\top}\boldsymbol{x}+b^*$ 的符号确定了该点的分类, 或者说判别函数为 $\operatorname{sgn}(\boldsymbol{w}^{*\top}\boldsymbol{x}+b^*)$.

由于模型的解实际上仅仅依赖部分观测值 (比如边界附近或远端的点), 与其他点无关, 这些参与训练模型的观测值点于是被称为**支持向量** (support vector), 这也是 “支持向量机” 名称的来源. 图 10.1.1 是二维空间两类点的**线性可分问题**的支持向量图. 图中两类点分别用圆形及三角形实心点表示, 而其中的支持向量加有外框. 不同的方法所确定的支持向量不尽相同.

上面介绍的是严格线性可分的情况. 如果允许一些错误存在, 则称为**近似线性可分**问题, 结果与此有同样的形式. 可以注意到, 这些结果有下面依赖于内积的对偶性质: 首先, 这里的建模过程仅仅依赖于训练集点对的内积; 其次, 判别过程仅仅依赖于未知点和训练集中支持向量的内积. 这种依赖于内积的独特性质使得我们能够解决**线性不可分**问题.

对于线性不可分问题, 可能需要一些变换 $\boldsymbol{x}\mapsto\Phi(\boldsymbol{x})$, 这些变换是很难猜到的, 但基于对偶性质, 可以选用较灵活的核函数 $K(\boldsymbol{x}_i^\top,\boldsymbol{x}_j)=\Phi(\boldsymbol{x}_i)^\top\Phi(\boldsymbol{x}_j)$ 而非 $\Phi(\cdot)$ 本身. 一些常用的核函数包括 (其中 $\boldsymbol{u}$ 和 $\boldsymbol{v}$ 为变换的向量变元, 而 γ, d 和 c 是可选参数):

---

[1] 数学上, **线性可分** (linearly separable) 定义如下: 令 $\boldsymbol{X}_0$ 和 $\boldsymbol{X}_1$ 为一个 n 维欧氏空间中的两个点集. 如果存在 $n+1$ 个实数 $w_1,w_2,..,w_n,b$ 使得

$$\sum_{i=1}^{n}w_ix_i\begin{cases}>b, & \forall\boldsymbol{x}=(x_1,x_2,\dots,x_n)\in X_0;\\ <b, & \forall\boldsymbol{x}=(x_1,x_2,\dots,x_n)\in X_1,\end{cases}$$

则称 $\boldsymbol{X}_0$ 和 $\boldsymbol{X}_1$ 为线性可分的. 这里的 $\sum_{i=1}^{n}w_ix_i-b=0$ (或 $\boldsymbol{w}^\top\boldsymbol{x}-b=0$) 是一个超平面方程, 在 $n=2$ 时, 超平面退化成一条直线. 类似地, 如果不是线性可分的, 则称为线性不可分.

(1) 线性 (linear): $K(\boldsymbol{u},\boldsymbol{v}) = \boldsymbol{u}^\top \boldsymbol{v}$;
(2) 多项式 (polynomial): $K(\boldsymbol{u},\boldsymbol{v}) = (\gamma \boldsymbol{u}^\top \boldsymbol{v} + c)^d$;
(3) 径向基 (radial basis): $K(\boldsymbol{u},\boldsymbol{v}) = \exp(-\gamma|\boldsymbol{u}-\boldsymbol{v}|^2)$;
(4) S 型函数 (sigmoid): $K(\boldsymbol{u},\boldsymbol{v}) = \tanh(\gamma \boldsymbol{u}^\top \boldsymbol{v} + c)$.

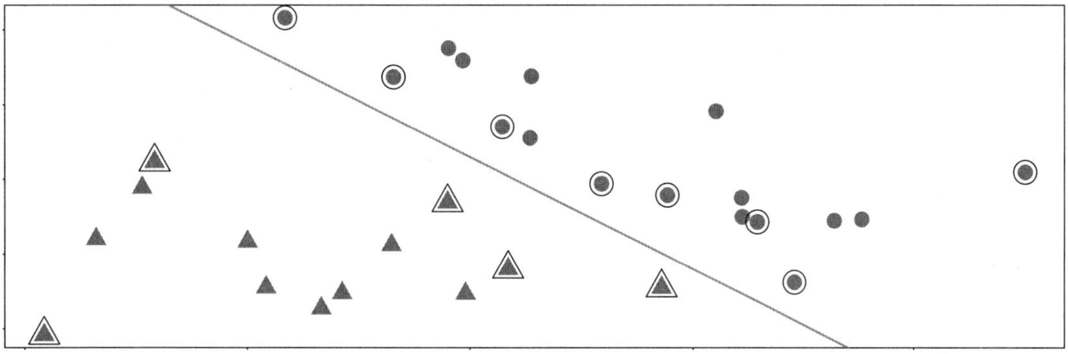

图 10.1.1 二维空间两类点分类问题的支持向量示意图

10.1.2 支持向量机对例 8.1 胎心宫缩监护数据分类

这里用程序包 `kernlab`[2] 中的 `ksvm` 函数对例 8.1 胎心宫缩监护数据的全部数据进行拟合, 下面是代码, 其中选项 `cross=10` 是为了同时得到 10 折交叉验证的精确度, 而 (对训练集的) 拟合值为 `b@fitted` (等同于 `predict(b,w)`), 交叉验证的误判率为 `b@cross`.

```
library(kernlab)
b=ksvm(NSP~ ., data = w,cross=10)
mean(w$NSP!=b@fitted) #b@error
b@cross
```

上面的代码给出了对训练集和 10 折交叉验证的误判率, 结果如下:

```
> mean(w$NSP!=b@fitted)
[1] 0.009407338
> b@cross
[1] 0.01411108
```

显然训练集的误判率 0.009407338 要低于交叉验证的误判率 0.01411108.

下面不用内部函数做支持向量机的 10 折交叉验证, 我们需要事先运行 13.3.1 节的自编函数 `Fold`.

```
D=23;n=nrow(w);Z=10
mm=Fold(Z=10,w,D,seed=8888)
library(kernlab)
```

[2]Karatzoglou, A., Smola, A., Hornik, K., Zeileis, A. (2004) kernlab - an S4 package for kernel methods in R. *Journal of Statistical Software*, 11(9): 1-20. http://www.jstatsoft.org/v11/i09/.

```
predsvm=sample(w[,D])
for(i in 1:Z){
  m=mm[[i]]
  predsvm[m]=ksvm(NSP ~ ., data = w[-m,]) %>% predict(w[m,])
}
mean(w$NSP!=predsvm)
table(w$NSP,predsvm)
```

输出 10 折交叉验证的误判率及混淆矩阵:

```
> mean(w$NSP!=predsvm)
[1] 0.01458137
> table(w$NSP,predsvm)
   predsvm
       1    2    3
  1 1650    3    2
  2   16  276    3
```

10.1.3 支持向量机回归简介

我们仅对一般的支持向量机回归方法做一简介, 具体方法的版本很多, 在使用时, 请参看软件所附参考资料.

在回归问题中, y 不仅仅是 -1 和 1. 令 $f(\boldsymbol{x})=\boldsymbol{w}^\top\boldsymbol{x}+b$, 希望 y 与 $f(\boldsymbol{x})$ 的离差越小越好, 问题还是归结于求使得 $\|\boldsymbol{w}\|^2/2=\boldsymbol{w}^\top\boldsymbol{w}/2$ 最小的 $\boldsymbol{w}$, 但约束条件是 $|y_i-f(\boldsymbol{x}_i)|\leqslant\epsilon$, 这里 ϵ 为某目标值. 类似于 SVM, 允许一些误差, 这样就可以把上面的约束放宽为 (对于大于 0 的 ξ_i,ξ_i^*) $y_i-f(\boldsymbol{x}_i)\leqslant\epsilon+\xi_i$ 及 $f(\boldsymbol{x}_i)-y_i\leqslant\epsilon+\xi_i^*$, 即得到 Lagrange 函数

$$\begin{aligned}L(\boldsymbol{w},b,\boldsymbol{\xi},\boldsymbol{\alpha},\boldsymbol{\eta})=&\frac{1}{2}\|\boldsymbol{w}\|^2+C\sum_i(\xi_i+\xi_i^*)-\sum_i(\eta_i\xi_i+\eta_i^*\xi_i^*)\\&-\sum_i\alpha_i(\epsilon+\xi_i-y_i+\boldsymbol{w}^\top\boldsymbol{x}_i+b)\\&-\sum_i\alpha_i^*(\epsilon+\xi_i^*+y_i-\boldsymbol{w}^\top\boldsymbol{x}_i-b).\end{aligned}$$

需要在约束条件 $\boldsymbol{\alpha},\boldsymbol{\eta}>\boldsymbol{0}$ 下, 解 $\min_{\boldsymbol{w},b,\boldsymbol{\xi}}[\max_{\boldsymbol{\alpha},\boldsymbol{\eta}}L(\boldsymbol{w},b,\boldsymbol{\xi},\boldsymbol{\alpha},\boldsymbol{\eta})]$ 问题. 对于非线性问题, 和前面 SVM 一样, 利用核函数来解决.

10.1.4 支持向量机对例 8.2 服装业生产率数据的回归

对例 8.2 服装业生产率数据进行回归, 使用程序包 `rminer` [3] 来实现 SVR, 并求 10 折交叉验证测试集的 NMSE, 代码如下:

[3] Cortez, P. (2020) rminer: Data Mining Classification and Regression Methods. R package version 1.4.6. `https://CRAN.R-project.org/package=rminer`.

```
library(rminer)
set.seed(1010)
n=nrow(w);D=14;Z=10
ZZ=sample(rep(1:Z,ceiling(n/Z)))[1:n]
M=sum((w[,D]-mean(w[,D]))^2)
pred=rep(0,n)
for(i in 1:Z){
  m=(1:n)[ZZ==i]
  pred[m]=fit(act_prod~.,data =w[-m,],model='svm') %>% predict(w[m,])
}
sum((w[,D]-pred)^2)/M
```

得到的交叉验证 NMSE 为 0.5267643.

10.2 最近邻方法

10.2.1 最近邻方法简介

最近邻方法 (nearest neighbor algorithm) 可能是所有算法建模中最简单的方法. 它基于训练集对测试集进行回归或分类. 每个回归或分类问题都有一些自变量, 它们组成一个多维空间. 首先在空间中假定一个距离. 比如, 在连续型自变量的情况下, 可用欧氏距离、平方欧氏距离、绝对距离等. 在分类问题中, 测试集的一个点应该被判为训练集中离该点最近的 k 个点中多数点所属的类型, 这种 " 多数投票方法 " 一般都加有权重, 离得越近的点, 投票权重越大, 在各种软件中都有各种权重函数以备选择. 在用最近邻方法做回归时, 一个测试集点的因变量的预测值应该等于离它最近的 k 个训练集点相应的因变量值的平均, 这些平均一般是加权平均. 至于 k 的选择, 一般用测试集的交叉验证来进行. 这里所用的函数是程序包 kknn[4] 的函数 kknn.

10.2.2 最近邻方法对例 8.1 胎心宫缩监护数据分类中 k 值的交叉验证选择

利用通过除去一个值来建模的交叉验证 (相当于 $n-1$ 折交叉验证) 对比若干 k 值, 选出最合适的 k 值. 代码如下:

```
w=read.csv('CTG.NAOMIT.csv',stringsAsFactors = T)
for (i in 21:23)  w[,i]=factor(w[,i])
library(kknn)
(trkk=train.kknn(NSP~.,w, kmax = 12))
```

输出显示 $k=5$ 最好 (还可以通过代码 print(trkk) 点出图来):

```
Type of response variable: nominal
Minimal misclassification: 0.02728128
Best kernel: optimal
```

[4]Schliep, K. and Hechenbichler, K. (2016) kknn: Weighted k-Nearest Neighbors. R package version 1.3.1. https://CRAN.R-project.org/package=kknn.

```
Best k: 5
```

10.2.3 最近邻方法对例 8.1 胎心宫缩监护数据的分类及交叉验证

```
set.seed(88888)
a=kknn(NSP~., k=5,train= w,test=w)
(train_error=mean(w$NSP!=a$fit))
kcv=cv.kknn(NSP~.,w,kcv=10)
(cv_error=mean(kcv[[1]][,1]!=kcv[[1]][,2]))
table(kcv[[1]][,1],kcv[[1]][,2])
```

得到对训练集的误判率 (0.006585136) 及 10 折交叉验证误判率 (0.03 左右, 由于 10 折交叉验证函数中分折的随机性, 重复该代码可能会得到不相同的数目, 但差别不会太大), 以及交叉验证混淆矩阵:

```
> (train_error=mean(w$NSP!=a$fit))
[1] 0.006585136406
> kcv=cv.kknn(NSP~.,w,kcv=10)
> (cv_error=mean(kcv[[1]][,1]!=kcv[[1]][,2]))
[1] 0.03104421449
> table(kcv[[1]][,1],kcv[[1]][,2])

       1    2    3
  1 1638   14    3
  2   35  259    1
  3    7    6  163
```

这个交叉验证有随机性, 而且不依赖 k 等于多少.

不用该程序包的交叉验证函数 cv.kknn, 我们做 10 折交叉验证的代码如下 (需要先运行 13.3.1 节中的函数 Fold):

```
D=23;n=nrow(w);Z=10
mm=Fold(Z=10,w,D,seed=8888)
predknn=sample(w[,D])
for(i in 1:Z){
  m=mm[[i]]
  predknn[m]=kknn(NSP ~ ., train = w[-m,],test=w[m,],k=5)$fitted
}
mean(w$NSP!=predknn)
table(w$NSP,predknn)
```

输出 10 折交叉验证的误判率和混淆矩阵:

```
> mean(w$NSP!=predknn)
[1] 0.02963311
> table(w$NSP,predknn)
   predknn
       1    2    3
  1 1639   13    3
  2   31  260    4
  3    6    6  164
```

这个结果和前面函数 `cv.kknn` 的结果类似, 略有不同.

10.2.4 最近邻方法对例 8.2 服装业生产率数据的回归及交叉验证

与分类类似, 首先使用函数 `train.kknn` 得到 k 值:

```
w=read.csv('garmentsF.csv',stringsAsFactors = T)[,-1]
w[,4]=factor(w[,4])
library(kknn)
(tknn=train.kknn(act_prod~.,w, kmax = 20))#13
```

输出建议 $k=13$:

```
Type of response variable: continuous
minimal mean absolute error: 0.09220119
Minimal mean squared error: 0.01736581
Best kernel: optimal
Best k: 13
```

我们直接使用交叉验证:

```
set.seed(88888)
n=nrow(w);D=14;Z=10
ZZ=sample(rep(1:Z,ceiling(n/Z)))[1:n]
M=sum((w[,D]-mean(w[,D]))^2)
pred=rep(0,n)
for(i in 1:Z){
  m=(1:n)[ZZ==i]
  pred[m]=kknn(act_prod~.,train =w[-m,],test=w[m,],k=13)$fitted
}
(nmse=sum((w[,D]-pred)^2)/M)
```

输出的 10 折交叉验证 NMSE 为 0.570863863.

```
> (nmse=sum((w[,D]-pred)^2)/M)
[1] 0.570863863
```

10.3 本章的 Python 代码

10.3.1 10.1 节的代码

下面对例 8.1 胎心宫缩监护数据做分类，需要事先运行 13.3.2 节的 `Fold` 函数和`SCCV` 函数.

```
w=pd.read_csv('CTG.NAOMIT.csv')
w.iloc[:,20:]=w.iloc[:,20:].astype('category')
df=pd.get_dummies(w.iloc[:,:-1])
df['NSP']=w['NSP']

X=df.drop('NSP',axis=1)
y=df['NSP']
from sklearn.svm import SVC
clf = SVC(kernel='linear', C=0.025,random_state=0)
pred,cfm,error=SCCV(X,y,clf,Z=10,seed=1010)
print("confusion matrix\n",cfm,"\nerror =", error)
```

输出的混淆矩阵及误判率为:

```
confusion matrix
 [[1645    3    7]
 [  28  265    2]
 [  17    2  157]]
error = 0.027751646284101598
```

下面对例 8.2 服装业生产率数据做回归，需先运行 13.3.2 节的 `Zfold` 函数和`SRCVSTD` 函数.

```
w=pd.read_csv('garmentsF.csv')
w.team=w.team.astype('category')
w=w.drop('date',axis=1)
w=pd.get_dummies(w)

X=w.drop('act_prod',axis=1)
y=w['act_prod']
from sklearn.svm import SVR
reg = SVR(gamma='auto')
NMSE, pred=SRCVSTD(X,y,reg)
print('NMSE of 10-fold CV =',NMSE)
```

输出的 10 折交叉验证 NMSE 为:

```
NMSE of 10-fold CV = 0.626454610242472
```

10.3.2 10.2 节的代码

下面对例 8.1 胎心宫缩监护数据做 k 最近邻方法分类, 需要事先运行 13.3.2 节的 `Fold` 函数和`SCCV` 函数.

```
w=pd.read_csv('CTG.NAOMIT.csv')
w.iloc[:,20:]=w.iloc[:,20:].astype('category')
df=pd.get_dummies(w.iloc[:,:-1])
df['NSP']=w['NSP']

X=df.drop('NSP',axis=1)
y=df['NSP']
from sklearn.neighbors import KNeighborsClassifier
neigh = KNeighborsClassifier(n_neighbors=3)
neigh.fit(X, y)
KNeighborsClassifier(...)
pred,cfm,error=SCCV(X,y,neigh,Z=10,seed=1010)
print("confusion matrix\n",cfm,"\nerror =", error)
```

输出的混淆矩阵及误判率为:

```
confusion matrix
 [[1598   47   10]
 [ 103  186    6]
 [  20   17  139]]
error = 0.09548447789275635
```

下面对例 8.2 服装业生产率数据做 k 最近邻方法回归, 需要事先运行 13.3.2 节的 `Zfold` 函数和`SRCVSTD` 函数.

```
w=pd.read_csv('garmentsF.csv')
w.team=w.team.astype('category')
w=w.drop('date',axis=1)
w=pd.get_dummies(w)

X=w.drop('act_prod',axis=1)
y=w['act_prod']
from sklearn.neighbors import KNeighborsRegressor
neigh = KNeighborsRegressor(n_neighbors=9)
neigh.fit(X, y)
NMSE, pred=SRCVSTD(X,y,neigh)
print('NMSE of 10-fold CV =',NMSE)
```

输出的 10 折交叉验证 NMSE 为:

```
NMSE of 10-fold CV = 0.7782778735979937
```

第 11 章　关联规则分析

11.1　问题的提出

关联规则分析 (association analysis) 也称关联规则挖掘 (association rule mining), 它试图在一个很大的数据集中找出关联或相关的关系. **关联规则** (association rules) 显示出在一个给定的数据集中频繁地一同出现的变量. 关联规则挖掘由 Agrawal, Imielinski & Swami(1993) 最先提出.

最常用的例子是购物篮分析. 在超市, 收银台的扫描仪记录了每一个顾客所购买的全部商品, 这样, 商家就获得了哪些商品是被最频繁购买的、哪些商品被同时频繁购买等信息. 根据这些信息, 商家可用最优的方式安排货架, 确定哪些商品需要摆在一起, 哪些商品需要促销, 以及如何利用广告宣传商品.

来看传说中的啤酒和尿布的故事. 一个超市挖掘了所有顾客的交易, 吃惊地发现, 最常和尿布一同售出的是啤酒; 超市还发现, 购买者主要是 25～35 岁、星期五下午购物的男性. 超市分析, 由于尿布体积大, 而平时购物的又是妈妈, 所以往往将购买尿布的责任交给爸爸在周末完成. 而周末意味着喝啤酒, 因此, 啤酒就成为尿布的同时购买物. 于是超市把啤酒放在尿布旁, 结果由于方便, 购买尿布的爸爸买了更多的啤酒, 就连平时不怎么买啤酒的人也开始买了. 最终啤酒销量大增. 数据挖掘得到的结果往往出人意料. 这就是科学探讨.

关联规则的原理很简单, 就是看一些事情同时出现的频率. 比如, 看买什么东西和买尿布同时出现的频率高. 原理虽然很简单, 但要在庞大的数据集中找出这些规律并和其他规律比较可不那么简单, 主要是对计算方法的挑战.

关联规则用途广泛, 除了用于交易数据、问卷调查等以分类变量为主的情况, 还可以利用把连续变量离散化来处理带有连续变量的情况. 先来看一个例子.

例 11.1 收入数据 (IncomeESL.csv, Income2.csv) 这是程序包 `arules` [1] 所带的数据, 来自 Hastie et al. (2001), 有 8993 个观测值及 14 个变量. 该数据抽自美国普查数据, 变量包括收入 (income), 分为从 $[0,10)$ 到 $[75,\infty)$ (千美元) 的 9 个区间; 性别 (sex), 男 (male)、女 (female); 婚姻状态 (marital status), 已婚 (married)、同居 (cohabitation)、离异 (divorced)、寡居 (widowed)、单身 (single); 年龄 (age), $14\sim17, 18\sim24, 25\sim34, 35\sim44, 45\sim54, 55\sim64, 65+$; 受教育程度 (education), 9 年级以下、$9\sim11$ 年级、中学毕业 (high school graduate)、大学肄业 (college, $1\sim3$ years)、大学毕业 (college graduate)、研究生 (graduate study); 职业 (occupation), 专业人员/经理 (professional/managerial)、销售 (sales)、劳工 (laborer)、职员 (clerical/service)、全职家务 (homemaker)、学生 (student)、军人 (military)、退休 (retired)、失业 (unemployed);

[1] Hahsler, M., Buchta, C., Gruen, B. and Hornik, K. (2020) arules: Mining Association Rules and Frequent Itemsets. R package version 1.6-6. `https://CRAN.R-project.org/package=arules`.

居住在旧金山湾区的年限 (years in bay area), 1, 1 ～ 3, 4 ～ 6, 7 ～ 10, > 10; 双份收入 (dual incomes), 是 (yes)、否 (no)、未婚 (not married); 家庭人口 (number in household), 1, 2, ...,8, 9+; 孩子数量 (number of children), 0, 1, . . . , 8, 9+; 居住状况 (householder status), 自有房产 (own)、租房 (rent)、和父母住或在别人家住 (live with parents/family); 住房类型 (type of home), 独栋房屋 (house)、公寓 (condominium)、单元房 (apartment)、移动房屋 (mobile home)、其他 (other); 族裔 (ethnic classification), 印第安人 (american indian)、亚洲裔 (asian)、非洲裔 (black)、印度裔 (east indian)、美洲西裔 (hispanic)、太平洋岛民 (pacific islander)、白人 (white)、其他 (other); 母语 (language in home), 英语 (english)、西班牙语 (spanish)、其他 (other). 数据文件 Income2.csv 是在 11.2 节做了初步处理之后的数据.

11.2 数据的初步处理

这里用程序包 arules 来做关联规则分析, 首先对数据做整理, 下面的代码先把缺失数据删除, 剩下 6876 个观测值. 由于各个分类变量水平太多, 对它们做如下简化: 把收入从 9 个水平换成两个水平 (0～40000 美元及 40000 美元以上), 把年龄换成两个水平 (14～35 岁及 35 岁以上), 把受教育程度换成两个水平 (大学没毕业及大学毕业), 把居住在旧金山湾区的年限换成 1～9 年和 9 年以上, 把家庭人口换成 1 个及多于 1 个, 把孩子个数换成没有孩子及有孩子. 注意, 关联规则处理的都是二分变量, 如果是连续变量, 则应该转换成离散的; 如果不是二分变量, 软件会把它们变成二分变量, 比如把有三个水平的变量, 自动转换成三个以水平为主的二分变量 (每个都有 “是” 与 “不是” 两个水平).

```
library(arules)
data(IncomeESL)
IncomeESL <- na.omit(IncomeESL)#不要缺失值(等价于上一行)
IncomeESL$income=factor(
    (as.numeric(IncomeESL$income)>6)+1,
    levels = 1 : 2 , labels = c("$0-$40,000", "$40,000+"))
IncomeESL$age=factor(
    (as.numeric(IncomeESL$age)> 3) +1,
    levels = 1 : 2 , labels = c("14-34", "35+"))
IncomeESL$education=factor(
    (as.numeric(IncomeESL$education)>4)+1,
    levels=1:2, labels=c("no college graduate",
    "college graduate"))
IncomeESL$"years in bay area"=factor(
    (as.numeric(IncomeESL$"years in bay area") > 4) +1,
    levels = 1 : 2 , labels = c("1-9", "10+"))
IncomeESL$"number in household"=factor(
    (as.numeric(IncomeESL$"number in household") > 3) +1,
    levels = 1 : 2 , labels = c("1", "2+"))
IncomeESL$"number of children"=factor(
    (as.numeric(IncomeESL$"number of children") > 1) +0,
    levels = 0 : 1 , labels = c("0", "1+"))
```

11.3 一些基本概念

由于程序包 `arules` 要求特别的数据形式 (`"transactions"`), 下面的语句将其转换成 `"transactions"` 形式, 数据名为 Income; 最后一行代码产生最频繁的 (频率在 5% 以上) 项或项集图 (见图 11.3.1).

```
Income <- as(IncomeESL, "transactions")
summary(Income)
itemFrequencyPlot(Income,support=0.05,cex.names=0.5,col=4)
```

图 11.3.1 显示了例 11.1 中出现最频繁的 (频率在 5% 以上) 项或项集, 项和项集的定义包含在下面给出的一些定义中.

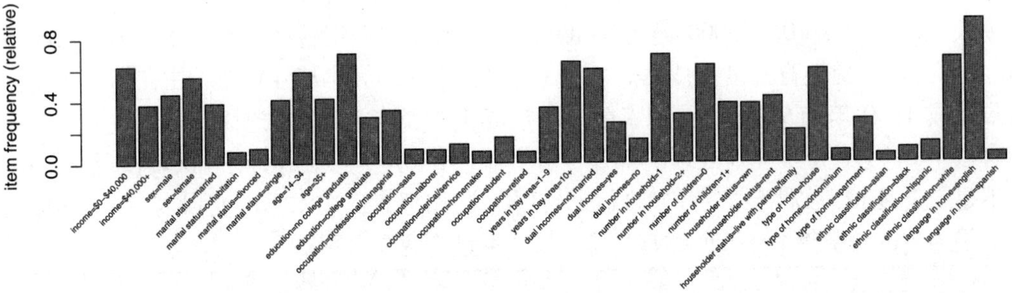

图 11.3.1 例 11.1 中出现最频繁的 (频率在 5% 以上) 项或项集

在关联规则所使用的数据中, 每一个观测称为一个**事务**或**交易** (transaction), 每一个二分变量称为一个**项目**或**项** (item). 一个数据为事务的集合, 称为事务数据集. 多个项目组成的集合称为**项目集**或**项集** (itemset). 用 X 表示一个项目或者项目集, Y 表示与 X 没有交集的另一个项目或项目集, 那么记号 $X => Y$ 表示 X 和 Y 同时出现的一个**规则** (rule). 在 $X => Y$ 中, 称 X 为**前项** (也称为**条件项** (antecedent) 或**左项** (left-hand-side, LHS of the rule)), 而称 Y 为**后项** (也称为**结果项** (consequent) 或**右项** (right-hand-side, RHS of the rule)). 而我们感兴趣的是涉及这个规则的有关频数或频率所导出或包含的信息. 这些信息包括:

(1) $X => Y$ 的**支持度** (support): 定义为前项和后项在整个数据集中同时发生的频率. 假定整个事务数据集有 N 个事务, 用 $\sigma(Z)$ 表示事务集 Z 的频数 (Z 中包含的事务个数), 用 T_X 表示包含项目 X 的事务集, 而 T_Y 表示包含项目 Y 的事务集, 则 $X => Y$ 的支持度的表示式可写为:

$$\text{supp}(X => Y) \equiv \frac{\sigma(T_X \cap T_Y)}{N} = \frac{X \text{ 和 } Y \text{ 同时出现的事务数目}}{\text{事务数总和}}.$$

从上面定义可以看出, 支持度的前后项是对称的. 有的文献用频数而不是这里的比率 (频率) 来定义支持度.

(2) $X => Y$ 的**置信度** (confidence) (注意, 和统计中的置信度有区别): 定义为支持度和前项

频率之比, 即

$$\text{conf}(X => Y) \equiv \frac{\text{supp}(X => Y)}{\text{supp}(X)} = \frac{\sigma(T_X \cap T_Y)}{\sigma(T_X)},$$

这里定义了 $\text{supp}(X) \equiv \sigma(T_X)/N$. 置信度的前后项是不对称的.

(3) $X => Y$ 的**提升** (lift): 定义为置信度和后项频率之比, 即

$$\text{lift}(X => Y) \equiv \frac{\text{supp}(X => Y)}{\text{supp}(X)\text{supp}(Y)}.$$

提升的前后项是对称的.

11.4 频数和规则

用下面的语句求各个项或项集的频率并显示出来:

```
fsets=eclat(Income,parameter=list(support=0.05,maxlen=10))
inspect(sort(fsets, by = "support")[1:10])#只显示10项
```

输出如下, 显示了该数据集支持度最大的 10 个项 (集) 及其所占的比例:

```
     items                                support transIdenticalToItemsets count
[1]  {language in home=english}        0.9128854                     6277  6277
[2]  {education=no college graduate} 0.7052065                     4849  4849
[3]  {number in household=1}           0.6918266                     4757  4757
[4]  {ethnic classification=white}    0.6697208                     4605  4605
[5]  {ethnic classification=white,
      language in home=english}        0.6595404                     4535  4535
[6]  {number in household=1,
      language in home=english}        0.6495055                     4466  4466
[7]  {years in bay area=10+}           0.6465969                     4446  4446
[8]  {education=no college graduate,
      language in home=english}        0.6343805                     4362  4362
[9]  {income=$0-$40,000}               0.6224549                     4280  4280
[10] {number of children=0}            0.6218732                     4276  4276
```

从支持度的输出已经可以看出普查人口的大概构成. 下列语句中的第一条求各种规则 (最主要的计算), 第二条则从把收入 40000 美元以上作为右项的规则中抽出提升大于 1.2 的那部分 (各种规则的子集).

```
rules=apriori(Income,parameter=list(support=0.01,
    confidence=0.01))
x=subset(rules, subset = rhs %in%
    "income=$40,000+" &lift > 1.2)
```

然后可以用下面一行代码把规则按照支持度的降幂排列展示出来 (前 5 个):

```
inspect(sort(x, by = "support")[1:5])
```

输出为:

```
    lhs                                 rhs                  support confidence coverage lift count
[1] {type of home=house}             => {income=$40,000+}   0.277       0.465    0.597 1.23  1906
[2] {type of home=house,
     language in home=english}       => {income=$40,000+}   0.261       0.480    0.545 1.27  1797
[3] {householder status=own}         => {income=$40,000+}   0.244       0.648    0.376 1.72  1675
[4] {marital status=married}         => {income=$40,000+}   0.237       0.615    0.386 1.63  1630
[5] {householder status=own,
     language in home=english}       => {income=$40,000+}   0.233       0.656    0.355 1.74  1599
```

这说明大多数收入超过 4 万美元的家庭都自己有房子, 说英语, 等等. 第一个规则说明: 住在独栋房屋 (前项 X) 且收入在 4 万美元以上 (后项 Y) 的人占总家庭数的 27.7% ($\text{supp}(X => Y) = 0.277$), 而在住独栋房屋的人中, 收入超过 4 万美元的占 47% ($\text{conf}(X => Y) = 0.47$), 这个比例值为整个总体中相应比例值的 1.23 倍 ($\text{lift}(X => Y) = 1.23$). 下面的语句是按照提升 (lift) 的降幂排列展示 (前 3 位) 的:

```
inspect(sort(x, by = "lift")[1:3])
```

提升排前 3 位的输出为:

```
    lhs                                       rhs                 support confidence coverage lift count
[1] {education=college graduate,
     years in bay area=1-9,
     dual incomes=yes,
     number of children=0,
     householder status=own,
     language in home=english}             => {income=$40,000+}  0.0131      0.978   0.0134 2.59    90
[2] {sex=male,
     age=35+,
     education=college graduate,
     occupation=professional/managerial,
     dual incomes=yes,
     number of children=0,
     householder status=own}               => {income=$40,000+}  0.0127      0.978   0.0129 2.59    87
[3] {marital status=married,
     education=college graduate,
     years in bay area=1-9,
     dual incomes=yes,
     number of children=0,
     householder status=own,
     language in home=english}             => {income=$40,000+}  0.0127      0.978   0.0129 2.59    87
```

从第一个规则可以看出, 如果同时满足下列条件 (前项 X): 大学毕业、居住在旧金山湾区 1 年以上、有双份收入、没有孩子、拥有自己的房子且说英语, 同时 (后项 Y) 收入在 4 万美元以上, 则占总家庭数的 1.3% ($\text{supp}(X => Y) = 0.013$), 而收入在 4 万美元以上 ($Y$) 在上述人中 ($X$) 的百分比则高达 97.8% ($\text{conf}(X => Y) = 0.978$), 这个比例值为整个总体中的相应比例值的 2.59 倍 ($\text{lift}(X => Y) = 2.59$).

11.5 本章的 Python 代码

11.5.1 11.3 节的代码

以下代码生成了一个条形图，显示了频率在 30%之上的项集所包含项的名称 (见图 11.5.1 左边的文字) 及每个项集的频率 (见图 11.5.1 右边条的长度).

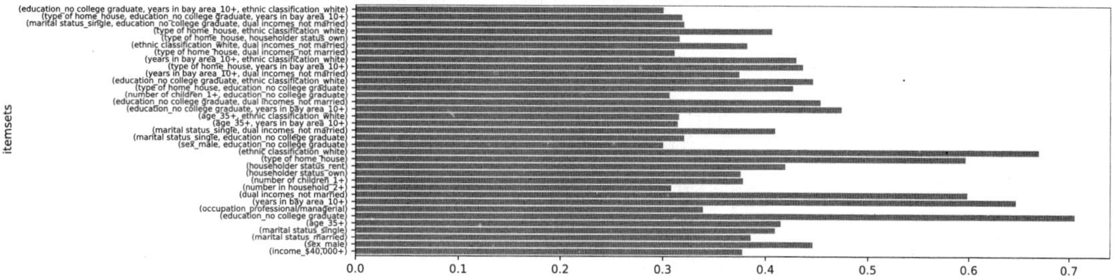

图 11.5.1 例 11.1 中出现最频繁的 (频率在 30% 以上) 项或项集

```
df=pd.read_csv('Income2.csv')
df=pd.get_dummies(df,drop_first=True)
df.columns

from mlxtend.frequent_patterns import apriori
from mlxtend.frequent_patterns import association_rules
from mpl_toolkits import mplot3d
import networkx as nx

frequent_itemsets = apriori(df, min_support=0.01, use_colnames=True)
rules = association_rules(frequent_itemsets, metric="lift",
                          min_threshold=1)

f03=frequent_itemsets[frequent_itemsets['support']>0.3]
f03.plot(x='itemsets',y='support',kind='barh',figsize=(12,4),
       width=.8,legend=False)
plt.yticks(fontsize=7, rotation=0)
plt.savefig("FQ03.pdf",bbox_inches='tight',pad_inches=0)
```

11.5.2 11.4 节的代码

代码 `rules.iloc[:,[0,1,4,5,6]].head()` 可生成数据框 `rules` 的部分内容:

```
             antecedents              consequents   support  confidence  \
0             (sex_male)         (income_$40,000+)  0.174956    0.392240
1      (income_$40,000+)               (sex_male)  0.174956    0.463405
2      (income_$40,000+)  (marital status_married)  0.237056    0.627889
3 (marital status_married)       (income_$40,000+)  0.237056    0.614630
4             (age_35+)         (income_$40,000+)  0.228767    0.551736
```

```
       lift
0  1.038922
1  1.038922
2  1.627966
3  1.627966
4  1.461378
```

在支持度大于 0.2 的条件下, 生成支持度和置信度的散点图 (见图 11.5.2), 其中圆圈大小代表提升, 由于提升相对大小不明显, 这里做了变换.

```
rules02=rules[rules['support']>0.2]
support=rules02['support'].values
confidence=rules02['confidence'].values
lift=rules02['lift'].values
plt.figure(figsize=(15,5))
plt.scatter(support, confidence,alpha=0.3, s=lift**3*50)
plt.xlabel('support')
plt.ylabel('confidence')
plt.savefig("ThreeD03.pdf",bbox_inches='tight',pad_inches=0)
```

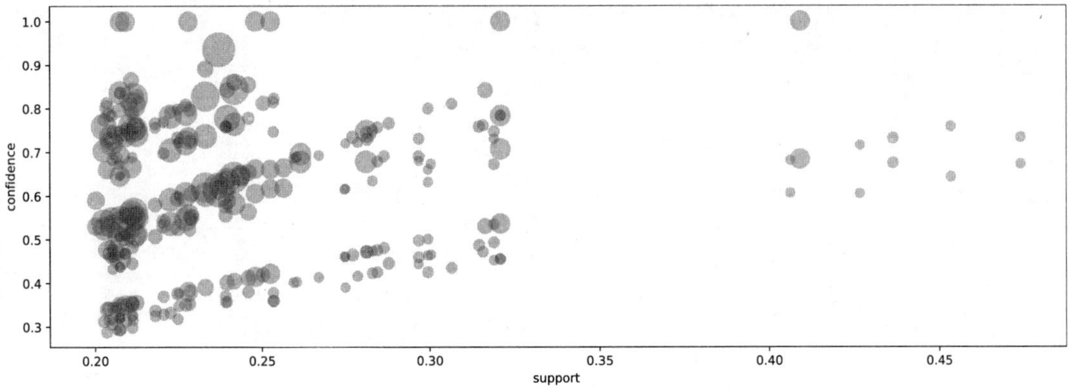

图 11.5.2　支持度和置信度的散点图 (圆圈大小代表提升)

如果要按照 support, lift 或 confidence 从大到小输出的规则, 则可以用类似于下面的代码 (作为示意, 每种只输出前 3 个):

```
print(rules.iloc[rules['support'].argsort()[::-1][:3],:],
rules.iloc[rules['lift'].argsort()[::-1][:3],:],
rules.iloc[rules['confidence'].argsort()[::-1][:3],:])
```

输出为:

```
                         antecedents                          consequents  \
169         (years in bay area_10+)  (education_no college graduate)
168  (education_no college graduate)          (years in bay area_10+)
170  (education_no college graduate)       (dual incomes_not married)

     antecedent support  consequent support   support  confidence      lift  \
169            0.646597            0.705207  0.474113    0.733243  1.039757
168            0.705207            0.646597  0.474113    0.672304  1.039757
170            0.705207            0.598313  0.453461    0.643019  1.074720

     leverage  conviction
169  0.018129    1.105103
168  0.018129    1.078447
170  0.031527    1.125234                                                 antecedents  \
238334  (marital status_single, ethnic classification_...
238347  (number of children_1+, language in home_spani...
439009  (marital status_single, ethnic classification_...

                                              consequents  antecedent support  \
238334  (number of children_1+, language in home_spani...            0.028069
238347  (marital status_single, ethnic classification_...            0.017016
439009  (number of children_1+, language in home_spani...            0.027051

        consequent support   support  confidence       lift  leverage  \
238334            0.017016  0.010908    0.388601  22.837784  0.010430
238347            0.028069  0.010908    0.641026  22.837784  0.010430
439009            0.017016  0.010471    0.387097  22.749380  0.010011

        conviction
238334    1.607762
238347    2.707523
439009    1.603816                                                 antecedents  \
404912  (marital status_divorced, type of home_house, ...
319681  (number in household_2+, income_$40,000+, numb...
94583   (marital status_widowed, education_no college ...

                        consequents  antecedent support  consequent support  \
404912  (dual incomes_not married)            0.010617            0.598313
319681    (marital status_married)            0.012362            0.385689
94583   (dual incomes_not married)            0.010762            0.598313

         support  confidence      lift  leverage  conviction
404912  0.010617         1.0  1.671366  0.004265         inf
319681  0.012362         1.0  2.592760  0.007594         inf
94583   0.010762         1.0  1.671366  0.004323         inf
```

第 12 章　贝叶斯网络

12.1　引言

本书第 6 章讨论了图模型 (结构方程模型) 及基于完全不同理念的两种处理方法, 这里讨论属于**概率图模型** (probabilistic graphical models, PGM) 的另一种网络模型——**贝叶斯网络** (Bayesian network, BN)[1]. 贝叶斯网络包括图理论、概率论、计算机科学及统计的概念.

虽然贝叶斯网络并不属于严格意义上的贝叶斯统计范畴, 比如它经常采用频率派的方法来估计条件概率分布的参数, 但贝叶斯网络是多层贝叶斯模型的非常有用的表示, 而多层贝叶斯模型又是应用贝叶斯统计的基础.

贝叶斯网络包含类似于图模型的**有向无回路图** (directed acyclic graph, DAG). DAG 是由节点和有向边 (箭头) 组成的. 无回路意味着没有节点是它自己的祖先或后代, 也就是顺着箭头不会回到已经走过的节点. DAG 的每个**节点** (node) 都相应于一个变量, 箭头代表着变量之间的相依关系. 每个箭头的终点称为**子节点** (child), 起点称为**父节点** (parent). 和决策树类似, 没有父节点的节点称为**根节点** (root node), 没有子节点的节点称为**叶节点** (leaf node), 其他节点称为**中间节点** (intermediate node). 每个变量都附有给定其父节点的 (条件) 局部概率, 因此贝叶斯网络也称为**概率有向无回路图模型** (probabilistic directed acyclic graphical model), 有别于其他具有 DAG 的图模型.

贝叶斯网络广泛应用于统计、机器学习、人工智能等领域. 贝叶斯网络数学上严格而又易于理解. 虽然箭头代表变量间直接的因果关系, 但推理能够作用于任何方向 (无论有没有箭头). 这和图模型/结构方程模型很不一样.

虽然贝叶斯网络看上去有些类似于图模型, 也有些像神经网络, 但实际上, 贝叶斯网络和前面所说的各种图形网络模型完全不同. 从方法上来说, 也没有什么共同点. 贝叶斯网络不像完全主观建造而又很难更新或修改的结构方程模型, 它根据数据中变量之间的相关关系来构建图中的变量联系, 同时也可主观地介入. 因此, 贝叶斯网络从某种意义上来说比图模型更加客观, 与数据所反映的现实世界的关系也更加密切.

例 12.1 这是一个假想的描述性例子. 一共有 5 个变量, 它们的取值均为“是”或“非”: 变量 P 代表 X 先生所住区域停电; 变量 I 代表互联网故障; 变量 W 表示 X 先生和外面世界失去了互联网联系; 变量 J 代表 X 先生失去正在等待的某工作机会; 变量 M 代表 X 先生失去某网上投资机会. 这 5 个变量都是二分变量, 取哑元值 1 (代表“是”) 或者 0 (代表“非”). 图 12.1.1 为这个例子的贝叶斯网络的 DAG.

在图 12.1.1 中, 一共有 5 个节点, 每个节点代表一个变量. 这个图本身还不足以构成贝

[1] 贝叶斯网络有很多英文名称: Bayesian network, Bayes network, belief network, Bayes(ian) model.

叶斯网络, 对于每个节点, 还必须有给定其父节点 (上级节点) 时的条件概率. 在这个例子中, 四个箭头显示了下面所谓的“因果关系”[2]:

- 停电 (P) 可能造成 X 先生失去互联网联系 (W), 即 $P \to W$.
- 互联网故障 (I) 可能造成 X 先生失去互联网联系 (W), 即 $I \to W$.
- 失去互联网联系 (W) 可能造成 X 先生失去某工作机会 (J), 即 $W \to J$.
- 失去互联网联系 (W) 可能造成 X 先生失去某网上投资机会 (M), 即 $W \to M$.

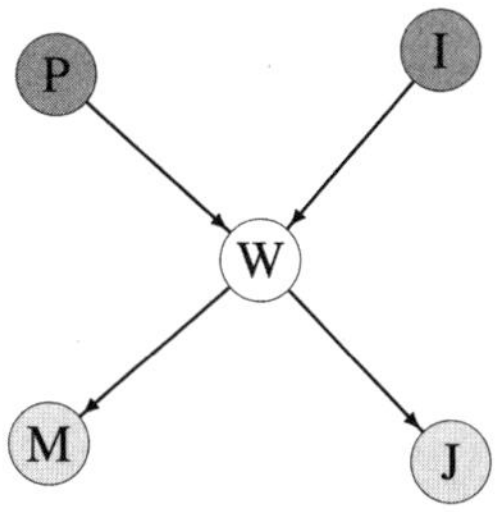

图 12.1.1 例 12.1 的贝叶斯网络的 DAG

所有的事件都不是确定性的, 比如停电, 但可能会有备用电源; 互联网故障, 可通过手机或其他无线方式上网; 即使真的失去互联网联系, 也不一定会失去某工作机会或者失去某投资机会. 这些都用局部概率表示, 即给定父节点后一个节点取值的条件概率. 对于我们的例子, 可以设定局部概率 (根节点的概率不是条件概率):

- 节点 P 的分布 $P(P) : P(P=1)=0.01$.
- 节点 I 的分布 $P(I) : P(I=1)=0.03$.
- 节点 W 的条件分布 $P(W|P,I)$:

$$P(W=1|P=1,I=1)=0.98;\ P(W=1|P=1,I=0)=0.95;$$
$$P(W=1|P=0,I=1)=0.05;\ P(W=1|P=0,I=0)=0.001.$$

- 节点 J 的条件分布 $P(J|W)$:

$$P(J=1|W=1)=0.60,\ P(J=1|W=0)=0.50.$$

- 节点 M 的条件分布 $P(M|W)$:

$$P(M=1|W=1)=0.10,\ P(M=1|W=0)=0.08.$$

从独立性来说, 显然, 例 12.1 的变量 P 和 I 是独立的, 在给定 W 之后, J 和 M 应该是独立的.

我们可以计算联合分布, 比如对于例 12.1, 一个联合分布的值为:

$$\begin{aligned}&P(J=1,M=1,W=1,P=0,I=0)\\=&P(J=1|W=1)P(M=1|W=1)P(W=1|P=0,I=0)P(P=0)P(I=0)\\=&0.60\times0.10\times0.001\times0.99\times0.97=5.7618\times10^{-5}\end{aligned}$$

[2]在大多数情况下, 并不一定是真正的因果关系.

根据例 12.1 模型的联合分布可以由贝叶斯定理回答诸如“如果找到工作, 没有停电的概率是多少 (即 $P(P=0|J=1)$)”这样的问题. 这需要计算:

$$P(P=0|J=1)=\frac{P(P=0,J=1)}{P(J=1)}=\frac{\sum_{M,W,I}P(P=0,J=1,M,W,I)}{\sum_{M,W,I,P}P(J=1,P,M,W,I)},$$

式中, 分子、分母是对所有多余变量可能取的值 (这里是 0 和 1) 求和. 而联合概率是由贝叶斯网络所设定的变量之间的关系计算出来的, 比如分子:

$$\begin{aligned}&\sum_{M,W,I}P(P=0,J=1,M,W,I)=\sum_{W,I}P(P=0,J=1,W,I)\\&=\sum_{W,I}[P(J=1|W)P(W|P=0,I)P(P=0)P(I)]\\&=\sum_{W\in\{0,1\}}\sum_{I\in\{0,1\}}[P(J=1|W)P(W|P=0,I)P(P=0)P(I)].\end{aligned}$$

注意, 上式第一个等式利用了 J 和 M 在给定 W 时的条件独立性. 分母的运算也类似.

显然, 利用贝叶斯网络变量的已有关系来计算联合分布会有较高的效率. 比如对于例 12.1 的联合分布

$$P(J,M,W,P,I)=P(P)P(I)P(W|P,I)P(J|W)P(M|W),$$

一共有 $1+1+4+2+2=10$ 个参数, 而在没有这些关系时, 有 $2^5=32$ 个参数.

12.2　贝叶斯网络涉及的基本概念

12.2.1 贝叶斯网络

形式上贝叶斯网络定义为 $\boldsymbol{B}=(\boldsymbol{G},\Theta)$, 这里 $\boldsymbol{G}$ 为 DAG, 节点为随机变量 $X_1,X_2,...,X_n$, 边代表变量之间的直接相依关系. 贝叶斯网络满足因果 **Markov 假定** (Markov assumption), 也就是说, **贝叶斯网络中的每个变量在给定其父节点的条件下, 独立于其祖先**. 因而, 图形 $\boldsymbol{G}$ 刻画了**独立性假定** (independence assumptions), 即**给定 $\boldsymbol{G}$ 中的父节点后, 每个变量独立于其 $\boldsymbol{G}$ 中的非后代**. Θ 代表了网络参数集, 包括对于 X_i 的每个实现 x_i 以 π_i 为条件的参数, $\theta_{x_i|\pi_i}=P_B(x_i|\pi_i)$, 这里 π_i 为 $\boldsymbol{G}$ 中 X_i 的父节点集合, 因此, 贝叶斯网络 $\boldsymbol{B}$ 定义了所有变量集合的唯一联合概率分布, 按照独立性假定:

$$P_B(X_1,X_2,...,X_n)=\prod_{i=1}^{n}P_B(X_i|\pi_i)=\prod_{i=1}^{n}\theta_{X_i|\pi_i}.$$

如果没有独立性假定, 根据条件分布的链原理, 有

$$P_B(X_1=x_1,...,X_n=x_n)=\prod_{i=1}^{n}P_B(X_i=x_i|X_{i+1}=x_{i+1},...,X_n=x_n).$$

而根据独立性假定, 有

$$P_B(X_1=x_1,X_2=x_2,...,X_n=x_n)=\prod_{i=1}^{n}P_B(X_i=x_i|X_j=x_j,\forall X_j\in\pi_i).$$

显然独立性假定大大简化了联合分布.

12.2.2 贝叶斯网络中的条件独立性概念

下面要介绍的 d 分离概念对于理解贝叶斯网络各个节点之间的条件独立或相依关系十分有帮助.

因果 Markov 假定建立了贝叶斯网络中的条件独立性. 据此, 对于贝叶斯网络中的一般条件独立性和依赖性, Pearl (1988) 提出了 **d 分离** (d-separation, direction-dependent separation) 的概念. 它有下面的含义: 如果两个节点集合 X 和 Y 在贝叶斯网络中被不包括 X 和 Y 的第三个节点集合 Z 造成 d 分离, 那么, 对于给定的 Z 中的变量, 对应的变量集合 X 和 Y 是独立的. 为理解 " 阻塞 " 的概念, 请参看图 12.2.1.

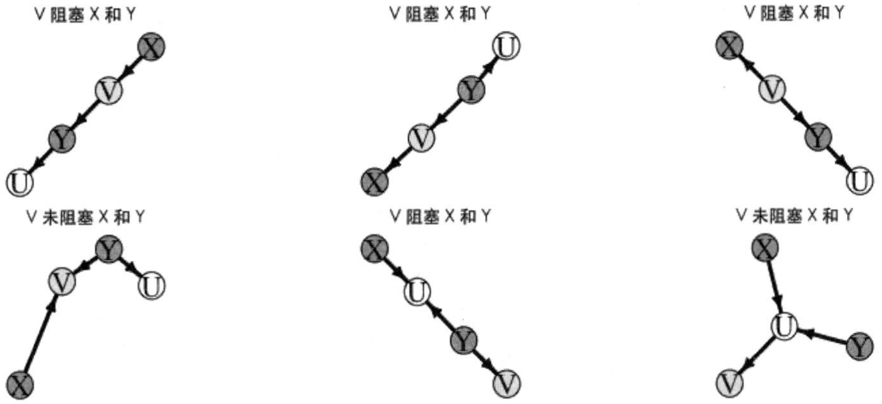

图 12.2.1 V 节点阻塞 (未阻塞)X 和 Y 的几种情况

这里 d 分离的定义为: 两个节点集合 X 和 Y 在贝叶斯网络中被不包含 X 和 Y 的第三个集合 d 分离, 当且仅当 X 和 Y 之间的每个路径被**阻塞** (blocked), 这里 " 阻塞 " 是指有一个不来自 X 和 Y 的中间变量 V, 满足下面三种情况之一:

(1) X 和 Y 通过中间点 V 被连接 ($X \to V \to Y$ 或 $X \leftarrow V \leftarrow Y$, 如图 12.2.1 (上左和上中) 所示;

(2) X 和 Y 被一个共同原因连接, 而 V 是这个共同原因 ($X \leftarrow V \to Y$, 如图 12.2.1 (上右) 所示);

(3) X 和 Y 被一个共同效果连接, 但 V 不是共同效果或共同效果之一 ($X \to \{不是 V\} \leftarrow Y$, (如图 12.2.1 (下中) 所示).

(1) 和 (2) 比较好理解, 如果 X 和 Y 不独立, 这是由于 V 造成的. 如果控制了 V, 即以 V 为条件, 则去掉了 X 和 Y 的相依性, 它们是条件独立的. 换言之, V 阻塞了 X 和 Y 之间的通路.

至于 (3), 在 V 给定时, X 和 Y 独立 (即 V 阻塞了它们之间的通路) 只有当 V 不是它们共同效果的函数时才成立. 这是因为, 如果 V 是共同效果或其函数, 那么以 V 为条件将导致 X 和 Y 变得相依. 如果 X 和 Y 原本独立, 而且 $X \to V \leftarrow Y$ (或者 $X \to U \leftarrow Y$ 而且 $U \to V$ 等), 那么在知道 V 和 X 的信息时, 人们就知道了 Y 的信息, 这意味着给定 V 时, X 和 Y 条件不独立.

以例 12.1 来说, 本来 P (停电) 和 I (互联网故障) 互相独立, 当一个事件发生时, 人们并不知道另一个事件是否发生. 但如果知道 W (X 先生的互联网断了) 发生了, 又知道 P 没有发生 (未停电), 这就意味着 I 很可能发生. 这说明在给定 W 时, P 和 I 就不独立了.

Verma and Pearl (1988) 证明, 如果集合 V 在一个贝叶斯网络中 d 分离 X 和 Y, 那么给定 V 时, X 和 Y 条件独立. 而最小的使得节点 A 和网络中其他节点 d 分离的节点集合是 A 的 **Markov 毯** (Markov blanket, MB). 贝叶斯网络中节点 A 的 Markov 毯为 A 的父节点、子节点及子节点的父节点的集合. 也就是说, 给定其 Markov 毯时, 节点独立于所有其他点.

图 12.2.2 显示了一个贝叶斯网络中的 Markov 毯. 图中显示了该网络中的 8 个节点, 其中 A 和 B 都是纯粹的父节点, 而 G 和 F 是纯粹的子节点, 其余的 4 个节点既是子节点又是父节点. 图中显示了该贝叶斯网络中节点 E 的 Markov 毯, 它包括 E 的父节点 (即节点 C 和 D)、子节点 (即节点 G 和 F), 以及子节点 G 的父节点 H. 注意, F 除了 E 之外没有其他的父节点可以包含在 E 的 Markov 毯中.

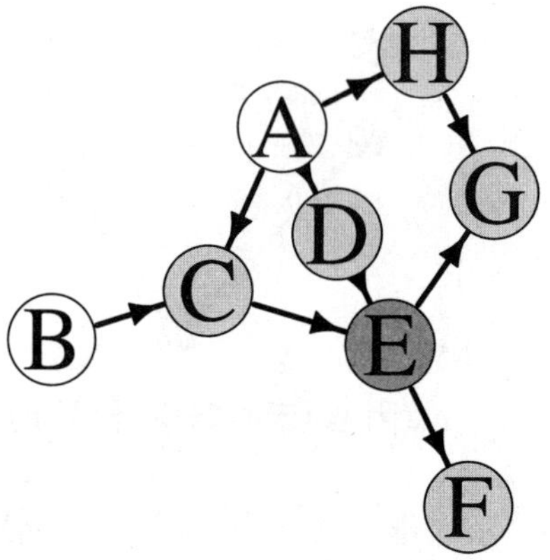

图 12.2.2　贝叶斯网络中节点 E 的 Markov 毯

12.3　通过贝叶斯网络做推断

给出贝叶斯网络的因子化形式的联合概率分布, 就可以通过对所有 “无关” 变量求和来得到边缘分布以做推断. 一般考虑两种推断:

- 通过其父节点 (自上而下推理) 的证据对 X_i 节点的预测.
- 通过其子节点 (自下而上推理) 的证据对 X_i 节点的诊断.

前面一开始已经介绍过利用贝叶斯网络做推断的例子, 这里再看一个例子.

例 12.2 驾车数据 (Driver.csv, DriverC.csv)　该数据有 5000 个观测值及 6 个二分变量: Y (Young, 是否年轻), D (Drink, 是否饮酒), A (Accident, 是否有过事故), V (Violation, 是否违规过), C (Citation, 是否收到过罚单), G (Gear, 是否手排挡). 数据中用的是 0, 1 哑元变量, 对每个变量, “是” 相应于 1, “否” 相应于 0. 图 12.3.1 为相应的 DAG. 这张 DAG 说明了各个点存在的独立性和相关性, 而箭头表示假定的因果关系. 这里变量 Accident, Citation, Violation 的父节点均为 Young 和 Drink.

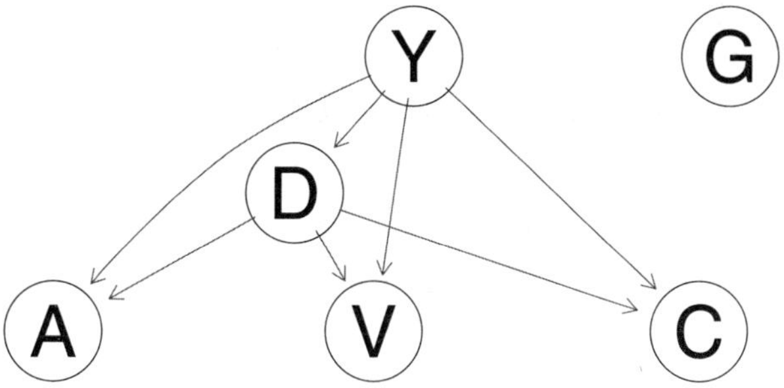

图 12.3.1 例 12.2 的 DAG 图

下面对例 12.2 做自下而上的一个推断:

$$P(Y=1|A=1)=\frac{P(Y=1,A=1)}{P(A=1)};$$

$$P(Y=1,A=1)=\sum_{G,D,V,C\in\{0,1\}}P(Y=1)P(G)P(D|Y=1)$$

$$\times P(V|Y=1,D)P(A=1|Y=1,D)P(C|Y=1,D);$$

$$P(A=1)=\sum_{Y,G,D,C,V\in\{0,1\}}P(Y)P(G)P(D|Y)P(C|Y,D)\times P(V|Y,D)P(A=1|Y,D).$$

这里利用的贝叶斯网络推断相对一般情况的推断节省了许多资源. 如果不知道诸如贝叶斯网络这样的结构, 即使是这里的二分变量例子, 对于 n 个变量, 联合概率分布的可能为 $O(2^n)$. 如此计算称为精确推断 (exact inference), 一般称为 NP-hard (Non-deterministic Polynomial-time hard) 问题. 对于一些有约束的网络, 可解决精确推断问题的算法包括消息传递算法 (message passing algorithm), 它只有 $O(n)$ 种可能, 在两个节点中限制最多的一条路径, 参见 Pearl (1988) 和 Pearl and Russel (2001). 该方法被推广到一般网络, 参见 Lauritzen and Spiegelhalter (1988). 其他精确推断包括循环子集抽样 (cyclecutset conditioning) (Pearl, 1988) 和变量删除 (variable elimination) (Zhang and Poole, 1996).

还有近似方法, 比如 Monte Carlo 抽样给出逐渐改进的估计 (Pearl, 1987). MCMC 方法包括 Gibbs 抽样和 Metropolis-Hastings 算法 (Griffiths and Yuille, 2006). 其他方法包括信念传递 (loopy belief propagation) 和利用大数定律通过均值近似大量随机变量的和的变分方法 (variational methods)(Jordan, et al., 1998).

12.4 学习贝叶斯网络

实际上, 贝叶斯网络往往是未知的, 需要从数据学习. 首先给出训练集和先验信息 (比如专家知识、因果关系), 然后估计图形拓扑 (网络结构) 和贝叶斯网络中的联合概率分布的参数. 学习贝叶斯网络结构比学习贝叶斯网络的参数更难, 而且还可能有部分可观测的障碍, 比如有隐变量和缺失值.

学习贝叶斯网络不是一个单纯的数学或概率过程, 还要了解数据所代表的研究对象领域的知识, 要寻求最有效的方法和途径, 要考虑概率的变化方向以及如何处理缺失数据. 由于贝叶斯网络是用有向箭头联系的, 学习中必须考虑可能的因果关系.

12.4.1 网络学习算法的种类

从算法的角度看, 贝叶斯网络结构学习算法能够分成两类. 第一类是基于约束的算法 (constraint-based algorithms), 利用分析贝叶斯网络 Markov 性的条件独立性检验来分析其概率关系, 比如把搜索局限于节点的 Markov 毯来优化, 然后构造统计上相应于 d 分离的图形. 往往把边 (弧或箭头) 的所有方向都看成三元 V 结构 (如 $X_j \to X_i \to X_k$, $X_j \to X_i \leftarrow X_k$, $X_j \leftarrow X_i \to X_k$) 的一部分. 出于主观的经验, 或者为了确保无回路条件满足, 可能还要增加一些约束. 最终, 即使是从观测数据来学习, 得到的模型也常常解释为因果模型.

第二类是基于记分的算法 (score-based algorithms). 这个算法给每个候选的贝叶斯网络一种记分, 这些记分的定义多种多样, 但都是按照某些标准衡量网络. 有了记分标准之后, 就可以利用诸如吝啬搜索 (greedy search)、登山 (hill-climbing) 或禁忌搜索 (tabu search) 等直观搜索方法来得到使记分最大的网络结构. 记分函数通常是记分等价的 (score-equivalent), 也就是说, 具有同样概率分布的网络有同样的记分. 记分种类很多, 比如似然或对数似然记分、AIC 及 BIC 记分、离散变量的贝叶斯 Dirichlet 后验密度记分、K2 记分, 以及对连续变量的正态的 Wishart 后验密度记分等等.

12.4.2 几种可能面对的问题

一般将可能需要面对的问题划分成四种情况 (见表 12.4.1), 每种情况都可能相应于上面提到的不同种类的学习方法. 下面对各种情况做出概括介绍.

表 12.4.1 四种可能面对的问题

图形	数据	学习方法举例
已知	完全	最大似然法 (ML)、最大后验概率法 (MAP)
已知	不完全	EM 算法、梯度上升法、MCMC
未知	完全	模型空间搜索
未知	不完全	EM+ 模型空间搜索

图形已知及数据完全

表 12.4.1 中第一种情况最容易处理. 假定学习目标是找到使得训练数据的似然函数最大化的每个条件概率分布的参数值, 这也是最简单的最大似然法. 考虑有 m 个独立观测的训练集 $\boldsymbol{X} = \{\boldsymbol{x}_1, \boldsymbol{x}_2, ..., \boldsymbol{x}_m\}$, 这里 $\boldsymbol{x}_\ell = (x_{\ell 1}, x_{\ell 2}, ..., x_{\ell n})^\top$. 参数集 $\Theta = (\boldsymbol{\theta}_1, \boldsymbol{\theta}_2, ..., \boldsymbol{\theta}_n)$, 这里 $\boldsymbol{\theta}_i$ 为变量 (节点)X_i 的条件分布的参数集. 训练集的对数似然为 (和号中每一项对应一个节点):

$$\ln L(\boldsymbol{X}|\Theta) = \sum_{\ell=1}^{m}\sum_{i=1}^{n} \ln P(x_{\ell i}|\pi_i, \boldsymbol{\theta}_i).$$

该对数似然记分函数按照已知的图结构分解, 然后独立地最大化每个节点对对数似然记分的贡献. 当然这里要假定每个节点的参数独立于其他节点的参数.

下面考虑例 12.2 中的贝叶斯网络. 假设我们有一系列训练数据, 而且想要估计节点 C 的条件概率表. 我们记录各种可能的数据, 比如 $\#(C=1, D=1, Y=1), \#(C=1, D=0, Y=1), \#(C=1, D=0, Y=0)$ 等 (一共有 8 个), 这里符号 $\#(C=c, D=d, Y=y)$ 表

示事件 $(C=c,D=d,Y=y)$ 出现的次数. 有了这些数据, 我们可以找到 C 的条件概率分布参数 $\theta_{c|\pi_i}\equiv P(C=c|\pi_i)$ 的最大似然估计.

$$P(C=c|D=d,Y=y)\approx\frac{\#(C=c,D=d,Y=y)}{\#(D=d,Y=y)}=\frac{\#(C=c,D=d,Y=y)}{\sum\limits_{c\in\{0,1\}}\#(C=c,D=d,Y=y)}.$$

一般来说, $\theta_{x|\pi_X}$ 的最大似然估计为:

$$ML(\theta_{x|\pi_X})=\frac{\#(x|\pi_X)}{\sum\limits_{x}\#(x|\pi_X)}.$$

另一种方法是最大后验概率法 (maximum a posteriori, MAP). 在最大似然法中, 考虑的是 $\max_\Theta \ln P(\boldsymbol{X}|\Theta)$, 而在 MAP 中, 考虑的是 $\max_\Theta \ln P(\boldsymbol{X}|\Theta)P(\Theta)$, 这里的 $P(\Theta)$ 是先验分布. 和最大似然法一样, 这里也要假定各个节点参数的独立性, 以便于把联合概率分布分解. 对于多项分布 $Mu(N,p_1,...,p_k)$ 的例子, 先验分布一般取与其共轭的 Dirichlet 分布 Dirichlet$(\theta_{\pi_i}|\alpha_{1|\pi_i},...,\alpha_{k|\pi_i})$. 这时

$$MAP(\theta_{x|\pi_x})=\frac{\#(x|\pi_x)+\alpha_{x|\pi_x}}{\sum\limits_{x}\#(x|\pi_x)+\sum\limits_{x}\alpha_{x|\pi_x}},$$

这里的 $\{\alpha_{x|\pi_x}\}$ 可以是等价的样本量, 算是先验知识.

对于这种离散的多项分布情况, 仅仅计数就可以得到结果. 而对于连续的情况, 通常节点分布为正态分布, 此时计算样本均值和样本方差, 再通过线性回归来估计权数矩阵. 还可以给每个参数向量设定先验概率密度, 并利用训练集计算后验参数分布和贝叶斯估计.

图形已知但数据不完全

在已知结构及部分观测的情况下, 能够用 EM (expectation maximization) 算法找到参数的局部最优最大似然估计. EM 算法从包括初始参数的目前图形 $(\boldsymbol{G},\Theta)$ 开始, 然后利用贝叶斯网络的推断来计算期望 (在多项分布情况下为期望计数):

$$E_X[\#(x|\pi_x)]=\sum_k P(x|\pi_x,\boldsymbol{G},\Theta),$$

这是 E 步骤, 再把它通过 ML 或者 MAP 方法最大化以更新参数 (M 步骤), 之后回到 E 步骤继续迭代直到收敛.

就例 12.2 网络 C 节点的情况, 把观测的事件计数用期望计数来代替:

$$P(C=c|D=d,Y=y)=\frac{E[\#(C=c,D=d,Y=y)]}{E[\#(D=d,Y=y)]}.$$

对于一个事件 (比如 A), 这里 $E[\#(A)]$ 的计算为:

$$E[\#(A)]=E\left\{\sum_i I[A|\mathcal{D}(i)]\right\}=\sum_i P[A|\mathcal{D}(i)],$$

式中, $\mathcal{D}(i)$ 代表数据中的第 i 个观测值 (作为条件). 指标函数 $I[A|\mathcal{D}(i)]$ 定义为:

$$I[A|\mathcal{D}(i)]=\begin{cases}1, & \text{事件 } A \text{ 在第 } i \text{ 个观测值出现;}\\ 0, & \text{事件 } A \text{ 在第 } i \text{ 个观测值未出现.}\end{cases}$$

给定期望计数后通过最大化似然记分估计参数, 然后再次计算期望计数, 如此迭代, 最终收

敛到似然表面的局部最大值. 也可以在似然表面用梯度上升法, 这需要调整步长和约束参数的取值, 不如 EM 算法简单.

图形未知但数据完全

对于寻求未知结构但有完全观测的情况, 一般使用基于记分的搜索方法 (score+search paradigm), 它把学习网络看成优化问题的组合. 搜寻方法是在与贝叶斯网络关联的空间中搜寻, 而记分函数 (scoring function) 则是评估该空间对数据的拟合程度的度量或准则. 形式上, 记分搜寻方法可描述为: 给定完全的 m 个独立观测的训练集 $\boldsymbol{X} = \{\boldsymbol{x}_1, \boldsymbol{x}_2, ..., \boldsymbol{x}_m\}$, 这里 $\boldsymbol{x}_\ell = (x_{\ell 1}, x_{\ell 2}, ..., x_{\ell n})^\top$, 在有 n 个节点的所有可能网络图形 $\mathcal{G}_n$ 中, 寻求一个 DAG $\hat{\boldsymbol{G}}$, 满足

$$\arg\max_{\boldsymbol{G}\in\mathcal{G}_n} g(\boldsymbol{G}|\boldsymbol{X}).$$

这里的 $g(\boldsymbol{G}|\boldsymbol{X})$ 是度量候选 $\boldsymbol{G}$ 对数据拟合程度的记分函数, 而 $\mathcal{G}_n$ 为定义在这 n 个节点或变量的所有 DAG.

最大化似然记分是最直接的想法, 它有大量的参数, 可以最好地拟合数据, 但可能会有过拟合. 为避免过拟合, 在模型上加先验分布 $P(\Theta)$, 这样, 根据贝叶斯定理, 我们要最大化后验分布

$$P(\Theta|\boldsymbol{X}) = \frac{P(\boldsymbol{X}|\Theta)P(\Theta)}{P(\boldsymbol{X})} \propto P(\boldsymbol{X}|\Theta)P(\Theta).$$

取对数, 得到

$$\ln P(\Theta|\boldsymbol{X}) \propto \ln P(\boldsymbol{X}|\Theta) + \ln P(\Theta).$$

这里 $P(\Theta)$ 的作用就像复杂模型的惩罚项一样.

由 Cooper and Herskovits (1992) 建议的一种记分函数称为 K2, 它依赖于几个假定: 多项分布, 没有缺失值, 参数独立, 参数模块化及在给定网络结构时参数先验分布均匀化. 而 K2 记分又是 Heckerman et al. (1995) 提出的 BD (Bayesian Dirichlet) 记分的一个特例. 在这里我们使用 de Campos (2006) 的符号: X_i 的取值有 r_i 个, 其父节点 π_i 设置有 q_i 个, $q_i = \prod_{X_j\in\pi_i} r_i$; $w_{ij}(j = 1, 2, ..., q_i)$ 代表 π_i 的设置; m_{ijk} 为数据集 $\boldsymbol{X}$ 中的 $\boldsymbol{x}_i$ 取值 x_{ik} 以及 π_i 的变量取值 w_{ij} 的观测值数目; m_{ij} 是 π_i 的变量取其第 j 个设置 w_{ij} 的观测值数目; $m_{ij} = \sum_{k=1}^{r_j} m_{ijk}$; $m_{ik} = \sum_{j=1}^{q_i} m_{ijk}$. 下面是 BD 记分形式上的定义:

$$g_{BD}(\boldsymbol{G}|\boldsymbol{X}) = \ln[p(\boldsymbol{G})] + \sum_{i=1}^{n}\left(\sum_{j=1}^{\eta_i}\left\{\ln\left[\frac{\Gamma(\eta_{ij})}{\Gamma(m_{ij}+\eta_{ij})}\right] + \sum_{k=1}^{r_i}\ln\left[\frac{\Gamma(m_{ijk}+\eta_{ijk})}{\Gamma(\eta_{ijk})}\right]\right\}\right),$$

这里 $\Gamma(\cdot)$ 为 Gamma 函数, 如果 c 为整数, 则 $\Gamma(c) = (c-1)!$, 如果再加上 $\eta_{ijk} = 1$, 则称为 K2 记分.

确定 η_{ijk} 很困难, 但 Heckerman et al. (1995) 提出的似然等价的记分则简化很多, 称为 BDe 记分, 那时 $\eta_{ijk} = \eta \times p(x_{ik}, w_{ij}|B_0)$, 这里 $p(\cdot|B_0)$ 代表与一个先验贝叶斯网络 B_0 相关的概率分布, 而 η 代表等价样本量的一个参数. BDe 记分的一个特例为 Buntine (1991) 提出的 BDeu 记分, 那里 $p(x_{ik}, w_{ij}|B_0) = \frac{1}{r_i q_i}$, 即对于每个设定 $\{X_i\}\cup\pi_i$, 先验网络假定为均匀分布.

结构的学习过程是学习出能最好解释数据的 DAG. 这是 NP-hard 问题, 因为 n 个变量

的 DAG 的个数是 n 的超指数量级的. 如果知道变量的次序并且假定节点之间的参数独立, 事情就好办得多了, 因为可以独立地逐个学习每个节点的父节点, 而不必为无回路的约束操心. 对于每个节点最多有 $\sum_{k=0}^{n-1}\binom{n}{k}=2^n-1$ 个可能父节点的集合. 可以逐个集合地搜索最高得分. 可以先从没有父节点、有 1 个父节点搜索到有 $n-1$ 个父节点的方向, 也可以反过来搜索, 还可以从中间搜索.

比如, 我们从最少父节点开始往上搜索, 这就需要确定增加父节点按照某种准则是否划算. 重构分析 (reconstructibility analysis, RA) 的标准做法是利用交互信息 (mutual information, MI). X 和 Y 之间的交互信息定义为:

$$MI(X,Y)=\sum_{x,y}p(x,y)\ln\left[\frac{p(x,y)}{p(x)p(y)}\right].$$

而 X 和 Y 之间在给定 Z 时的条件交互信息定义为:

$$MI(X,Y|Z)=\sum_{z}\left\{p(z)\sum_{x,y}p(x,y|z)\ln\left[\frac{p(x,y|z)}{p(x|z)p(y|z)}\right]\right\}$$

在搜索过程中, 有可能需要做一系列条件独立性检验. 根据 de Campos(2006), 交互信息可以用渐近 χ^2 检验来评估以确定 MI 记分在搜索过程中是增加还是减少. 此外, 它和对数似然比检验 G^2 成比例 (相差 $2n$ 因子, n 是样本量), 而且和被检验模型的偏差 (deviance) 有关. 与此相关的条件独立性检验还包括 Monte Carlo 置换检验和对离散变量的经典的 Pearson χ^2 检验.

还有很多方法, 原理上都差不多, 但具体细节和效果依数据所反映的情况而定.

图形未知及数据不完全

这是最困难的情况. 通常用对后验分布的渐近近似, 即 BIC (Bayesian information criterion), 定义为:

$$\ln P(\boldsymbol{X}|\boldsymbol{G})\approx\ln P(\boldsymbol{X}|\boldsymbol{G},\hat{\Theta}_{\boldsymbol{G}})-\frac{\ln m}{2}\#\boldsymbol{G}$$

这里, m 为样本量; $\hat{\Theta}_G$ 为参数的最大似然估计; 而 $\#G$ 为模型的维数. 在完全可观测的情况, 模型维数等于自由参数的数目, 在有隐变量的情况, 维数要少些. 上面第一项是似然函数, 第二项为模型复杂性的惩罚项. BIC 得分和最小描述长度记分 (minimum description length (MDL) score) 等价: MDL$=-$BIC. 虽然 BIC 可分解成局部项, 但也很费时, 因为必须对每个节点利用 EM 算法来计算 $\hat{\Theta}$. 也可以在 EM 算法的 M 步内做局部搜索, 这称为结构 EM (structural EM).

12.5 贝叶斯网络的数值例子及计算

12.5.1 全部变量是离散变量的情况

首先考虑例 12.2 的驾车数据 (Driver.csv), 那里有 6 个二分变量: Y (Young, 是否年轻), D (Drink, 是否饮酒), A (Accident, 是否出过事故), V (Violation, 是否违规过), C (Citation, 是否收到过罚单), G (Gear, 是否手排挡). 数据中用的是 0-1 哑元变量, 对每个变量, “是” 相应于 1, “否” 相应于 0. 实际上, 那里的图 12.3.1 是用登山算法算出来的 DAG 图. 这里用的程序包为 bnlearn [3]. 下面首先采用程序包 bnlearn 中目前对于离散变量所用的几种基于记分的方法来做计算. 这里的记分包括:

- 多项对数似然记分, 代码为 loglik, 也称为熵度量.
- AIC 记分 (Akaike information criterion score), 代码为 aic.
- BIC 记分 (Bayesian information criterion score), 代码为 bic.
- 贝叶斯 Dirichlet 等价记分的对数 (logarithm of the Bayesian Dirichlet equivalent score), 代码为 bde.
- 改进的贝叶斯 Dirichlet 等价记分的对数 (logarithm of the modified Bayesian Dirichlet equivalent score), 代码为 mbde.
- K2 记分的对数, 代码为 k2. 它是 Dirichlet 后验密度, 但不是记分等价的.

输入数据并把哑元设置为因子的代码如下:

```
w=read.csv("driver.csv")
for(i in 1:ncol(w))w[,i]=factor(w[,i])
names(w)=c("Y","D","A","V","C","G")#为简单用缩写变量名
```

然后用登山法对各种记分度量进行搜寻. 程序包bnlearn 目前只有登山法一种记分搜索方法.

```
library("bnlearn")
(w.hc.aic=hc(w, score = "aic"))
(w.hc.bic=hc(w, score = "bic"))
(w.hc.loglik=hc(w, score = "loglik"))
(w.hc.bde=hc(w, score = "bde"))
(w.hc.mbde=hc(w, score = "mbde"))
(w.hc.k2=hc(w, score = "k2"))
```

上面代码对每一种记分都输出学习的模型形式, 比如, 对于 AIC 的方法, 输出如下:

```
  Bayesian network learned via Score-based methods

  model:
   [Y][G][D|Y][A|Y:D][V|Y:D][C|Y:D]
  nodes:                                 6
  arcs:                                  7
    undirected arcs:                     0
    directed arcs:                       7
  average markov blanket size:           2.33
  average neighbourhood size:            2.33
  average branching factor:              1.17
```

[3] Nagarajan, R., Scutari, M., Lebre, S. (2013) *Bayesian Networks in R with Applications in Systems Biology*. Springer, New York. ISBN 978-1461464457.

```
learning algorithm:
                                   Hill-Climbing
score:
                                     AIC (disc.)
penalization coefficient:              1
tests used in the learning procedure:  50
optimized:                             TRUE
```

这里面包括搜索出来的模型、节点之间有向和无向联系的个数、平均 Markov 毯的大小、平均邻近点个数等等. 当然, 画出这些图来会更直观. 我们用函数 `graphviz.plot` 来画图 (见图 12.5.1), 这时需要程序包 `Rgraphviz`, 但该程序包可能需要单独下载 (通过另一个工具程序包 `BiocManager` 使用代码 `BiocManager::install("Rgraphviz")`), 这比单纯用代码 `plot` 好看些.

图 12.5.1 为对例 12.2 使用 6 种记分的登山搜索方法结果图. 看得出来, 除了对数似然和 `k2` 得到的结果之外, 另外 4 种记分 (`aic`, `bic`, `bde`, `mbde`) 的结果相同, 而且比较合理.

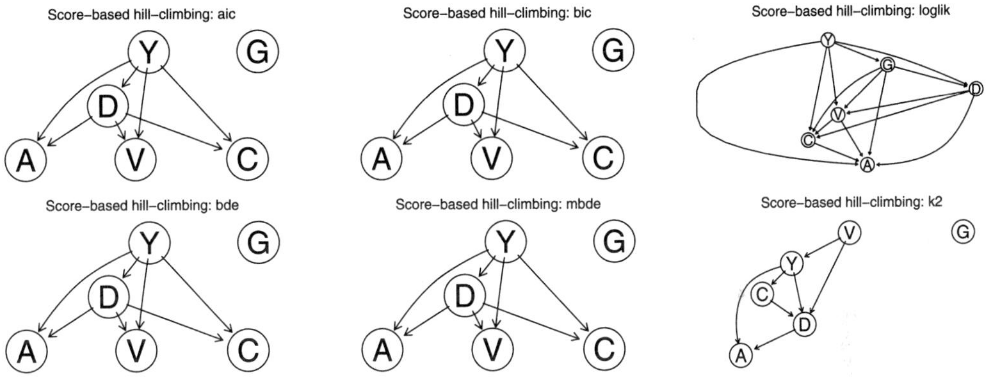

图 12.5.1　对例 12.2 使用 6 种记分的登山搜索方法结果图

生成图 12.5.1 的代码如下:

```
library("Rgraphviz")
par(mfrow = c(2, 3))
graphviz.plot(w.hc.aic,main="Score-based hill-climbing: aic")
graphviz.plot(w.hc.bic,main="Score-based hill-climbing: bic")
graphviz.plot(w.hc.loglik,
    main="Score-based hill-climbing: loglik")
graphviz.plot(w.hc.bde,main="Score-based hill-climbing: bde")
graphviz.plot(w.hc.mbde,main="Score-based hill-climbing: mbde")
graphviz.plot(w.hc.k2,main="Score-based hill-climbing: k2")
```

我们也可以用基于约束的方法. 程序包 `bnlearn` 目前有下面几种方法 (最后一种方法不是基于约束的):

- 增长收缩 (grow-shrink): 最简单的基于增长收缩的 Markov 毯 (grow-shrink Markov blanket) 搜索算法. 代码为 gs.
- 增量关联 (incremental association): 基于增量关联的 Markov 毯算法 (IAMB), 基于两相搜索方法 (向前选择及除掉假阳性). 代码为 iamb.
- 快速增量关联 (fast incremental association): 利用推测的向前步骤选择以减少条件独立检验数目的各种 IAMB. 代码为 fast.iamb.
- 交替增量关联 (interleaved incremental association): 另一种 IAMB, 进行向前步骤选择以在 Markov 毯搜索步骤中减少条件独立检验数目. 代码为 inter.iamb.
- 最大最小父节点子节点 (max-min parents and children): 在前一次迭代所选择的任何节点子集中把观测的最小关联最大化作为邻域向前搜索. 它学习贝叶斯网络的背景结构 (所有的弧为无向的, 不企图测试方向). 代码为 mmpc.

下面是用这些方法对例 12.2 做结构搜索的代码:

```
w.gs <- gs(w,debug=TRUE) #成为bn类型object
(w.iamb=iamb(w))
(w.fiamb=fast.iamb(w))
(w.iiamb=inter.iamb(w))
(w.mmpc=mmpc(w))
```

同样可以打印出各种结果, 包括非常详细的搜索步骤. 但都没有给出有向线段. 这可以从图 12.5.2 看出.

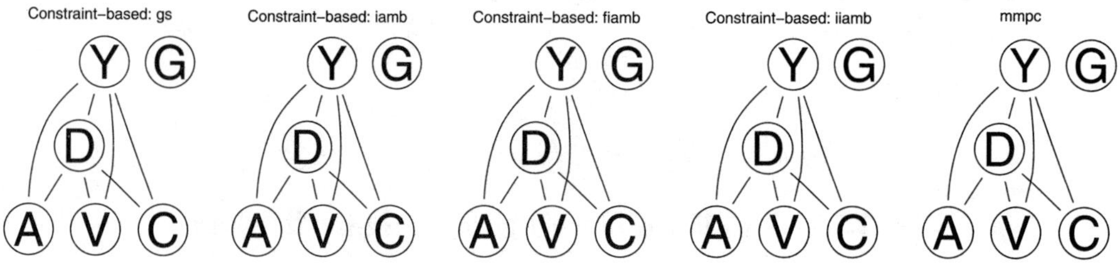

图 12.5.2 对例 12.2 使用 5 种搜索方法 (其中 4 种是基于约束的) 的结果图

绘制图 12.5.2 的代码如下:

```
par(mfrow = c(1, 5))
graphviz.plot(w.gs,main="Constraint-based: gs")
graphviz.plot(w.iamb,main="Constraint-based: iamb")
graphviz.plot(w.fiamb,main="Constraint-based: fiamb")
graphviz.plot(w.iiamb,main="Constraint-based: iiamb")
graphviz.plot(w.mmpc,main="mmpc")
```

由于节点间的线段没有方向, 可以使用 "白名单" 和 "黑名单" 来人为控制方向. 白名单就是设定某些箭头的方向, 黑名单就是阻止设定某些箭头的方向. 下面是代码和结果. 所生成的图和图 12.3.1 相同, 这里就不展示了.

```
WL=data.frame(from=c(rep("Y",4),rep("D",3)),
    to=c("D",rep(c("A","C","V"),2)))
w.gs <- gs(w, whitelist=WL1);graphviz.plot(w.gs1)
WL
```

输出为:

```
> WL
  from to
1    Y  D
2    Y  A
3    Y  C
4    Y  V
5    D  A
6    D  C
7    D  V
```

12.5.2 全部变量是连续变量的情况

我们通过一个例子来描述在全部变量都是连续变量的情况下网络学习的计算.

例 12.3 自我评分数据 (score.csv) 该数据是关于理解力 (U) 和记忆力 (M) 以及对各科喜恶程度的自我评分, 科目包括 MATH (数学)、PHYS (物理)、CHEM (化学)、LITE (语文)、HIST (历史) 等.

这里先用不加黑白名单的增长收缩法 (gs) 和登山法 (hc) 来学习网络, 选项用的都是缺省值. 然后对增长收缩法加白名单, 而对登山法既加白名单又加黑名单, 最后得到四个网络. 四个图形参见图 12.5.3, 由于人工干预, 右边两个图是相同的. 图 12.5.3 中的左边两个图未加黑白名单, 右边两个加了黑白名单.

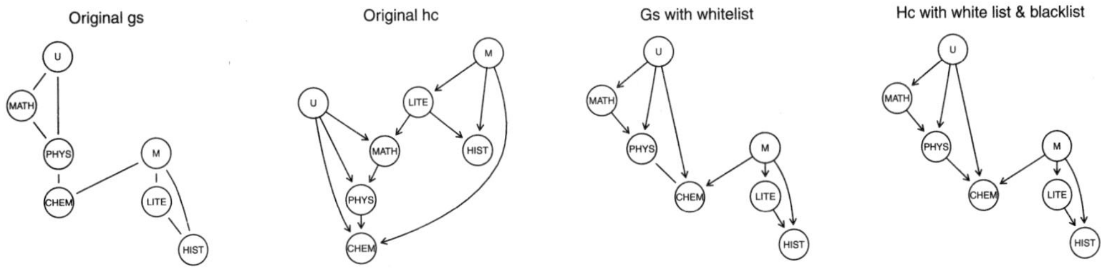

图 12.5.3 对例 12.3 使用增长收缩法和登山法的网络学习效果图

```
library(bnlearn);U=read.csv("score.csv")
for(i in 1:ncol(U))U[,i]=as.numeric(U[,i])
U.gs0=gs(U);U.hc0=hc(U)#未加黑白名单
U.w=data.frame(from=c("M","M","LITE","U","U","U","MATH"),
```

```
    to=c("LITE","HIST","HIST","MATH","CHEM","PHYS","PHYS"))
U.gs=gs(U,whitelist=U.w)#加白名单
U.hc=hc(U,whitelist=U.w,blacklist=c("LITE","MATH"))#加黑白名单

par(mfrow = c(1, 4))
graphviz.plot(U.gs0,main="Original gs")
graphviz.plot(U.hc0,main="Original hc")
graphviz.plot(U.gs,main="Gs with whitelist")
graphviz.plot(U.hc,main="Hc with white list & blacklist")
```

12.5.3 连续变量和离散变量混合的情况

这里我们利用可以处理变量类型混合情况的混合程序包 `deal` [4] 中自带的函数及数据 `ksl` 来讨论连续和离散变量混合情况的网络学习.

程序包 `deal` 允许贝叶斯网络既有离散变量又有连续变量, 于是, 网络中所有变量集合 $X = I \cup Y$, 这里 I 和 Y 分别为离散变量和连续变量的集合. 在 `deal` 中, 为确保局部计算方法存在, 不允许离散变量有连续的父节点, 但连续变量可以有离散的父节点. 于是变量子集合 $x = (i, y)$ $(x \in X, i \in I, y \in Y)$ 的联合概率分布可以因子化成为离散和混合两部分, 因此

$$p(x) = p(i, y) = \prod_{i \in I} p(i|\pi_i \in I) \prod_{y \in Y} p(y|\pi_y \in I \cup Y).$$

由于这里既有连续变量, 又有离散变量, 对于连续变量, 这里假定是正态分布; 而对于离散变量, 假定服从多项分布, 先验分布就更复杂了, 包括正态分布、逆 Wishart 分布、逆 Gamma 分布、Dirichlet 分布等等.

程序包 `deal` 使用基于记分的搜索算法, 原则上能够涉及所有可能的 DAG 评估网络, 但随着节点增加, 可能的 DAG 数目呈指数增长. 寻找高记分的 DAG 是必要的. `deal` 的战略是随机重新开始吝啬搜索. 为比较不同的 DAG 结构, 比如结构 G 和 G^* (在下面的概率表示中也代表该结构所对应的参数, 而 x 代表数据), 利用后验优势 (posterior odds)

$$\frac{p(G|x)}{p(G^*|x)} = \frac{p(G, x)}{p(G^*, x)} = \frac{p(G)}{p(G^*)} \times \frac{p(x|G)}{p(x|G^*)},$$

这里, $p(G)/p(G^*)$ 为先验优势; $p(x|G)/p(x|G^*)$ 为贝叶斯因子 (Bayes factor). 目前, 在 `deal` 仅有的对各种 DAG 设置的先验分布选项是让所有 DAG 同等可能, 先验优势总等于 1. 因此利用贝叶斯因子来比较两个不同的 DAG. 在吝啬搜索中仅仅比较有一个箭头不同的两个模型, 在比较之后, 用加入箭头、删除箭头, 或者改变箭头方向来修改模型. 在这些情况中, 贝叶斯因子因为网络记分的可分解性而特别简单.

例 12.4 健康和社会特征数据 (ksl.csv) 该数据来自 Badsberg (1995), 是一项度量健康和社会特征的研究, 涉及丹麦 70 岁的人, 样本取自 1967 年和 1984 年, 总共 1083 个观测值, 每个观测包含 9 个不同变量的观测. 其中的定性变量用哑元表示 $(\{0, 1\}$ 或 $\{1, 2\})$. 具体变量情况见表 12.5.1.

[4] Bottcher, S. G. and Dethlefsen, C. (2013) deal: Learning Bayesian Networks with Mixed Variables. R package version 1.2-37. http://CRAN.R-project.org/package=deal.

表 12.5.1 例 12.4 的变量说明

节点	指数	变量及说明
1	Fev	强迫吹气量: 肺功能
2	Kol	胆固醇
3	Hyp	高血压 (0, 1)
4	logBMI	对数体质指数 (Body Mass Index, BMI)
5	Smok	吸烟 (1, 2)
6	Alc	酒精摄入程度 (1, 2)
7	Work	工作 (1, 2)
8	Sex	性别 (1,2)
9	Year	调查年 (1,2)

按照原作者的说法, 分析的目的是看哪些变量影响血压. 可以猜测某些连续变量, 诸如 Fev, Kol 和 BMI 会有影响. 但是, 程序包 deal 目前还不允许离散节点有连续的父节点, 因此, 只能把血压变量 Hyp 当成连续变量.

下面是学习网络使用的代码. 首先读入数据, 把最后 5 个变量设为定性变量, 前面 4 个 (包括血压) 为数量变量.

```
w=read.csv("ksl.csv")
for(i in c(5:9))w[,i]=factor(w[,i])
```

然后, 确保均匀的先验分布的超参数:

```
library(deal)
w.nw <- network(w) #创造一个空的框架
w.prior <- jointprior(w.nw)#默认想象样本量64(可自己设)
#下面查看默认的超参数值(也可以修改)
w.prior$jointalpha#2^5=32种 均匀离散 Dirichlet参数
w.prior$jointnu #2^5 均匀离散 正态协方差的除数
w.prior$jointrho #2^5 均匀离散 逆Wishart自由度
w.prior$jointmu #32乘4 每种离散设置4个连续(样本均值)正态均值
w.prior$jointsigma#32个4乘4样本方差对角阵 正态协方差
w.prior$jointphi  #32个4乘4样本方差对角阵 IW协方差
```

由于离散变量水平组合有 $2^5 = 32$ 个, 上面的 jointalpha (α) 给出了 Dirichlet 的参数, 是 32 个同样的值. jointnu (ν) 给出了正态分布协方差参数的作为尺度调整的参数, 是 32 个同样的值. jointrho (ρ) 给出了正态分布协方差参数的逆 Wishart 分布的自由度, 是 32 个同样的值. jointmu (μ) 对于 32 种离散水平组合, 给出了正态分布均值参数的先验分布, 每种用 4 个变量的样本均值代替. jointsigma (σ) 对于 32 种离散水平组合, 给出了正态分布方差的先验分布, 每种用 4×4 的样本方差对角矩阵代替. jointphi (ϕ) 对于 32 种离散水平组合, 给出了逆 Wishart 分布方差的先验分布, 每种用 4×4 的样本方差对角矩阵来代替.

这里可以设“黑名单”, 称为禁止名单 (ban list), 但没有“白名单”. 图 12.5.4 就是下面的搜索代码的输出搜索中途和最终的结构图. 其中, 函数 autosearch 给出了图 12.5.4 的左图, 这里没有使用禁止名单; 函数 heuristic 给出了图 12.5.4 的右图, 这里使用了禁止名单.

```
w.nw <- learn(w.nw,w,w.prior)$nw
# 结构搜索 (生成一个图):
w.search <- autosearch(w.nw,w,w.prior,trace=TRUE)
# 扰动最好的, 重复搜寻2次 (生成一个图):
mybanlist <- matrix(c(5,5,6,6,7,7,9,8,9,8,9,8,9,8),ncol=2)
banlist(w.nw) <- mybanlist #添加禁止名单
w.heuristic <- heuristic(w.search$nw,w,w.prior,
    restart=2,degree=10,
    trace=TRUE,trylist=w.search$trylist)
thebest2 <- w.heuristic$nw
```

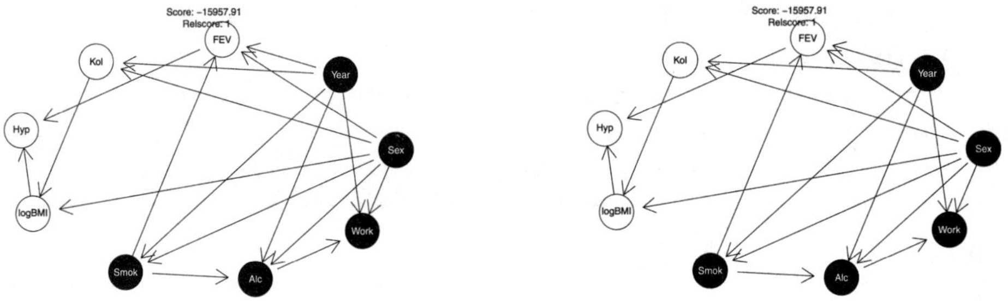

图 12.5.4 对例 12.4 的网络学习效果图

从图 12.5.4 可以看出, 禁止名单加入后, 把“吸烟导致饮酒”的箭头颠倒过来了, 并且增加了“工作导致饮酒”. 这里, 图中的黑底节点代表离散变量, 白底节点代表连续变量.

12.6 本章的 Python 代码

12.6.1 12.1 节的代码

对例 12.1 的贝叶斯网络利用 Python 进行简单计算和画图 (见图 12.6.1), 代码如下:

```
import pyAgrum as gum
import pyAgrum.lib.notebook as gnb

bb=gum.BayesNet('BN') #注意: 下面3行只能运行一次, 反复运行会报错!
P, I, W, M, J = [ bb.add(name, 2) for name in "PIWMJ" ]
for link in [(P,W),(I,W),(W,M),(W,J)]:
    bb.addArc(*link)
```

```
bb.cpt(P).fillWith([0.99,0.01])
bb.cpt(I).fillWith([0.97,0.03])
bb.cpt(W)[:]=[ [[0.999,0.001],[0.05,0.95]],[[0.95,0.05],[0.02,0.98]]]
bb.cpt(M)[:]=[[0.92,0.08],[0.9,0.1]]
bb.cpt(J)[:]=[[0.5,0.5],[0.4,0.6]]

gnb.sideBySide(bb,bb.cpt(P),bb.cpt(I),bb.cpt(W),
            bb.cpt(M),bb.cpt(J))
```

图 12.6.1 中的每个图可由下面代码之一独立生成:

```
bb; bb.cpt(P); bb.cpt(I); bb.cpt(W); bb.cpt(M); bb.cpt(J)
```

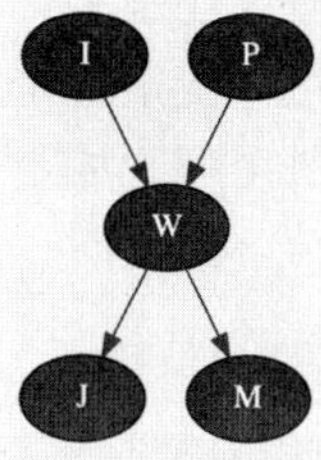

P	
0	1
0.9900	0.0100

I	
0	1
0.9700	0.0300

I	P	W: 0	W: 1
0	0	0.9990	0.0010
	1	0.0500	0.9500
1	0	0.9500	0.0500
	1	0.0200	0.9800

W	M: 0	M: 1
0	0.9200	0.0800
1	0.9000	0.1000

W	J: 0	J: 1
0	0.5000	0.5000
1	0.4000	0.6000

图 12.6.1 例 12.1 的贝叶斯网络

12.6.2 12.3 节的代码

如果没有任何数据 (新证据), 例 12.1 的原始模型可利用下面代码得到整个贝叶斯网络的推断结果 (见图 12.6.2(左)).

```
gnb.showInference(bb,evs={})
```

如果知道一些信息, 比如 $P=1, W=0$, 则可以通过下面的代码得到结果 (见图 12.6.2 (中)):

```
gnb.showInference(bb,evs={'P':1,'W':0})
```

在有一些怀疑 (先验分布) 及有部分信息时, 比如对变量 $P=0$ 有 30%的信任, 而对 $P=1$ 有 92%的信任, 又有变量 $I=1$ 时, 对部分目标 (M 和 J) 的推断 (见图 12.6.2 (右)) 代码为:

```
gnb.showInference(bb,evs={'P':[0.3,0.92],'I':1},targets={'M','J'})
```

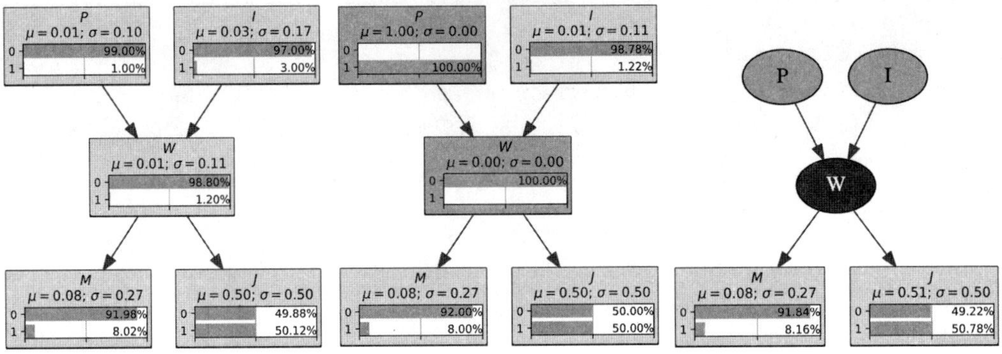

图 12.6.2 例 12.1 原始模型的无信息完全推断 (左)、有部分信息的推断 (中)、有先验分布及部分信息时的推断 (右)

12.6.3 12.5 节的代码

由于模块 `pomegranate` 目前只能用于离散情况, 输入的数据无论是整数还是字符都被当成字符, 只不过整数不用加引号. 对于例 12.2, 原来的数据 Driver.csv 的每个变量都是用 0 和 1 的哑元, 但为了使初学者更容易识别和理解程序的输出结果, 我们把每个哑元加上变量头一个字母而成为字符串, 数据见文件 DriverC.csv.

首先导入必要的模块并读入文件 DriverC.csv 中的数据:

```
from pomegranate import *
import pandas as pd
import numpy as np

w=pd.read_csv("DriverC.csv")
```

使用 `print(w.head())` 得到下面的输出:

```
  Young Drink Accident Violation Citation Gear
0     Y1    D0       A0        V0       C0   G1
1     Y0    D0       A0        V0       C0   G1
2     Y0    D1       A0        V0       C0   G1
3     Y1    D1       A0        V0       C0   G1
4     Y1    D0       A0        V1       C0   G0
```

然后我们基于数据构造贝叶斯网络. 除了数据输入选项之外, 这里还有一个重要的关于方法的选项 `algorithm`, 它有 4 个可能的选择: `'chow-liu'`, `'greedy'`, `'exact'`, `'exact-dp'`, 其中最后一个 `'exact-dp'` 最慢, 但结果较好. 在这些算法中:

- `'greedy'` 是默认方法, 它试图找到最佳结构, 据说常可以确定最佳结构.
- `'exact'` 使用动态编程 (DP/A+) 查找最佳贝叶斯网络.
- `'exact-dp'` 和 `'exact'` 类似, 但尝试在整个网格上搜索以找到最短路径, 这更占用内存并要付出计算成本. 结果也和 `'exact'` 有些类似, 但往往更好.

- 'chow-liu' 将返回贝叶斯网络的最佳树状结构, 这是一个非常快速的近似, 但并不总能得到最好的网络.

下面根据数据使用 exact-dp 方法寻找贝叶斯网络的结构 (其他方法得到的结构都有所不同, 读者可以自己尝试).

```
bn = BayesianNetwork.from_samples(np.array(w), algorithm='exact-dp',
                                  state_names=w.columns)
```

最终, 利用 bake 完成模型的拓扑结构. 它为每个状态 (节点) 分配一个数字索引, 并创建与状态和状态之间的边 (弧) 对应的基础数组. 在用任何概率计算方法之前, 都必须调用此方法. 后面将会演示如何展示条件概率表、边际节点概率表及计算各种给出数据的概率.

```
bn.bake()
```

首先要关心的是贝叶斯网络的结构, 实际上如果用代码 bn 可以输出所有状态 (无论有无父节点) 的概率, 但这个输出较长, 不易理解. 下面分部分来看.

使用下面的代码可得到每个节点的父节点, 也就是整个贝叶斯网络的结构 (除了那些条件概率数值之外):

```
bn.structure
```

产生下面的结果:

```
((), (0,), (0, 1), (0, 1), (0, 1), ())
```

这里给出了 6 个多维 (1 维和 2 维) 数组, 代表了 6 个变量的父节点. 按照顺序对每个数组的解释如下:

(1) 得到 (), 这意味着第 0 个变量——Young (Y) 没有父节点. 注意 Python 中变量编号从 0 开始.
(2) 得到 (0,), 这意味着第 1 个变量——Drink (D) 的父节点为变量 0, 即 Young (Y).
(3) 得到 (0,1), 这意味着第 2 个变量——Accident (A) 的父节点为变量 0——Young (Y) 和变量 1——Drink (D).
(4) 得到 (0,1), 这意味着第 3 个变量——Violation (V) 的父节点为变量 0——Young (Y) 和变量 1——Drink (D).
(5) 得到 (0,1), 这意味着第 4 个变量——Citation (C) 的父节点为变量 0——Young (Y) 和变量 1——Drink (D).
(6) 得到 (), 这意味着第 5 个变量——Gear (G) 没有父节点.

这个结果和图 12.3.1 完全一样, 也和 R 软件得到的图 12.5.1 中 6 个结构中的 4 个一样.

关于节点个数和边 (弧) 的个数可以用下面的代码得到:

```
print(bn.state_count(),bn.node_count(),bn.edge_count())
```

输出 3 个数字: 6 6 7, 之所以重复出现 6 是因为 state (状态) 和 mode (节点) 是同义词.

有了结构, 就可以输出任何给定状况的带有缺失值的数据, 得到未知结果的估计, 为此使用预测函数 bn.predict():

```
bn.predict([['Y0','D1',None,None,None,'G1'],
            ['Y1','D1',None,None,'C0','G0'],
            ['Y1','D0',None,None,'C0','G0'],
            ['Y1',None,'A1','V1','C0','G0'],
            [None,None,None,None,None,None]])
```

输出为:

```
[array(['Y0', 'D1', 'A0', 'V0', 'C0', 'G1'], dtype=object),
 array(['Y1', 'D1', 'A0', 'V0', 'C0', 'G0'], dtype=object),
 array(['Y1', 'D0', 'A0', 'V0', 'C0', 'G0'], dtype=object),
 array(['Y1', 'D1', 'A1', 'V1', 'C0', 'G0'], dtype=object),
 array(['Y0', 'D0', 'A0', 'V0', 'C0', 'G1'], dtype=object)]
```

如果输入关于预测概率的函数 bn.predict_proba 代码:

```
bn.predict_proba([['Y0','D1',None,None,None,'G1'],
                  ['Y1','D1',None,None,'C0','G0'],
                  ['Y1','D0',None,None,'C0','G0'],
                  ['Y1',None,'A1','V1','C0','G0'],
                  [None,None,None,None,None,None]])
```

则会输出需要填补的那个值的概率 (而不是值). 比如, 输入:

```
bn.predict_proba([['Y1','D0',None,None,'C0','G0']])
```

则会输出那两个未知变量得到不同值的概率:

```
[array(['Y1', 'D0',
        {
     "class" :"Distribution",
     "dtype" :"str",
     "name" :"DiscreteDistribution",
     "parameters" :[
         {
             "A0" :0.904330312185297,
             "A1" :0.09566968781470311
         }
     ],
     "frozen" :false
 },
        {
     "class" :"Distribution",
```

```
        "dtype" :"str",
        "name" :"DiscreteDistribution",
        "parameters" :[
            {
                "V1" :0.11782477341389742,
                "V0" :0.8821752265861025
            }
        ],
        "frozen" :false
    },
           'C0', 'G0'], dtype=object)]
```

由于得到 A0 和 V0 的概率较大, 所以在前面bn.predict 语句中预测了这两个结果.

然后可以使用代码 bn.states[0] 得到第 0 个节点 (Young) 的概率, 因为没有父节点, 比较简单:

```
{
    "class" : "State",
    "distribution" : {
        "class" : "Distribution",
        "dtype" : "str",
        "name" : "DiscreteDistribution",
        "parameters" : [
            {
                "Y1" : 0.4938,
                "Y0" : 0.5062
            }
        ],
        "frozen" : false
    },
    "name" : "Young",
    "weight" : 1.0
}
```

可以看出, 其得到 Y1 和 Y0 的概率都在 1/2 左右, 即 $P(Y = Y1) = 0.4938$; $P(Y = Y0) = 0.5062$, 并且没有父节点.

使用代码 bn.states[1] 得到第 1 个节点 (Drink) 的概率, 这里由于有父节点 (Young), 所以和 Drink 相关的概率都是条件概率, 还包含了节点 Young 的概率, 也就是前面用代码bn.states[1] 产生过的结果:

```
{
    "class" : "State",
    "distribution" : {
```

```
        "class" : "Distribution",
        "name" : "ConditionalProbabilityTable",
        "table" : [
            [
                "Y1",
                "D1",
                "0.5978128797083839"
            ],
            [
                "Y1",
                "D0",
                "0.402187120291616"
            ],
            [
                "Y0",
                "D1",
                "0.39431054919004344"
            ],
            [
                "Y0",
                "D0",
                "0.6056894508099565"
            ]
        ],
        "dtypes" : [
            "str",
            "str",
            "float"
        ],
        "parents" : [
            {
                "class" : "Distribution",
                "dtype" : "str",
                "name" : "DiscreteDistribution",
                "parameters" : [
                    {
                        "Y1" : 0.4938,
                        "Y0" : 0.5062
                    }
                ],
                "frozen" : false
            }
        ]
    },
```

```
    "name" : "Drink",
    "weight" : 1.0
}
```

比如, 从上面的输出可以看出条件概率 $P(D = D0|Y = Y0) \approx 0.6057$.

如果输入关于节点 Violation 的代码 `bn.states[3]`, 由于有变量 0 和变量 1 两个父节点 (Young 和 Drink), 而其父节点 (Drink) 又有父节点 (Young), 则会输出根据

$$P(V =?|D =?, Y =?)P(D =?|Y =?)P(Y =?)$$

类型公式计算的所有概率, 其中 3 个变量的条件概率有 $2^3 = 8$ 个, 两个变量的条件概率 (即重复 `bn.states[1]` 代码的输出) 有 $2^2 = 4$ 个, 还有无条件概率 2 个 (重复 `bn.states[0]` 代码的输出), 不协同的概率输出为 $8 + 4 + 2 = 14$ 个.

当然还可以得到与其他状态 (节点) 有关的概率, 显然会有很多重复输出.

还可以使用代码 `bn.marginal` 得到 6 个状态 (节点) 的边际概率 (非条件概率):

```
array([{
    "class" :"Distribution",
    "dtype" :"str",
    "name" :"DiscreteDistribution",
    "parameters" :[
        {
            "Y1" :0.4938,
            "Y0" :0.5062000000000001
        }
    ],
    "frozen" :false
},
     {
    "class" :"Distribution",
    "dtype" :"str",
    "name" :"DiscreteDistribution",
    "parameters" :[
        {
            "D1" :0.4948000000000003,
            "D0" :0.5051999999999998
        }
    ],
    "frozen" :false
},
     {
    "class" :"Distribution",
    "dtype" :"str",
    "name" :"DiscreteDistribution",
```

```
    "parameters" :[
        {
            "A0" :0.9089083777871297,
            "A1" :0.09109162221287032
        }
    ],
    "frozen" :false
},
      {
    "class" :"Distribution",
    "dtype" :"str",
    "name" :"DiscreteDistribution",
    "parameters" :[
        {
            "V1" :0.09559104705261583,
            "V0" :0.9044089529473842
        }
    ],
    "frozen" :false
},
      {
    "class" :"Distribution",
    "dtype" :"str",
    "name" :"DiscreteDistribution",
    "parameters" :[
        {
            "C0" :0.9590055778739414,
            "C1" :0.040994422126058486
        }
    ],
    "frozen" :false
},
      {
    "class" :"Distribution",
    "dtype" :"str",
    "name" :"DiscreteDistribution",
    "parameters" :[
        {
            "G1" :0.8237999999999998,
            "G0" :0.17620000000000013
        }
    ],
    "frozen" :false
}], dtype=object)
```

第三部分

软件基础篇

第 13 章　基本软件: R 和 Python

数据科学离不开计算机及各种做科学计算和数据分析的软件. 本书主要通过 R 和 Python 来实现数据分析的目标.

在本书中, 我们尽量对程序进行解释或在程序中加以注释, 但随着内容深入, 我们将会减少对代码的解释. 本书尽量使用简单易懂的编程方式, 这可能会牺牲一些效率, 相信读者会通过本书更好地掌握编程, 并写出远优于本书的代码.

警告: 所有的软件代码字符都必须用半角标点符号! 因此, 建议使用中文输入时也把设置中的全角改成半角. 笔者发现, 中国初学者最初的程序编码错误中, 有一半以上是因为输入了全角标点符号 (特别是逗号、引号、冒号、分号等), 发现这种错误不易 (系统有时连警告都不能给出), 往往完全依靠好的眼力和耐心来识别.

此外, 任何具有生命力的软件都在不断发展, 不时出台新的版本, 做各种更新, 因此, 要做好软件和代码变动的思想准备, 学会有问题时如何在网上寻求解决办法或者帮助.

我们需要培养泛型编程能力, 而不只是学会一两个特定软件的语言. 我们在数据分析中需要各个软件所具有的各种特殊函数和功能, 衡量泛型编程能力的一个标准是: 能够用任何语言都具备的基本代码来实现你的每一个基础目标, 包括用自编代码实现各个软件中一些固有简单函数的功能.

13.1　R 简介——为领悟而运行

13.1.1 简介

R 软件[1]用的是 S 语言. 熟悉 R 软件编程有助于学习其他快速计算及处理各种数据的语言, 比如 Python, Java, C++, FORTRAN, Hadoop, Spark, NoSQL, SQL, 等等, 这是因为编程理念具有相似性, 对于应对因快速处理庞大的数据集而面临的巨大计算量有所裨益. 而熟悉一些傻瓜式商业软件, 对学习这些语言没有任何好处.

R 软件是免费的自由软件, 它的代码大多公开, 可以修改, 十分透明和方便. 大量新出版的统计方法专著都附带有 R 程序. R 软件有强大的帮助系统, 其子程序称为函数. 所有函数都有详细说明, 包括变元的性质、缺省值是什么、输出值是什么、方法的大概说明以及参考文献和作者地址. 多数函数的说明中都有例子, 把这些例子的代码复制并粘贴到 R 界面就可以立即得到结果, 学习使用有关函数十分方便.

反映 R 的各种功能及新方法的程序包 (package) 可以从 R 网站下载, 更方便的是联网时

[1] R Core Team (2018). R: A language and environment for statistical computing. R Foundation for Statistical Computing, Vienna, Austria. `https://www.R-project.org/`.

通过 R 软件菜单的 " 程序包 " — " 安装程序包 " 选项直接下载程序包, 或者从 RStudio 的 "Packages" — "Install" 选项中下载.

软件必须在使用中学, 仅依靠软件手册学习是不可取的, 正如仅仅用字典和语法书来学习外语不可能成功. 笔者用过众多的编程软件, 没有一个是从课堂或者手册学的, 都是在分析数据的实践中学会的.

13.1.2 安装和运行小贴士

- 登录 R 网站 (`http://www.r-project.org/`)[2], 根据说明从你所选择的镜像网站下载并安装 R 的所有基本元素.
- 打开 R 之后会出现一个 "Console" 界面, 在提示码 (>) 后逐行输入指令即可以实现 R 的运算.
- 不一定非得键入你的程序, 可以粘贴, 也可以打开或新建以 R 为扩展名的文件 (或其他文本文件) 作为运行脚本, 在脚本中可以用 `Ctrl+R` 来执行 (计算) 光标所在行的命令, 或者仅运行光标选中的任何部分. 使用脚本文件是应该提倡的, 它可以使你对你的操作有一个完整的书面记录.
- 有一个可以自由下载的软件 "RStudio" 能更方便地用几个窗口来展示 R 的执行、运行历史、脚本文件、数据细节等. 在 RStudio 中的脚本文件和在 R 中的一样, 但根据计算机操作系统不同, 执行语句的快捷键可能不一样, 可能不用 `Ctrl+R`, 而用 `Ctrl+回车`或 `Command+回车`等.
- 可以用 " 等号 " (=) 或者 " 赋值号 " (<-) 向左边变元赋值, 还可以用 " 向右赋值号 " (->) 向右赋值 (有人觉得最好不要向右赋值). 讲究美观的人通常用赋值号 <- 而不愿用 = 来赋值, 因为这可以避免和函数中选择变元的符号混淆. 此外讲究的人在等号、赋值号、四则运算号等许多符号前后都加空格.
- 运行时可以在提示码 (>) 后逐行输入指令. 如果回车之后出现加号 (+), 则说明你的语句不完整 (须在加号后面继续输入) 或者已输入的语句有错误.
- 每一行可以输入多个语句, 之间用半角分号 (;) 分隔.
- 所有代码中的标点符号都用半角格式 (基本 ASCII 码). R 的代码对于字母的大小写敏感. 变量名字、定性变量的水平以及外部文件路径和名字都可以用中文, 但在某些情况下, 中文可能会导致运行困难或者输出图形不显示中文 (可能显示方框). 这是因为在不同的计算机和编辑器中, 中文的代码体系很多, 常用的有 GB2312, GBK 和 UTF-8 三种编码, 但对于各个系统 ASCII 码都相同. 因此, 为了避免麻烦, 程序中应尽可能用 ASCII 码.
- 提倡使用工作目录. 可以在 " 文件 " — " 改变工作目录..." 菜单确定工作目录, 也可以用诸如 `setwd("D:/工作")` 之类的代码建立工作目录. 有了工作目录, 输入存取数据及脚本文件的命令时就不用键入路径了.
- 出现的图形可以用 `Ctrl+W` 或 `Ctrl+C` 来复制并粘贴 (前者像素高), 或者通过菜单存为所需的文件格式. 在 "RStudio" 中可以通过菜单来存储图形文件.
- 输入代码 `history(n)`, 可找回 n 行你输入过的代码 (无论对错).

[2]网上搜索 "R" 即可得到其网址.

- 如果在运行时点击 Esc, 或在 "RStudio" 的 "session" 菜单中选择适当的选项 (如 "New Session" 或 "Quit Session" 等), 则会终止运行.
- 在运行完毕时会被问 " 是否保存工作空间映像 ", 如果选择 " 保存 ", 下次运行时这次的运行结果还会重新载入内存, 不用重复计算, 缺点是占用空间. 如果已经有脚本, 而且运算量不大, 一般不保存. 如果你点击了 " 保存 ", 又没有输入文件名, 这些结果会放在所设或默认的工作目录下名为 .RData 的文件中, 你可以随时找到并删除它.
- 注意, 从 pdf, PPT 或 Word 文档之类非文本文件中复制并粘贴到 R 上的代码很可能存在由这些软件自动变换的首字母大写、(可见及不可见的) 格式符号或者左右引号等造成的 R 无法执行的问题. 此外, 不要使用 (例如中文中的逗号、分号、冒号、引号等) 全角标点符号, 以免和 ASCII 码中类似的符号混淆.
- R 中包含很多常用的数学函数、统计函数以及其他函数. 可以在 R 的帮助菜单中选择 " 手册 (PDF 文件)", 在该手册的附录中找到各种常用函数的内容.
- 在需要把程序包装入内存时, 以程序包 MASS 为例, 使用语句 library(MASS); 而要撤除该程序包时, 用语句 detach(package:MASS)[3].
- 可以一次下载及装入多个程序包, 比如使用程序包 easypackages[4]的函数 packages 及 libraries 即可分别下载及装入多个程序包, 比如用下面的代码同时下载并装入 4 个程序包:

```
packages("dplyr", "ggplot2", "rvest", "magrittr")#下载
libraries("dplyr", "ggplot2", "rvest", "magrittr")#装入内存
```

- 可以用问号加函数名 (或数据名) 的方式来得到某函数或数据的细节, 比如用代码 ?lm 可以得到关于线性模型函数 lm 的各种细节. 另外, 如果想查看 MASS 程序包中的稳健线性模型 rlm, 如果该程序包已经装入内存, 则可用代码 ?rlm 来得到该函数的细节. 如果 MASS 没有装入, 或者不知道 rlm 在哪个程序包, 可以用代码 ??rlm 来得到其位置 (条件是软件中已经下载了这个程序包). 如果不清楚名字, 但知道部分字符, 比如 lm, 可以用代码 apropos("lm") 来得到所有包含 lm 字符的函数和数据.
- 如果想知道某个程序包中有哪些函数或数据, 则可以在 R 的帮助菜单上选择 "Html 帮助 ", 再选择 "Packages", 即可找到你的 R 上装载的所有程序包. 这个 "Html 帮助 " 很方便, 可以链接到许多帮助 (包括手册等). 在 "RStudio" 中 "Packages" 可找到需要的程序包及有关的函数.
- 有一些简化的函数, 如加、减、乘、除、乘方 (+, -, *, /, ^) 等, 可以用诸如 ?"+" 这样的命令得到帮助 (不能用 ?+).
- 可以写关于代码的注释: 任何在 " 井号 "(#) 后面作为注释的代码或文字都不会参与到运行中.
- 可能会遇到无法运行曾成功运行过的一些代码, 或者同一代码得到不同结果的现象. 原因可能是有关程序包经过更新, 一些函数选项 (甚至函数名称和代码) 已经改变, 这

[3]通常为了节省内存以及避免变量名称混杂, 应该在需要时打开相应的程序包, 不需要时关闭.

[4]Sherman, J. (2016) easypackages: Easy Loading and Installing of Packages. R package version 0.1.0. https://CRAN.R-project.org/package=easypackages

也说明 R 软件的更新和成长是很快的. 解决的办法是查看该函数, 或者查看提供有关函数的程序包.

- 网页https://vincentarelbundock.github.io/Rdatasets/datasets.html 提供 R 的各个程序包所带的大量数据, 可以由此搜寻所需要的数据.
- 网络是最及时的老师, 如果遇到一些问题, 或者看到一些错误代码, 借助网络查找问题原因往往是最迅速的解决途径.

13.1.3 动手

如果你不愿意弄湿游泳衣, 即使你的教练是世界游泳冠军, 你在教室里听了几百个小时的课, 你也永远学不会游泳. 如果你不开口, 即使你熟记了字典中所有英文单词的音标, 完全明白英语语法, 你也永远学不会说英语.

软件当然要在使用中学. R 软件资源丰富, 功能非常强大, 我们不可能也没有必要把每一个细节都弄明白. 软件中有很多功能很少用到, 或者是我们不知道, 或者是不需要, 或者是有替代方法. 我们小时候读书时, 往往能看懂多少就看懂多少, 很少查字典, 后来学外语, 遇到大量不会的单词才查字典. 实际上, 学外语时, 在有一定单词量的情况下, 能猜词义就不查字典可能是更好的学习方式.

下面提供了一些笔者为练习而编写的代码, 如果全部一次运行, 用不了一分钟, 但希望读者在每运行一行之后就结合输出思考一下. 大多数人能够在一两天内将这些代码完全学会. 如果在学习各种统计方法时不断实践, R 语言就会成为你自己的语言.

13.1.4 实践

最初几步

```
x=1:100#把1,2,...,100这个整数向量赋值到x
(x=1:100) #同上, 只不过显示出来
sample(x,20) #从1,2,...,100中随机不放回地抽取20个值作为样本
set.seed(0);sample(1:10,3)#先设随机种子再抽样
#从1,2,...,200000中随机不放回地抽取10000个值作为样本:
z=sample(1:200000,10000)
z[1:10]#方括号中为向量z的下标
y=c(1,3,7,3,4,2)
z[y]#以y为下标的z的元素值
(z=sample(x,100,rep=T))#从x中有放回地随机抽取100个值作为样本
(z1=unique(z))
length(z1)#z中不同元素的个数
xz=setdiff(x,z) #x和z之间的不同元素(集合差)
sort(union(xz,z))#对xz及z的并的元素从小到大排序
setequal(union(xz,z),x) #xz及z的并的元素与x是否一样
intersect(1:10,7:50) #两个数据的交
sample(1:100,20,prob=1:100)#从1~100中不等概率随机抽样
#上一语句各数字被抽到的概率与其值大小成比例
```

一些简单运算

```
pi*10^2 #能够用?"*"、?"^"等来看某些基本算子的帮助, pi是圆周率
"*"(pi,"^"(10,2)) #和上面一样, 有些烦琐, 是吧! 很少有人这么用
pi*(1:10)^-2.3#可以对向量求指数幂
x = pi * 10^2 ; print(x)
(x=pi *10^2) #赋值带打印
pi^(1:5) #指数也可以是向量
print(x, digits= 12)#输出x的12位数字
```

关于 R 对象的类型等

```
x=pi*10^2
class(x) #x的class
typeof(x) #x的type
class(cars)#cars是一个R中自带的数据
typeof(cars) #cars的type
names(cars)#cars数据的变量名
summary(cars) #cars的汇总
head(cars)#cars的头几行数据, 和cars[1:6,]相同
tail(cars) #cars的最后几行数据
str(cars)#也是汇总
row.names(cars) #行名
attributes(cars)#cars的一些信息
class(dist~speed)#公式形式,"~"左边是因变量,右边是自变量
plot(dist~speed,cars)#两个变量的散点图
plot(cars$speed,cars$dist) #同上
```

包括简单自变量为定量变量及定性变量的回归

```
ncol(cars);nrow(cars) #cars的行列数
dim(cars) #cars的维数
lm(dist ~ speed, data = cars)#以dist为因变量,speed为自变量做OLS回归
cars$qspeed =cut(cars$speed, breaks=quantile(cars$speed),
include.lowest = TRUE) #增加定性变量qspeed, 四分位点为分割点
names(cars) #数据cars多了一个变量
cars[3]#第三个变量的值, 和cars[,3]类似
table(cars[3])#列表
is.factor(cars$qspeed)
plot(dist ~ qspeed, data = cars)#点出箱线图
#拟合线性模型(简单最小二乘回归):
(a=lm(dist ~ qspeed, data = cars))
```

```
summary(a)#回归结果(包括一些检验)
```

简单样本描述统计量

```
x <- round(runif(20,0,20), digits=2)#四舍五入
summary(x) #汇总
min(x);max(x) #极值, 与range(x)类似
median(x)   #中位数(median)
mean(x)     #均值(mean)
var(x)      #方差(variance)
sd(x)       #标准差(standard deviation),为方差的平方根
sqrt(var(x)) #平方根
rank(x)     #秩(rank)
order(x)#升序排列的x的下标
order(x,decreasing = T)#降序排列的x的下标
x[order(x)] #和sort(x)相同
sort(x)      #同上: 升序排列的x
sort(x,decreasing=T)#sort(x,dec=T) 降序排列的x
sum(x);length(x)#元素和以及向量元素个数
round(x) #四舍五入,等于round(x,0),而round(x,5)为留到小数点后5位
fivenum(x)  #五数汇总, quantile
quantile(x) #分位点 quantile (different convention)有多种定义
quantile(x, c(0,.33,.66,1))
mad(x) #"median average distance":
cummax(x)#累积最大值
cummin(x)#累积最小值
cumprod(x)#累积积
cor(x,sin(x/20)) #线性相关系数 (linear correlation)
```

简单图形

```
x=rnorm(200)#将200个随机正态数赋值到x
hist(x, col = "light blue")#直方图(histogram)
rug(x) #在直方图下面加上实际点的大小位置
stem(x)#茎叶图
x <- rnorm(500)
y <- x + rnorm(500) #构造一个线性关系
plot(y~ x) #散点图
a=lm(y~x) #做回归
abline(a,col="red")#或者abline(lm(y~x),col="red")散点图加拟合线
print("Hello World!")
paste("x 的最小值= ", min(x)) #打印
```

```
demo(graphics)#演示画图(点击Enter来切换)
```

复数运算, 求函数极值和多项式的根

```
(2+4i)^-3.5+(2i+4.5)*(-1.7-2.3i)/((2.6-7i)*(-4+5.1i))#复数运算
#下面构造一个10维复向量, 实部和虚部均为10个标准正态样本点:
(z <-complex(real=rnorm(10), imaginary =rnorm(10)))
complex(re=rnorm(3),im=rnorm(3))#3维复向量
Re(z) #实部
Im(z) #虚部
Mod(z) #模
Arg(z) #辐角
choose(3,2) #组合
factorial(6)#排列6!

#定义函数
test=function(x,den,...){
  y=den(x,...)
  return(y)
}
test(12,dnorm,10,1)
plot(seq(0,5,.1),test(seq(0,5,.1),dgamma,5,5),type='l')


#求函数极值
f=function(x) x^2+2*x+1 #定义一个二次函数
optimize(f,c(-2,2))#在区间(-2,2)内求极值
curve(f, from = -3,to=2)#在区间(-3,2)内画上面定义的函数f图

#求从常数项开始到5次方项的系数分别为1, 2, 2, 4, -9, 8的多项式的根:
polyroot(c(1,2,2,4,-9,8))
```

字符型向量和因子型变量

```
a=factor(letters[1:10]);a #letters:小写字母向量,LETTERS:大写
a[3]="w" #不行! 会给出警告
a=as.character(a) #转换一下
a[3]="w" #可以了
a;factor(a) #两种不同的类型
#定性变量的水平:
levels(factor(a))
sex=sample(0:1,10,r=T)
```

```
sex=factor(sex);levels(sex)
#改变因子的水平:
levels(sex)=c("Male","Female");levels(sex)
#确定水平次序:
sex=ordered(sex,c("Female","Male"));sex
levels(sex)
```

数据输入输出

```
x=scan()#屏幕输入, 可键入或粘贴, 多行输入在空行后按Enter键
1.5 2.6 3.7 2.1 8.9 12 -1.2 -4

x=c(1.5,2.6,3.7,2.1,8.9,12,-1.2,-4)#等价于上面代码
w=read.table(file.choose(),header=T)#从列表中选择有变量名的数据
setwd("f:/mydata")#建立工作路径
(x=rnorm(20))#给x赋值20个标准正态数据值
#(注:有常见分布的随机数、分布函数、密度函数及分位数函数)
write(x,"test.txt")#把数据写入文件(路径要对)
y=scan("test.txt");y#扫描文件数值数据到y
y=iris;y[1:5,];str(y) #iris是R自带数据
write.table(y,"test.txt",row.names=F)#把数据写入文本文件
w=read.table("test.txt",header=T)#读带有变量名的数据
str(w) #汇总
write.csv(y,"test.csv")#把数据写入csv文件
v=read.csv("test.csv")#读入csv数据文件
str(v) #汇总
data=read.table("clipboard")#读入剪贴板的数据
```

序列等

```
(z=seq(-1,10,length=100))#从-1到10等间隔的100个数组成的序列
z=seq(-1,10,len=100)#和上面写法等价
(z=seq(10,-1,-0.1)) #10到-1间隔为-0.1的序列
(x=rep(1:3,3))  #三次重复1:3
(x=rep(3:5,1:3)) #自己看, 这又是什么呢?
x=rep(c(1,10),c(4,5))
w=c(1,3,x,z);w[3]#把数据(包括向量)组合(combine)成一个向量
x=rep(0,10);z=1:3;x+z #向量加法(如果长度不同, R给出警告和结果)
x*z   #向量乘法
rev(x)#颠倒次序
z=c("no cat","has ","nine","tails") #字符向量
z[1]=="no cat" #双等号为逻辑等式
```

```
z=1:5
z[7]=8;z #什么结果? 注:NA为缺失值(not available)
z=NULL
z[c(1,3,5)]=1:3;
z
rnorm(10)[c(2,5)]
z[-c(1,3)]#去掉第1、3元素
z=sample(1:100,10);z
which(z==max(z))#给出最大值的下标
```

矩阵

```
x=sample(1:100,12);x #抽样
all(x>0);all(x!=0);any(x>0);(1:10)[x>0]#逻辑符号的应用
diff(x) #差分
diff(x,lag=2) #差分
x=matrix(1:20,4,5);x #矩阵的构造
x=matrix(1:20,4,5,byrow=T);x#矩阵的构造, 按行排列
t(x) #矩阵转置
x=matrix(sample(1:100,20),4,5)
2*x
x+5
y=matrix(sample(1:100,20),5,4)
x+t(y) #矩阵之间相加
(z=x%*%y) #矩阵乘法
z1=solve(z) #用solve(a,b)可以解方程ax=b
z1%*%z #应该是单位向量, 但浮点运算不可能得到干净的0
round(z1%*%z,14)  #四舍五入
b=solve(z,1:4); b #解联立方程

# 更多矩阵练习:
nrow(x);ncol(x);dim(x)#行列数目
x=matrix(rnorm(24),4,6)
x[c(2,1),]#第2和第1行
x[,c(1,3)] #第1和第3列
x[2,1] #第[2,1]元素
x[x[,1]>0,1] #第1列大于0的元素
sum(x[,1]>0) #第1列大于0的元素的个数
sum(x[,1]<=0) #第1列不大于0的元素的个数
x[,-c(1,3)]#没有第1、3列的x
diag(x)  #x的对角线元素
diag(1:5) #以1:5为对角线元素,其他元素为0的对角线矩阵
diag(5) #5维单位矩阵
```

```
x[-2,-c(1,3)]#没有第2行，第1、3列的x
x[x[,1]>0&x[,3]<=1,1]#第1列>0并且第3列<=1的第1列元素
x[x[,2]>0|x[,1]<.51,1]#第1列<.51或者第2列>0的第1列元素
x[!x[,2]<.51,1]#第1列中相应于第2列>=.51的元素
apply(x,1,mean)#对行(第一维)求均值
apply(x,2,sum)#对列(第二维)求和
x=matrix(rnorm(24),4,6)
x[lower.tri(x)]=0;x #得到上三角阵,
#为得到下三角阵，用x[upper.tri(x)]=0)
```

数组及有关运算

```
x=array(runif(24),c(4,3,2));x
#上面用24个服从均匀分布的样本点构造4乘3乘2的三维数组
is.matrix(x)
dim(x)#得到维数(4,3,2)
is.matrix(x[1,,])#部分三维数组是矩阵
x=array(1:24,c(4,3,2))
x[c(1,3),,]
x=array(1:24,c(4,3,2))
apply(x,1,mean)    #可以对部分维做求均值运算
apply(x,1:2,sum)  #可以对部分维做求和运算
apply(x,c(1,3),prod) #可以对部分维做求乘积运算
x=matrix(1:20,5,4)#5乘4矩阵
sweep(x,1,1:5,"*")#把向量1:5的每个元素乘到每一行
sweep(x,2,1:4,"+")#把向量1:4的每个元素加到每一列
x*1:5
#下面把x标准化,即每一元素减去该列均值,除以该列标准差
(x=matrix(sample(1:100,24),6,4));(x1=scale(x))
(x2=scale(x,scale=F))#自己观察并总结结果
(x3=scale(x,center=F)) #自己观察并总结结果
round(apply(x1,2,mean),14) #自己观察并总结结果
apply(x1,2,sd)#自己观察并总结结果
round(apply(x2,2,mean),14);apply(x2,2,sd)#自己观察并总结结果
round(apply(x3,2,mean),14);apply(x3,2,sd)#自己观察并总结结果
```

缺失值, 数据的合并

```
airquality #有缺失值(NA)的R自带数据
complete.cases(airquality)#判断每行有没有缺失值
which(complete.cases(airquality)==F) #有缺失值的行号
sum(complete.cases(airquality)) #完整观测值的个数
```

```
na.omit(airquality) #删去缺失值的数据
#附加, 横或竖合并数据: append,cbind,rbind
x=1:10;x[12]=3
(x1=append(x,77,after=5))
cbind(1:5,rnorm(5))
rbind(1:5,rnorm(5))
cbind(1:3,4:6);rbind(1:3,4:6) #去掉矩阵重复的行
(x=rbind(1:5,runif(5),runif(5),1:5,7:11))
x[!duplicated(x),]
unique(x)
```

关于 list

```
#list可以是任何对象(包括list本身)的集合
z=list(1:3,Tom=c(1:2,a=list("R",letters[1:5]),w="hi!"))
z[[1]];z[[2]]
z$T
z$T$a2
z$T[[3]]
z$T$w
for (i in z){
  print(i)
  for (j in i)
    print(j)
}

y=list(1:5,rnorm(10))
lapply(y, function(x) sum(x^2))#对list中的每个元素实施函数运算, 输出list
sapply(y, function(x) sum(x^2))#同上, 但输出为向量或矩阵等形式
```

条形图和表

```
x=scan()#30个顾客在五个品牌中的挑选
3 3 3 4 1 4 2 1 3 2 5 3 1 2 5 2 3 4 2 2 5 3 1 4 2 2 4 3 5 2

barplot(x) #不合题意的图
table(x) #制表
barplot(table(x)) #正确的图
barplot(table(x)/length(x)) #比例图(和上图形状一样)
table(x)/length(x)
```

形成表格

```
library(MASS)#载入程序包MASS
quine #MASS所带数据
attach(quine)#把数据变量的名字放入内存
#下面语句产生从该数据得到的各种表格
table(Age)
table(Sex, Age); tab=xtabs(~ Sex + Age, quine); unclass(tab)
tapply(Days, Age, mean)
tapply(Days, list(Sex, Age), mean)
detach(quine) #attach的逆运行
```

如何写函数

```
#下面这个函数是按照定义(编程简单，但效率不高)求n以内的素数
ss=function(n=100){z=2;
  for (i in 2:n)if(any(i%%2:(i-1)==0)==F)z=c(z,i);return(z) }
fix(ss) #用来修改任何函数或编写一个新函数
ss() #计算100以内的素数
t1=Sys.time() #记录时间点
ss(10000) #计算10000以内的素数
Sys.time()-t1 #计算费了多少时间
system.time(ss(10000))#计算执行ss(10000)所用时间
#函数可以不写return,这时最后一个值为return的值
#为了输出多个值最好使用list输出
```

画图

```
x=seq(-3,3,len=20);y=dnorm(x)#产生数据
w= data.frame(x,y)#合并x,成为数据w
par(mfcol=c(2,2))#准备画四个图的地方
plot(y ~ x, w,main="正态密度函数")
plot(y ~ x,w,type="l", main="正态密度函数")
plot(y ~ x,w,type="o", main="正态密度函数")
plot(y ~ x,w,type="b",main="正态密度函数")
par(mfcol=c(1,1))#取消par(mfcol=c(2,2))
plot(1,1,xlim=c(1,7.5),ylim=c(0,5),type="n") #画出框架
#在plot命令后面追加点(如要追加线可用lines函数):
points(1:7,rep(4.5,7),cex=seq(1,4,l=7),col=1:7, pch=0:6)
text(1:7,rep(3.5,7),labels=paste(0:6,letters[1:7]),
cex=seq(1,4,l=7),col=1:7)#在指定位置加文字
points(1:7,rep(2,7), pch=(0:6)+7)#点出符号7到13
```

```
text((1:7)+0.25, rep(2,7), paste((0:6)+7))#加符号号码
points(1:7,rep(1,7), pch=(0:6)+14) #点出符号14到20
text((1:7)+0.25, rep(1,7), paste((0:6)+14)) #加符号号码
#关于符号形状、大小、颜色以及其他画图选项的说明可用"?par"来查看
```

如何得到函数源代码

对于一般的函数, 比如线性模型 lm, 可以用语句 edit(lm) 或 mylm=edit(lm) 来查看或改写源代码. 对于某些函数, 比如函数 mean, 如果用 edit(mean) 则会出现下面结果:

```
function (x, ...)
UseMethod("mean")
```

这时, 要用 methods(mean) 语句来查看, 并得到下面的结果:

```
> methods(mean)
[1] mean,ANY-method           mean,Matrix-method
[3] mean,sparseMatrix-method mean,sparseVector-method
[5] mean.Date                 mean.default
[7] mean.difftime             mean.POSIXct
[9] mean.POSIXlt
see '?methods' for accessing help and source code
```

可以用代码 getAnywhere(mean.default) 来得到源代码, 下面是输出:

```
A single object matching ‘mean.default’ was found
It was found in the following places
package:base
registered S3 method for mean from namespace base
namespace:base
with value

function (x, trim = 0, na.rm = FALSE, ...)
{
  if (!is.numeric(x) && !is.complex(x) && !is.logical(x)) {
  warning("argument is not numeric or logical: returning NA")
  return(NA_real_)
  }
  if (na.rm)
    x <- x[!is.na(x)]
  if (!is.numeric(trim) || length(trim) != 1L)
    stop("'trim' must be numeric of length one")
  n <- length(x)
  if (trim > 0 && n) {
```

```
    if (is.complex(x))
      stop("trimmed means are not defined for complex data")
    if (anyNA(x))
      return(NA_real_)
    if (trim >= 0.5)
      return(stats::median(x, na.rm = FALSE))
    lo <- floor(n * trim) + 1
    hi <- n + 1 - lo
    x <- sort.int(x, partial = unique(c(lo, hi)))[lo:hi]
  }
  .Internal(mean(x))
}
<bytecode: 0x1198b8e00>
<environment: namespace:base>
```

13.2 Python 简介——为领悟而运行

13.2.1 引言

一些人说 Python 比 R 好学, 而另一些人正相反, 觉得 R 更易掌握. 其实, 熟悉编程语言的人, 学哪一个都很快. 它们的区别大体如下. 由于有统一的志愿团队管理, R 的语法相对比较一致, 安装程序包很简单, 而且很容易找到帮助和支持, 但 R 主要用于数据分析, 一些对于统计不那么熟悉的人可能觉得对象太专业了. Python 则是一个通用软件, 比 C++ 容易学, 功能并不差, 它的各种包装版本运行速度也非常快. 但是, Python 没有统一团队管理, 针对不同 Python 版本的模块非常多. 因此对于不同的计算机操作系统、不同版本的 Python、不同的模块, 安装过程多种多样, 首先遇到的就是安装问题. 另外, R 软件的基本语言 (即下载 R 之后所安装的基本程序包) 本身就可以应付相当复杂的统计运算, 相比之下 Python 的传统统计模型没那么多, 做一些统计分析不如 R 方便, 但由其基本语法所产生的成千上万的模块使得它可以做任何想做的事情.

大数据时代的数据分析, 最重要的不是掌握一两种编程语言, 而是泛型编程能力, 有了这个能力, 编程语言的不同不会造成太多的烦恼.

由于 Python 是个应用广泛的通用软件, 这里只能介绍其中和数据分析有关的一点简单操作. 如果读者有疑问, 可以上网搜索答案.

下面通过运行各种语句来领悟简单的语法, 我们尽量不做更多的解释.

13.2.2 安装

安装及开始体验

初学者可以使用 Anaconda 下载 Python Navigator [5], 以获得 Jupyter, RStudio, Visual Studio Code, IPython and Spyder 等软件界面, 可以选择你认为方便的方式运行 Python 程序. 使

[5] https://www.anaconda.com/distribution/.

用 Anaconda 的好处是它包含了常用的模块 Numpy, Pandas, Matplotlib, 而且安装其他一些模块 (比如 Sklearn) 也比较方便.

这里不可能给出太多的安装细节, 因为这些都可能会变化, 相信读者会在网上找到各种线索、提示和帮助. 下面对 Python 的介绍基于 Anaconda 的 notebook 运行 Python3 的实践.

运行 Notebook

安装完 Anaconda 之后, 就可以运行 Notebook 了. 可以通过点击 Anaconda 图标, 然后选中 Notebook 或其他运行界面, 也可以在终端键入 `cd Python Work` 到达你的工作目录, 然后键入 `jupyter notebook` 在默认浏览器产生一个工作界面 (称为 "Home"). 如果你已经有文件, 则会有书本图标开头的列表, 你的文件名以 `.ipynb` 为扩展名. 如果没有现成的, 可创造新的文件, 点击右上角 `New` 并选择 `Python3`, 则产生一个没有名字的 (默认是 Untitled) 以 `.ipynb` 为扩展名的文件 (自动存在你的工作目录中的一页), 文件名可以随时更改.

当你的文件页中出现 `In [ ]:` 标记, 就可以在其右边的框中输入代码, 然后得到的结果会出现在代码 (代码所在的框称为 "Cell") 下面的地方. 一个 Cell 中可有一群代码, 可以在其上下增加 Cell, 也可以合并或拆分 Cell, 相信读者会很快掌握这些小技巧.

你可以先键入:

```
3*' Python is easy!'
```

用 `Ctrl+Enter` 就会输出:

```
' Python is easy! Python is easy! Python is easy!'
```

实际上该代码等价于 `print(3*' Python is easy!')`. 在一个 Cell 中, 如果有可以输出的几条语句, 则只输出有 `print` 的行及最后一行代码 (无论有没有 `print`) 的结果.

在 Python 中, 也可以一行输入几个简单 (不分行的) 命令, 用分号分隔. 要注意, Python 和 R 的代码一样是分大小写的. Python 与 R 的注释一样, 在 # 号后面的符号不会被当成代码执行.

当前工作目录是在存取文件, 输入输出模块时只敲入文件或模块名称而不用敲入路径的目录. 查看工作目录和改变工作目录的代码为:

```
import os
print(os.getcwd()) #查看目录
os.chdir('D:/Python work') #在Windows系统中改变工作目录
os.chdir('/users/Python work') #在OSx系统中改变工作目录
```

查看某个目录 (比如 `/users/work/`) 下的某种文件 (比如以 `.csv` 结尾的文件) 的路径名、文件名及大小, 可以用下面的语句:

```
import os
from os.path import join
for (dirname, dirs, files) in os.walk('/users/work/'):
```

```
    for filename in files:
        if filename.endswith('.csv') :
            thefile = os.path.join(dirname,filename)
            print(thefile,os.path.getsize(thefile))
```

Python 有很多模块, 在数据处理时最常用的几个模块 (以常用的缩写名) 的输入命令为:

```
import numpy as np
import pandas as pd
import matplotlib.pyplot as plt
import seaborn as sns
import os
```

这些模块都由其 (在上面全名 `as` 后面的) 缩写来引用, 如果在终端 (或 Windows 中的 Anaconda 提示) 可利用代码 `pip install pyforest` 下载 `pyforest`. 在此之后重新启动 Jupyter 界面, 不用 `import` 语句也能执行上面缩写模块命令.

13.2.3 基本模块的编程

熟悉 R 的人首先不习惯的可能是在 Python 中的向量、矩阵、列表或其他多元素对象的下标是从 0 开始, 请输入下面的代码并看输出:

```
y=[[1,2],[1,2,3],['ss','swa','stick']]
y[2],y[2][:2],y[1][1:]
```

从 0 开始的下标也有方便的地方, 比如下标 `[:3]` 是左闭右开的整数区间: `0,1,2`, 类似地, `[3:7]` 是 `3,4,5,6`, 于是首尾相接的形式 `[:3]`, `[3:7]`, `[7:10]` 实际上覆盖了从 0 到 9 的所有下标; 而在 R 中, 这种下标应该写成 `[1:2]`, `[3:6]`, `[7:9]`, 由于是闭区间, 中间的端点没有重合. 请运行下面的语句, 一些首尾相接的下标区间得到完整的下标群:

```
x='A poet can survive everything but a misprint.'
x[:10]+x[10:20]+x[20:30]+x[30:40]+x[40:]
```

关于 `append`, `extend` 和 `pop`:

```
x=[[1,2],[3,5,7],'Oscar Wilde']
y=['save','the world']
x.append(y);print(x)
x.extend(y);print(x)
x.pop();print(x)
x.pop(2);print(x)
```

整数和浮点运算:

```
print(2**0.5,2.0**(1/2),2**(1/2.))
print( 4/3,4./3 )
```

关于 remove 和 del:

```
x=[0,1,4,23]
x.remove(4);print(x)
del x[0];print(x, type(x))
```

关于 tuple:

```
x =(0,12,345,67,8,9,'we','they')
print(type(x),x[-4:-1])
```

关于 range, xrange 及一些打印输出格式:

```
x=range(2,11,2)
print('x={}, list(x)={}'.format(x,list(x)))
print('type of x is {}'.format(type(x)))
```

关于 dictionary(字典) 类型 (注意打印的次序与原来不一致):

```
data = {'age': 34, 'Children' : [1,2], 1: 'apple','zip': 'NA'}
print(type(data))
print('age=',data['age'])
data['age'] = '99'
data['name'] = 'abc'
print(data)
```

一些集合运算

```
x=set(['we','you','he','I','they']);y=set(['I','we','us'])
x.add('all');print(x,type(x),len(x))
set.add(x,'none');print(x)
print('set.difference(x,y)=', set.difference(x,y))
print('set.union(x,y)=',set.union(x,y))
print('set.intersection(x,y)=',set.intersection(x,y))
x.remove('none')
print('x=',x,'\n','y=', y)
```

用 id 函数来确定变量的存储位置 (是不是等同):

```
x=1;y=x;print(x,y,id(x),id(y))
x=2.0;print(x,y,id(x),id(y))
x = [1, 2, 3];y = x;y[0] = 10
```

```
print(x,y,id(x),id(y))
x = [1, 2, 3];y = x[:]
print(x,y,id(x)==id(y),id(x[0])==id(y[0]))
print(id(x[1])==id(y[1]),id(x[2])==id(y[2]))
```

函数的简单定义 (包括 lambda 函数) 及应用

```
def f(x): return x**2-x
g=lambda x: max(x**2,x**3)
print(list(map(lambda x: x**2+1-abs(x), [1.2,5.7,23.6,6])))
print(f(10),g(-3.4))
print(list(range(-10,10,2)),'\n',
        list(filter(lambda x: x>0,range(-10,10,2))))
```

一般函数的定义 (注意在 Python 中, 函数、类、条件和循环等语句后面有冒号 (:), 而随后的行要缩进, 首先要确定数目的若干空格 (和 R 中的花括号作用类似)):

```
from random import *
def RandomHappy():
    if randint(1,100)>50:
        x='happy'
    else:
        x='unhappy'
    if randint(1,100)>50:
        y='happy'
    else:
        y='unhappy'
    if x=='happy' and y=='happy':
        print('You both are happy')
    elif x!=y:
        print('One of you is happy')
    else:
        print('Both are unhappy')

RandomHappy() #执行函数
```

循环语句和条件语句及例子

```
for line in open("UN.txt"):
    for word in line.split():
        if word.endswith('er'):
            print(word)
```

```
# 例1
for line in open("UN.txt"):
    for word in line.split():
        if word.endswith('er'):
            print(word)

# 例2
with open('UN.txt') as f:
    lines=f.readlines()
lines[1:20]

# 例3
x='Just a word'
for i in  x:
    print(i)

# 例4
for i in  x.split():
    print(i,len(i))

# 例5
for i in [-1,4,2,27,-34]:
    if i>0 and i<15:
        print(i,i**2+i/.5)
    elif i<0 and abs(i)>5:
        print(abs(i))
    else:
        print(4.5**i)
```

关于 list 的例子

```
# 例1
x = range(5)
y = []
for i in range(len(x)):
    if float(i/2)==i/2:
        y.append(x[i]**2)
print('y', y)
z=[x[i]**2 for i in range(len(x)) if float(i/2)==i/2]
print('z',z)

# 例2
my_list = ["mouse", [8, 4, 6], ['a']]
```

```
my_list_copy=[]
my_list_mix=[]
for i in my_list:
    my_list_copy.append(i)
    my_list_mix.extend(i)
print(my_list_copy,my_list_mix)
```

13.2.4 Numpy 模块

首先输入这个模块, 比如用 import numpy, 这样, 凡是该模块的命令 (比如 array) 都要加上 numpy 成为 numpy.array. 如果嫌字母太多, 则可以简写, 比如, 在输入 numpy 模块时敲入 import numpy as np. 这样, numpy.array 就成为 np.array.

数据文件的存取

```
import numpy as np
x = np.random.randn(25,5)
np.savetxt('tabs.txt',x)#存成制表符分隔的文件
np.savetxt('commas.csv',x,delimiter=',')#存成逗号分隔的文件(如csv)
u = np.loadtxt('commas.csv',delimiter=',')#读取逗号分隔文件
v = np.loadtxt('tabs.txt')#读取逗号分隔文件
```

矩阵和数组

```
import numpy as np
y = np.array([[[1,4,7],[2,5,8]],[[3,6,9],[10,100,1000]]])
print(y)
print(np.shape(y))
print(type(y),y.dtype)
print(y[1,0,0],y[0,1,:])
```

整型和浮点型数组 (向量) 运算

```
import numpy as np
u = [0, 1, 2];v=[5,2,7]
u=np.array(u);v=np.array(v)
print(u.shape,v.shape)
print(u+v,u/v,np.dot(u,v))
u = [0.0, 1, 2];v=[5,2,7]
u=np.array(u);v=np.array(v)
print(u+v,u/v)
print(v/3, v/3.,v/float(3),(v-2.5)**2)
```

向量和矩阵的维数转换和矩阵乘法的运算. 这里列出了一些等价的做法, 请逐条执行和比较.

```
x=np.arange(3,5,.5)
y=np.arange(4)
print(x,y,x+y,x*y) #向量计算
print(x[:,np.newaxis].dot(y[np.newaxis,:]))
print(np.shape(x),np.shape(y))
print(np.shape(x[:,np.newaxis]),np.shape(y[np.newaxis,:]))
print(np.dot(x.reshape(4,1),y.reshape(1,4)))
x.shape=4,1;y.shape=1,4
print(x.dot(y))
print(np.dot(x,y))
print(np.dot(x.T,y.T), x.T.dot(y.T))#x.T是x的转置
print(x.reshape(2,2).dot(np.reshape(y,(2,2))))
x=[[2,3],[7,5]]
z = np.asmatrix(x)
print(z, type(z))
print(z.transpose() * z )
print(z.T*z== z.T.dot(z),z.transpose()*z==z.T*z)
print(np.ndim(z),z.shape)
```

分别按照列 (axis=0: 竖向) 或行 (axis=1: 横向) 合并矩阵, 和 **R** 的 `rbind` 及 `cbind` 类似.

```
x = np.array([[1.0,2.0],[3.0,4.0]])
y = np.array([[5.0,6.0],[7.0,8.0]])
z = np.concatenate((x,y),axis = 0)
z1 = np.concatenate((x,y),axis = 1)
print(z,"\n" ,z1,"\n",z.transpose()*z1)
z = np.vstack((x,y)) # Same as z = concatenate((x,y),axis = 0)
z1 = np.hstack((x,y))
print(z,"\n",z1)
```

数组的赋值

```
print(np.ones((2,2,3)),np.zeros((2,2,3)),np.empty((2,2,3)))
x=np.random.randn(20).reshape(2,2,5);print(x)
x=np.random.randn(20).reshape(4,5)
x[0,:]=np.pi
print(x)
x[0:2,0:2]=0
print(x)
x[:,4]=np.arange(4)
```

```
print(x)
x[1:3,2:4]=np.array([[1,2],[3,4]])
print(x)
```

行列序列的定义

这里 np.c_[0:10:2] 是从 0 到 10, 间隔 2 的列 (c) 序列, 而 np.r_[1:5:4j] 是从 1 到 5, 等间隔长度为 4 的行 (r) 序列.

```
print(np.c_[0:10:2],np.c_[0:10:2].shape)
print(np.c_[1:5:4j],np.c_[1:5:4j].shape)
print(np.r_[1:5:4j],np.r_[1:5:4j].shape)
```

网格及按照网格抽取数组 (矩阵) 的子数组

```
print(np.ogrid[0:3,0:2:.5],'\n',np.mgrid[0:3,0:2:.5])
print(np.ogrid[0:3:3j,0:2:5j],'\n',np.mgrid[0:3:3j,0:2:5j])
x = np.reshape(np.arange(25.0),(5,5))
print('x=\n',x)
print('np.ix_(np.arange(2,4),[0,1,2])=\n',np.ix_(np.arange(2,4),[0,1,2]))
print('ix_([2,3],[0,1,2])=\n',np.ix_([2,3],[0,1,2]))
print('x[np.ix_(np.arange(2,4),[0,1,2])]=\n',
x[np.ix_(np.arange(2,4),[0,1,2])]) # Rows 2 & 3, cols 0, 1 and 2
print('x[ix_([3,0],[1,4,2])]=\n', x[np.ix_([3,0],[1,4,2])])
print('x[2:4,:3]=\n',x[2:4,:3])# Same, standard slice
print('x[ix_([0,3],[0,1,4])]=\n',x[np.ix_([0,3],[0,1,4])])
```

舍入、加减乘除、差分、指数、对数等各种对向量和数组的数学运算

```
x = np.random.randn(3)
print('np.round(x,2)={},np.round(x, 4)={}'.format(np.round(x,2),np.round(x, 4)))
print('np.around(np.pi,4)=', np.around(np.pi,4))
print('np.around(x,3)=', np.around(x,3))

print('x.round(3)={},np.floor(x)={}'.format(x.round(3),np.floor(x)))
print('np.ceil(x)={}, np.sum(x)={},'.format(np.ceil(x), np.sum(x)))
print('np.cumsum(x)={},np.prod(x)={}'.format(np.cumsum(x),np.prod(x)))
print(',np.cumprod(x)={},np.diff(x)={}'.format(np.cumprod(x),np.diff(x)))

x= np.random.randn(3,4)
print('x={},np.diff(x)={}'.format( x,np.diff(x)))
print('np.diff(x,axis=0)=',np.diff(x,axis=0))
print('np.diff(x,axis=1)=',np.diff(x,axis=1))
print('np.diff(x,2,1)=', np.diff(x,2,1))
print('np.sign(x)={}, np.exp(x)={}'.format(np.sign(x),np.exp(x)))
```

```
print('np.log(np.abs(x))={},x.max()={}'.format(np.log(np.abs(x)),x.max()))
print(',x.max(1)={},,np.argmin(x,0)={}'.format(x.max(1),np.argmin(x,0)))
print('np.max(x,0)={},np.argmax(x,0)={}'.format(np.max(x,0),np.argmax(x,0)))
print('x.argmin(0)={},x[x.argmax(1)]={}'.format(x.argmin(0),x[:,x.argmax(1)]))
```

一些函数的操作

```
x = np.repeat(np.random.randn(3),(2))
print(x)
print(np.unique(x))
y,ind = (np.unique(x, True))
print('y={},ind={},x[ind]={},x.flat[ind]={}'.format(y,ind,x[ind],x.flat[ind]))

x = np.arange(10.0)
y = np.arange(5.0,15.0)
print('np.in1d(x,y)=', np.in1d(x,y))
print('np.intersect1d(x,y)=', np.intersect1d(x,y))
print('np.union1d(x,y)=', np.union1d(x,y))
print('np.setdiff1d(x,y)=' , np.setdiff1d(x,y))
print('np.setxor1d(x,y)=',np.setxor1d(x,y))
x=np.random.randn(4,2)
print(x,'\n','\n',np.sort(x,1),'\n',np.sort(x,axis=None))
print('np.sort(x,0)',np.sort(x,0))
print('x.sort(0)',x.sort(axis=0) )
x=np.random.randn(3)
x[0]=np.nan #赋缺失值
print('x{}\nsum(x)={}\nnp.nansum(x)={}'.format(x,sum(x),np.nansum(x)))
print('np.nansum(x)/np.nanmax(x)=', np.nansum(x)/np.nanmax(x))
```

分割数组

```
x = np.reshape(np.arange(24),(4,6))
y = np.array(np.vsplit(x,2))
z = np.array(np.hsplit(x,3))
print('x={}\ny={}\nz={}'.format(x,y,z))
print(x.shape,y.shape,z.shape)
print(np.delete(x,1,axis=0)) #删除x第一行
print(np.delete(x,[2,3],axis=1)) #删除x第2,3列
print(x.flat[:], x.flat[:4]) #把x变成向量
```

矩阵的对角线元素与对角线矩阵

```
x = np.array([[10,2,7],[3,5,4],[45,76,100],[30,2,0]])#same as R
y=np.diag(x) #对角线元素
print('x={}\ny={}'.format(x,y))
print('np.diag(y)=\n',np.diag(y)) #由向量形成对角线方阵
```

```
print('np.triu(x)=\n' ,np.triu(x)) #x上三角阵
print('np.tril(x)=\n',np.tril(x))#x下三角阵
```

一些随机数的产生

```
print(np.random.randn(2,3))#随机标准正态2x3矩阵
#给定均值矩阵和标准差矩阵的随机正态矩阵:
print(np.random.normal([[1,0,3],[3,2,1]],[[1,1,2],[2,1,1]]))
print(np.random.normal((2,3),(3,1)))#均值为2,3,标准差为3,1的2个随机正态数
print(np.random.uniform(2,3))#均匀U[2,3]随机数
np.random.seed(1010)#随机种子
print(np.random.random(10))#10个随机数(0~1之间)
print(np.random.randint(20,100))#20~100之间的随机整数
print(np.random.randint(20,100,10))#20~100之间的10个随机整数
print(np.random.choice(np.arange(-10,10,3)))#从序列随机选一个
x=np.arange(10);np.random.shuffle(x);print(x)
```

一些线性代数运算

```
import numpy as np
x=np.random.randn(3,4)
print(x)
u,s,v= np.linalg.svd(x)#奇异值分解
Z=np.array([[1,-2j],[2j,5]])
print('Cholsky:', np.linalg.cholesky(Z))#Cholsky分解
print('x={}\nu={}\ndiag(s)={}\nv={}'.format(x,u,np.diag(s),v))
print(np.linalg.cond(x))#条件数
x=np.random.randn(3,3)
print(np.linalg.slogdet(x))#行列式的对数(及符号:1.为正-1.为负)
print(np.linalg.det(x)) #行列式
y=np.random.randn(3)
print(np.linalg.solve(x,y)) #解联立方程
X = np.random.randn(100,2)
y = np.random.randn(100)
beta, SSR, rank, sv= np.linalg.lstsq(X,y,rcond=None)#最小二乘法
print('beta={}\nSSR={}\nrank={}\nsv={}'.format(beta, SSR, rank, sv))
#cov(x)方阵的特征值问题解:
va,ve=np.linalg.eig(np.cov(x))
print('eigen value={}\neigen vectors={}'.format(va,ve))
x = np.array([[1,.5],[.5,1]])
print('x inverse=', np.linalg.inv(x))#矩阵的逆
x = np.asmatrix(x)
print('x inverse=', np.asmatrix(x)**(-1)) #注意使用**(-1)的限制
z = np.kron(np.eye(3),np.ones((2,2)))#单位阵和全1矩阵的Kronecker积
print('z={},z.shape={}'.format(z,z.shape))
print('trace(Z)={}, rank(Z)={}'.format(np.trace(z),np.linalg.matrix_rank(z)))
```

关于日期

```
import datetime as dt
yr, mo, dd = 2016, 8, 30
print('dt.date(yr, mo, dd)=',dt.date(yr, mo, dd))
hr, mm, ss, ms= 10, 32, 10, 11
print('dt.time(hr, mm, ss, ms)=',dt.time(hr, mm, ss, ms))
print(dt.datetime(yr, mo, dd, hr, mm, ss, ms))
d1 = dt.datetime(yr, mo, dd, hr, mm, ss, ms)
d2 = dt.datetime(yr + 1, mo, dd, hr, mm, ss, ms)
print('d2-d1', d2-d1 )
print(np.datetime64('2016'))
print(np.datetime64('2016-08'))
print(np.datetime64('2016-08-30'))
print(np.datetime64('2016-08-30T12:00')) # Time
print(np.datetime64('2016-08-30T12:00:01')) # Seconds
print(np.datetime64('2016-08-30T12:00:01.123456789')) # Nanoseconds
print(np.datetime64('2016-08-30T00','h'))
print(np.datetime64('2016-08-30T00','s'))
print(np.datetime64('2016-08-30T00','ms'))
print(np.datetime64('2016-08-30','W'))#Upcase!
dates = np.array(['2016-09-01','2017-09-02'],dtype='datetime64')
print(dates)
print(dates[0])
```

13.2.5 Pandas 模块

产生一个数据框 (类似于 R 的), 并存入 csv 及 Excel 文件 (指定 sheet) 中.

```
import pandas as pd
np.random.seed(1010)
w=pd.DataFrame(np.random.randn(10,5),columns=['X1','X2','X3','X4','Y'])
v=pd.DataFrame(np.random.randn(20,4),columns=['X1','X2','X3','Y'])
w.to_csv('Test.csv',index=False)
writer=pd.ExcelWriter('Test1.xlsx')
v.to_excel(writer,'sheet1',index=False)
w.to_excel(writer,'sheet2')
```

从 csv 及 Excel 文件 (指定 sheet) 中读入数据及一个例子 (diamonds.csv)

```
W=pd.read_csv('Test.csv')
V=pd.read_excel('Test1.xlsx','sheet2')
U=pd.read_table('Test.csv',sep=',')
print('V.head()=\n',V.head())#头5行
```

```
print('U.head(2)=\n',U.head(2))#头两行
print('U.tail(3)=\n',U.tail(3))#最后三行
print('U.size={}\nU.columns={}'.format(U.size, U.columns))
U.describe() #简单汇总统计量

diamonds=pd.read_csv("diamonds.csv")
print(diamonds.head())
print(diamonds.describe())
print('diamonds.columns=',diamonds.columns)
print('sample size=', len(diamonds)) #样本量
cut=diamonds.groupby("cut") #按照变量cut的各水平分群
print('cut.median()=\n',cut.median())
print('Cross table=\n',pd.crosstab(diamonds.cut, diamonds.color))
```

13.2.6 Matplotlib 模块

输入模块

一般在 plt.show 之后显示独立图形, 可以对独立图形做些编辑. 如果想在输出结果中看到 " 插图 ", 则可用 %matplotlib inline 语句, 但没有独立图形那么方便.

```
#如果输入下一行代码, 则会产生输出结果之间的插图(不是独立的图)
#%matplotlib inline
import matplotlib.pyplot as plt
```

最简单的图

```
y = np.random.randn(100)
plt.plot(y)
plt.plot(y,'g--')
plt.title('Random number')
plt.xlabel('Index')
plt.ylabel('y')
plt.show()
```

几张图

```
import scipy.stats as stats
fig = plt.figure(figsize=(15,10))
ax = fig.add_subplot(2, 3, 1)#2x3图形阵
y = 50*np.exp(.0004 + np.cumsum(.01*np.random.randn(100)))
plt.plot(y)
plt.xlabel('time ($\tau$)')
```

```
plt.ylabel('Price',fontsize=16)
plt.title('Random walk: $d\ln p_t = \mu dt + \sigma dW_t$',fontsize=16)

y = np.random.rand(5)
x = np.arange(5)
ax = fig.add_subplot(2, 3, 5)
colors = ['#FF0000','#FFFF00','#00FF00','#00FFFF','#0000FF']
plt.barh(x, y, height = 0.5, color = colors, \
edgecolor = '#000000', linewidth = 5)
ax.set_title('Bar plot')

y = np.random.rand(5)
y = y / sum(y)
y[y < .05] = .05
ax = fig.add_subplot(2, 3, 3)
plt.pie(y)
ax.set_title('Pie plot')

z = np.random.randn(100, 2)
z[:, 1] = 0.5 * z[:, 0] + np.sqrt(0.5) * z[:, 1]
x = z[:, 0]
y = z[:, 1]
ax = fig.add_subplot(2, 3, 4)
plt.scatter(x, y)
ax.set_title('Scatter plot')

ax = fig.add_subplot(2, 3, 2)
x = np.random.randn(100)
ax.hist(x, bins=30, label='Empirical')
xlim = ax.get_xlim()
ylim = ax.get_ylim()
pdfx = np.linspace(xlim[0], xlim[1], 200)
pdfy = stats.norm.pdf(pdfx)
pdfy = pdfy / pdfy.max() * ylim[1]
plt.plot(pdfx, pdfy,'r-',label='PDF')
ax.set_ylim((ylim[0], 1.2 * ylim[1]))
plt.legend()
plt.title('Histogram')

ax = fig.add_subplot(2, 3, 6)
x = np.cumsum(np.random.randn(100,4), axis = 0)
plt.plot(x[:,0],'b-',label = 'Series 1')
plt.plot(x[:,1],'g-.',label = 'Series 2')
plt.plot(x[:,2],'r:',label = 'Series 3')
```

```
plt.plot(x[:,3],'h--',label = 'Series 4')
plt.legend()
plt.title('Random lines')
plt.show()
```

13.3 本书所用的一些自编函数

13.3.1 自编 R 函数

为均衡分类时因变量各个水平的分折函数, 变元 Z 是折数, w 为数据框, D 是因变量在数据框中的列号, seed 是随机种子.

```
Fold=function(Z,w,D,seed=7777){
  n=nrow(w);d=1:n;dd=list()
  w[,D]=factor(w[,D])
  e=levels(w[,D]);T=length(e)#因变量T类
  set.seed(seed)
  for(i in 1:T){ #i=1
    d0=d[w[,D]==e[i]];j=length(d0)
    ZT=rep(1:Z,ceiling(j/Z))[1:j]
    id=cbind(sample(ZT,length(ZT)),d0);dd[[i]]=id
  } #上面每个dd[[i]]是随机1:Z及i类的下标集组成的矩阵
  mm=list()
  for(i in 1:Z){
    u=NULL;
    for(j in 1:T) u=c(u,dd[[j]][dd[[j]][,1]==i,2])
    mm[[i]]=u
  } #mm[[i]]为第i个下标集i=1,...,Z
  return(mm)
}#输出Z个下标集
```

13.3.2 自编 Python 函数

在这一节我们引入几个为编程方便而自编的若干函数:

1. 把下标分折的函数, 这里变元 n 为样本量, Z 为折数, seed 为随机种子; 输出为和下标配对的折号码.

```
def Zfold(n, Z=10, seed=1010):
    zid = (list(range(Z))*int(n/Z+1))[:n]
    np.random.seed(seed)
    np.random.shuffle(zid)
    zid=np.array(zid)
    return zid
```

2. 回归交叉验证函数 (需要自编函数 `Zfold`), 变元 `X` 为自变量数据矩阵, `y` 为因变量向量, `regress` 为回归模型名字 (dict 的名字), `Z` 为折数, `H` 为可能需要按照其水平分折的某个分类自变量 (这时需要自编函数 `Fold`), `seed` 为随机种子.

```
def RCV(X,y,regress, Z=10, H=[0], seed=8888):
    from datetime import datetime
    n=len(y)
    if len(H)==n:
        zid=Fold(y,Z,seed)
    else:
        zid=Zfold(n,Z,seed)
    YPred=dict();
    M=np.sum((y-np.mean(y))**2)
    A=dict()
    for i in regress:
        Y_pred=np.zeros(n)
        for j in range(Z):
            reg=regress[i]
            reg.fit(X[zid!=j],y[zid!=j])
            Y_pred[zid==j]=reg.predict(X[zid==j])
        YPred[i]=Y_pred
        A[i]=np.sum((y-YPred[i])**2)/M
    return A
```

3. 画条形图函数, 变元 `A` 为包含名字和数目的 dict, 其他变元是图形参数 (横轴和纵轴的标签, 以及一些字体字号).

```
def BarPlot(A,xlab='',ylab='',title='',size=[20,20,30,20,15]):
    plt.figure(figsize = (20,7))
    plt.barh(range(len(A)), A.values(), color = 'navy')
    plt.xlabel(xlab,size=size[0])
    plt.ylabel(ylab,size=size[1])
    plt.title(title,size=size[2])
    plt.yticks(np.arange(len(A)),A.keys(),size=size[3])
    for v,u in enumerate(A.values()):
        plt.text(u, v, str(round(u,4)), va = 'center',color='navy',
          size=size[4])
    plt.show()
```

4. 计算多变量最小二乘线性回归及各变量单独回归得到两种系数的函数.

```
def UNI_MULTI_Reg(X,y,xlab):
    X=np.array(X)
    y=np.array(y).reshape(-1,1)
    uni=[]
```

```
    for i in range(X.shape[1]):
        uni.append(X[:,i].reshape(1,-1).dot(y)/X[:,i].T.dot(X[:,i]))
    multi=np.linalg.inv(X.T.dot(X)).dot(X.T).dot(y)
    df=pd.DataFrame(np.hstack((np.array(uni).reshape(-1,1),multi)))
    df.columns=['Univariate', 'Multivariate']
    df['Covariate']=xlab
    df=pd.melt(df,var_name='Regression', value_name='Coefficients',
               id_vars = "Covariate")
    return df
```

5. 为均衡分类时因变量各个水平的分折函数, 变元 Z 是折数, y 为分类自变量.

```
def Fold(y,Z=5,seed=1010):
    u = np.array(y).reshape(-1)
    id = np.arange(len(u))
    zid = []; ID = []; np.random.seed(seed)
    for i in np.unique(u):
        n = sum(u==i)
        ID.extend(id[u==i])
        k = (list(range(Z))*int(n/Z+1))[:n]
        np.random.shuffle(k)
        zid.extend(k)
    zid = np.array(zid);ID = np.array(ID)
    zid = zid[np.argsort(ID)]
    return zid
```

6. 单独模型回归的交叉验证函数 (标准化数据版). 下面函数中的选项 X 为自变量数据, y 为因变量数据, REG 为回归模型, Z 为折数, seed 为随机种子.

```
def SRCVSTD(X,y,REG,Z=10,seed=1010):
    from sklearn.preprocessing import StandardScaler
    n=len(y)
    zid=Zfold(n,Z,seed)
    X_std=StandardScaler().fit_transform(X)
    stdy=StandardScaler()
    y_std=stdy.fit_transform(y.values.reshape(-1, 1))
    pred=np.zeros(n)
    for j in range(Z):
        REG.fit(X_std[zid!=j],y_std.ravel()[zid!=j])
        pred[zid==j]=\
stdy.inverse_transform(REG.predict(X_std[zid==j]))
    NMSE=((y-pred)**2).sum()/np.sum((y-y.mean())**2)
    return NMSE, pred
```

7. 单独模型分类的交叉验证函数. 这里需要事先运行前面自编的 Fold 函数. 下面函数

中的选项 X 为自变量数据, y 为因变量数据, clf 为分类模型, Z 为折数, seed 为随机种子.

```
def SCCV(X,y,clf,Z=10,seed=1010):
    from sklearn.metrics import confusion_matrix
    n=len(y)
    Zid=Fold(y,Z,seed=1010)
    Y_pred=np.zeros(n)
    for j in range(Z):
        clf.fit(X[Zid!=j],y[Zid!=j])
        Y_pred[Zid==j]=clf.predict(X[Zid==j])
    cfm=confusion_matrix(y,Y_pred)
    error =np.mean(y!=Y_pred)
    return Y_pred, cfm, error
```

8. 为了更方便地利用上面的函数 Fold 做分类的交叉验证, 这里提供一个计算预测值及误判率的函数, 其中选项 logit 是专门为得到 logistic 分类交叉验证时 (那时因变量应该转换成 0-1 哑元变量) 因变量为 1 的概率而设, 比如可以据此得到 ROC 曲线.

```
def CCV(clf,X, y,Zid,logit=False):
    y_pred=np.zeros(len(y))
    y_prob=np.zeros(len(y))
    for j in np.unique(Zid): #j has Z kinds of values
        clf.fit(X[Zid!=j],y[Zid!=j])
        y_pred[Zid==j]=clf.predict(X[Zid==j])
        if logit: y_prob[Zid==j]=clf.predict_proba(X[Zid==j])[:,1]
    error=np.mean(y!=y_pred)
    if logit:
        return(error,y_pred,y_prob)
    else:
        return(error,y_pred)
```

参考文献

[1] Agrawal, R., Imielinski, T., and Swami, A. (1993) Mining association rules between sets of items in large databases. *Proceedings of the 1993 ACM SIGMOD International Conference on Management of Data,* Washington D.C., 25-28.

[2] Ambler, G. and Royston, P. (2001) Fractional polynomial model selection procedures: investigation of type I error rate. *Journal of Statistical Computation and Simulation*, 69: 89–108.

[3] Anderson, J.C. and Gerbing, D.W. (1988) Structural equation modeling in practice: a review and recommended two-step approach. *Psychological Bulletin*, Vol. 103, No. 3, pp.411–423.

[4] Agresti, A. (2002) *Categorical Data Analysis*. Second edition. Wiley.

[5] Arenas, C. and Cuadras, C.M. (2002) Recent statistical methods based on distances. *Contributions to Science*, 2: 183–191.

[6] Badsberg, J.H. (1995) *An Environment for Graphical Models*. PhD thesis, Aalborg University.

[7] Baltagi, B. H. and Pinnoi, N. (1995) Public capital stock and state productivity growth: further evidence. *Empirical Economics,* 20: 351–359.

[8] Baltagi, Badi H. (2003) *Econometric Analysis of Panel Data.* 2nd ed. John Wiley and Sons.

[9] Babin, B.J., Hair, J.F. and Boles, J.S. (2008) Publishing research in marketing journals using structural equation modeling. *Journal of Marketing Theory & Practice*, Vol. 16, No. 4, pp.279–285.

[10] Berndt, E.R. (1991) *The Practice of Econometrics: classic and contemporary*. Addison-Wesley Publishing Company, Reading, MA.

[11] Box, G. E. P. (1976) Science and statistics. *Journal of the American Statistical Association*, 71: 791-799.

[12] Box, G. E. P. and Cox, D. R. (1964) An analysis of transformations (with discussion). *Journal of the Royal Statistical Society*, B, 26: 211–252.

[13] Breiman, L. (2001) Statistical modeling: the two cultures. *Statistical Science,* Vol. 16, No. 3, pp. 199-231.

[14] Breiman, L. (2001) Random forests. *Machine Learning*, 45(1): 5-32.

[15] Breslow, N.E. (1984) Extra-Poisson variation in log-linear models. *Applied Statistics,* 33: 38–44.

[16] Brockwell, P. J. and Davis, R. A. (1991) *Introduction to Time Series and Forecasting*. Second edition. Springer. Series.

[17] Bühlmann, P. and Hothorn, T. (2007) Boosting algorithms: Regularization, prediction and model fitting (with discussion). *Statistical Science,* 22(4): 477-505.

[18] Buntine, W. (1991) Theory refinement of Bayesian networks. In *Proceedings of the Seventh Conference on Uncertainty in Artificial Intelligence*, 52–60.

[19] Campbell, M. J.and Walker, A. M. (1977) A survey of statistical work on the Mackenzie River series of annual Canadian lynx trappings for the years 1821–1934 and a new analysis. *Journal of the Royal Statistical Society series,* A, 140: 411–431.

[20] Chambers, John M. and Hastie, Trevor J. eds. (1992) *Statistical Models in S.* Wadsworth and Brooks/Cole, Pacific Grove, CA, 46–47.

[21] Chatfield, C. (2004) *The Analysis of Time Series.* 6th ed. Chapman & Hall/CRC.

[22] Cleveland, R. B., Cleveland, W. S., McRae, J.E. and Terpenning, I. (1990) STL: A seasonal-trend decomposition procedure based on loess. *Journal of Official Statistics,* 6: 3–73.

[23] Cooper, G. F. and Herskovits, E. (1992) A Bayesian method for the induction of probabilistic networks from data. *Machine Learning*, 9:309–348.

[24] Cox, D. and Oakes, D. (1984) *Analysis of Survival Data.* Chapman & Hall, London.

[25] Cornwell, C. and Rupert, P. (1988) Efficient estimation with panel data: an empirical comparison of instrumental variables estimators. *Journal of Applied Econometrics,* 3: 149–155.

[26] De Campos and Luis M. (2006) A scoring function for learning Bayesian networks based on mutual information and conditional independence tests. *Journal of Machine Learning Research*, 7: 2149-2187.

[27] Diaconis, P. and Efron, B. (1983) Computer intensive methods in statistics. *Scientific American*, 248: 116-131.

[28] Edwards, A. W. F. (2011). Mathematizing Darwin. *Behavioral Ecology and Sociobiology*. 65 (3): 421–430. `doi:10.1007/s00265-010-1122-x`.

[29] Efron, B. (1998) R. A. Fisher in the 21st century. *Statistical Science*, 13 (2): 95–122, `doi: 10.1214/ss/1028905930`.

[30] Efron, B., Hastie, T., Johnstone, I. and Tibshirani, R. (2004) Least angle regression. *Annals of Statistics*, 32: 407–451.

[31] Flake, G.W. and Lawrence, S. (2002) Efficient SVM regression training with SMO.*Machine Learning*, 46: 271-290.

[32] Fleming, T. and Harrington, D. (1991) *Counting Processes and Survival Analysis.* Wiley, New York.

[33] Fox, J. and Andersen, R. (2006) Effect displays for multinomial and proportional-odds logit models. *Sociological Methodology*, 36: 225–255.

[34] Frank, A. and Asuncion, A. (2010) UCI machine learning repository. University of California, School of Information and Computer Science, Irvine. `http://archive.ics.uci.edu/ml`.

[35] Friedman, J. (2012) Fast sparse regression and classification.*International Journal of Forecasting*, 28 (3): 722-738.

[36] Garthwaite, P.H. (1994) An interpretation of partial least squares. *J. Amer. Statist. Assoc.*, 89: 122-127.

[37] Golub, G.H., Heath, M. and Wahba, G. (1979) Generalized cross-validation as a method for choosing a good ridge parameter. *Technometrics,* Vol. 21, No. 2: 215-223.

[38] Granger, C.W.J. (1969) Investigating causal relations by econometric models and cross-spectral methods. *Econometrica*, 37: 424-438.

[39] Greene, W.H. (2003) *Econometric Analysis.* 5th edition. Upper Saddle River, NJ: Prentice Hall.

[40] Griffiths, T.L. and Yuille, A. (2009) A primer on probabilistic inference. In *Trends in Cognitive Sciences*. Supplement to special issue on Probabilistic Models of Cognition, 10(7): 1–11.

[41] Hair, J.F., Babin, B. and Krey, N. (2017a) An Assessment of structural equation modeling applications in the journal of advertising: review and recommendations. *Journal of Advertising*, Vol. 46, No. 1, pp.163–177.

[42] Hair, J.F., Hollingsworth, C.L., Randolph, A.B. and Chong, A. (2017b) An updated and expanded assessment of PLS-SEM in information systems research. *Industrial Management & Data Systems*, Vol. 117, No. 3, pp.442–458.

[43] Hair, J.F., Hult, G.T.M., Ringle, C.M. and Sarstedt, M. (2017c) *A Primer on Partial Least Squares Structural Equation Modeling (PLS-SEM).* 2nd ed. SAGE, Thousand Oaks, CA.

[44] Hair, J.F., Hult, G.T.M., Ringle, C.M., Sarstedt, M. and Thiele, K.O. (2017d) Mirror, mirror on the wall: a comparative evaluation of composite-based structural equation modeling methods. *Journal of the Academy of Marketing Science*.

[45] Hair, J.F., Sarstedt, M., Ringle, C.M. and Gudergan, S.P. (2018) *Advanced Issues in Partial Least Squares Structural Equation Modeling (PLS-SEM)*. Sage, Thousand Oaks, CA.

[46] Hansen, B. (1999) Testing for linearity. *Journal of Economic Surveys,* Vol. 13, No. 5: 551-576(26). Available at: `http://www.ssc.wisc.edu/~bhansen/papers/cv.htm`.

[47] Hansen, B. and Seo, B. (2002) Testing for two-regime threshold cointegration in vector error-correction models. *Journal of Econometrics,* 110: 293 - 318.

[48] Hastie, T., Tibshirani, R. and Friedman, J. (2001) *The Elements of Statistical Learning.* Springer-Verlag.

[49] Hald, A. (1998) *A History of Mathematical Statistics from 1750 to 1930.* Wiley-Interscience. ISBN 978-0-471-17912-2.

[50] Heckerman, D., Geiger, D. and Chickering, D. M. (1995) Learning Bayesian networks: The combination of knowledge and statistical data. *Machine Learning*, 20:197–243.

[51] Hedeker, D. and Gibbons, R. D. (1994) A random-effects ordinal regression model for multilevel analysis. *Biometrics,* 50: 933–944.

[52] Henseler, J., Dijkstra, T., Sarstedt, M., Ringle, C., Diamantopoulos, A., Straub, D., Hair, J., Ketchen, D., Hult, G.T.M. and Calantone, R. (2014) Common beliefs and reality about partial least squares: comments on Rönkkö and Evermann. *Organizational Research Methods*, Vol. 17, No. 2, pp.182–209.

[53] Herriges, J. A. and Kling, C. L. (1999) Nonlinear income effects in random utility models. *The Review of Economics and Statistics,* 81: 62-72.

[54] Hogg, R. V., and Ledolter, J. (1992) *Applied Statistics for Engineers and Physical Scientists.* Second Edition. Macmillan, New York. Exercise 1.5-6.

[55] Irigoien, I. and Arenas, C. (2008) INCA: New statistic for estimating the number of clusters and identifying atypical units. *Statistics in Medicine*, 27(15): 2948–2973.

[56] Jérôme Pagès. (2004) Multiple factor analysis: main features and application to sensory data. `http://factominer.free.fr/docs/PagesAFM.pdf`.

[57] Johansen, S. and Juselius, K. (1990) Maximum likelihood estimation and inference on cointegration — with applications to the demand for money. *Oxford Bulletin of Economics and Statistics,* 52(2): 169–210.

[58] Jordan, M.I., Ghahramani, Z., Jaakkola, T.S. and Saul, L.K. (1999) An introduction to variational methods for graphical models. *Machine Learning*, 37: 183–233.

[59] Joreskog, K.G. and Wold, H. (1982) The ML and PLS Techniques for modeling with latent variables: historical and comparative aspects. In: Joreskog, K.G. and Wold, H., Eds., *Systems under Indirect Observation: Causality, Structure, Prediction, Part I*, Elsevier, Amsterdam, 263-270.

[60] Kalbfleisch, J. D. and Prentice, R. L. (1980) *The Statistical Analysis of Failure Time Data.* John Wiley & Sons.

[61] Koenker, R. and Bassett, G. (1982) Robust tests for heteroskedasticity based on regression quantiles. *Econometrica*, 50: 43–61.

[62] Lambert, D. (1992) Zero-inflated Poisson regression, with an application to defects in manufacturing. *Technometrics*, 34: 1-14.

[63] Lauritzen, S.L. and Spiegelhalter, D.J. (1988) Local computations with probabilities on graphical structures and their application to expert systems (with discussion). *Journal of the Royal Statistical Society*. Series B, 50(2): 157–224.

[64] Lee, L., Petter, S., Fayard, D. and Robinson, S. (2011) On the use of partial least squares path modeling in accounting research, *International Journal of Accounting Information Systems*, Vol. 12, No. 4, pp.305–328.

[65] Massart, D. L., Vandeginste, B. G. M., Buydens, L. M. C., de Jong, S., Lewi, P. J., Smeyers-Verbeke, J. (1998) *Handbook of Chemometrics and Qualimetrics: Part B.* Elsevier. Tables 35.1 and 35.4.

[66] Matthews, L.M. (2017) Applying multigroup analysis in PLS-SEM: a step-by-step process. In Latan, H. and Noonan, R. (Eds.): *Partial Least Squares Structural Equation Modeling – Basic Concepts, Methodological Issues and Applications*, Springer International Publishing AG, Berlin, Germany, in press.

[67] Matthews, L.M., Sarstedt, M., Ringle, C.M. and Hair, J.F. (2016) Identifying and treating unobserved heterogeneity with FIMIX-PLS: Part II –A case study, *European Business Review*, Vol. 28, No. 2, pp.208–224.

[68] Mullahy, J. (1986) Specification and testing of some modified count data models. *Journal of Econometrics*, 33: 341-365.

[69] Munnell, A. (1990) Why has productivity growth declined? Productivity and public investment. *New England Economic Review,* 3–22.

[70] Murtaugh, P.A., Dickson, E.R., Van Dam, G.M., Malinchoc, M. Grambsch, P.M., Langworthy, A.L., Gips, C.H. (1994) Primary biliary cirrhosis: Prediction of short-term survival based on repeated patient visits. *Hepatology*, 20(1.1): 126-34.

[71] Nolan, D. and Speed, T. (2000) *Stat Labs: Mathematical Statistics through Applications.* Springer.

[72] Olshen, R. & Breiman L. (2001) A conversation with Leo Breiman, *Statistical Science*, 16: 184-198.

[73] Oom do Valle, P. and Assaker, G. (2016) Using partial least squares structural equation modeling in tourism research, *Journal of Travel Research*, Vol. 55, No. 6, pp.695–708.

[74] Pearl, J. (1987) Evidential reasoning using stochastic simulation of causal models. *Artificial Intelligence*, 32(2): 245–258.

[75] Pearl, J. (1988) *Probabilistic Reasoning in Intelligent Systems*. Morgan and Kaufman, San Mateo.

[76] Pearl, J. and Russel, S. (2000) Bayesian networks. Report (R-277). In *Handbook of Brain Theory and Neural Networks*. M. Arbib ed. MIT Press, Cambridge, pp. 157–160.

[77] R Development Core Team. (2011) R: A language and environment for statistical computing. *R Foundation for Statistical Computing,* Vienna, Austria. ISBN 3-900051-07-0, `http://www.R-project.org/`.

[78] Reisby, N., Gram, L. F., Bech, P., Nagy, A., Petersen, G. O., Ortmann, J., et al. (1977) Imipramine: Clinical effects and pharmacokinetic variability. *Psychopharmacology*, 54: 263–272.

[79] Ringle, C.M., Sarstedt, M. and Straub, D.W. (2012) A critical look at the use of PLS-SEM in MIS quarterly, *MIS Quarterly*, Vol. 36, No. 1, pp.iii–xiv.

[80] Ringle, C.M., Wende, S. and Becker, J. M. (2015) Smartpls 3. Boenningstedt: SmartPLS [online] `http://www.smartpls.com` (accessed 7 March 2017).

[81] Ripatti, S. and Palmgren, J. (2000) Estimation of multivariate frailty models using penalized partial likelihood. *Biometrics,* 56:1016-1022.

[82] Rizopoulos, D., Verbeke, G. and Lesaffre, E. (2009) Fully exponential Laplace approximations for the joint modelling of survival and longitudinal data. *Journal of the Royal Statistical Society*, B, 71: 637-654.

[83] Sarstedt, M., Hair, J.F., Ringle, C.M., Theile, K.O. and Gudergan, S.P. (2016) Estimation issues with PLS and CBSEM: where the bias lies!. *Journal of Business Research*, Vol. 69, No. 10, pp.3998–4010.

[84] Sarstedt, M., Ringle, C.M., Smith, D., Reams, R. and Hair, J.F. (2014) Partial least squares structural equation modeling (PLS-SEM): a useful tool for family business researchers. *Journal of Family Business Strategy*, Vol. 5, No. 1, pp.105–115.

[85] Sela, Rebecca J., and Simonoff, Jeffrey S.(2011) RE-EM trees: A data mining approach for longitudinal and clustered data. *Machine Learning*.

[86] Shafer G. (1990) The unity and diversity of probability. *Statistical Science*, Vol 5, No 4, 435-462.

[87] Smyth, G. K. (1989) Generalized linear models with varying dispersion. *J. R. Statist. Soc.*, B, 51: 47–60.

[88] Therneau, T. and Grambsch, P. (2000) *Modeling Survival Data: Extending the Cox Model.* Springer-Verlag, New York.

[89] Therneau, T., Grambsch, P. and Pankratz,V.S. (2003) Penalized survival models and frailty. *Journal of Computational and Graphical Statistics,* 12: 156-175.

[90] Tukey, J. (1962) The future of data analysis. *The Annals of Mathematical Statistics*, 33 (1): 13.

[91] Venables, W. N. and Ripley, B. D. (2002) *Modern Applied Statistics with S.* 4th ed. Springer.

[92] Verma, T., and Pearl, J. (1988) Influence diagrams and d-separation, UCLA cognitive systems laboratory. *Technical Report*, 880052 (R-101).

[93] Wold, S., Wold, H., Dunn, W.J. and Ruhe, A.(1984) The collinearity problem in linear regression. The partial least squares (PLS) approach to generalized inverses. *SIAM J. Sci. Stat. Comput.*, 5: 735-743.

[94] Wheaton, B., Muthén, B., Alwin, D.F. and Gene, F. S. (1977) Assessing reliability and stability in panel models. In *Sociological methodology.* ed. D. Heise, San Francisco: Jossey-Bass.

[95] Wulfsohn, M. and Tsiatis, A. (1997) A joint model for survival and longitudinal data measured with error. *Biometrics,* 53: 330-339.

[96] Zhang, N.L. and Poole, D. (1996) Exploiting causal independence in Bayesian network inference. *Journal of Artificial Intelligence Research*, 5: 301–328.

图书在版编目（CIP）数据

复杂数据统计方法：基于 R 与 Python/吴喜之，张敏编著．-- 4 版．-- 北京：中国人民大学出版社，2022.7

（基于 R 应用的统计学丛书）

ISBN 978-7-300-30726-8

Ⅰ.①复… Ⅱ.①吴…②张… Ⅲ.①统计分析—应用软件 Ⅳ.①C819

中国版本图书馆 CIP 数据核字（2022）第 098364 号

基于 R 应用的统计学丛书

复杂数据统计方法——基于 R 与 Python（第 4 版）

吴喜之　张　敏　编著

Fuza Shuju Tongji Fangfa——Jiyu R yu Python

出版发行	中国人民大学出版社		
社　　址	北京中关村大街 31 号	**邮政编码**	100080
电　　话	010－62511242（总编室）		010－62511770（质管部）
	010－82501766（邮购部）		010－62514148（门市部）
	010－62515195（发行公司）		010－62515275（盗版举报）
网　　址	http://www.crup.com.cn		
经　　销	新华书店		
印　　刷	北京溢漾印刷有限公司	**版　　次**	2012 年 10 月第 1 版
规　　格	185 mm×260 mm　16 开本		2022 年 7 月第 4 版
印　　张	21.75 插页 1	**印　　次**	2022 年 7 月第 1 次印刷
字　　数	517 000	**定　　价**	49.00 元

中国人民大学出版社　管理分社

教师教学服务说明

中国人民大学出版社管理分社以出版经典、高品质的工商管理、统计、市场营销、人力资源管理、运营管理、物流管理、旅游管理等领域的各层次教材为宗旨。

为了更好地为一线教师服务，近年来管理分社着力建设了一批数字化、立体化的网络教学资源。教师可以通过以下方式获得免费下载教学资源的权限：

- 在中国人民大学出版社网站 www.crup.com.cn 进行注册，注册后进入“会员中心”，在左侧点击“我的教师认证”，填写相关信息，提交后等待审核。我们将在一个工作日内为您开通相关资源的下载权限。

- 如您急需教学资源或需要其他帮助，请加入教师 QQ 群或在工作时间与我们联络。

中国人民大学出版社　管理分社

教师 QQ 群：64833426（仅限教师加入）

联系电话：010-82501048，62515782，62515735

电子邮箱：glcbfs@crup.com.cn

通讯地址：北京市海淀区中关村大街甲 59 号文化大厦 1501 室（100872）